학습, 발달, 발견의 신경학적 기초

학습, 발달, 발견의 신경학적 기초

Anton E. Lawson 지음

신현철, 권용주, 김경래, 양일호, 이광호 옮김

The Neurological Basis of Learning,
Development and Discovery

Implications for Science and Mathematics Instruction

Σ 시그마프레스

학습, 발달, 발견의 신경학적 기초

발행일 | 2016년 9월 20일 1쇄 발행

저자 | Anton E. Lawson
역자 | 신현철, 권용주, 김경래, 양일호, 이광호
발행인 | 강학경
발행처 | (주)시그마프레스
디자인 | 김은경
편집 | 이지선

등록번호 | 제10-2642호
주소 | 서울특별시 영등포구 양평로 22길 21 선유도코오롱디지털타워 A401~403호
전자우편 | sigma@spress.co.kr
홈페이지 | http://www.sigmapress.co.kr
전화 | (02)323-4845, (02)2062-5184~8
팩스 | (02)323-4197

ISBN | 978-89-6866-783-1

The Neurological Basis of Learning, Development and Discovery:
Implications for Science and Mathematics Instruction

* 책값은 책 뒤표지에 있습니다.
* 이 도서의 국립중앙도서관 출판예정도서목록(CIP)은 서지정보유통지원시스템 홈페이지(http://seoji.nl.go.kr)와 국가자료공동목록시스템(http://www.nl.go.kr/kolisnet)에서 이용하실 수 있습니다. (CIP제어번호 : CIP2016021536)

역자 서문

학습과 새로운 지식의 발견 과정을 규명하고, 지식에 대한 이해의 적용 방법을 고안하는 것은 교육학의 고유 분야이자 목표이다. 신경과학은 사고 작용의 기초에 있는 현상을 생화학적·세포생물학적으로 규명하는 동시에 사고 작용에 관여되는 알고리즘을 뇌의 각 부분의 기능과 연관하여 파악하는 과학이다. 동물의 행동에 대한 이해와 의학적 필요성을 배경으로 발달해온 신경과학은 이제 그 탐구의 범위를 인식과 사고로 넓히며 과거에 철학의 대상이었던 인간의 본성적인 요소들을 과학적 방법과 절차로 증명하며 이해하려 하고 있다. 그 가운데는 인지, 기억, 학습, 창의성과 같은 교육학의 핵심적 탐구 대상이 포함되고 있으며, 이러한 이유에서 교육학과 신경과학은 필연적으로 만날 수밖에 없는 운명을 가지고 있다고 생각된다. 역자의 생각으로는 두 학문은 아직 전면적으로 만날 준비가 되어 있지는 않으나 이미 서로에게 상당한 영향을 주고 있는 것은 분명하다. 교육에 신경과학이 기여할 수 있는 것에 대하여 부정적인 시각들이 있는 것도 사실이며 (Stern, 2005; Davis, 2004), 때로는 교육에서 신경과학이 근거 없는 속설을 만들어낼 수도 있다는 신중론이 있는 것도 사실이다. 그 예 중의 하나로서 교육학자들과 현장 교육자들 사이에서 상당히 큰 지지를 받고 있는 가드너Gardner의 다중지능 이론에 대하여 많은 신경과학자들은 다양성을 중시하고자 하는 교육학적 가치에 신경과학적 권위감을 적절히 배치하여 설득력 있게 만들어진 교육학적 아이디어라는 비판을 하기도 한다. 다시 말해 교육학과 신경과학은 서로에 대한 불신감을 해소하고 있지 못하고 있는 것이 지금의 현실이다.

그럼에도 불구하고 신경과학의 발전에 의해 가장 큰 수혜를 받게 되는 분야는 무엇일까? 또한 신경과학이 기여할 수 있는 가장 가치 있는 분야는 무엇일까? 역자 일동은 그것이 바로 교육 분야라고 믿고 있다. 과학, 수학, 예능, 언어 교육의 교수 학습법, 학습 모형들은 신경과학적 관점에서 해석되고 시험되고 입증될 것이다. 교육학과 신경과학이 일정 거리를 유지하면서 단순히 혼합되는 한 교육적 · 학술적 발전은 기대하기 어렵다. 두 학문 간의 협업, 융합이 미래에 이루어질 때 가치 있는 교육학적 발전이 있으리라 생각된다.

이러한 바람에서 발간하게 된 이 책은 견고한 신경과학적 사실을 기초로 각 장에서 교육에서 중요하게 여기는 주제들을 다루고, 각각의 교육적 담론을 제시하고 있어 교육자와 교육학자가 신경과학을 이해하는 방식, 신경과학자가 교육을 이해하는 방식에서 양쪽 모두에게 도움이 될 수 있는 훌륭한 입문서이다. 이 책을 발간하는 과정이 순탄하지는 않았지만 교육학과 신경과학의 만남에 어려움을 겪고 있는 우리의 현실을 생각할 때 새로운 분야의 개척에 작게나마 기여한다는 보람을 생각하면 역자 일동 모두에게 대단히 가치 있는 작업이었다. 이 책이 출판될 수 있도록 기회를 준 ㈜시그마프레스와 편집부 임직원 여러분께 진심으로 감사한다.

대표 역자 신현철

저자 서문

교육 연구자가 된 이래 나의 목표는 교수학적 활동에 지침이 되는 탄탄한 이론을 구축하는 일에 기여하는 것이었다. 교육 활동은 견고한 교수법적 지침이 없는 관계로 너무 오랫동안 어려움을 겪어왔는데, 내 관점에서 그것은 탄탄한 심리학적 이론이며, 결국 탄탄한 신경학 이론에 기초한 것이어야 한다. 다시 말해 교사들은 어떻게 교육할 것인지를 알 필요가 있으며, 이 "어떻게 교육할 것인가?"는 학습이 어떻게 일어나고, 뇌가 어떻게 작동하는지에 기반을 두어야 하는 것이다. 이 책을 통해 알게 되겠지만 "사람들은 어떻게 학습하는가?"라는 물음에 대한 나의 답변은 사람은 모두 자발적으로 아이디어를 생성하고 시험하면서 학습한다는 것이다. 아이디어 생성은 유추를 필요로 하고, 아이디어의 시험은 예측된 결과와 실제 결과의 비교를 요구한다. 우리는 이러한 과정으로 학습하는데, 그 이유는 우리의 뇌가 기본적으로 아이디어를 생성하고 시험하는 기계이기 때문이다. 그러나 여기에는 이러한 설명 이상의 것이 있다. 아이디어를 생성하고 시험하는 바로 그 과정은 단지 올바르게 작동되는 아이디어(즉 유용한 서술적 지식의 학습)를 구축하는 것뿐 아니라 학습의 진보된 기술(즉 진보된 과정적 지식의 발달)을 얻게 한다. 그러므로 가장 효과적인 교육을 위해서 교사는 학생들을 아이디어의 생성과 시험 과정에 참여시켜야 한다. 그 이유는 이렇게 하는 것이 단지 '잘 결합된' 유용한 서술적 지식(여기서 '잘 결합된'이라 함은 아웃스타라고 부르는 신경 세포의 정돈된 위계를 특정하여 말하는 것이다)을 구성하는 것뿐 아니라 '학습을 위한 학습'learaning-to-learn 기술을 개발할 수 있게 하기 때문이다(여기서 '학습을 위한 학습' 기술은 전전두엽 피질에 관계된 것으로 여겨지는 일반적 법칙/지침을 말한다).

교육의 신경학적 기초에 대한 나의 관심의 시작은 작고한 선친 체스터 로슨

Chester Lawson이 1967년에 저술한 *Brain Mechanisms and Human Learning*이란 책에서 비롯되었다. 비록 이 책은 내가 아직 고등학생이던 시절에 쓰였지만, 몇 년 후 아버지와 나는 뇌 구조와 기능, 학습과 발달, 그리고 이 모든 것이 교육과 어떤 관계가 있는지에 관해 여러 차례의 긴 대화를 나누었다. 실제로 이 책에서 아버지는 한 교수법 이론에 관한 개요를 서술했는데, 이것은 나중에 순환학습이라고 불리는 것이다. 그 교수법 이론은 1970년대에 아버지와 로버트 카플러스Robert Karplus 및 과학 교육과정 개선 연구 팀에 의해 실행에 옮겨졌다. 내 형제인 수학자 데이비드 로슨 David Lawson도 이 논의에 대한 나의 관심을 촉진시켰다. 데이비드는 NASA의 우주정거장 프로그램에 참여하는 동시에 신경 모형의 전문가였다. 그는 신경 모형과 각각의 교육적 함의 간의 미묘한 차이점을 구분하는 데 더할 나위 없이 값진 도움을 주었다.

이러한 배경에서 제1장은 학습에 관한 다양한 설명으로서 경험주의, 생득주의, 구성주의 관점을 간략히 알아보는 것으로 시작된다. 경험주의는 교육을 외부 세계에 존재하는 패턴들을 내면화하는 것에서 얻는다고 주장한다. 생득주의는 이러한 패턴들이 근본적으로 내재적이라고 주장한다. 구성주의는 학습을 자발적으로 발생되는 아이디어들이 다양하게 파생되는 예측들을 통해 시험되는 과정으로 간주한다. 초기의 아이디어들은 자기의 예측들과 존재할 것으로 간주되는 외부 세계에서의 미래의 관찰이 어느 정도로 부합되는가에 따라 유지되거나 기각된다. 피아제 류의 구성주의와 자기규제 이론을 발달과 학습에 대한 설명으로 다룰 것이다. 피아제의 자기규제 이론은 생물학적 유추, 대체로 와딩턴Waddington의 유전적 동화 이론에 기초하고 있다. 유전적 동화 이론은 정신적 수준 현상, 특히 청소년에서 비례적 추론 기술의 발달을 설명하기 위해 언급했다. 자기규제 이론의 가치에도 불구하고 이 이론이 뇌 구조와 기능보다는 생물학적 유추에 기초하기 때문에 연유된 중요한 이론적 약점을 가진다. 이 약점을 제거하기 위하여 뇌의 구조와 기능은 제2장에서 논의하였다.

제2장은 기본적 뇌 구조와 기능을 기술하기 위하여 시각과 청각 정보의 처리를 설명한다. 간단히 말해서 가설-예측성hypothetico-predictive 유형이 시각적·청각적 처리의 모두에서 확인된다. 스티븐 그로스버그Steven Grossberg의 학습, 인지, 인식, 운동

통제 신경 모형 원리는 감각운동 문제해결의 신경학적 모형을 구성하는 기초로서 소개한다. 문제해결의 패턴은 보편적인 것으로 간주된다. 그러므로 수아레스Suarez 와 론하이머Rhonheimer의 물 붓기 과제의 해결에서 보이는 아동의 덧셈 전략으로부터 청소년의 비율 전략으로 크게 변화되는 것에서 찾아볼 수 있다. 이러한 변화와 자기규제의 정신적 과정에서 작용되는 신경학적 원리들, 그리고 그 교육적 함의에 대하여 논의했다. 뇌의 작동 방식을 근거로 보면 추론은 가설-예측적 형식을 가진 다는 결론이 도출된다.

　많은 청소년들은 개념에 대한 전형적/비전형적 예를 포함하는 서술적 개념 구성 과제를 해결하지 못했다. 제3장은 그러한 실패가 발달 과정에서 파생되는 가설-예측성 추론 기술의 결핍에 기인함을 입증하는 실험에 관하여 설명한다. 이 발달 가설을 시험하기 위하여 학생들(5~14세)[1]에게 부과된 일곱 가지 개념 구성을 위한 개별 훈련의 투입 과정이 소개되었다. 그 과정에서는 과제의 특징을 시험하는 데 필요한 가설-예측성 추론 패턴을 가르쳤다. 만일 발달 가설이 참이라면 이 간단한 훈련은 효과가 없을 것이다. 추론을 위한 발달의 미성숙은 간단한 훈련에 의해 치료될 수 없기 때문이다. 결과는 5~6세의 아동에서는 아무런 효과가 없었으며, 7세에서는 절반이, 그리고 8세 이상에서는 거의 모든 학생이 간단한 훈련에 의해 성공적 효과를 보였다. 그러므로 발달 가설은 최소한 7세 이상 학생들의 결과에서 부정적으로 나타났다. 선행 연구에서는 뇌의 전두엽이 약 4~7세 시기에 현저히 성장하는 것으로 나타났다. 실제로 정상인 6세 아동과 전두엽에 손상을 가지는 성인이 서술적 개념 구성 과제 및 이와 유사한 위스콘신 카드 분류 과제에서 보이는 결과는 동일한 것으로 나타났다. 결과적으로 이 결과는 7세 아동들에서 나타나는 과제해결 능력의 놀라운 발전이 전두엽의 성숙과 관계된다는 가설을 뒷받침한다. 과제해결 과정에서 전두엽의 신경망의 역할이 제시되었다. 전두엽의 효과적 작동의 결과로 여겨지는 발달된 추론은 지능 발달의 근본적 개선으로 나타나는데, 그 이유는 아동들이 지각할 수 있는 대상의 특징에 관한 반증과 만나게 될 때 서술적 개념 구성을 위해 필요한 추론 패턴인 가설-예측성 추론을 사용함으로써 그들의 '정신'을

1　역자 주 : 본문에 등장하는 나이는 모두 만 나이이다.

바꿀 수 있게 되기 때문이다. 짐작건대 학생들은 유사하지만 더 개선된 추론 패턴을 얻게 되고, 이것을 이용하여 훈련이 주어지지 않은 조건에서 서술적 개념 구성의 과제를 해결하기 위한 효과적인 문제해결 전략을 채득하게 될 때 지능 발달 측면에서 그 이상의 질적 진보가 발생한다.

제4장은 청소년기 초기의 뇌의 성장 한계와 발산이 한층 높은 차원의 가설-예측성 추론 기술의 발달에 영향을 주며, 또 이러한 추론 기술의 발달이 청소년들에서 이론적 개념을 구성하는 능력에 영향을 준다는 가설을 시험하는 실험에 관하여 설명하고 있다. 이론적으로 청소년기 초기의 전두엽의 성숙은 주어진 과제와 관련된 정보는 조직화하고 과제와 무관한 정보는 억제하는 능력의 발달을 가져오는데, 이 발달은 물리적·사회적 경험들을 활용하면서 추론 능력의 발달에 영향을 주어 오개념을 기각하고 과학적 개념을 받아들이게 한다. 13~16세 연령의 한국인 중학생 210명으로 구성된 실험 집단에 대하여 4종류의 전두엽 활성 측정, 추론 기술 시험, 분자운동 이론을 이용한 기압 개념 시험을 진행했다. 이론적 개념을 가르치기 위한 14개의 수업이 개발되고 투입되었다. 개념에 대한 시험이 교육 후 측정되었다. 예상한 바와 같이 13~14세에서 전두엽의 수행 측정 결과는 변화가 없거나 감소했다. 15~16세에서 수행 결과는 유의미한 증가를 보였다. 역시 예상한 바와 같이 전두엽 활성 측정 결과는 추론 기술과 높은 상관관계를 보였다. 다음으로 전전두엽의 기능과 추론 기술은 개념의 획득, 개념의 사후검사 수행 결과와의 관련성을 예상하게 했다. 주요소 분석으로부터 두 가지의 주요소를 발견했는데, 이것은 표상화 요소와 억제 요소라고 해석된다. 이론적 개념 구성은 과제 관련 정보의 표상화의 과정(즉 새로운 과학 개념의 정신적 표상을 만들기) 그리고 과제 비관련 정보의 억제화 과정(즉 이전에 획득된 오개념의 기각) 양쪽 모두를 수반하는 과정으로 해석된다.

제5장은 사람들이 사고의 차원planes of thought을 연결하여 새로운 아이디어를 생성하고, 가설-예측성 추론을 이용하여 시험하는 데 활용하는 창의적 사고와 비판적 사고critical thinking의 모형을 소개한다. 그다음, 유추가 왜 과학에서 그렇게 중요한 역할을 하는지, 왜 학습의 속도를 크게 증가시키고 교과의 학습과 유지가 가능하게 되는지에 대한 신경 수준의 설명을 위하여 제2장에서 소개된 기본 신경 모형의 원리를 확장한다. 기억과 관련하여 중요한 점은 새로운 대상, 사건, 상황으로부터의

감각 입력과 과거의 유사한 대상, 사건, 상황의 기저장된 기록 사이에서 조화가 이루어질 때 지속적인 학습이 이루어진다는 것이다. 이러한 조화가 이루어졌을 때 뉴런 시냅스의 강도가 증가되는 적응적 공명adaptive resonance이 만들어지고, 새로운 입력의 기록은 장기기억을 형성한다. 짐작건대 이 작용은 아웃스타outstar와 인스타instar라 부르는 신경계에 의해 가능해진다. 유추는 학습과 유지가 매우 용이해지도록 하는데, 그 이유는 이것이 아웃스타(즉 학습을 위한 패턴을 추출하는 세포들)를 활성화시키기 때문이며, 되먹임 회로를 만들어 신경 활성이 기하급수적으로 증가되게 한다. 이 증가된 활성은 신경연접의 강도를 급증시켜 장기기억의 형태로 저장, 유지되게 한다.

제6장에서는 이론적 개념 구성, 개념적 변화와 적용에 대한 두 가지 가설이 시험되었다. 추론 능력 면에서 수준별로 분류된 생물학 전공 대학생들에게 세 가지, 즉 물, 기름, 염료를 용기에 넣고 흔들 때 염료는 기름과는 섞이지 않지만 물과는 섞이는 것을 설명하는 두 가지 이론적 개념(분자 극성, 결합)을 우선 가르쳤다. 그 후에 우리는 잔잔한 물속에 파란색 염료가 점진적으로 퍼지는 것을 설명하기 위해 학생들이 이 개념들을 적용하는 맥락을 시험했다. 그다음 우리는 학생들에게 또 다른 개념(확산)을 가르쳤는데, 물리적 비유를 사용하거나 사용하지 않는 군으로 구분했다. 우리는 어떤 학생들이 확산의 개념을 습득했는지, 어떤 학생들이 극성과 결합 개념만으로 생각하던 상태에서 더 과학적으로 적합한 확산 개념으로 전환하여 파란색 염료의 점진적 퍼짐을 설명하는지 다시 시험했다. 예상한 바와 같이 확산의 개념을 필요로 하는 시험 후 질문에서 비유를 시용한 실험군은 대조군에 비해 훨씬 높은 점수를 보였다. 마찬가지로 염료의 점진적 퍼짐을 설명하기 위하여 극성과 결합 개념을 사용하던 것에서 확산 개념 사용으로의 전환은 추론 기술의 수준과 유의미하게 연관되는 것으로 나타났다. 그러므로 이 결과들은 이론적 개념 구성에 물리적 비유가 유익한 작용을 할 것이라는 가설을 지지하며, 그뿐 아니라 더 높은 수준의 가설-예측성 추론 기술은 개념 전환과 성공적인 개념의 적용을 용이하게 한다는 가설을 지지한다.

제7장은 일반 발달론에 기초한 2개의 인과 가설 검증 능력의 수준이 존재한다는 가설을 시험하는 것을 목적으로 한다. 가설로 설정된 첫 번째 수준(일반적으로 피아

제의 형식적 조작기와 대응되는 4수준)은 관찰 가능한 인자들과 관련된 가설을 시험하는 기술에 관한 것이고, 두 번째 수준(인지발달 5단계의 형식적 조작기, 즉 후기 형식적 조작기인 5수준)은 관찰이 불가능한 인자들과 관련된 가설을 시험하는 기술에 관한 것이다. 이 5단계의 인지발달 가설을 시험하기 위하여 가설 검증 능력 검사를 개발하고 대규모의 대학생 집단에 투입했는데, 생물학 강좌의 개강과 종강 시점에 두 수준의 여러 가설을 생성하고 시험하는 내용이었다. 관찰이 불가능한 인과 가설을 시험하는 풍선 이동 문제에서의 인과 가설 검증 능력과 성적에서 예상과 같은 긍정적 상관관계가 도출되었다.

과학적 개념들은 서술적(예 : 포식자, 유기체와 같이 직접 관찰이 가능한 개념들) 또는 이론적(예 : 원자, 유전자처럼 직접적으로 관찰할 수 없는) 개념으로 분류될 수 있다. 서술적 · 이론적 개념들을 이해하는 것은 학생들의 발달 단계와 연관되어 있는데, 짐작건대 개념을 구성하는 과정에서 발달 단계로 규정되는 과정적 지식 구조(즉 추론 패턴)가 필요하기 때문이다. 제8장은 기존의 이론들과 가설에 의한 개념이라고 부르는 중간 범주의 개념(예 : 도태와 진화처럼 정상적 시간 프레임의 제한 때문에 실제로는 관찰될 수 없는 개념)이 존재한다는 가정에 의한 연구로 확장시키는 연구 결과들을 설명한다. 세 종류의 과학적 개념이 존재한다는 가정을 시험하기 위하여 우리는 대학 생물학 수업에서 개념에 대한 테스트를 구성하고 투입했다. 예상한 바와 같이 문제가 용이한 순서는 서술적 개념 문제, 가설적 개념 문제, 그다음으로 이론적 문제로 나타났다. 나아가 개념 구성이 부분적으로 추론 기술에 의존적이므로, 서로 다른 추론 기술 수준(3~5수준. 여기서 5수준은 '후기 형식적'으로, 눈에 보이지 않는 것에 대한 가설을 시험하는 것으로 개념화된다)을 가지는 학생들에서 개념 테스트에서의 성공률이 다르게 나타날 것으로 예측되었다. 예측과 같이, 개념적 지식과 추론 기술 간에 유의미한($p < 0.001$) 관련성이 발견되었다. 이 결과는 기존의 연구 결과를 재입증하는 것이며, 그러므로 과정적 지식의 기술이 지능 발달과 연합하여 서술적 지식의 습득(즉 개념 구성)에서 중요한 기능을 한다는 가설에 대한 추가적 지지를 제공한다. 또한 이 결과는 지능 발달은 대학생 연령에서 최소한 일부의 학생에서는 '형식적 조작기'를 넘어서 계속 발달한다는 가설을 뒷받침한다.

제9장은 과학적 발견의 본성에 관해 다루고 있다. 1610년에 갈릴레오 갈릴레이

는 이전보다 더 강력한 망원경을 발명하여 목성의 위성을 발견했다. 그가 작성한 기록을 분석한 결과 그의 발견에는 최소 세 순환주기의 가설-예측성 추론이 사용되었음을 알 수 있다. 처음에 갈릴레오는 항성 가설을 생성하고 기각하는 과정에서 가설-예측성 추론을 사용했다. 그다음에 그는 임시방편으로 '천문학자의 실수' 가설을 세우고 기각한다. 마지막으로 그는 위성 가설을 고안하고, 시험하며 확증한다. 우리는 갈릴레오의 추론을 피아제$_{Piaget}$의 자기규제 이론, 그로스버그$_{Grossberg}$의 신경활성 이론, 러바인-프루에트$_{Levin-Prueitt}$의 신경망 모형, 그리고 코슬린-쾨니히$_{Kosslyn-Koenig}$의 시각적 체계 모형의 관점에서 모형화했다. 가설-예측성 추론이 다른 중요한 과학적 발견들에서 어떤 역할을 했다는 것을 일단 받아들인다고 해도 문제는 그것이 모든 과학적 발견에서 작용했느냐는 것이다. 다시 말해 "가설-예측성 추론이 과학적 방법의 핵심인가?"라는 의문이다. 베이컨의 귀납법과 조합분석처럼 대안이라 생각되는 과학적 방법론에 관해 탐색한 후에 우리는 이것들을 유력한 대안에서 제외시킨다. 과학적 발견의 '논리'와 교육적 함의에 관해 논의한다.

과학 예비교사들에게 과학의 본성$_{NOS}$에 관한 오개념을 버리고 보다 올바른 개념을 구성하도록 유도하는 교수학적 시도는 비록 성공적이었으나, 그것은 일부의 대상에서만 나타났다. 제10장은 어떤 과학 예비교사에서는 과학의 본성의 이해에 관한 상당한 성과가 나타났지만 다른 사람들에서는 왜 그렇지 않았는가에 대해 의문을 제기하는 연구에 대해 기술하고 있다. 과학의 본성에 관한 올바른 이해를 위해 선행적으로 5단계의 추론 기술이 발달되어야 한다는 가설을 뒷받침하는 결과를 얻었다. 그리고 이것은 일부의 예비교사들에서 결여되어 있었다. 이론적으로, 과학은 5단계의 추론 기술을 자주 사용하며 관찰이 불가능한 이론적 실체에 관한 대안적 가설들을 만들고 시험하는 활동이다. 그러므로 5단계의 추론 기술이 결여된 사람은 이러한 과학의 본성적 측면을 완전히 이해할 수 없으며, 이미 구축된 과학의 본성에 관한 오개념은 간단한 교육에 의해 제거될 수 없다. 예측한 바와 같이 연구에서는 교육의 결과로서 추론 기술(3~5수준)과 과학의 본성 습득 간에 긍정적인 관련성이 발견되었다. 5단계의 추론 기술이 결여된 예비교사는 나중에 교사가 되었을 때 탐구 과정으로서의 과학 교육에서 어려움을 겪을 것으로 예상할 수 있다.

제11장은 이전 장들에서 소개된 신경학적 이론들과 연구들, 그리고 그것들의 핵

심이 되는 교육학적 함의에 관하여 간략히 요약하는 것으로 시작한다. 그런 후에 인간 지식의 인식론적 상태에 관한 구성주의자와 현실주의자 간에 벌어진 최근의 논쟁에 관한 해결점을 제시한다. 이미 살펴본 바와 같이 지식의 습득은 자발적으로 발생된 아이디어/표상들이 예상과 관찰 결과의 비교에 의해 시험되는 가설-예측적 유형을 뒤따라 이루어진다. 아이디어들은 유지될 수도 있고 기각될 수도 있지만 확증되거나 반증될 수 없다. 그러므로 어떠한, 또는 모든 아이디어(심지어 외부 세계가 존재한다는 아이디어마저)에 관한 절대적 진리에는 도달할 수 없다. 다만 감각운동 이상의 모든 수준에서의 학습은 외부 세계가 독립적으로 존재한다는 추정을 필요로 한다. 왜냐하면 그래야만 그 세계에서의 물체의 행동이 그다음의 고차원적 아이디어를 시험하기 위해 사용될 수 있기 때문이다. 마지막 분석에서 아이디어(과학적 가설과 이론을 포함)는 지지되거나 버려질 수 있다. 이것은 사회적 합의에 의한 것이 아니라 미래 순간에 벌어질 결과에 대한 예측력 때문이다. 지식의 구성 과정은 비록 한계를 갖지만, 이것의 활용은 존재할 것으로 추정되는(부정할 수 없을 만큼 견고한 과학 이론에 기초한 기술적 진보로 확인되는) 외부 세계에 관한 점점 더 유익한 정신적 표상을 만든다. 중요한 교육적 함의는 교육이 학생들로 하여금 가설, 예측 그리고 증거가 학습에서 역할을 한다는 점을 이해하도록 도와야 한다는 것이다. 나아가 교육은 학생들로 하여금 이러한 지식 구성의 과정에 참여하게 하여 자기규제 그리고 일반 과정의 지식 구조화(즉 추론 기술)와 분야 특이적 개념들 및 개념화 시스템을 함께 받아들이게 허용하거나 적극적으로 요구해야 한다. 효과적인 교수법에 대한 예를 제공했다.

독자들은 이 책이 특정 연구의 상당히 상세한 내용들을 담고 있다는 것을 알게 될 것이다. 그 연구들은 어떻게 과학·수학 교육에서 가설-예측성 연구가 수행되고 보고되는지에 관한 예들을 제공하고 있다. 내 관점에서 보면 그러한 연구들 가운데 가설-예측적 방식으로 설계되고 작성된 연구는 아주 소수에 불과하며, 그 결과 많은 연구가 어려움을 겪고 있는 것이다. 그러므로 이 책의 이차적 목표는 다른 연구자들이 그들의 연구와 저술에 가설-예측적 접근법을 도입하도록 장려하는 것이다.

감사의 말

미국 국립 과학 재단의 연구 보조 기금(No. DUE 0084434) 지원과 이 책의 여러 장에 포함된 자료들의 근거가 되는 아래 논문들의 편집자 및 출판사에 감사를 보낸다.

Lawson, A.E. & Wollman, W.T. (1976). Encouraging the transition from concrete to formal cognitive functioning - an experiment. *Journal of Research in Science Teaching*, 13(5), 413-430.

Lawson, A.E. (1982). Evolution, equilibration, and instruction. *The American Biology Teacher*, 44(7), 394-405.

Lawson, A.E. (1986). A neurological model of problem solving and intellectual development. *Journal of Research in Science Teaching*, 23(6), 503-522.

Lawson, A.E., McElrath, C.B., Burton, M.S., James, B.D., Doyle, R.P., Woodward, S.L., Kellerman, L. & Snyder, J.D. (1991). Hypothetico-deductive reasoning and concept acquisition: Testing a constructivist hypothesis. *Journal of Research in Science Teaching*, 28(10), 953-970.

Lawson, A.E. (1993). Deductive reasoning, brain maturation, and science concept acquisition: Are they linked? *Journal of Research in Science Teaching*, 30(9), 1029-1052.

Lawson, D.I. & Lawson, A.E. (1993). Neural principles of memory and a neural theory of analogical insight. *Journal of Research in Science Teaching*, 30(10), 1327-1348.

Lawson, A.E., Baker, W.P., DiDonato, L., Verdi, M.P. & Johnson, M.A. (1993). The role of physical analogues of molecular interactions and hypothetico-deductive reasoning in conceptual change. *Journal of Research in Science Teaching*, 30(9), 1073-1086.

Lawson, A.E. (1999). What should students learn about the nature of science and how should we teach it? *Journal of College Science Teaching*, 28(6), 401-411.

Musheno, B.V., & Lawson, A.E. (1999). Effects of learning cycle and traditional text on comprehension of science concepts by students at differing reasoning levels. *Journal of Research in Science Teaching*, 36(1), 23-37.

Kwon, Yong-Ju & Lawson, A.E. (2000). Linking brain growth with scientific reasoning ability and conceptual change during adolescence. *Journal of Research in Science Teaching*, 37(1), 44-62.

Lawson, A.E. (2000). The generality of hypothetico-deductive reasoning: Making scientific thinking explicit. *The American Biology Teacher*, 62(7), 482-495.

Lawson, A.E., Clark, B., Cramer-Meldrum, E., Falconer, K.A., Kwon, Y.J., & Sequist, J.M. (2000). The development of reasoning skills in college biology: Do two levels of general hypothesis-testing skills exist? *Journal of Research in Science Teaching*, 37(1), 81-101.

Lawson, A.E., Alkhoury, S., Benford, R., Clark, B. & Falconer, K.A. (2000). What kinds of scientific concepts exist? Concept construction and intellectual development in college biology. *Journal of Research in Science Teaching*, 37(9), 996-1018.

Lawson, A.E. (2000). How do humans acquire knowledge? And what does that imply about the nature of knowledge? *Science & Education*, 9(6), 577-598.

Lawson, A.E. (2001). Promoting creative and critical thinking in college biology. *Bioscene: Journal of College Biology Teaching*, 27(1), 13-24.

Lawson, A.E. (2002). What does Galileo's discovery of Jupiter's moons tell us about the process of scientific discovery? *Science & Education,* 11, 1-24.

Anton E. Lawson
Department of Biology
Arizona State University
Tempe, AZ, USA 85287-1501
September, 2002
anton.lawson@asu.edu

차례

11 지식과 수업의 본질에 대한 함의

01

인간은 어떻게 학습하는가

1. 도입

몇 년 전 고등학생에게 수학과 과학을 가르칠 때 잊지 못할 인상을 받았던 두 상황이 있었다. 첫 번째는 8학년의 수학 수업에서 일어났다. 우리는 동치분수 단원을 배웠고 학생들도 완벽하게 과제를 수행했었다. 그 시험의 평균성적은 거의 90%에 가까웠다. 다음 단원에서 비율에 대하여 소개했다. 학생들이 전 단원에서 상당한 성공을 보여주었고 이 단원도 비슷한 주제를 다루었기 때문에 학생들의 단원평가 평균성적이 50% 아래로 떨어졌을 때, 나는 경악을 금치 못했다. 성취도가 이처럼 크게 하락하는 데 영향을 미친 것은 무엇일까? 두 번째 상황은 7학년의 과학 수업에서 일어났다. 정확히 어떤 주제였는지는 기억나지 않지만 그때의 학생들은 절대 잊을 수 없다. 나는 학생들에게 우리가 전날에 논했던 어떠한 주제에 대하여 질문을 했다. 붉은 머리의 팀이라는 학생을 지목했을 때 그는 처음에 답하지 못했다. 그래서 나는 질문을 바꾸어서 다시 한 번 물어보았다. 팀은 또다시 대답을 하지 못했다. 이것은 나를 놀라게 했는데 왜냐하면 질문과 답이 적어도 내가 생각했을 땐 어렵지 않은 것이었고 팀은 명석한 학생이었기 때문이었다. 그렇기에 나는 재촉했다. 내가 다시 질문을 바꾸면 분명히 팀이 정확하게 답을 할 것이라고 생각했다. 팀이 대답했지만 그의 답은 맞지 않았다. 그래서 나는 추가적인 힌트를 주고 다시 한 번 시도했다. 그러나 대답하기 전 팀의 눈에는 눈물이 고이기 시작했고 이내 감당하기 어려울 정도로 울기 시작했다. 난 그의 눈물에 큰 충격을 받았고, 말할 필요 없이 다시는 학생들에게 지속적으로 질문하는 일을 하지 않게 되었다. 그런데 그 당시 나의 입장에서는 팀이 질문에 대해 이해하고 정답을 말할 것이 명백했기 때문에 이러한 생각이 틀릴 것이라고는 생각할 수 없었다. 도대체 무엇이 문제였을까?

아마 당신도 나와 같은 상황, 즉 기민하고 뛰어난 어떤 학생이 반복적인 설명과 가장 명확하고 분명하다고 생각하는 힌트를 제시해주고, 때론 최고의 기술적인 도움을 주는데도 그것에 대해서 계속 이해하지 못하는 상황에 직면할 경우엔 놀랄 수밖에 없을 것이다. 만약 당신에게 이 이야기가 익숙하게 느껴진다면 이 책은 도움이 될 것이다. 교육학적으로 떠오르는 가장 중심적인 질문들은 이것이다. 말하기가 왜 통하지 않는가? 말하기 기법이 통하지 않는다면 무엇이 작용하기 때문인가? 그리고 무엇이 작용하는지 밝혀낸다면 심리학·신경학적 측면에서 왜 그것이 작용하는 것일까? 요컨대 가장 기본적인 목표는 수학과 과학 교육에서 나타나는 시사점들을 통해 발달, 학습, 그리고 과학적 발견의 이론을 설명하는 것이다. 이 이론은 뇌의 구조와 기능에 대한 현재의 지식에 근거를 둘 것이다. 어떤 의미에서 이 의도는 효과적인 교수법에 대한 교사의 이해를 돕는 것뿐만 아니라 왜 이 방법들이 작용하는지에 대한 심리학적·신경학적 단계의 설명을 제공하는 것이다.

이제 우리는 사람은 어떻게 학습하는가에 대한 세 가지 다른 관점에 대해 간단히 살펴보는 것으로 시작한다. 그다음은 고위 인지higher-order cognition와 수학 및 과학 교육의 초기 영향에 대해 논의할 것이다. 제2장에서는 신경학적 측면에서의 학습을 설명하는 목적으로 신경망 이론neural network theory을 소개할 것이다. 다음 장에서는 수학 및 과학 교육의 맥락과 과학적 발견의 맥락에서 이들과 관련된 아이디어들로 논의를 확장할 것이다.

2. 경험주의, 생득주의, 구성주의

사람들이 어떻게 학습하는가에 대한 질문에 대한 초기의 답인 **경험주의**empiricism는 지식이 감각적인 경험으로부터 유래된다고 주장한다. 비록 또 다른 형태의 아리스토텔레스Aristotle, 버클리Berkeley, 흄Hume, 대영제국의 로크Locke와 같은 철학자들, 그리고 에른스트 마흐Ernst Mach와 오스트리아의 논리적 실증주의자들이 옹호하는 경험주의의 형태가 있지만, 경험주의자들 교리의 주된 요점은 궁극적인 지식의 원천은 외부 세계에 있다는 것이다. 그러므로 학습의 본질은 주로 예리한 관찰을 통해 얻은 외부세계의 표현의 내재화이다. **생득주의**innatism의 다양한 형태는 경험주의와는 아주 대조적으로 나타난다. 생득주의의 기본적 주장은 지식이 내부로부터 온다는 것이다. 예를 들어, 플라톤Plato은 시간의 경과에 따라 확장되는 생득적 관념이 존재한다고 주장했다. 좀 더 현대적인 생득주의 관점을 알고 싶으면 촘스키와 포더(Chomsky & Foder, in Piattelli-Palerini, 1980) 같은 예를 살펴보라. 세 번째 대안으로 때때로 **구성주의**constructivism라고 언급되는 것은, 학습이 학습자와 자연스럽게 발생된 모순된 행동이 중요한 역할을 하는 환경과의 복잡한 상호작용을 수반한다고 주장한다(Piaget, 1971a; Von Glasersfeld, 1995; Fosnot, 1996 참조).[1] 우리는 이러한 넓고 다양한 관계들을 어떻게 이해해야 하는가? 다음의 예시를 살펴보자.

반 젠덴(Van Senden, in Hebb, 1949)은 수술 후에 시력을 얻게 된 선천성 시각장애 청소년들에 대한 연구를 발표했다. 처음 새롭게 시력을 얻게 된 청소년들은 열쇠와 책을 그들 앞 테이블에 놓았을 때 시각적으로 책으로부터 열쇠를 구별할 수 없었다. 그들은 또한 사각형과 원 사이에 보이는 어떠한 차이점도 설명할 수 없었다. 물체를 만지고 잡는 것을 포함한 상당한 연습 이후에야 차이점을 볼 수 있었다. 이와 관계된 실험으로, 고양이의 뇌에 미소전극을 주입했다(Von Foerster, 1984). 그 후에 고양이는 1,000Hz의 소리가 주어졌을 때 레버를 누르면 음식이 나오는 우리 안

---

[1] 구성주의의 대안적 형태에 대한 철학적 해석은 매튜스(Matthews, 1998)의 연구에서 찾아볼 수 있다. 이러한 대안들 중 일부 논의는 제11장에서 다룰 것이다. 현재로는 바로 이러한 설명이 결국 지식의 획득에 있어서 외부 세계의 중요성을 거부하거나 경시하는 구성주의의 극단적인 형태를 거부한다고 말하기에 충분하다.

에 놓여졌다. 즉 음식을 획득하기 위해 고양이는 소리가 나는 동안 레버를 눌러야만 했다. 처음에는 소리에 의한 신경 활동이 전극에서 전혀 감지되지 않았다. 그러나 고양이는 결국 정확한 시간에 레버를 누르는 것을 학습했다. 그리고 그 시점 이후에 미소전극은 소리가 울리면 중요한 신경 활동을 보여주었다. 즉 고양이에게 있어 소리가 어떠한 결과가 될 때까지, 고양이는 소리를 듣지 못했다! 더 일반화된 용어로 말하자면 자극은 그 자극을 동화시킬 수 있는 '정신 구조'가 미리 존재하지 않는 한 자극이 되지 못한다는 것이다.

생득주의자들의 견해는 어떨까? 또 다른 고양이 실험을 살펴보자. 이 실험에서 한 고양이 집단은 일반적인 환경에서 길러졌다. 당연히 고양이에게 수직의 선이 그려진 물체를 보여주었을 때 뇌세포는 전기적 활성을 나타냈다. 또 다른 집단은 수직선이 전혀 없는 인공적인 환경에서 같은 시점에 길러졌다. 놀랍게도 이 고양이들의 뇌세포는 수직선이 있는 물체에 대하여 반응을 보여주지 않았다. 그러므로 적어도 이 경우에서 단순한 시간적 흐름은 고양이의 정신 구조가 '확장'되어 뇌세포가 '정상적으로 작동'하게 만드는 데 충분하지 않다는 것을 보여준다.

다음으로 유아기의 인간에서 우유를 빨기 위해 젖병의 방향을 돌리는 학습을 고려해보자. 장 피아제Jean Piaget는 그의 아들 로랑의 7~9개월 연령기를 관찰했다. 피아제(1954, p. 31)는 다음과 같은 내용을 기록했다.

> 7~9개월 때까지 수유 전이나 다른 시간 전에 아이가 젖병 꼭지를 보지 않고 병을 뒤집어 젖병 꼭지를 찾을 수 있는지 없는지를 관찰하기 위해서 로랑에게 일련의 시험을 했다. 실험은 완전히 꾸준한 결과를 낳았다. 로랑은 젖병 꼭지를 보았을 때는 꼭지를 입으로 가져갔다. 그러나 젖병 꼭지를 보지 못하게 하면 병을 뒤집는 시도를 전혀 하지 않았다. 물체는 반대 면이 없거나 다르게 놓으면 3차원이 아니다. 그럼에도 불구하고 로랑은 젖병 꼭지가 나타나기를 기대했고, 결정적으로 이러한 희망으로 그는 부지런히 젖병의 바닥을 빨았다.

로랑의 처음 행동은 젖병 꼭지가 적절히 위치해 있는지의 여부와 무관하게 병을 들어 올려 빠는 것이었다. 명백히 로랑은 젖병 바닥과 윗부분의 차이를 알지 못한다. 그리고 병 밑부분이 나타났을 때 행동을 어떻게 교정해야 할지 모르고 있다. 아버지 덕분에 로랑에게는 문제가 생겼다. 어떻게 문제가 풀렸는지 알기 위해 다시 피아제의 실험으로 되돌아가자.

실험 6일째 날에 젖병 바닥 쪽을 로랑에게 가져가자, "… 그는 젖병을 쳐다보고는 빨았고(그러니까 바닥 유리를 빨아댔다!), 멈추더니 다시 쳐다보고, 다시 빨아댔다. 이렇게 4~5번을 되풀이했다"(p. 127). 피아제는 젖병을 쥐고 로랑이 젖병의 양쪽 끝을 동시에 볼 수 있도록 위치시켰다. 로랑의 시선이 젖병의 양 끝으로 번갈아가며 향했다. 그럼에도 불구하고 젖병 바닥을 가져가면 여전히 엉뚱한 방향을 빨아댔다. 로랑에게 젖병 바닥을 가져가는 실험이 11, 17, 21번째 날에도 계속됐다. 로랑은 매번 그냥 젖병을 들어 올려 엉뚱한 바닥 부분을 빨았다. 그러나 30번째 날, 로랑은 "… 이전처럼 젖병 바닥을 빨려고 애쓰지 않고 젖병을 치워버리며 울음을 터트렸다"(p. 128). 흥미롭게도 병이 약간 더 멀리 놓이자, "… 그는 젖병의 양쪽 끝을 매우 주의 깊게 바라보며 우는 것을 멈추었다"(p. 128). 마침내 실험이 시작된 지 두 달 그리고 10일이 지난 후, 젖병의 바닥을 가져가자 로랑은 처음으로 젖병의 바닥을 뒤집는 데 성공했다. "… 그는 즉시 젖병 꼭지의 방향을 먼저 주시하면서 빠른 손놀림으로 젖병의 위치를 바꾸어서 성공적으로 뒤집었다. 그러므로 그는 자기가 찾는 부분이 물체의 반대쪽에 있다는 것을 명백히 알고 있는 것이다"(pp. 163-164).

마지막으로 〈그림 1〉과 같은 모양의 장난감을 가지고 노는 나의 14개월짜리 아들에게 주어진 문제를 고려해보자. 보통 그는 윗쪽 왼편에 있는 실린더를 집어 들고 그것을 집어넣을 수 있는 구멍을 찾는다. 처음에는 집어 들었던 실린더 바로 아래 올바른 구멍이 있었음에도 적합한 구멍을 찾지 못했다. 심지어 우연히 적합한 구멍을 찾았더라도 실린더가 구멍 안으로 들어갈 수 있도록 제대로 위치를 맞추지 못했다. 그럼에도 불구하고 나의 도움으로 그는 몇 차례 성공을 이루었다. 적합한 구멍 위에 실린더를 놓았을 때 나는 위치가 딱 맞도록 물체를 살짝 밀어주었다. 그리고 나서 그가 손을 놓자 실린더는 구멍 속으로 떨어졌다. 그는 기뻐했다. 성공! 다음으로 그는 정육면체를 집어 들었다. 그가 넣으려고 했던 구멍이 어떤 구멍일지 짐작이 가는가? 사각형의 고체 아래에 있는 구멍에 넣었을까? 비록 우리에게는 명백한 선택이겠지만 그는 정사각형 구멍을 전혀 고려하지 않았다. 그 대신 계속해서 원 구멍 안으로 밀어 넣으려 애썼다. 아마도 이것은 동그란 구멍 위에 물체를 놓고 집어넣는 행동이 이전에 성공을 이끌어주었기 때문이라고 할 수 있다. 즉

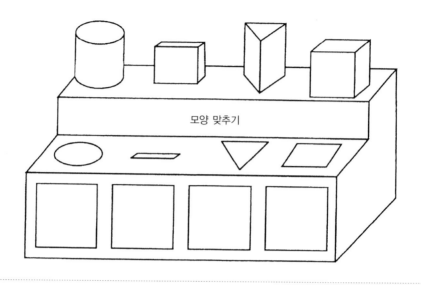

그림 1. 피셔프라이스 사©의 모양 맞추기

그는 이전의 성공적 경험을 사용함으로써 새로운 상황에 대응했다. 물론 사각형의 물체를 원 구멍 위에 놓았을 때, 그것이 맞을 리 없었다. 그러므로 이전의 성공적 경험은 더 이상 성공적이지 않다. 그것은 '모순'이었다. 게다가 여러 차례의 '모순'을 경험하고 나서야 이윽고 다른 구멍을 스스로 탐색하려는 시도를 보였다. 나는 그에게 다양한 물체들이 어떤 구멍에 맞을지 보여주려고 했지만 소용이 없었다. 그는 스스로 해야만 했다(그는 행동해야만 했었다). 즉 아이는 자신의 행동으로부터 배웠다. 잘못된 행동과 모순들을 반복하고 나서야 그는 올바른 구멍을 찾아낼 수 있었다.

　이 예시들은 지식의 획득이 단순히 감각 자극의 직접적인 기록의 문제가 아닐 뿐 아니라 타고난 구조들이 충분히 작동하기 위해 필요한 단순한 시간의 경과 때문도 아님을 보여준다. 그보다는 새로운 지식을 습득하는 것은 미분화 상태의 감각 자극, 개체에서 뇌가 분화하는 특성, 그리고 실패한 행동들이 역동적이고 변화하는 환경에서 상호작용하는 복잡한 구조화 과정과 관련 있는 것 같다.

3. 지식의 구조에 대한 탐구

지식의 구조화 과정에 대한 추가적인 이해를 돕기 위하여 몇 분 정도를 할애하여 〈그림 2〉에 제시된 과제를 수행해보자. 당신은 거울이 필요할 것이다. 거울을 들고 있다면 거울에 비칠 형상을 식별할 수 있도록 거울 앞에 형상을 배치시켜라. 당신은 거울에 비친 형상을 볼 수 있을 것이다. 거울에 비춰진 것을 보고 그 형상이 비친 대로 따라 읽어라. 직접 보지 말고 꼭 거울을 통해서만 보고 그려라.

어떻게 되었는가? 당신이 보통 사람과 같다면 이 과제는 예상 외로 까다롭고 좌절을 안겨줄 것이다. 이것은 놀라운 일이 아니다. 당신은 평생을 거울 없이 글을 쓰고 그림을 그려왔다. 그렇다면 이러한 거울 그리기 과제가 학습에 대하여 무엇을 밝혀낼 것인가?

나는 이것이 〈그림 3〉에 제시된 기초적인 지식 구조 패턴을 나타낸다고 생각하

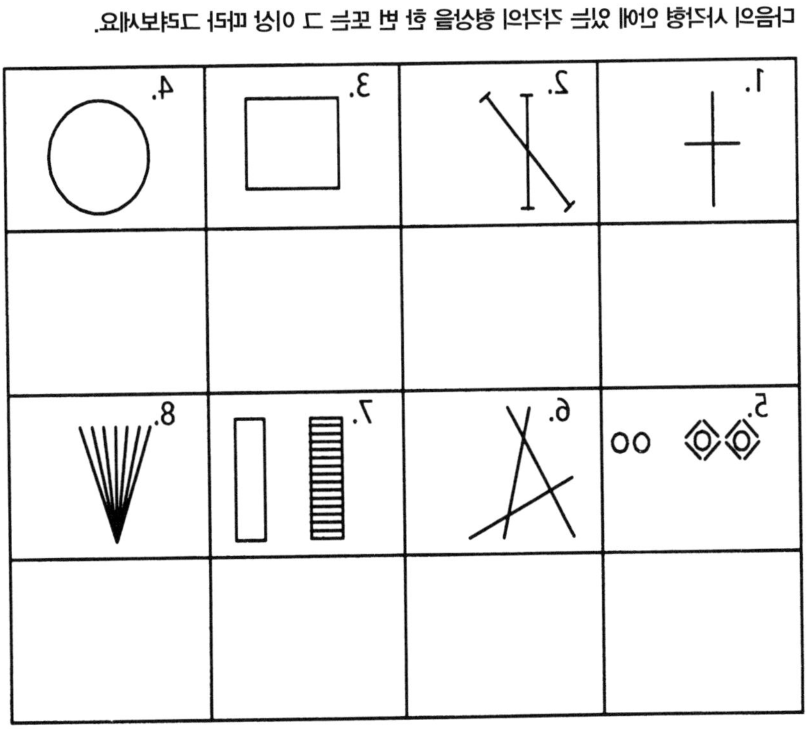

그림 2. 이 형상을 거울 앞에 배치하라. 비춰진 이미지를 보고 따라해보자.

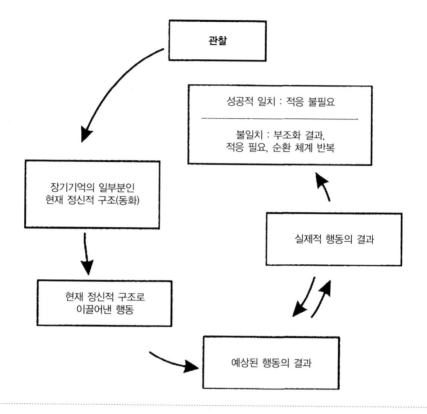

그림 3. 기본적인 학습 패턴은 자발적인 동화에서 시작한다. 예상 결과와 관찰된 결과가 다를 경우 불평형과 적응의 필요성이 발생된다.

며, 이에 대한 설명은 다음과 같다. 첫째, 비춰진 이미지는 현재 자신이 가지고 있는 장기기억인 특정 정신적 구조에 의하여 동화된다. 동화는 즉각적이고 **자동적**이며 **잠재적인** 과정이다. 과거에는 활성화된 정신적 구조가 특정 결과와 연결되어 있는 행동을 이끈다고 했다(다시 말해서 그 행동의 실제 결과는 이전의 맥락이다). 따라서 구조가 현재의 맥락에서 행동하도록 이끌 때 행동은 이전의 결과에 연관이 된다. 이 말은, 즉 행동은 기대와 예상을 내포하고 있다고 볼 수 있을 것이다. 즉 당신이 무언가를 기대/예상하면 그 결과로 행동을 보게 된다. 그 행동이 성공적이라면 모든 것은 순조로울 것이다. 하지만 실제 결과와 예상이 일치하지 않는다면 모순이 발생될 것이다(예 : 당신의 손을 밑으로, 다시 오른쪽으로 움직이면 왼쪽으로 선이 그어졌다고 예상하겠지만 오른쪽으로 그어진 선을 보게 될 것이다). 이렇게 반대로 그어진 선은 또 다른 잠재적인 지식 구조를 찾게 하거나(성공적으로, 똑바로 나오게 하는 것), 또는 너무 실망하여 포기하게 할 수도 있다. 이러한 경우 당신의 심리 구조는 변화하거나 적응할 필요성을 경험하지 못할 것이다. 다시 말하면 당신은 거울을 통하여 성공적으로 그리는 방법을 배울 수 없을 것이다.

앞의 과정은 학습자가 먼저 반사된 그림을 보는 것과 대조할 수 있다. 그러나 확실하게 그리는 방법을 몰라서 계속 보고 또 볼 것이다. 계속해서 그림을 봄으로써 학습자는 확실하게 그림을 그릴 자신감을 가질 정도의 많은 정보를 얻게 된다. 최종적으로 학습자는 거울에 반사된 그림을 성공적으로 그릴 수 있게 된다. 〈그림 3〉에 묘사된 시행착오 과정과 대조적으로 이 관점의 학습은 유도적인 특성을 나타낸다. 어떠한 과정이 거울에 비춰진 형상을 그리기에 적합한가?

분명 거울에 비춰진 그림 그리기는 언어적 개입이 필요 없는 감각운동 과제이다. 그럼에도 불구하고 우리가 대각선을 그리는 시도를 말로 표현한다면 이런 식으로 진행될 것이다.

> 만약… 내가 현재의 상황을 올바르게 동화했다면, (초기 생각)
> 그리고… 나는 내 손을 아래쪽 그리고 오른쪽으로 움직이고, (행동)
> 그러면… 위쪽 왼쪽으로 그려진 사선을 얻을 것이다. (예측)
> 그러나… 실제 선은 위쪽 오른쪽으로 그려졌다. (실제 결과)
> 그러므로… 나는 상태를 정확하게 동화하지 못했다. 다른 방법으로 시도해야 할 필요가 있다. (결론)

여기서 중요한 점은 당신의 마음은 생각한 대로 되지 않는다는 것이다. 다시 말하면 당신의 마음은 어떻게든 일종의 귀납론적 방식으로, 환경으로부터 성공적인 행동을 이끌어낼 때까지는 한 번 보고, 또 보고, 계속해서 본다 해도 본 대로 움직이지 않는다는 것이다. 더 정확히 말하자면 마음은 당신이 처음 본 이미지의 결과로서 당신이 본 것을 그대로 받아들이는 것처럼 보인다. 그에 따라 마음은 최초의 생각을 생성하고 그에 따라 행동을 이끌어내는 것이다. 바라건대 그 행동은 성공적이다. 그러나 때때로 아닐 수도 있다. 다시 말해서 당신은 무언가를 시도하면서 오류를 발견할 수도 있다. 그래서 그 잘못된 행동을 하는 사람은 또 다른 생각을 만들고 그것에 따라서 결국 다른 행동이 나오는 것이다. 요약하면 우리는 우리의 실수에서 배우고 그것을 시행착오라고 부른다.

4. '만약/그러면/그러므로'의 패턴이 실제적 문제해결에서도 작용하는가

매일 일어나는 문제해결의 상황에 있어서 만약/그러면/그러므로식 사고 패턴을 발견할 수 있을까? 바비큐와 관련된 흔한 개인적인 한 사례를 생각해볼 수 있다. 어느 날 저녁 내가 집에 도착하기 전에 아내는 저녁식사를 하기 위해 뒷마당에 있는 가스 바비큐 그릴에 불을 붙이고 약간의 고기를 올려두었다. 내가 집에 도착하자 그녀는 나에게 고기가 잘 구워졌나 보라고 했고, 확인해보니 바비큐가 전혀 익지 않았음을 알았다. 그날은 바람이 불고 있었고, 나는 바람에 의해 불이 꺼졌으리라 생각했다. 그래서 나는 바비큐 불을 다시 켜기 위해 꺼져 있는 버너 중 하나에 성냥으로 불을 피워 보았으나 다시 붙지 않았다. 나는 또다시 시도하고, 세 번째로 시도했으나 여전히 불이 붙지 않았다. 그래서 가스통에 가스가 바닥난 것이 아닌가 의심했다. 가스를 확인하기 위해 가스통을 들어 올렸는데 가스통이 너무 가볍게 느껴졌다. 나는 가스 게이지를 확인했고 눈금이 '0'을 가리키고 있었다. 더 이상 바비큐를 구울 만한 불이 없었던 이유는 바람이 불어 불이 꺼진 것이 아니라 가스가 없었기 때문이었다.

이 이야기에서 이러한 학습을 이끈 사고의 패턴은 무엇인가? 거슬러 올라가서 "바비큐가 왜 더 이상 구워지지 않는가?"라는 우연한 질문으로부터 생각이 시작되었다. 이 질문에 대한 대답으로 나는 다음과 같이 재구성하여 제시하고자 한다.

> 만약… 바람이 불어 불을 껐다면, (바람 가설)
> 그리고… 바비큐에 다시 불을 붙이는 데 성냥이 사용되었다면, (실험 조건)
> 그러면… 바비큐는 다시 불이 붙어야 한다. (예측한 결과)
> 그러나… 처음 성냥을 켰을 때 바비큐에는 불이 붙지 않았다. (관찰된 결과)
> 그러므로… 바람 가설이 잘못되었거나 실험에서 무언가 문제가 있었다. 아마도 성냥불은 버너에 불을 붙이기도 전에 꺼졌을 수 있을 것이다. 바람이 불어서 성냥불이 꺼졌다는 생각은 이치에 맞는 듯하다. 따라서 바람 가설을 유지하고 다시 시도

한다. (결론)

따라서,

만약… 바람이 불어 불꽃이 꺼졌다면,

그리고… 두 번째 성냥이 다시 바비큐에 불을 붙이는 데 사용된다면,

그러면… 바비큐에 다시 불이 붙어야 한다.

그러나… 두 번째 성냥이 사용되었을 때 바비큐에는 여전히 불이 붙지 않았다.

그러므로… 일단 또다시 바람 가설이 잘못되었거나 실험 과정에서 무엇인가가 잘못된 것이다. 비록 성냥불이 불붙지 않은 버너 입구에 닿았다 하더라도 아마도 불이 붙지 않았을 것이다. 그래서 바람 가설을 다시 유지하고 실험을 반복한다. 그러나 이때 면밀히 말하자면 성냥불을 보는 것은 그 자체가 실제로 목표에 도달하는 것이다.

따라서,

만약… 바람이 불꽃을 껐다면,

그리고… 가까이에서 불을 지켜보는 동안에 세 번째 성냥이 다시 사용된다면,

그러면… 불은 그 목표에 도달해야 하고 바비큐는 다시 불이 붙어야 한다.

그러나… 가까이에서 불을 지켜보는 동안에 세 번째 성냥이 사용되었고 목표에 도달하기 위하여 불꽃이 생겼지만, 바비큐에는 여전히 불이 붙지 않았다.

그러므로… 명백하게 이 실험에서 잘못된 것은 하나도 없다. 대신에 바람 가설은 아마도 오류가 있었고 또 다른 가설이 필요하다.

어쩌면 가스통에 가스가 없을 수도 있다. 따라서,

만약… 가스통에 가스가 없다면, (텅 빈 가스통 가설)

그리고… 가스통이 들어 올려진다면,

그러면… 가스통이 가볍게 느껴지고 쉽게 들 수 있어야 한다.

그리고… 들어 올릴 때 가스통은 가볍게 느껴졌고 쉽게 들어 올려졌다.

그러므로… 텅 빈 가스통 가설을 받아들일 수 있다.

더 나아가,

만약… 가스통에 가스가 없다면,

그리고… 가스 측정기가 점검되었다면,

그러면… 가스 측정기의 눈금이 '0'을 가리켜야 한다.

그리고… 가스 측정기의 눈금은 '0'을 가리켰다.

그러므로… 텅 빈 가스통 가설은 또 다시 받아들여진다.

5. 학습의 요소

내관적인 분석introspective analysis은 사고의 생성 및 시험을 포함하고 가설-예측적 hypothetico-predictive(또는 가설-연역적)이라고 불리워질 수 있는 **만약/그러면/그러므로** 논쟁과 같은 여러 가지의 형태를 취하는 학습(지식 구조)을 의미한다. 그러나 초기 바람 설명(가설)을 반박하는 증거의 확보가 그것을 거부당함으로써 곧바로 이어지지 않았음을 알 수 있다. 그 이유는 오류 해석 또는 오류 검사의 둘 중 한 가지 자료로부터 유발될 수 있는 예상되는 결과와 부합하는 관찰된 결과가 잘못되었기 때문이다. 결과적으로 타당한 설명이 거절당하기 이전에 한 가지는 반드시 시험이 잘못되지 않았다는 사실을 합리적으로 확신할 수 있어야 한다.

요약하면 학습은 다음과 같은 요소를 포함하고 있는 것으로 보인다.

1. **초기 문제 관찰 만들기** ─ 이 경우에서 문제 관찰은 바비큐에 더 이상 불이 켜져 있지 않았다는 것이다. 그 관찰은 기대하지 않았던 것이기 때문에 문제가 된 것이다(즉 나는 아내가 달궈지지 않은 불판에서 고기를 요리하고 있을 것이라고는 기대하지 않았다). 물론 이 예에서 누군가의 배고픔 그리고/또는 아내의 행복을 지켜주려고 하는 마음에서 또한 동기부여가 일어날 수 있다.

2. **원인 질문 제기하기** ─ 왜 바비큐에 더 이상 불이 붙어 있지 않았을까? 이 경우에 원인이 크든 작든 자동적으로 문제 관찰을 수반하게 된다. 그러나 다른 예로 원인 질문에 대한 명확한 답변을 생각해내는 것이 훨씬 더 어려울지도 모른다.

3. **가능한 이유(설명) 생각해내기** ─ 이 경우 초기 설명(가설)은 바람이 불을 껐기 때문에 바비큐를 구울 버너에 더 이상 불이 붙어 있지 않았다는 것이다. 설명/

가설 생성 과정은 하나 또는 그 이상의 과거와 관련된 맥락 안에서 이루어지는 것으로 밝혀져왔던 유추, 유추 전이, 유추적 추론, 즉 차용 아이디어를 포함하는 한 가지처럼 보이고, 그것들을 현재의 맥락에서 가능한 설명/문제해결/가설로서 사용하는 것처럼 생각된다(Biela, 1993; Bruner, 1962; Dreistadt, 1968; Finke, Ward & Smith, 1992; Gentner, 1989; Hestenes, 1992; Hoffman, 1980; Hofstadter, 1981; Holland, Holyoak, Nisbett & Thagard, 1986; Johnson, 1987; Koestler, 1964; Wong, 1993 참조). 아마도 바람 설명은 바람이 불어 불을 껐거나 바비큐 불과 관련된 또 다른 어떤 원인과 관련된다는 측면에서 하나 또는 그 이상의 이전의 경험들에 근거를 두고 있었을 것이다. 아마도 텅 빈 가스통 설명이 유사하게 발생되었을 것이다. 다시 말하면 유사한 경험이 상기되었고 (예 : 차의 연료통이 비어 있으면 엔진의 시동이 걸리지 않는다), 현재 맥락에서 사용된 텅 빈 가스통 설명의 자료로 이것을 사용했다.

4. **심사숙고 후의 설명이 옳다는 것을 전제로 예측 생성하기** — 이러한 가정은 잠재적 설명이 검증을 받고 오류가 있을 경우 그 오류를 발견할 수 있도록 하기 위해서 필요하다. 검증은 예상된/예측된 결과(즉 예측)의 생성을 허용하는 설명 및 함께하는 조건들과 관련이 있는 상상을 필요로 한다. 학습 과정에서의 이러한 측면은 앤더슨의 만약/그러면/그러므로 생산 시스템을 연상시킨다(Anderson, 1983). 중요한 것은 예측(때로는 추론이라고도 함)이 결코 자동적으로 발생하지 않는다는 것이다. 사람들은 종종 시험으로 입증되지 못하는 설명을 만들기도 하는데, 이는 시험을 원하지 않거나 예측이 시험 가능하지 않을 때이다.

5. **상상 시험 수행하기** — 예상되는 결과가 실제 시험에 대한 관찰 결과와 비교될 수 있도록 고안된 상상 시험을 실시해야 한다.

6. **기대 결과와 관찰 결과 비교하기** — 이러한 비교는 결론 도출을 위해 한 가지를 허용한다. 적절한 조화란 증명되지는 않았지만 설명에 대한 시험 결과가 지지해주는 것을 의미한다. 반면 부적절한 조화란 설명과 시험 둘 중 하나 또는 두 가지 모두에 오류가 있는 것을 의미한다. 적절한 조화의 경우 하나 또는 그 이상의 진술되지 않는, 그리고 아마도 상상되지 않는 대안적인 설명도 이러한 시험 조건에서 동일한 예측을 할 수도 있기 때문에, 그 설명은 아직은 확실히 증

명된 것은 아니다(예 : Hempel, 1966; Salmon, 1995). 유사하게 부적절한 조화는 명확하게 오류를 입증할 수 없거나 최악의 경우에는 설명을 조작하기도 한다. 적절한 조화를 성취하기 위한 실패는 설명의 오류라기보다는 오히려 시험 조건 의 오류일 가능성이 높기 때문에 부적절한 조화는 명확하게 조작하여 진술할 수 없다(예 : Hempel, 1966; Salmon, 1995).

7. 절차 순환하기 ― 절차는 하나의 검증받은 설명이 만들어지고, 하나 또는 그 이 상의 경우에 대하여 타당성을 지지받을 때까지 순환되어야 한다. 현재의 예시 에서 바람 가설에 대하여 검증했던 초기 결론은 잘못되었다. 그 테스트에 대한 반복적인 시도와 면밀한 검토를 통해 바람 가설은 기각되었으며, 이로 인해 빈 가스통 가설에 대한 생성, 검증 및 지지가 이루어졌다.

적어도 이 경우에서 학습은 외부 세계로부터의 피드백(비록 감각수용기를 통하여 여과되지는 못했지만)을 필요로 했다. 따라서 반복적인 시도에도 불구하고 바비큐에 불이 다시 붙지 않았다는 사실은 결국 바람 가설의 기각을 이끌어낸 핵심적인 감 각 증거였다. 그리고 바람 가설이 기각되고 나서야 비로소 대안적인 텅 빈 가스통 가설이 생겨나고 검증되었다.

6. 지식의 두 가지 유형

인지 과학에서는 지식의 종류를 선언적 지식과 절차적 지식의 두 종류로 구분하거 나 비유적 지식과 실효적 지식으로 구분하기도 한다(예 : Piaget, 1970). 예를 들면, 선언적 지식은 "런던은 영국의 수도이다.", "동물은 산소를 흡입하고 이산화탄소를 배출한다."는 것을 안다는 것이고 절차적 지식은 "자전거 타는 방법을 안다.", "수 를 셀 수 있다.", "통제된 실험을 수행할 수 있다." 등과 같은 종류의 방법적 지식 이다. 앤더슨(1980)은 "선언적 지식은 우리가 알고 있는 사실을 구성하는 것이고, 절차적 지식은 우리가 수행하는 방법이나 기술을 구성하는 것"이라고 구분했다 (p. 222). 선언적 지식은 우리가 일반적으로 어떠한 지식을 습득하고 알고 있다는 점 에서 명시적이다. '학습'이라는 말은 종종 이 선언적 지식의 획득과 구성에서 사용되며(예 : 나는 조와 다이앤이 지난 목요일에 결혼한 것을 알고 있다) 그 지식의 의식적인 회상은 내측 측두엽의 기능적 무결성에 달려 있다(Squire & Zola-Morgan, 1991). 반면에 수행을 통해 표현되는 절차적 지식은 우리가 그 지식을 습득했다는 것을 의식하지 않을 수도 있다는 점에서 암시적이다. '개발'이라는 말은 이 절차적 지식의 획득과 구성에서 사용된다(예 : 랄프는 지난 몇 년 동안 상당한 골프 기술을 개발했다. 어떤 학생들은 다른 학생들보다 수학문제를 푸는 방법이 더 낫다). 중요한 것은 절차적 지식의 저장 및 회상은 내측 측두엽과는 독립적이며, 신선조체新線條體, neostriatum와 같은 다른 뇌 시스템에 따라 달라진다(Squire & Zola-Morgan, 1991).

앞서 살펴본 바와 같이 선언적 지식의 획득 및 구성(예 : 불이 꺼진 바비큐의 원인은 가스의 부족)은 다양한 생각을 생성하고 그 생각들을 검증함으로써 모순 예측에 해당하는 생각을 거부하고 모순되지 않는 생각은 받아들일 수 있는 능력에 달려 있다. 따라서 아이디어를 생성하고 검증하는 기술을 얻었을 때는 선언적 기술의 습득과 구성이 더 쉬워진다. 이것은 피아제의 "학습은 발달에 종속된다."는 주장(Piaget, 1964, p. 184) 및 숙련된 동료보다 추론 능력이 부족한 학생들에 대한 추가적인 개념이해 조치를 수행한 것으로 나타낸 수많은 연구들(예 : Cavallo, 1996; Lawson et al., 2000; Shayer & Adey, 1993)과 일치한다. 그러나 이 모든 것보다 더 중요한 것이 있다. 신경학적 관점에서 뇌의 내부에서 무엇이 일어나는지에 대해 자세히 알아보기 전에 좀 더 구체적으로 피아제의 구성주의에 대해 논의해보자.

7. 피아제의 구성주의

> 브랑기에 : 사실, 당신이 언급했다시피 '구성주의'라는 용어는 당신의 연구의 모든 것을 보여줍니다.
> 피아제 : 예, 정확합니다. 지식은 대상을 복사하는 것이 아니며 선험적인 것들을 의식하는 것도 아닙니다. 이는 생물학적인 관점에서 보았을 때 생물체와 환경 사이의 상호 교환에 의해, 인지적인 관점에서 보았을 때 생각과 그 대상 사이의 상호 교환에 의해 일어나는 지각적인 형성입니다. (Bringuier, 1980, p. 110)

피아제는 과학적인 수단으로 인식론과 관련된 문제들에 대한 해답을 찾고자 한 첫 번째이자 가장 유명한 학자들 중 한 사람이었기 때문에, 자기통제 이론과 연관된 구성주의 이론은 특별하게 여겨진다. 피아제는 처음에 생물학자로서 연구를 시작했다. 그래서 그의 연구가 발생학, 발달 그리고 진화학과 연관된 이론에 기반을 두고 있는 건 당연하다고 할 수 있다. 사실, 피아제의 이론은 확고하게 지능이 생물학적 적응이라는 가정에 기반을 두고 있다. 그렇기에 그는 같은 원리가 생물학적 진화와 지적 발달에 적용될 수 있다고 믿었다. 피아제는 다음과 같이 말했다. "모든 다른 생물학적 적응과 마찬가지로 지능은 외부 환경에 대한 적응이라고 볼 수 있다"(Bringuier 1980, p. 114). 달리 말하면 피아제의 기본 가정은 지적 발달이 보호를 위한 딱딱한 갑피, 강한 다리 근육, 그리고 예리한 시력과 같이 진화를 통해 얻게 되는 것들과 동일하다는 것이다.

피아제의 관점에서 진화 발달을 설명하기 위해 최소 2개의 생물학적 이론이 필요하다고 했기 때문에 지적 발달을 설명하기 위해서도 최소 두 가지 이론이 있어야 한다. 이러한 생물학적 이론이 네오다윈주의와 유전적 동화이다. 피아제(1952)는 각각의 이론을 실용주의와 자기통제(가끔씩은 균형)이라고 언급했다.

네오다윈주의(네오라고 한 이유는 다윈이 종의 기원을 썼을 당시에 유전학과 변이의 메커니즘에 대해 아는 것이 없었기 때문이다)는 진화가 자연적으로 발생하는 변이에 의해 만들어지는 유전적 다양성과 이것의 자연적 선택으로 발생한다고 주장한다. 달리 말하면 게놈에서 발생한 변이가 환경에서 선택적으로 평가되는 관찰 가능한 특징들을 변화시킨다고 할 수 있다(그림 4). 실용주의는 네오다윈주의와 유사하게 정신적 구조의 변화는 무작위적이며 무지향적으로 일어난다고 주장한다. 새로운 정신적 구조는 새로운 행동을 이끌어낸다. 새로운 행동은 유지되거나 버려진다. 그렇기에 새로운 정신적 구조는 근본적으로 내재적이지만 그것이 적절하게 유지되는 데 환경이 중요한 역할을 한다.

7.1 *Limnaea* 달팽이는 변화하는 환경에 어떻게 적응하는가

생물학적 진화를 설명하기 위해 네오다윈주의가 유용하다는 것은 현대 생물학자들 사이에서 반박의 여지가 없지만, 많은 학자들은 자연선택설이 결코 전부는 아니라고 인정하고 있다. 자연선택설만으로는 설명할 수 없는 생물학적 적응에 대한

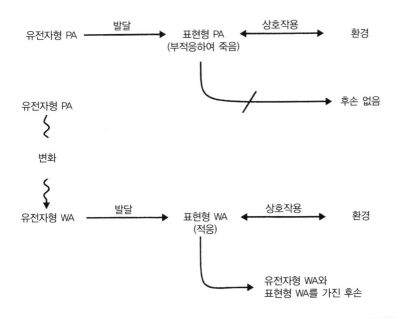

그림 4. 변이와 자연선택을 통한 네오다윈주의 이론에 따른 진화 과정. 생물체의 개체 수 내에서 유전자형은 자연적이며, 무작위적인 변이로 인해 나타나는 유전적 재결합에 의해 달라진다. 표현형 PA로 발달하는 유전자형 PA를 생각해보자. PA가 환경과 상호작용을 할 때 표현형 PA가 적응을 못했기 때문에, 생물체는 죽고 후손을 남기지 못한다. 하지만 유전자형 PA는 유전자형 WA를 생산할 수 있도록 변화할 수 있으며 그것은 표면형 WA로 발달할 수 있다. 표현형 WA는 성공적으로 환경과 상호작용을 하며 유전자형 WA를 가지고 있는 후손을 남길 수 있다.

많은 사례가 있다. 피아제는 해양달팽이의 껍질이 파도가 치는 환경과 잔잔한 환경에서 다르게 발달했으며 이는 사후 자연선택설만으로 설명될 수 없다는 것을 조사했다(Piaget, 1929a; 1929b). 우리는 이 자료를 좀 더 자세히 살펴볼 것이다.

달팽이속에 속하는 *Limnaea*는 피아제가 처음 조사를 시작한 스위스를 포함한 유럽 전역에 있는 호수 대부분에서 발견된다. 이 달팽이는 껍데기 모양이 다양한 것으로 유명하다. 잔잔한 물에서 사는 달팽이들은 길쭉한 모양의 껍데기를 가진 반면 해안가에서 파도를 맞는 달팽이들은 좀 더 수축되고 구형으로 된 껍데기를 가지고 있다(그림 5).

피아제는 길쭉한 형태의 달팽이 후손들이 파도가 치는 환경을 모방한 실험실에서 길러졌을 때 수축된 형태로 자라는 것을 발견했다. 수축된 형태로 발달하는 이

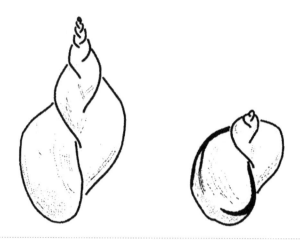

그림 5. 피아제가 연구한 *Limnaea* 달팽이. (A) 길쭉한 형태인 *L. stagnolis*는 잔잔한 물에서 발견된다. (B) 수축된 형태인 *L. bodamica*는 파도가 치는 해안가에서 발견된다(Waddington, 1975).

유는 달팽이가 파도에 휩쓸리지 않도록 바닥에 고정시키는 소주 근육이 수축을 하기 때문이다. 근육 수축의 결과로 껍데기는 수축된 형태로 발달한다. 그렇기 때문에 실험실에서 나타난 수축된 껍데기는 표현형 변화라고 할 수 있다. 그러나 수축된 형태의 달팽이 알을 실험실에 가지고 와서 잔잔한 물과 유사한 환경에서 키웠을 때 그 달팽이의 후손들은 몇 세대에 걸쳐 수축된 형태를 유지했다. 이는 표현형 질적 변화가 유전적으로 고정되어 있다는 것을 의미한다. 그렇기 때문에 우리는 유전적으로 고정되어 있으며 일생 동안 습득되는 특징을 보여주는 예들을 확인할 수 있다.

이 현상이 네오다윈주의만으로 설명이 가능할까? 피아제는 아니라고 주장하는데, 그 이유는 과거에 길쭉한 형태의 달팽이들이 파도가 치는 환경으로 이동했을 때 유전자형적 흔적을 만들기 위해 수축된 형태가 자연적으로 선택될 필요성이 없었기 때문이라고 한다(Piaget, 1952; 1975; 1978). 사실 달팽이에게는 선택의 여지가 없었기 때문에 수축된 형태에 대해 자연선택이 적용되는 것은 불가능했다고 할 수 있다. 파도가 치는 환경에서는 어떤 유전 형태를 가진 달팽이라도 수축될 수밖에 없었다. 그렇다면 어떻게 수축된 표현형이 게놈에 포함될 수 있었을까?

7.2 와딩턴의 유전적 동화 이론

앞에 언급된 질문에 대한 생물학자들 사이에서 일반적으로 받아들여지는 답은 C. H. 와딩턴의 연구와 그가 주장한 유전적 동화 이론theory of genetic assimilation에 큰 기반을 두고 있다(Waddington, 1966). 비록 와딩턴의 이론이 초기에 습득된 특징들이 유전된다는 것을 확신하면서 유전자들의 동화를 감안했지만, 이는 다윈이 상상한 것이 아닌 자연주의에 의해 일어난다. 이러한 의미로 유전적 동화 현상은 네오다윈주의에 반박을 한다기보다 차이점을 보여준다고 말할 수 있다. 유전적 동화 현상은 이로운 특징을 발달시키려는 경향을 가진 각 개체가 자연선택되는 것을 포함한다. 이와 같이 유전적 동화 현상은 현대 진화생물학의 교재에 나와 있는 유전 변형에 대한 이론으로서 널리 받아들여지고 있다. 유전적 동화 현상을 이해하기 위해서 우리는 발생학적 발달과 와딩턴이 주장한 발생세분화canalization를 이해할 필요가 있다.

발생세분화. 수정란은 단일 세포이다. 난자가 분화되면 각각의 세포는 피부, 뇌 그리고 근육 세포와 같이 무수히 많은 종류의 세포로 변한다. 자라나는 배아는 '올바른' 종류의 세포가 자라나는 걸 보장하기 위해 환경의 방해로부터 스스로를 보호할 능력을 가지고 있다. 이는 첫 세포가 분화되기 전에도 보여진다. 예를 들면, 난자에는 확실하게 세포질 부분이 있다. 난자를 원심 분리하면 세포질 부분의 위치가 정상에서 벗어나게 된다. 하지만 난자를 가만히 내버려두면 분리되었던 부분이 점차 원래 위치로 돌아가게 된다. 이러한 자기규제 경향은 반으로 나누어진 난자에서도 볼 수 있다. 일란성 쌍둥이는 분리가 되면 각 개체의 반만 생산될 수 있을 것이라고 여겨지는 같은 난세포에서 태어나게 된다.

발생세분화는 생물체가 정상적인 발달을 저해하는 변화에 버티기 위한 능력을 와딩턴이 정의하기 위해 사용한 용어이다. 와딩턴(1966)은 그것을 다음과 같이 설명했다.

> 뇌나 사지, 혹은 다른 신체 기관으로 발달하는 초기 세포 구역은 특정한 변화의 방향을 따른다. 이러한 방향은 더 세분화된 관으로 '유도'되어canalized 있으며, 이는 비정상적인 기온과 같은 외재적인 요소나 비정상적인 유전자와 같은 내재적인 요소에 영향을 받지 않고 발달 방향을 고수하는 것을 의미한다. 심지어 발달 시스템이 강제적으로 정상 범

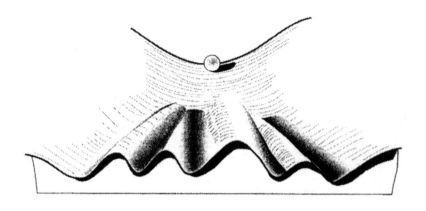

그림 6. 여러 대안 사이에서 발전하는 개체의 후생적 유전 풍경. 유전적 혹은 환경적 요인에 의해서 운하가
바뀌며 이는 관찰이 가능한(표면적) 특징으로 나타난다(Waddington, 1966).

> 위에서 벗어나게 되더라도 세포는 더 세분화된canalized 방향으로 돌아가고 정상적인 성체로
> 자라나려는 경향을 가진다. (p. 48)

와딩턴은 발생세분화가 완전하지 못하다고 지적했다. 왜냐하면 그러한 발달 체
계는 항상 적절한 성체로 성장하지는 않기 때문이다. 그럼에도 불구하고 중요한
점은 바로 그것이 방향에 영향을 주는 상당한 변화에 직면하게 되더라도 자기 통
제성을 가지고 최종 단계까지 가려는 경향을 가진다는 것이다. 와딩턴은 발생세분
화를 여러 개의 운하가 뻗어 있는 비탈에서 구르고 있는 공에 비유를 했다(그림 6).
공이 구를 때 내재적(유전적) 혹은 외재적(환경적) 요인이 공이 각각의 운하로 구르
는 방향을 바꾸어 마침내 공이 오직 하나의 운하 바닥으로 향할 수 있도록 한다.
와딩턴은 퍼져 있는 운하 체계를 **후생적 유전 풍경**epigenetic landscape이라고 칭했다. 한
생물체의 완전한 발달을 설명하기 위하여 많은 후생적 유전 풍경이 필요하다.

예를 들어, 후생적 유전 풍경이 개체의 성에 대한 발달을 나타내기 위해 구성되
었다고 가정하자. 풍경은 두 운하를 포함할 것이며 이 운하들은 각 개체가 수컷이
나 암컷이 되도록 하는 통로가 될 것이다. 유전적 요인은 공이 하나의 운하로 들어
가도록 방향을 바꿀 것이다. 그렇기에 정상적인 성체는 공이 한 운하 쪽으로 가는
도중 방해를 받게 되더라도 수컷이나 암컷(수컷과 암컷의 중간지점이 아닌)이 된다.
환경 또한 공이 다른 운하로 들어가도록 방향을 바꿀 수 있다. 이는 환경으로 인해

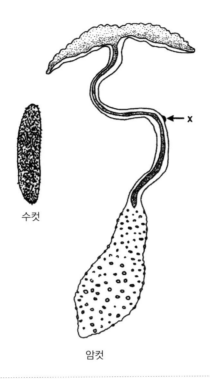

그림 7. 수컷(확대된 형태)과 암컷 보넬리아. X는 암컷의 코에 붙은 수컷(실제 크기)을 보여준다(MacGintie & MacGintie, 1968).

성이 결정되는 보넬리아라는 해양 지렁이에게 일어나지만, 발생세분화는 중성이 아닌 수컷이나 암컷 성을 결정지어준다. 〈그림 7〉은 암수 보넬리아를 보여준다. 유충은 자유 유영성을 띤다. 유충이 홀로 정착을 하면 그것은 암컷으로 발달한다. 하지만 만약 유충이 암컷의 코에 달라붙게 되면 그것은 조그마한 수컷으로 발달하게 된다.

와딩턴에 의하면 생물체는 후생적 유전 풍경(예 : 발생세분화의 정도, 역치의 높이, 대안 운하의 수)에 차이에 기인하여 환경적 압박에 반응하는 다양한 능력을 가진다고 한다. 어떤 개체들은 잘 세분화되었지만 대안이 별로 없는 풍경(환경)을 가지고 있기 때문에 환경이 주는 영향에 상대적으로 덜 민감하다. 〈그림 8〉의 A와 B에 제시된 두 첫 세대 개체에서 나타나는 후생적 유전 풍경을 비교해보자. 두 개체 모두 2개의 대안이 있는 잘 세분화된 유전 풍경을 가지고 있으며 유전 풍경 H의 초기 발달 역치가 유전 풍경 L보다 높다. 그렇기에 속이 빈 화살표가 나타내는 환경적 압박은 높은 역치를 가진 유전 풍경 H가 발달을 수정하도록 만드는 데 영향을 주지 못한다(WA). 반면에 낮은 역치를 가지고 있는 유전 풍경 L에서는 환경적 압박이 발달을 수정하는 데 영향을 미친다고 할 수 있다.

　이러한 차이점들로 인해 외부 환경의 압력에 대하는 능력이 개체마다 다양하다. 몇몇은 유익한 변형을 겪고 반대로 이롭지 않은 변형을 겪게 되는 이들도 있다. 심지어 나머지는 변화가 일어나지 않을 수도 있다. 물론 이로운 변형을 겪게 되는 개체들은 더 나은 생존의 기회를 얻게 되고 후손을 남길 가능성이 높다. 반면에 변화에 적응하지 못한 개체poor responder는 자연스럽게 멸종하게 된다. 그리하여 살아가는 데 도움이 되는 방향으로 반응하는 능력을 지닌 '유전 풍경 L'이 선택된다. 앞서 살펴본 바와 같이 개체들은 점차 유전 풍경 L을 지니고 있는 구성원으로 이루어지게 될 것이다. 여기서 주목해야 할 사항은 최소의 유전적 돌연변이가 한계점을 넘어서고 새로운 국면에 부딪히게 되는 계기가 된다는 것이다. 일단 이러한 일이 일어나면 유기체는 외부 환경적 압박의 여부와는 별도로 순조롭게 적응하는 표현형 WA로 발달하게 된다. 이러한 의미에서 유전 풍경 L의 선택은 발달 기제를 일촉즉발의 위치에 처하게 한 셈이 된 것이다. 그리하여 다수의 유전적 돌연변이는 분자 구조상의 관점에서 무작위로 나타나게 되고, 적응을 잘하는 표현형으로 거듭나게 되는 것이다. 따라서 이러한 돌연변이들은 적응력에 있어서 임의적인 것이 아니다. 대신에 그들은 게놈상에서 긍정적인(순응하는) 변형을 이루어낸 것이다. 최종 결과는 유익한 특성들이 초기에는 특정 외부 환경적 압력에 대응하여 취득한 게놈상으로 동화된다는 것이다.

　비록 와딩턴(1975)은 피아제의 *Limnaea* 연구가 자연적으로 발생하는 개체를 통틀어 유전적 동화작용을 다루고 있는 가장 흥미로운 연구라고 진술했지만, 생물학적인 문헌들이 추가적으로 자연적이고 실험적인 예시들로 부족한 부분을 보충하고 있다(예 : Clausen, Keck & Hiesey, 1948; Waddington, 1959; Rendel, 1967; Futuyma, 1979).

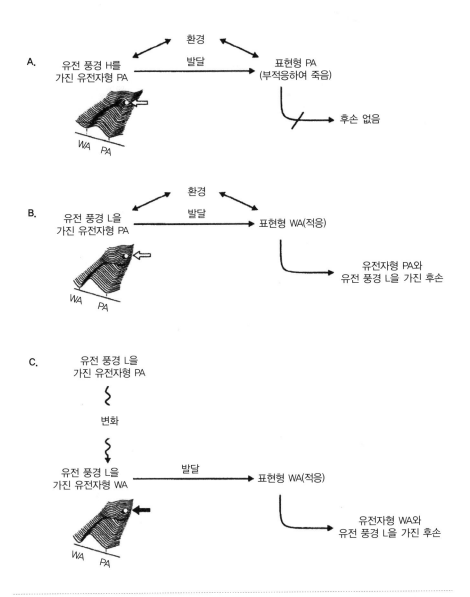

그림 8. 와딩턴의 유전적 동화 현상. (A)는 적응을 못하는 유전자형(PA)와 환경적 압박(속이 빈 화살표)에 반응이 거의 없는 후생적 유전 풍경을 가진 생물체는 적응을 잘못하는 표현형으로 발달하는 것을 보여준다. 이 표현형은 도태되고 제거된다. (B)는 PA 유전자형과 반응적인 유전 풍경 L을 가진 생물체가 WA 운하로 넘어가는 역치 이상의 환경적 압박이 주어졌을 때 잘 적응하는 표현형을 얻게 되는 것을 보여준다. 그러나 이 표현형은 아직 게놈에 동화되지 않았다. 따라서 후손들은 지속적인 환경적 압박이 주어질 때만 이 표현형을 보인다. (C)는 유전 풍경 L을 가진 유전자형 PA가 지속적인 환경적 압박이 없는 상태에서 표현형 WA를 만들어내기 위해 유전자형 WA를 만들도록 자연적으로 변이하는(속이 찬 화살표) 과정을 보여준다(즉 초기에 습득된 특징이 유전적으로 동화되었다).

8. 심리학적 자기규제[2]

〈그림 9〉는 심리학적 자기규제psychological self-regulation를 유전학적인 동질화와 유사한 과정으로 설명하고 있다. 진화하는 동안에 변화하는 유전자형의 유사성은 개인의 발전하는 정신적인 존재이다. 그 후생적인 풍경(유전자에 의하여 형성된 그 자체)은 피아제(1971a, p. 22)가 '동질화 개요'라고 부르는 것에 의해 결정되는, 새로운 행동을 획득하는 개인의 경향에 상응한다. 표현형은 명백한 행동에 상응한다. 따라서 〈그림 9〉의 A는 동질화 개요와 개인들이 경험에 내포된 압력에 반응하지 않는 것과 새로운 심리적 구조(WA)를 발달시키지 않는다는 상황을 설명하고 있다. 그 상황과의 상호작용은 '불평형 상태' 또는 지속적으로 정신적인 변화를 만들어내지 않는다. 그 상호작용은 '진화적인 준비'가 아니다. 왜냐하면 그 활용 가능한 동질화 개요들은 새로운 경험에 동질화하는 것이 부적합하기 때문이다. 아마도 그 활용 가능한 동질화 개요는 개인의 협력의 힘과 경험의 데이터와 상호작용에 의하여 만들어질 것이다.

반면에 〈그림 9〉의 B는 동질화 개요 L과 개인이 환경적인 압력에 반응하게 하는 것과 새로운 행동을 획득하는 것을 보여준다. 그러나 새롭게 얻은 행동은 아직은 심리적 구조들에 동질화되지는 못한다(심리적 구조 PA로 남아 있는 것을 의미). 그 새로운 행동과 그 사람의 이전의 사고방식은 아직 통합되지는 못한다. 그 결과는 심리적인 불평형 상태이다. 환경적인 압력의 제거와 함께 개인은 유전학적으로 늘어났으나 표현형적으로 수축된 달팽이의 자손이 늘어난 형태로 발전하려는 것처럼 이전에 부적절한 행동들로 되돌아가려는 경향이 있다.

교실에서 학생들은 이전에 풀어보았던 문제이거나 교사가 방법을 제시해준다면 문제를 옳은 방법으로 풀 수 있을지 모른다. 그러나 학생이 스스로 문제를 푼다면 부분을 사용하는 전략이 떠오르지 않을 수도 있다. 왜냐하면 그들은 처음에 왜

---

2 뒤따르는 심리학적 자기규제에 대한 논의는 피아제의 개념과는 미묘한 차이가 있다. 피아제의 자기규제의 개념은 그의 생물학적인 표현형 모사 이론에 근거하고 있다(Piaget 1975, pp. 216–217; Piaget 1978, pp. 78–83; Bringuier 1980, p. 113 참조). 내가 알고 있는 한 표현형 모사 이론은 생물학자들 사이에서 호의를 받지 못하고 있다. 그러므로 현재의 논의는 유전학적인 동질화에서 자기규제의 관계에 국한될 것이다.

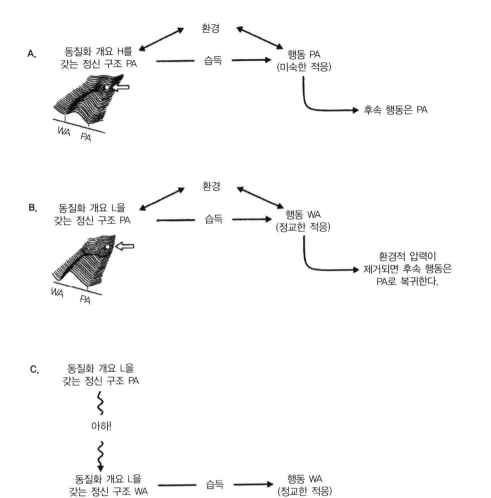

그림 9. 심리학적 자기규제는 유전학적인 동질화에 대한 와딩턴의 이론과 유사한 것처럼 보인다. (A) 심리적 구조 PA와 개인들 및 부적절한 동질화 개요들 H는 환경과 상호작용을 하고, 계속해서 불량하게 적응된 행동 PA를 보인다. (B) 심리적 구조 PA와 개인들 및 적절한 동질화 개체 L은 그 환경과 상호작용하고 새롭게 잘 적응된 행동 WA를 얻게 된다. 그러나 그 새로운 행동은 현재의 심리적 구조와 동질화되지는 않으며 계속된 환경적인 압력 없이 사라지게 될 것이다. 불평형 이론은 존재한다. (C) 심리적 구조 PA와 개요들 L은 '아하!'라는 경험(검은 화살표)을 겪는다. 그 심리적 구조는 투입이나 입력하는 것의 완전한 동질화가 허용되게 조화를 이룬다. 즉 새로운 심리적 투입은 결국 이미 알려진 것이라는 측면에서 이치에 맞는다. 결과적으로 뒤이어 일어나는 행동은 심지어 계속된 환경적인 압력이 없어도 잘 적응하게 된다.

성공적이었는지 이해하지 못하기 때문이다(즉 이전의 생각과 절대 통합되지 않는 것이다). 그러므로 〈그림 9〉의 B는 불평형의 상태를 나타낸다. 잘 적응되지 않는 정신적 구조와 단지 부분적인 성공적 행동 사이에 부조화가 존재하기 때문이다.

마지막으로 〈그림 9〉의 C는 자발적이고 내면적인, 지금까지 있었던 것 중 가장 지향적인 새로운 행동 패턴이 수용된 심리적 구조와 완벽한 동화를 허용하는 심리 구조의 개편의 평형 상태의 복구를 나타낸다. 그러므로 심리적 동화는 당사자의 정신 구조(게놈) 안으로의 새롭고 잘 적응된 심리 구조의 자발적인 수용(변화)을 거친 행동 패턴(표현형)의 전체적 과정과 일치한다. 그러므로 순응 없이는 동화를 할 수 없다. 피아제는 길이가 다른 두 검사기의 길이에 대하여 질문받고 즉각적으로 대답하고 발표한 아이를 인용하기 좋아했는데, "한번 알면 영원히 안다."라고 말했다. 여기 순응된 심리 구조와 함께 수의 보전 개념에 완전히 동화된 아이가 있다.

9. 교육적 함의

교육적으로 중요한 자기규제 이론은 간단하게 설명될 수 있다. 만일 누군가 교육에서 실용적 접근을 채택한다면 학습이 이루어지기 전에 심리 구조에 대한 자발적이고 무지향적인(방향 설정이 없는) 재편성이 일어날 때까지 기다리도록 강요받게 된다. 그러한 과정은 내면적이며 환경-교육적 형태로 받아들이지 못한다. 학생의 생각이 옳건 옳지 않건 학생 자신의 생각의 방향을 설정(구성)하지 못할 때 교사는 학생에게 간단히 말하여 비교적 중요하지 않은 위치로 격하시킨다.

그러나 교사가 자기규제 이론을 이용한다면 그는 단순히 변화가 발생하는 것을 기다리는 위치에 있지 않게 된다. 오히려 발달 경로에 해박한 교사는 학생들에게 더 복잡하고 알맞은 사고 과정을 따라 자발적으로 생각을 재조직할 수 있는 환경을 제공해줄 수 있다. 교사는 불평형의 선동자가 될 수 있으며 학생들이 맞출 수 있는 지적인 퍼즐을 제공해줄 수 있다. 물론 궁극적인 정신적 재조직은 학생들에 의해서 이루어져야 하지만, 교사의 역할은 수동적이지 않다. 그들은 와딩턴의 방향성 자연선택설이 게놈을 촉발했듯이 그 과정들을 즉시 유발시킬 수 있다.

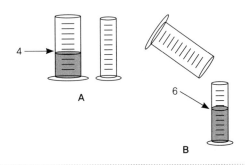

그림 10. 물 붓기 과제(Suarez & Rhonheimer, 1974)

만일 교사가 자기규제가 내재화의 방법이라는 개념을 받아들인다면 외재적인 지식(교사에 의해 제공되는)이 내재화된다는 것이 바로 핵심이다. 그것은 (1) 학생들이 부적합성을 발견하기 위해 상황에 대해 생각해보는 이전 사고방식에 맞설 기회를 가져야 하며, (2) 새로운 상황에 대해 성공적인 동화가 일어나도록 해주는 적절한 정신적 재조직(합의)이 허용되기 위해서 그 상황에 대해 심사숙고할 충분한 기회를 제공받아야 한다는 것을 의미한다.

그렇다면 과연 어떻게 이것이 교실 상황에서 이루어지는지 보자. 많은 고등학생들과 심지어 상당수의 대학생들은 〈그림 10〉과 같은 비례적 문제를 해결하기 위해 가법적 전략을 이용한다. 이 그림에는 높이는 같으나 직경이 다른 2개의 실린더가 있다. 학생들은 직경이 넓은 실린더의 4번째 눈금을 가리키는 양만큼의 물이 직경이 좁은 실린더에 들어간다면 그 실린더가 6번째 눈금만큼 찬다는 것을 알아차린다. 만약 많은 학생들이 직경이 넓은 실린더의 6번째 눈금을 가리키는 만큼의 물이 직경이 좁은 실린더에 들어가 어느 눈금을 가리키는지 질문을 받는다면, 그들은 8번째 눈금이라고 하며 그 이유를 물으면 "왜냐하면 이전에 2만큼 올라갔으니 이번에도 2만큼 올라갈 것이니까요."라고 대답한다.

어떻게 가법적 전략을 사용하는 학생들이 비례적 전략을 사용하는 것을 배울 수 있을까? 자기규제 이론에 따르면 그들은 우선 이전 사고방식이 갖는 오류를 찾아야 한다. 위와 같은 경우 간단하게 직경이 좁은 실린더에 물을 직접 부어서 그 실린더가 8번째 눈금만큼 찬다고 예상했던 것과 달리 9번째 눈금만큼 찬다는 것을 발견할 수 있다. 심지어는 직접 부어보지 않고도 이 오류는 사고 실험을 통해 발견될 수 있다. 직경이 좁은 실린더 6번째 눈금만큼의 물을 직경이 넓은 빈 실린더에 붓는다고 가정하자. 가법적 전략을 사용하는 학생들은 그 실린더의 4번째 눈금만큼 물이 찬다고 생각할 것이다(즉 6−2=4). 이번에는 직경이 좁은 실린더 4번째 눈금만큼의 물을 직경이 넓은 빈 실린더에 붓는다고 가정하자. 가법적 전략을 사용하는 학생들은 물이 그 실린더의 2번째 눈금을 가리킬 것이라고 예측할 것이다(즉 4−2=2). 결국 좁은 실린더의 2번째 눈금을 가리키는 만큼의 물을 넓은 실린더에 붓는다고 가정하자. 가법적 전략을 이용한다면 그 물은 넓은 실린더의 눈금 0을 가리킬 것이라고 예측할 수 있다(즉 2−2=0). 물이 사라진다! 물론 가법적 전략을 이용하는 학생들은 이 상황이 모순적이라는 것을 알아차리며 정신적 불평형mental disequilibrium에 빠질 것이다. 학생들의 추론에 대한 더 형식적인 설명은 다음과 같을 것이다.

> 만약… 두 실린더에 같은 양의 물이 담겼을 때 생기는 눈금 차이는 2칸이다. (초기 전략)
> 그리고… 좁은 실린더의 2번째 눈금만큼의 물을 넓은 실린더에 붓는다.
> 그러면… 눈금 0을 가리키게 된다(즉 2−2=0). 즉 물은 사라진다.
> 그러나… 단순히 한 실린더에 담긴 물을 다른 실린더에 옮긴다고 해서 물이 사라지는 건 있을 수 없는 일이다.
> 그러므로… 눈금 차이가 항상 2칸인 것은 아니다.

이제 학생들은 두 번째 단계인 문제에 대해 '올바르게' 심사숙고하는 방법을 알 준비가 되어 있다. 하지만 명심해야 할 점은 학생들이 교사의 제안을 평가하고 새로운 전략을 완전히 이해하기 위해서 스스로 정신적 재조직을 경험해야 한다는 것이다. 이러한 과정은 즉각적으로 발생하지 않는다. 오히려 이러한 과정이 상당한 시간과 수많은 새로운 문맥 속에서 같은 전략에 대한 반복적인 경험이 필요하다는 점을 경험적 자료를 통해 알 수 있다(Lawson & Lawson, 1979; Wollman & Lawson, 1978 참조). 다양하고 새로운 문맥들이 사용된다는 점이 도움이 된다는 (심지어 필요하다는) 사실은 전통적인 분야subject matter의 경계선을 허무는 것을 지지하는 논점이라 할 수 있다. 예를 들면, 생물학 수업에서 학생은 가게에서 가격을 비교하기, 조리법을 수정하기, 결합된 기어의 회전 수를 비교하기, 저울대 무게를 조절하기, 연못에서 개구리의 개체 규모를 비교하기, 화학물질의 상대적인 발산율을 비교하기, 연비를 측정하기와 같이 비율이 포함되는 문제를 제시하는 데 절대 망설여서는 안된다. 만약 문제 유형의 범위가 전통적인 생물학 분야에만 국한된다면 많은 학생들은 필요한 정신적 재조직을 경험할 수 없으며 비례적 전략을 내재화할 수 없게된다. 그러한 이유로 학습과 전이가 제한될 것이다.

비록 이전 예시가 비례적 추론에 관한 것이었지만(논리-수학적 지식이라는 측면에서) 자기규제 이론은 일상적 관계에서도 적용될 수 있다. 피아제(1975, p. 212)가 지적했듯이 "외적인 지식이 내적인 복원에 의해 대체되는 경향이 논리-수학적 영역에만 국한되는 것뿐만이 아니라 물리적 인과관계의 발달 전반에 걸쳐 있다는 것을 파악하는 것이 필수적이다." 민스트렐(Minstrell, 1980)은 학생들의 물리학적 이해를 돕기 위해 이론을 사용하는 교실 상황에 대한 예시를 제공해주었다. 민스트렐은 고등학교 물리 수업에서 학생들에게 탁자 위에서 '움직이지 않는' 책에 작용하는 힘에 대해 가르치고 있었다. 단순히 학생들에게 책이 움직이지 않는 이유가 아래로 작용하는 중력과 그와 동등하게 반대로 작용하는 책상의 힘 때문이라는 것을 말해주기 전에 그는 학생들에게 책에 어떠한 힘이 작용하는지에 대해 물어보았다. 많은 학생들이 모든 면에 압력을 가하는 공기로 인해 책이 움직이지 않는다고 생각했다. 다른 학생들은 중력과 기압이 함께 아래로 작용한다고 상상했다. 몇몇 학생들은 바람이나 기류가 '아마도 측면에서' 책에 영향을 줄 수 있을 것이라고 생각했다. 학생들이 간과한 것 중에 가장 중요한 것은 바로 책상이 위로 작용시키는 힘에 대해서 예상을 하지 못했다는 점이다. 비록 몇몇 학생들은 아래로 작용하는 힘과 위로 작용하는 힘 모두 예상했지만 그들 중 대다수는 아래로 작용하는 힘이 위로 작용하는 힘보다 클 것이라고 생각했다. 그렇지 않으면 '물체는 떠다닐 것'이기 때문이다.

학생들의 오개념을 확인하는 과정을 거친 후 민스트렐은 학생들의 현재 관점을 조사하기 위해 그들이 불평형과 초기 정신적 재조직을 이끌어내도록 면밀히 설계된 시연과 토론 과정을 거치게 했다. 핵심 시연은 학생의 팔에 두 권의 책을 쌓는 것과 한 권의 책을 스프링에 매다는 것이었다. 그 학생이 책이 올라간 상태를 유지하는 데 쓰이는 에너지로 인해 몇몇 학생들은 위로 작용하는 힘에 대해 인정하게 되었다. 학생들이 스프링에 의해 지지되는 책을 들어 올릴 때의 초기 반응은 책을 쉽게 들어 올릴 수 있다는 데 대한 놀라움이었다. "오! 스프링에 의해 작용하는 힘이 분명히 있어." 비록 민스트렐은 일련의 시연 과정이 모든 학생을 설득할 수는 없었다고 인정했지만, 결국 대략 90% 정도의 학생이 책이 움직이지 않는 상태를 유지하는 데 위로 작용하는 힘이 있다는 것을 믿게 되었다. 물론 설명은 거기서 끝나지 않았다. 그럼에도 불구하고 민스트렐의 학생들 중 대다수는 적절한 정신적 순응accommodation에 이를 수 있었다.

정리하면 자기규제 이론을 확실하게 받아들이는 교사는 문제 제기자, 힌트 및 교재 제공자, 실험 참가자 그리고 교실 운영자 및 비서가 될 수 있다. 교사는 학생들을 뭉치게 할 수 있으며 각각의 자료와 그것들이 가지는 의미를 수집할 수 있다. 가장 중요한 것은 교사는 단순한 이야기꾼이 아니라는 것이다. 교사는 조력자이며 학습의 지도자이다. 만약 교재가 잘 선정된다면 조정된 정신적 구조를 습득하는 것을 독려하기 위해서 좋은 질문이 제기될 것이며 적절한 발상이 제안되고 학생들은 질문에 대해 심사숙고할 기회를 갖게 될 것이며 대안, 정답, 자료 그리고 그 밖에 여러 가지 것이 시행될 것이다.

수업을 위한 자기규제 이론이 가지는 가치에도 불구하고 이 이론에는 근본적으로 이론적인 취약점이 있다. 논의되었듯이 이 이론은 생물학적인 발달과 지적인 발달이 동일하거나 적어도 유사한 조건으로 이해된다는 생물학적인 유사성과 피아제의 생각에 기반을 두고 있다. 비록 이 유사성은 연상적이지만 그것들은 그저 연상적인 상태에 머물러 있다. 게다가 아무리 피아제의 유사성이 연상적으로 보인다고 해도 중요한 사실은 교실 학습, 지적 발달과 과학적 발견을 이해하기 위해서는 우리가 실제로 학습, 발달 그리고 발견이 발생하는 신체 기관을 고려해야 한다는 것이다. 달리 말해 우리는 지식이 형성될 때 뇌에서 어떤 일이 발생하는지 고려해야 한다. 그런 이유로 제2장에서는 주로 자기규제에 대한 생물학적 바탕에 대한 이해를 다룰 것이다.

자기규제의 신경학적 기초

1. 도입

제1장에서 학습과 발달이란 유기체의 성숙과 행동 그리고 환경 사이의 복잡한 상호 작용을 포함하는 구성적인 과정이라고 주장했다. 피아제의 자기규제 이론은 지식 구성 과정의 많은 부분을 설명해준다. 그러나 이미 지적된 바와 같이 피아제의 이론은 신경해부학적 그리고 생리학적 관점보다는 주로 진화론적 그리고 발달적 유추에 토대를 두고 있다. 따라서 이 장의 목표는 뇌 구조와 기능 그리고 자기규제의 관계에 대해 탐구함으로써 보다 견고한 이론적 토대를 제공하는 것이다. 지난 30여 년 동안 신경생리학과 신경 모델링 관련 분야에 상당한 발전이 있었기에 심리학적 현상을 신경적 하부체계와 연결 지을 수 있게 되었다. 우리는 뇌가 어떻게 시각적 입력정보를 처리하는지에 대해 먼저 논의하겠다.

2. 뇌는 어떻게 시각적 입력 정보를 처리하는가

뇌 연구에서 가장 철저히 연구되고 이해된 분야가 바로 뇌는 시각적 입력 정보를 어떻게 자동적으로 처리하는가에 관한 것이다. 총체적으로 이 연구의 목표는 병렬 분산 처리 또는 연결주의 모형으로 알려진 신경망 모형을 검증하고 개발하기 위한 것이다. 코슬린과 쾨니히(Kosslyn & Koenig, 1995)에 의해 확인되었듯 대상을 시각적으로 인식하기 위해서는 〈그림 1〉에서 보이는 6개의 주요 뇌 부위의 작용이 필요하다.

대상을 인식하기 위해서 이러한 6개의 부위가 어떻게 작용하는가? 첫째로, 눈으로부터 입력되는 감각 정보는 시각버퍼라고 불리는 뇌 뒤쪽 후두엽에 위치하는 부위에 전기적 활동의 패턴을 일으킨다. 이 전기적 활동의 패턴은 시각적 버퍼 내에 공간적으로 구조화된 이미지를 산출한다(예 : Daniel & Whitteridge, 1961; Tootell et al., 1982). 다음으로 관심창$_{attention\ window}$이라고 불리는 후두엽 내의 작은 부위에서 세부 과정이 진행된다(Possner, 1988; Treisman & Gelade, 1980; Treisman & Gormican, 1988). 그 후 관심창에서의 활동 패턴$_{activity\ pattern}$ 중 하나는 하부 측두엽으로, 또 하나는 상부 두정엽으로 뇌 양쪽의 두 경로로 동시에 보내진다. 하부 측두엽 또는 복

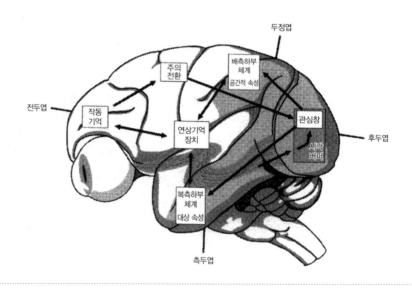

그림 1. 시각적 대상 인식과 관련된 뇌의 부위. 코슬린과 쾨니히의 시각적 체계 모형은 6개의 주요 하부체계로 구성된다. 정보가 한 하부체계에서 다음 하부체계로 전달되는 순서가 제시되었다. 하부체계에서는 시각의 장에서 무엇이 보여지는가에 대한 가설을 설정하고 검증한다.

측하부체계ventral subsystem에서는 형태, 색 그리고 질감과 같은 대상의 속성을 분석한다. 반면에 상부의 두정엽 또는 배측하부체계dorsal subsystem에서는 크기 그리고 위치와 같은 공간적 속성들을 분석한다(예 : Desimone & Ungerleider, 1989; Farah, 1990; Haxby et al., 1991; Maunsell & Newsome, 1987; Ungerleider & Mishkin, 1982). 하부 측두엽에서의 활동 패턴은 시각기억에 저장되어 있는 패턴과 비교된다(예 : Desimone et al., 1984; Desimone & Ungerleider, 1989; Miyashita & Chang, 1988). 정확한 대응이 발견되면 그 대상은 인식된다. 그렇지 않으면 인식되지 못한다. 두정엽의 배측하부체계는 눈이나 팔다리와 같은 부분의 움직임을 안내하는 데 활용되는 입력 정보를 부호화한다. 그 부위의 뉴런들은 움직임의 직전에 작동하거나 움직임의 결과를 입력한다(예 : Andersen, 1987).

복측 그리고 배측 하부체계에서의 출력 정보output는 코슬린과 쾨니히가 연상기억장치라고 부르는 곳에서 모인다. 연상기억장치는 주로 해마, 변연계 시상 그리고 기부전뇌에 위치한다(Miskin, 1978; Miskin & Appenzeller, 1987). 복측 그리고 배측 하부체계 출력 정보는 연상기억장치에 저장되어 있는 패턴들과 비교된다. 시각 기억으로부터의 출력 정보와 연상기억장치의 패턴 사이에 정확한 대응이 얻어지면, 관찰자는 그 대상의 명칭, 속하는 부류, 내는 소리 등에 대해 알게 된다. 그러나 만약 정확한 대응이 발견되지 못하면 그 대상은 인식되지 못하며 추가적인 감각 정보가 입력되어야 한다.

중요한 것은 추가적인 감각 정보의 탐색은 절대 무작위로 진행되는 것이 아니라는 점이다. 오히려 저장된 패턴을 통해 관찰된 것에 대한 두 번째 가설이 설정되며, 이 가설에 따라 새로운 관찰과 추가적 부호화가 이루어진다. 코슬린과 쾨니히의 표현에 따르면 추가적 입력 정보가 탐색될 때 "가설과 관련된 정보를 적극적으로 탐색한다. … 이 과정의 첫 번째 단계는 연상기억장치에서 관련 정보를 찾아보는 것이다"(p. 57). 정보의 탐색은 작동기억working memory이라고 불리는 전두전엽의 활동을 포함한다. 작동기억이 작동됨으로써 보다 유익한 정보의 요소가 있어야 할 곳으로 눈의 주의를 전환시킨다. 일단 주의가 전환되면 새로운 시각적 입력 정보는 차례로 처리된다. 그 후 새로운 입력 정보는 복측 그리고 배측 하부체계에 저장되며 작동기억에 지속적으로 활동 중인 형태와 공간적 패턴들과 비교된다. 다시 코슬린과 쾨니히의 표현을 빌리자면 "비교하는 형태와 공간적 속성들이 사실상 설정된 가설에 대응할 수 있다. 만약 그렇다면 그 대상을 식별하기 위한 충분한 정보가 연상기억장치에 저장되어 있을 것이다. 만약 그렇지 않다면 대상을 식별하기에 충분한 정보가 수집될 때까지 또는 첫 번째 가설을 기각하고 새로운 가설을 설정하고 검증할 때까지 이 과정이 반복된다"(p. 58).

  예를 들어, 만약 지독한 근시인 조가 목욕탕 주위를 배회하다가 샴푸통으로 추정되는 물건의 한쪽 끝을 발견했다고 하자. 다시 말해서 그 대상의 특징과 위치가 샴푸통이라는 가설을 자연스럽게 유도했다. 이러한 초기 가설과 연상기억장치에 저장된 샴푸통에 대한 지식에 근거하여 조는 그 대상의 다른 쪽 끝을 볼 때 뚜껑을 보게 될 것이라고 기대한다. 그는 다른 쪽 끝을 응시한다. 그리고 기대했던 대로 뚜껑을 보게 되면 그 대상이 사실상 샴푸통이라고 결론 내린다. 당신의 뇌가 물웅덩이라고 알리는 길 앞의 무언가를 관찰한다고 하자. 연상기억장치에 연결된 정보로 당신은 물이 튈 수 있다는 것을 안다. 따라서 당신이 계속해서 운전을 하면 타이어가 물웅덩이를 지나며 물을 튀기고 젖게 될 것이라고 기대한다. 그러나 물웅덩이에 다가갔을 때 그것은 사라져버리고 당신의 타이어는 젖지 않았다. 그러면 당신의 뇌는 물웅덩이였다는 가설을 기각하고 새로운 가설을 새울 것이다. 아마도 신기루였다는 가설을 세울지 모른다. 이러한 사례에서 제시된 정보 처리의 패턴은 다음과 같이 요약할 수 있다.

> 만약… 그 대상이 샴푸통이라면, (샴푸통 가설)
> 그리고… 조가 그 대상의 다른 쪽 끝을 본다면, (실험 예측)
> 그러면… 뚜껑을 보게 될 것이다. (예측한 결과)
> 그리고… 다른 쪽 끝을 보니, (실제 실험) 그는 뚜껑을 본다. (관찰된 결과)
> 그러므로… 가설은 성립한다. 대상은 샴푸통일 가능성이 크다. (결론)

그리고 두 번째 사례에 대해서는,

> 만약… 그 대상이 물웅덩이라면, (물웅덩이 가설)
> 그리고… 당신이 그것을 향해 계속 운전해 간다면, (실험 예측)
> 그러면… 타이어는 웅덩이의 물을 튀기며 젖게 될 것이다. (예측한 결과)

그러나… 물웅덩이에 다다르니, (실제 실험) 그것은 사라지고 타이어는 젖지 않는
다. (관찰된 결과)

그러므로… 가설은 기각된다. 대상은 아마도 물웅덩이가 아니었을 것이다. (결론)

다시 말하면 뇌는 대상을 인식하기 위해 저장된 패턴들을 기억으로부터 선택하
여 가설을 세우고 검증을 실시한다. 코슬린과 쾨니히는 이러한 저장된 패턴들에
대해 심지어 가설이라고 지칭한다(물론 '가설'이라는 용어는 여기에서는 가장 폭넓은 개
념으로 사용된 것이며 일반적으로 과학에서 사용되는 의미로, 즉 알 수 없는 관찰된 현상에
대한 가능한 원인의 의미로 쓰인 것은 아니라는 점을 기억해야 한다).

따라서 시각 정보 처리 과정에서의 뇌 활동은 가설–예측적이라고 특징지을 수
있는 만약/그러면/그러므로의 패턴을 활용한다. 사람들은 알 수 없는 특정 대상의 일
부분을 보면 뇌에서 자동적이고 즉각적으로 그것이 무엇인지에 대한 생각, 즉 가
설을 떠올린다. 연상기억장치에의 연결된 정보로 인해 가설에 따른 결과들을 예상
할 수 있다(즉 기대/가설). 결과적으로 가설의 타당성을 검증하기 위해 단순한 행동
을 통해 그러한 예상이 실제로 나타나는지를 알아볼 수 있다. 만약 그렇다면 가설
이 성립하는 것이다. 만약 그렇지 않다면 가설은 기각되며 위의 과정이 다시 반복
된다. 물론 이것은 우리가 앞서 거울 보며 그리기에서 보았던 것과 똑같은 가설–
예측적 패턴이다.

3. 청각적 입력 정보 또한 가설 – 예측적 방법으로 처리되는가

시각 체계는 여러 가지 뇌의 정보 처리 체계 중 하나에 불과하다. 다른 뇌 체계에서
도 마찬가지로 가설–예측적 방법으로 정보가 처리되는가? 불행하게도 다른 체계
에 대해서는 알려진 바가 적다. 그러나 아마도 그럴 것이라 생각된다. 예를 들어,
개인의 음성 언어의 의미를 이해하는 것에 대해 코슬린과 쾨니히(1995)는 다음과
같이 말했다. "시각적 대상 식별과 음성 언어 인식에는 유사한 계산적 분석 과정이
사용될 수 있으며, 따라서 유사한 처리 하부체계processing subsystem들의 집합을 예상할
수 있다"(p. 213).

　　코슬린과 쾨니히(1995)는 그들의 단어 인식 하부체계에 대한 가설의 세부적 내용을 제시한 후에 언어적 입력 정보가 연상기억장치 내의 언어적 표상들에 대응되지 못할 때 어떠한 결과가 나타날 수 있는지에 관해 다음과 같이 요약하여 제시했다.

> … 입력 정보가 너무 손상되어 패턴 활성화 하부체계pattern activation subsystem에 적절한 대응을 찾을 수 없거나 가능한 대응들이 여러 가지인 경우 최적의 단어가 연상기억장치로 보내지고 가설로 다루어질 것이다. 그 후 분류 탐색 하부체계는 단어 음성에 대한 독특한 속성들의 묘사에 접근한다. 그리고 그것을 이용하여 청각 패턴 활성화 하부체계를 준비시키고, 청각적 창을 통하여 청각적 완충기억장치에 표상된 추가적 속성들을 선택하도록 한다. 이러한 속성들은 사전 처리 하부체계에 부호화된 후 패턴 활성화 하부체계에 부호화되고, 여기에서 정보 간의 비교가 이루어진다. 이 정보는 전체 단어에서 추출된 정보와 통합되어 특정한 표상을 나타내게 된다. 이러한 위에서 아래로의 탐색 절차는 시각 정보 처리에서와 똑같이 하나의 표상이 들어맞을 때까지 반복된다. (pp. 237-238)

　　이러한 가설적 단어 인식 하부체계에 대한 세부사항은 우리의 목적에는 중요하지 않다. 이보다 중요한 것은 시각적 인식에서와 마찬가지로 아마도 단어의 인식은 자동적이고 즉각적이며 무의식적인, 그리고 어떤 다른 활동보다 우선하여 가설들을 떠올리는 뇌의 활동을 포함한다는 사실이다. 다시 말하여 뇌는 그것이 외부의 상황에 대해 가정하는 가설들을 형성하기 이전에 여러 가지 관찰을 하지는 않는다. 뇌는 가설의 형성 이전에 다양한 관찰이 선행되어야 하는, 나열적이고 귀납적인 방식으로 작동하는 것처럼 보이지는 않는다. 오히려 감각 정보를 처리하는 중에 뇌는 가설-예측적이라고 할 수 있는 방식으로 작동하는 것으로 보인다.

　　인간 진화의 관점에서 이럴 수밖에 없는 근거가 있다. 당신이 원시인이고 숲 속을 보았을 때 줄무늬를 보게 된다면 호랑이에게 공격받을 확률이 크므로 그 자리에서 빨리 도망가는 것이 확실히 유리할 것이다. 만약 보고 또 보고 또 보아서 호랑이 가설을 형성하도록 구조화되어 있는 사람이라면 그 느릿느릿한 귀납론자적인 유전자를 다음 세대에 전달할 수 있을 만큼 오래 생존하지 못할 것이다.

　　다음 절에서는 신경의 신호와 관련된 주요 구조들에 대해 소개함으로써 정보 처리와 인지의 과정이 뉴런과 신경 체계의 수준에서 어떻게 진행되는지에 대한 이해를 돕고자 한다.

4. 신경 신호와 관련된 주요 구조

〈그림 2〉는 척수, 뇌간 그리고 뇌피질을 나타내는 인간 뇌의 측면도이다. 일반적으로 피질은 운동 출력 정보를 통제하는 뉴런들을 포함하는 전면 부위와 감각 입력 정보를 수용하는 후면 부위로 나뉜다.

시상$_{thalamus}$은 감각수용기에서 감각피질로 신호들을 전달하는, 뇌간의 꼭대기에 위치한 중계소이다. 후각을 제외한 모든 감각 입력 정보는 피질에 이르는 과정에서 29개의 시상 영역 중 하나를 통과해 지나가게 된다. 가장 중요한 영역 중 하나는 망막에서부터 시각피질까지의 시각로의 이동 정거장인 외측슬상핵$_{lateral\ geniculate}$ $_{nucleus}$이다(그림 3 참조).

시상의 바로 아래에서부터 뇌간의 가장 아래 부위인 수질까지, 뇌간의 중앙 부위에 망상체$_{reticular\ formation}$가 있다. 앞으로 제시되겠지만 망상체는 요인 불특정한 흥분의 원천으로 작용함으로써 신경망에서 핵심적 역할을 한다. 뇌의 두 반구 사이의 깊은 틈의 안쪽 표면에 시상하부가 위치한다. 시상하부는 두려움‒안심 그리고 배고픔‒포만감과 같은 특정 동기 쌍극자의 원천이 되는 것으로 보이며, 이것은

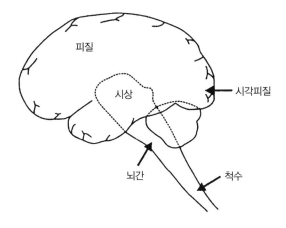

그림 2. 신경의 모델링과 관련된 주요 구조들의 위치를 나타내는 일반 뇌 해부 구조

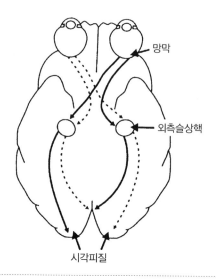

그림 3. 감각 입력 정보가 양쪽 망막에서 뇌 중앙 부위의 외측슬상핵을 지나 뇌 후면 부위의 시각피질에까지 이르는 경로를 보여주는 시각로

역시 발달하는 신경망에 핵심 역할을 한다.

5. 뉴런의 신호와 층

기능 신경계의 기초 단위는 신경 세포 또는 뉴런이다. 뉴런에는 여러 종류가 있지만, 이들은 모두 뇌피질에 존재하는 추상 세포pyramid cell들로 대표되는 특성들을 공유한다(그림 4 참조).

추상 세포는 세포체 그리고 한 세트의 수상돌기, 축색돌기 또는 축색돌기들 그리고 한 세트의 종말가지의 네 가지 기초 부분으로 구성된다. 수상돌기와 세포체는 다른 뉴런들의 축색돌기로부터 전기적 신호를 수용한다. 갈라져 분포할 수 있는 축색돌기들은 신호들을 세포체로부터 밖으로 내보낸다. 종말가지들은 들어오는 신호들로 자극을 받았을 때 그것의 양이 충분히 방출되었을 경우 신호들 틈(시냅스) 사이를 지나 다음 뉴런으로 이동시키는, 화학전달물질의 작은 소포들을 연다.

발사되지 않는 뉴런은 그 세포막을 따라 약간의 음전하를 띠며(약 −70mV), 이를 휴지전위resting potential라고 한다. 흥분성도 억제성도 될 수 있는 들어오는 신호들은

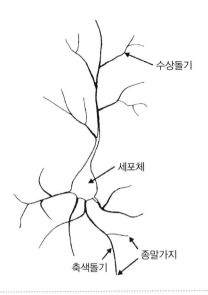

수상돌기

세포체

종말가지

축색돌기

그림 4. 뇌피질의 추상 세포와 그 주요 부위들

휴지전위를 양전위로 변화시키며, 세포의 발생전위로 일컬어지는 것을 유도한다. 발생되는 전위들이 일정 수준을 초과할 경우 세포체에서 활동전위라 부르는 날카로운 파형의 전위가 발생되어 축색돌기를 따라 내려간다. 발생전위는 진폭이 약 50mV 정도에 이르며 일정한 속도로 이동한다. 신호는 뉴런의 탈분극의 정도에 따라 다양한 빈도로 발사의 형태로 내뿜어진다. 아마도 신호의 모든 정보는 활성전위가 발사되는 빈도에 따라 좌우될 것이다.

중요한 것은 뉴런들이 여러 개의 층으로 배열되어 있다는 사실이다. 예를 들어, 시각 체계 내에서의 뉴런의 층들을 생각해보라. 이미지를 수용하는 망막에 존재하는 첫 번째 층은 빛을 받아들인다. 망막 세포가 흥분할 경우 그 신호를 시신경을 따라 외측슬상핵$_{LGN}$에 위치한 뉴런들의 층으로 발사시킨다. LGN의 세포들은 그 후 신호를 처리하여 뇌 후면의 시각피질에 있는 세 번째 세포들의 층으로 전달한다. 시각피질로부터 신호들은 다시 LGN과 부가적 뉴런 층들로 전달되어 추가 처리가 이루어진다. LGN으로 다시 돌려보내진 신호들은 체계로 하여금 들어오는 신호들과 사전 학습을 통해 얻어진 기대치들을 비교하도록 함으로써 중요한 역할을 한다. 이 중요한 비교에 대해서는 나중에 더 논의할 것이다(Grossberg, 1982, 특히 pp.

8-15 참조. 또한 http://cns-web.bu.edu에서 볼 수 있는 Grossberg와 그의 동료들의 다양한 최근 출판물 참조). 미스킨과 아펜젤러(Miskin & Appenzeller, 1987)의 학습과 기억에 관련된 신경해부학에 대한 훌륭한 논의도 찾아볼 수 있다.

6. 망 모델링 원리

〈표 1〉은 뉴런들과 그 층들의 중요한 요소와 변인뿐 아니라 신경망 이론 내에서 그들의 생리적인 그리고 정신적 해석을 나열한다.

상호작용하는 뉴런의 집합 안에서 i번째 뉴런에 대해 생각해보자. 노드 V_i에서의 i번째 뉴런의 평균 발생전위는 자극 또는 단기기억Short-Term Memory, STM의 자취인 X_i로 나타내었다. 이 활동성은 피드백 고리로 유지될 수 있다. 따라서 STM은 특정 기간 동안 활동성이 유지되고 있는 모든 뉴런들의 속성이다. STM은 인지심리학에서 일반 가설로 인정되어 왔던 것처럼 제한된 양의 정보가 입력되고 일시적으로 저장되는 뇌 내부의 하나의 정해진 공간이 아니다.

S_{ij}는 축색돌기 e_{ij}를 따라 노드 V_i에서 시냅스결절 N_{ij}로 전파되는 신호를 나타낸다. 신호는 노드 V_i에서의 활동 X_i의 기능이다. 최종적으로 매우 중요한 신경의 변인은 결절 N_{ij}에서의 시냅스 힘 Z_{ij}이다. Z_{ij}는 시냅스에서의 평균적 신경전달물질 방출률이다. 다시 말하면 Z_{ij}는 e_{ij}를 따라 내려가는 신호들이 얼마나 쉽게 V_j로 하

표 1. 뉴런 구성 요소와 변인(Grossberg, 1982)

	노드	수상돌기 경로	시냅스 결절
구성 요소	v_i	e_{ij}	N_{ij} v_j
변인	x_i	s_{ij}	z_{ij} x_j
명칭/변인	**생리적 해석**		**심리적 해석**
활성 x_i	평균 형성 능력		자극 추적
신호 S_{ij}	평균 신호 발사 빈도		추출 또는 수행 신호
시냅스 힘 Z_{ij}	신경전달물질 방출 속도		장기기억 추적

여금 발사시키는가를 나타낸다. 만약 신호들로 인해 결절에서 많은 양의 전달물질(큰 값의 Z_{ij})이 방출되면 신호들은 시냅스를 통해 전달되고, 이어지는 줄(V_j)의 세포에서 발사된다. 신호들로 인해 결절에서 전달물질이 다량 방출되지 않는다면(작은 값의 Z_{ij}), 신호들은 V_j가 발사되도록 유도하지 않을 것이다. Z_{ij}의 증가는 뉴런들 사이에서 신호들의 전송을 가능하게 하는 결절의 변형을 나타낸다. 따라서 Z_{ij}는 뉴런들의 체계, 즉 체계의 장기기억LTM에서의 장기적 변화의 지점이 된다. 다시 말하면 학습은 시냅스 힘들의 생화학적 변화로 이해할 수 있다. 결과적으로 신경망 이론은 LTM을 STM에서와 마찬가지로 뇌 속의 단일 구역이라기보다는 뉴런 연결성의 한 속성으로 본다.

6.1 신경 활동성과 학습 방정식

그로스버그(Grossberg, 1982)는 위에서 언급한 변인들의 기초적 상호작용을 설명하는 방정식을 제안했다. 특별히 중요한 것은 X_i와 Z_{ij}에서의 변화들을 설명하는 방정식들이다. 즉 단기기억의 변화(활동)와 장기기억의 변화(학습)이다. 일반적으로 n개의 노드로 구성된 망에서의 이러한 방정식은 다음과 같은 형태를 띤다.

(1) $\dot{Z}_{ij} = -B_{ij}Z_{ij} + S'_{ij}\,[X_{ij}]^+$

(2) $\dot{X}_i = -A_i x_i + \sum_{k=1}^{n} S_{ki} Z_{ki} - \sum_{k=1}^{n} C_{ki} + I_i\,(t)$

기호의 위에 찍힌 점은 시간 유도 기간을 나타낸다. (i, j=1, 2, …, n)

이 방정식들은 결절 N_{ij}(즉 Z_{ij})에서의 V_j(즉 X_i)의 활동의 변화와 전달물질 방출률의 변화를 유도하는 요소들을 확인한다. (1)번 방정식은 STM에서의 변화를 유도하는 요인을 확인하기 때문에 **활동 방정식**이라고 하며, (2)번 방정식은 LTM에서의 변화를 유도하는 요인을 확인하기 때문에 **학습 방정식**이라고 부른다.

우선 (1)번 방정식, 즉 활동 방정식을 살펴보자. 위에서 언급한 것처럼 X_i는 노드 V_i의 초기 활동의 정도를 나타낸다. A_i는 모든 방출적 체계에 내재하는 수동적 붕괴상수를 나타낸다. 부호가 음수인 것은 A_i와 X_i의 결과물로 인해 시간이 지남에 따라 v_i의 활동성이 떨어지는 것을 나타낸다. 다시 말하면 만약 V_i가 자기 자신으로부터 추가적인 입력이나 피드백을 받지 못한다면 활동성은 중단된다. $S_{ki}Z_{ki}$는 체계 내의 사전 세포들로부터 노드 V_i로의 입력(S_{ki})과 그들 각각의 시냅스 힘(Z_{ki})들 사이의 조정된 값을 나타낸다. 부호가 양수인 것은 이러한 신호들이 V_i 세포들의 활동성을 증가시킴을 나타낸다. 입력 정보는 가산적이므로 그들의 총합을 구해야 한다. C_{ki}는 망의 억제성 노드-노드 상호작용을 나타낸다. 따라서 부호는 음수이다. 뉴런에의 입력 정보가 흥분성 또는 억제성일 수 있다는 것을 상기하라. 마지막으로 I_i는 망의 외부로부터 V_i로의 입력을 나타낸다(즉 V_k층에 있는 것 이외의 뉴런).

(2)번 방정식, 즉 학습 방정식은 결절 N_{ij}의 시냅스 힘을 변형하는 요인들을 확인한다. Z_{ij}는 초기의 시냅스 힘을 나타낸다. B_{ij}는 붕괴상수로 $B_{ij}Z_{ij}$는 망각 또는 퇴화를 나타낸다. $S'_{ij}[X_j]^+$는 Z_{ij}의 증가를 유도하기 때문에 학습을 나타내는 항이다. S'_{ij}는 노드 V_i에서 결절 N_{ij}로 전달된 신호를 나타낸다. 프라임은 초기의 신호인 S_{ij}가 e_{ij}에 따라 전달됨에 따라 약간 변경될 수 있다는 사실을 나타낸다. $[X_j]^+$는 일정 수준을 넘어 발사되는 시냅스후 노드 V_j의 활동 수준을 나타낸다. 일정 수준을 넘어서는 활동만이 Z_{ij}의 변화를 가져올 수 있다. 요약하여 말하면 학습 항은 정보가 LTM에 저장되기 위해서는 두 가지 사건이 동시에 발생해야 한다는 것을 나타낸다. 첫째, 신호가 N_{ij}에서 수용되어야 한다. 둘째, 노드 V_j는 노드의 발사를 유도하는 다른 원천으로부터의 입력 정보를 수용해야 한다. 이 두 가지 사건이 N_{ij}에서의 활동을 특정 붕괴상수 이상으로 유도하면 Z_{ij}가 증가한다. 즉 망은 학습을 한다.

7. 경험은 어떻게 연결성을 강화하는가

학습은 시냅스 힘(Z_{ijs})이 증가할 때 발생한다. 다시 말하면 학습은 전달물질 방출률의 증가로 하나의 뉴런에서 다음 뉴런으로의 신호 전달이 용이해지는 것을 말한다. 따라서 학습은 결과적으로 뉴런들 사이의 '작동적' 연결성의 개수가 증가하는 것이다. 그러므로 '정신적 구조'가 더 복잡해지기 위해서는 얼마간의 결절들에서 전달물질 방출률이 증가함으로써 이전에도 존재는 했으나 비활성의 상태에 있던 시냅스들을 통과하여 신호들이 수월하게 전달될 수 있도록 해야 한다. 이는 생득주의와 일맥상통하는 관점을 드러낸다. 만약 정신적 구조들을 이미 존재하나 비활성 상태인 시냅스들과 동일시한다면 정신적 구조들은 어떠한 특정 경험보다도 선험적으로 존재한다. 그러나 이러한 관점에서도 그것을 작동시키기 위해 몇몇의 연결성을 '강화'시킬 경험의 필요성을 드러낸다.

경험은 어떻게 연결성을 강화하는가? 종소리의 자극이 개의 침을 흘리게 한 파블로프의 고전적 조건화 실험을 생각해보라. 당신이 기억하는 것처럼 파블로프가 처음 종을 울렸을 때 개는 예상한 바와 같이 침을 흘리지 않았다. 그러나 초기에 침을 흘리게 만들었던 음식과 종소리를 반복적으로 동시에 제시함으로써 결과적으로 종소리는 개로 하여금 침을 흘리게 했다. 파블로프의 용어로 음식은 무조건적 자극$_{US}$이다. 음식의 제시에 따른 침 흘림은 무조건적 반응$_{UCR}$이다. 그리고 종은 조건화 자극$_{CS}$이다. 일반적 용어로 파블로프의 실험은 조건화된 자극(예 : 종)이 반복적으로 무조건적 자극(예 : 음식)과 짝지어지면 조건화된 자극만으로도 결국 무조건적 반응(예 : 침 흘림)을 유발할 수 있다는 것을 보여준다. 무조건적 자극이 이와 같은 일을 어떻게 가능하게 할까?

〈그림 5〉는 고전적 조건화를 설명할 수 있는 단순한 신경망을 제시한다. 비록 망이 단지 A, B, C, 3개의 세포로 그려졌지만, 각각의 세포는 A, B, C 타입의 많은 뉴런들을 나타낸다. 초기의 음식의 제시는 세포 C로 하여금 신경 신호를 발사하도록 한다. 이로써 신호가 그 축색돌기를 따라 내려가 사전 학습으로 인해(즉 비교적 큰 Z$_{cb}$), 세포 B로 전달되도록 한다. 그래서 세포 B는 발사되고 개는 침을 흘린다. 초기에는 종소리가 세포 A로 하여금 발사하도록 하여 세포 B에 신호를 보낸다. 그

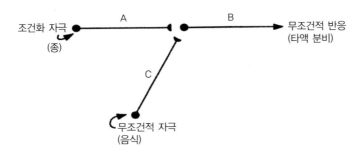

그림 5. 단순한 신경망에서의 고전적 조건화. 세포 A, B, C는 뉴런들의 층을 나타낸다.

러나 그 신호가 결절 N_{AB}에 도달하면 그 시냅스 힘 Z_{AB}는 B로 하여금 발사하도록 할 만큼 충분히 크지 않다. 따라서 개는 침을 흘리지 않는다. 그러나 종소리와 음식이 짝지어지면 학습 방정식에 의거하여 세포 A는 세포 B에의 발사를 학습한다. 세포 A의 발사로 큰 S'_{AB} 값이 나타나고, 음식의 출현은 큰 $E[X_B]^+$ 값을 나타낸다. 따라서 $S'_{AB}[X_B]^+$의 곱은 그 자체로도 노드 V_B의 발사를 유도하고 침 흘림을 유발할 수 있을 만큼의 Z_{AB}의 증가를 일으킬 정도로 충분히 크다. 음식은 더 이상 불필요해진다. 개는 종소리에 침을 흘리도록 학습되었다. 이 이론의 핵심은 학습이란 이 경우 세포 A와 B의 활동성에 해당하는 시냅스전 그리고 후 뉴런들의 동시적 활동성에 의해 유도된다는 것이다.

8. 로랑의 학습에 대한 신경학적 설명

8.1 기본 패턴

망 이론은 인간의 학습도 설명할 수 있는가? 예를 들어, 로랑이 젖병을 뒤집어 우유를 빨아먹는 것을 학습했는지에 대해 어떻게 설명할 수 있는가? 이와 같이 단순한 학습을 모델링하는 것은 보다 더 발전된 학습에 포함될 수 있는, 신경적 사건들을 이해하는 틀을 제공할 것이다.

제1장을 돌이켜보면 로랑의 초기 행동은 젖병 꼭지의 방향이 제대로 되었든지 그렇지 않든지, 들고 빠는 것으로 구성되었다. 로랑은 확실히 젖병의 위와 바닥의 차이를 알아차리지 못했다. 또한 바닥이 보였을 때 행동을 어떻게 변화시켜야 하는지에 대해서도 알지 못했다. 로랑의 학습에 대한 신경 모형을 구성하기 위해 우리는 로랑이 학습해야 할 새로운 행동이 정확히 무엇인지에 대해 명료히 할 필요가 있다. 초기에 로랑은 꼭지가 보일 경우에는 젖병의 방향을 빨 수 있는 방향으로 바르게 뒤집을 수 있었다. 그는 또한 젖병을 자신의 입으로 가져오고 빨 줄 알았다. 그에게 부족했던 능력은 단지 젖병의 바닥 부분만 보일 때 들고 빨기 전에 젖병을 뒤집는 능력이었다. 이러한 행동은 어떻게 획득되었는가?

로랑의 행동은 비교적 단순하기는 하지만 기본 패턴을 따른다. 패턴은 다음과 같이 구성된다.

1. 초기의 성공적 행동은 부분적으로는 외부의 자극에 대한 반응으로서 부분적으로는 내부적 동기에, 여기에서는 배고픔에 의해 유도된다.

2. 행동은 획득된 상황을 넘어서는 상황에 잘못 적용되어 행동의 모순이 발생하고, 모순은 행동으로 인해 기대되는 바와 실제로 일어나는 일 사이의 불일치를 의미한다. 이 경우 로랑은 우유를 빨 것을 기대했는데 유리를 빨게 되었다. 물론 로랑의 행동은 근본적으로 언어적이지 않고 감각운동적이다. 그럼에도 불구하고 우리는 그 상황까지의 그의 행동을 다음과 같은 방법으로 언어적으로 특성화할 수 있다.

> 만약… 내가 보는 것이 내 젖병이라면, (초기 생각)
>
> 그리고… 내가 들고 빨면, (행동)
>
> 그러면… 나는 우유를 마시게 될 것이다. (예측)
>
> 그러나… 나는 우유를 마시지 못했다. 대신 나는 유리를 빨고 있다! (실제 일어난 일)
>
> 그러므로… 무언가가 잘못되었다. 내 초기의 생각이나 나의 행동 중 어느 것이 잘못되었는지는 모르겠다. 그래서 나는 좌절되었다. (결론)

3. 위에서 볼 수 있듯이 기대와 실제로 일어나는 일 사이의 모순은 좌절을 일으키며(피아제의 불평형화의 개념을 떠올려보라) 신경 모형의 용어로 말하자면 결과적으로 내부 동기가 차단되어 행동이 중단된다.

4. 그 후 요인 불특정 흥분으로 인해 애초에 행동을 유발했던 외부의 자극에 대해 보다 세세한 주의를 기울이게 된다.

5. 일단 주의가 불러일으켜지면 이전에는 무시했던 단서들과/혹은 단서들 사이의 관계를 알아차리게 되고, 그것으로 그러한 단서 몇 가지와 변화된 행동을 연결시키게 되며, 새로운 상황을 성공적으로 처리할 수 있게 된다. 이 경우에는 새로운 절차와 젖병의 보다 정확한 구분이 나타났다.

8.2 신경망

〈그림 6〉은 이와 같은 학습을 유도할 수 있는 신경망을 묘사한다(Grossberg, 1982, 제

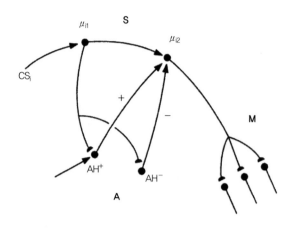

그림 6. 젖병이 보이는 단서가 제공되었을 때(CS), 들고 빠는 반응의 시작을 모델링할 수 있는 최소한의 망. 감각피질(U_{i2})에서의 세포군들은 흥분성 입력 정보를, 흥분 유도 세포들(Ah^+)와 억제 유도 세포들(Ah^-)로 보낸다. 배고픔의 동기(H)는 CS로부터 흥분과 짝지어져 U_{i2}로 하여금 발사되고 운동 반응을 시작하도록 유도한다. S는 감각 체계를 나타내며, A는 유도 체계 그리고 M은 운동 통제 체계를 나타낸다.

6장). 일반적으로 CS_i는 감각피질에서의 세포군 U_{i1}을 흥분시킬 수 있는 자극들 중 i번째 조건화된 자극을 나타낸다. U_{i1}로의 입력 정보는 특히 망막과 외측슬상핵같이 이전 뉴런들의 층들을 지나왔다. 이는 이 사례에서 CS_1이 로랑의 젖병에서 구분되지 않는(즉 위 또는 바닥의) 시각적 입력 정보의 패턴을 나타내는 것과 같다. CS_i에 대한 반응으로 U_{i1}은 운동피질에 있는 또 다른 뉴런들의 층 U_{i2}로(Brodmann area 4, Albus, 1981, pp. 89-90) 그리고 특정 동기에 대한 모든 흥분 세포군들로(아마도 시상하부에 위치함, Grossman, 1967) 신호를 보낸다. 이 경우에는 배고픔이 주의의 동기가 되므로 CS_i는 전체적으로 배고픔의 동기를 증가시키는 Ah^+ 그리고 배고픔의 동기를 감소시키는 Ah^- 세포군들의 흥분의 정도에 제한될 것이다(단서와 적절한 동기와 짝짓는 것에 대한 논의는 Grossberg, pp. 259-262 참조). Ah^+와 Ah^-의 세포군들은 그리고 나서 U_{i2}로 신호를 보낸다. 결국 U_{i1}와 Ah^+의 흥분성 신호들로부터 흥분되었을 경우에만 U_{i2}는 발사되며 신호를 M으로 보낸다(행동 반응을 통제하는 운동 세포). 그 후 운동 세포는 조건화된 반응을 내보낸다. 곧 젖병을 들고 빨게 된다.

이러한 사건들은 Ah^+와 U_{i2}의 두 층에서의 시냅스전 그리고 후의 활동성이 유발되기 때문에 Ah^+층과 U_{i2}층에서의 시냅스 연결을 강화시킨다는 점을 주의 깊게 살퍼봐야 한다. 이로 인해 아이가 배가 고플 때 드는 행동과 빠는 행동이 젖병의 출현과 조건 지워지게 된다. 따라서 이 망은 로랑의 초기 행동을 설명할 수 있다. 그러면 이것은 배고픔의 동기가 만족되었을 때 행동을 종료하는 것을 어떻게 설명할 수 있을까?

8.3 배고픔의 해결로 인한 젖병 빨기의 중단

음식의 섭취는 점차적으로 Ah^+ 세포들의 활동성을 경감시킨다. 이는 이어서 역전 현상 또는 Ah^- 세포의 활성화를 유발한다. 이에 따라 U_{i2}에서의 활동성이 억제되고, 결국 운동 반응이 중단된다. 그러나 Ah^+에서의 배고픔의 해결이 어떻게 Ah^-에서의 활동성을 유발하게 되는가? 쌍극자로 불리기도 하는 신경 재개$_{neural\ rebound}$의 메커니즘에 대한 가장 단순한 버전이 〈그림 7〉에 제시되어 있다.

내부적으로 유발되고 지속되는 입력 정보인 I는 Ah^+와 Ah^- 두 가지 통로를 모두 자극한다. 이러한 입력 정보는 배고픔으로 유도된 입력 정보 H가 중단되었을 때 Ah^-의 재개를 유도할 것이다. 로랑이 배고플 때는 입력 정보의 총합인 I+H가 e_{13}을 따라(즉 V_1부터 V_3까지) 신호를 발생시킨다. I 하나에 의한 보다 작은 신호도 역시 e_{24}를 따라 발생된다. N_{13}(V_1과 V_3를 연결시키는 결절)과 N_{24}(V_2과 V_4를 연결시키는 결절)의 시냅스 결절들에서는 전달물질이 고정된 비율로 산출되나, N_{24}보다 N_{13}에서 더 빠르게 사용된다. V_3로부터 발생되는 신호는 V_4로부터 발생되는 신호를 초과한다. 이러한 신호는 V_5와 V_6에서 서로 감하며 경쟁하기 때문에 V_5에서의 출력 정보만 양성이다. 이는 곧 수유 행동을 유발하는 긍정적 유인 동기를 산출한다.

배고픔이 경감되고 배고픔의 동기가 중단되었을 때 망은 N_{13}에서의 전달물질의 상대적 고갈로 인하여 역전 현상을 나타내게 된다. 이러한 현상이 일어나는 이유는 V_1과 V_2 두 군데로 향하는 입력 정보 I는 동일하나 N_{24}를 떠나는 신호가 이제 N_{13}을 떠나는 신호보다 강해지기 때문이다(다양한 수준의 전달물질로 인하여). 따라서 서로 감하는 효과는 V_6에서의 발사를 유도하고, 이것은 또 U_{i2}에서의 억제적 효과로 인하여 수유 행동을 중단시킨다.

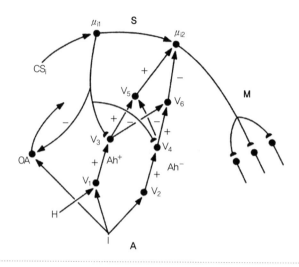

그림 7. 배고픔의 동기 H가 경감되었을 때의 빨기 행동의 중단을 설명할 수 있는 가설적 망. I는 유도 체계로부터의 기운찬, 끊임없는 입력을 나타낸다. V_1에서 V_6까지의 세포군들은, H가 경감되었을 때 배고픔에서 만족스러움까지의 재개의 원인이 되는, 쌍극자 체계를 나타낸다. OA는 요인 불특정 흥분의 원천이다.

8.4 좌절로 인한 수유 행동의 중단

배고픔의 동기가 지속되는 때 수유 행동이 중단되는 메커니즘에 대한 설명도 필요하다. 또다시 쌍극자가 관계된다. 요인 불특정 흥분(OA) 또한 요구된다(그림 7 참조). 일반적으로 감각수용체로의 예상과 다른 피드백은 U_{i2}에서의 활동성이 기준치 아래로 떨어지고 운동 행동이 중단될 정도로서 U_{i1}로, Ah^+ 그리고 Ah^-로의 입력의 감소를 유발한다. U_{i1}에서의 활동성의 감소는 또한 요인 불특정 흥분 세포들의(아마도 망상체에 존재하는 OA) 출력 억제를 경감시킨다. 억제가 중단되면 요인 흥분 세포들은 발사되어 운동 반응의 단서 탐색을 유발한다. 간단히 말하면 예측하지 못한 사건들이 유발된다. 일단 부적절한 행동이 종료되면 상황에 보다 주의가 집중될 수 있다. 이 경우에는 문제해결자인 로랑은 이전에는 무시했던 단서들에 자유롭게 주의를 기울일 수 있다. 피아제 실험의 30번째 날 로랑의 행동을 회상해보라. 로랑은 "… 더 이상 이전과 같이 유리를 빨려고 시도하지 않았다. 대신 젖병을 밀어버리며 운다"(p. 128). 이에 더하여 젖병이 조금 더 멀리 움직이면 "… 그는 양쪽 끝을 매우 주의 깊게 관찰하며 우는 것을 중단한다"(p. 128). 그렇게 되면 핵심 질문은 다음과 같다. 어떻게 기대와 다른 결과들이 U_{i1}로의 입력을 경감시키는가?

8.5 입력 정보와 기대치의 비교 : 적응적 공명

위와 같은 질문에 대한 상세한 답변은 이번 장에서 다루는 범위를 벗어난다. 그러나 일반적으로 특정 입력의 억제와 요인 불특정 흥분의 활성화는 뉴런의 층과 같은 구조와 피드백 기대치에 따라 다르게 나타난다는 점을 보일 수 있다.

시각 체계(즉 망막)에의 감각적 표상의 패턴에 대해 생각해보자. 망막은 망막 세포의 층, 즉 V_1, V_2, $\cdots$, V_n으로 구성되어 있으며, 각각은 외부적 원천으로부터의 입력 정보 $I_i(t)$로부터의 매시간 t에서의 활동성 $X_1(t)$, $X_2(t)$, $\cdots$, $X_n(t)$를 나타낸다. 매시간 t에서 입력 정보는 활동 패턴 $X(t)=X_1(t)$, $X_2(t)$, $\cdots$, $X_n(t)$를 층을 가로질러 유발시킨다. 활동 패턴은 망막에서 외측슬상핵$_{LGN}$으로 보내지고, 이곳에서 또 다른 세포들의 층인 V_1, V_2, $\cdots$, V_n을 자극할 뿐 아니라 요인 불특정 흥분 요소에 대한 억제의 신호를 보낸다(그림 8 참조). 따라서 이와 같은 입력으로 요인 불특정 흥분은 차단된다.

그로스버그에 따르면 LGN에서의 흥분의 영역은 $F^{(1)}$으로 일컫는다. $F^{(1)}$에서의 활동 패턴 X_1이 사전 경험으로 인해서 또 다른 패턴 X_2를 $F^{(2)}$에서 발사하도록 자극한다고 하자. 사전에 입력된 일련 사건들의 순서에 따라 X_2는 X_1에 이어 나타나는 후속 패턴일 것이다. 그리고 $F^{(2)}$는 또 다른 세포들의 층으로서 이 경우에는 시각피질에 해당될 것이다. X_1이 LGN에서의 세포들을 흥분시킬 때 X_2는 그 후 어떤 일이 일어날지에 대한 기대치를 생성한다. 그리고 나서 $F^{(2)}$에서의 패턴 X_2가 X_1에 이어서 들어오는 망막 입력 정보와 비교되기 위해 다시 LGN으로 보내진다고 하자. 이렇게 되면 두 패턴은 상호 비교될 수 있을 것이다. 결과적으로 현재의 상태가 미래의 예상(즉 기대치)과 비교되는 것이다. 만약 두 패턴이 일치한다면 당신은 기대했던 결과를 보게 되는 것이다. 이 경우 입력 정보는 막힘없이 진행되고 요인 불특정 흥분은 지속적으로 억제된다. 그로스버그는 입력 정보와 기대치의 일치를 적응적 공명이라고 부른다.

그러나 $F^{(1)}$에서의 새로운 입력 정보와 $F^{(2)}$에서의 기대 패턴 X_2가 서로 불일치한다고 하자. 불일치가 일어나면 이로 인해 $F^{(1)}$에서의 활동성이 차단되고, 이는 이어서 요인 불특정 흥분 요소에 대한 억제 신호를 차단하게 된다. 이로서 요인 불특정 흥분이 시작되고 X_1와 일치하게 될 $F^{(2)}$에서의 새로운 패턴에 대한 탐색을 시작한

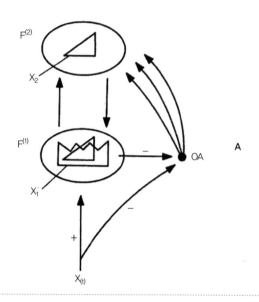

그림 8. 일련의 뉴런들 층에서의 활동 패턴들의 일치와 불일치(Grossberg, 1982). 입력 $X(t)$은 $F^{(1)}$에서의 활동 패턴을 흥분시키며 요인 불특정 흥분$_{OA}$을 억제한다. $F^{(1)}$에서의 패턴 X_1은 다시 $F^{(1)}$으로 피드백될 $F^{(2)}$에서의 패턴 X_2를 흥분시킨다. 불일치는 $F^{(1)}$에서의 활동성의 억제로 이어지고, OA의 억제를 중단한다. OA는 그 후 $F^{(2)}$을 자극하여 입력 정보와 일치할 다른 패턴을 탐색하게 된다.

다. 일치하는 패턴을 못 찾는 경우 새로운 세포들을 사용하여 새로운 신경감각 정보를 그와 관련된 곳에 기록할 것이다.

8.6 왜 그렇게 많은 시행착오가 필요한가

지금까지의 논의는 배고픔의 동기 요인이 지속적으로 존재함에도 불구하고 잘못된 행동을 지속하지 않고 그만두는 것에 대한 현상을 설명할 수 있다. 그런데 특정 행동을 그만하도록 하는 데 왜 그렇게 많은 시행착오가 필요했던 것일까? 그 답은 아마도 로랑의 행동은 사실상 이전의 많은 경험에서 좌절되지 않았었다는 사실 때문일 것이다. 피아제의 실험이 시작되기 이전에는 그 행동이 사실상 성공적이었다. 더군다나 실험이 진행되던 도중에도 로랑이 자신의 평소 방법대로 행동하도록 허용되었을 때 그의 행동은 성공적이었다. 따라서 이전에는 C_{i1}(젖병의 윗부분)의 자극에 의해 발사가 되었을 때 Ah^+와 U_{i2}의 시냅스 힘이 증가했다. 반면에 그의 행동이 좌절되었을 때는 역전 현상으로 Ah^-가 작동되는 동안, U_{i1}에서는 젖병의 바닥 C_{i2}

부분에 대한 감각적 표상이 활성화되었다. 따라서 Ah^+에서 U_{i1}로의(직접 U_{i1}로 또는 U_{i2}를 거쳐) 피드백망은 그 행동이 항상 성공적이었을 때에 비해 적었다. 피아제의 실험이 진행됨에 따라 C_{i2}의 Ah^-로의 투사가 점점 강해져 결국 30번째 날에는 C_{i1} → Ah^+ 투사를 지배했고, 이에 따라 로랑은 젖병의 바닥이 보일 때는 들고 빠는 행동을 하지 않았다. 마침내 잘못된 행동은 소멸되었고 새로운 연결을 형성할 준비가 되었다.

로랑은 이제 젖병의 바닥이 보일 때는 젖병을 뒤집는 것을 학습해야 한다. 젖병의 바닥은 뒤집기와 연결되어야 할 중요한 단서이다. 이론에 따르면 이러한 학습을 촉진하기 위해서는 뒤집는 운동 행동이 발생하는 동안 젖병 바닥의 인식을 담당하는 세포 내의 신경 활동성이 STM에 반드시 남아 있어야 한다. 요인 불특정 흥분은 다양한 행동(예 : 젖병 돌리기, 뒤집기)을 유발하는 원천 동기가 된다. 따라서 관련된 시각적 단서에 집중하고 있는 동안 아니면 그와 같은 정보가 아직 STM에 활동하고 있는 동안 로랑이 뒤집는 행동을 떠올린다면 요구된 학습이 일어날 수 있다.

다시 〈그림 7〉을 참고해보자. 이 경우 U_{i1}은 젖병의 바닥을 바라봄으로써 감각 피질에 유발되는 흥분의 패턴을 나타낸다. 만약 젖병을 뒤집는 동안 STM에 이 패턴이 활성화되어 남아 있다면(이 메커니즘에 대해서는 Grossberg, pp. 247~250 참조), 요인 불특정 흥분 부위(요인 불특정 흥분으로 인해 발사되는)에서 작동하고 있는 그 패턴의 시냅스 힘이 강화될 것이다. U_{i1}에서의 감각 패턴과 요인 불특정 흥분은 합해져 Z_{ij}를 강화시키는 시냅스전 그리고 후의 활동을 유발한다. 이는 이어서 OA → U_{i2}의 경로를 발사시킨다. 따라서 젖병을 뒤집는 것을 주관하는 세포들인 U_{i2}는 U_{i1}(젖병의 바닥 부분)과 요인 특정 흥분 요소로부터 입력 정보를 받아들이며 이들은 모두 시냅스 힘을 증가시킨다. 다시 말하면 이 네트워크로 인해 아이는 우유병 바닥 부분의 장면과 뒤집는 행동적 반응을 연결 짓거나 조건화시켜 파악하게 된다. 물론 젖병 바닥이 보였을 때 뒤집는 것은 획득되어야 하는 행동이다. 더 나아가 이 행동이 이루어지게 되면 젖병 꼭지가 보이게 되며, 이는 물론 들고 빠는 행동과 조건화되어 있다. 따라서 젖병 뒤집기는 들고 빠는 것과 연결된다. 위와 같은 일련의 과정이 반복됨으로써 적절한 시냅스 힘이 증가되어 종국에는 그 행위가 자연스럽게 이루어지게 된다.

　이와 같이 로랑은 문제를 해결하게 되었고, 특정 시냅스의 연결을 강화함으로써 네트워크는 좀 더 복잡해졌다. 파블로프의 개 사례에서처럼 신경망(정신 구조)은 더 복잡해진다. 중요한 점은 이러한 복잡성의 증가는 기존 시냅스의 연결성을 내재적 사고로 보지 않는 이상 어떤 내재적 사고의 발현에 의한 것이 아니라는 점이다.

9. 신경망으로 고차적 학습을 설명할 수 있는가

　발전된 추론 전략을 성공적으로 사용하는 학생들의 비율은 연령이 높아지면서 점차적으로 증가한다(Lawson, Karplus & Adi, 1978 참조). 이러한 발전이 오로지 직접 교수에 의한 것이라고는 말할 수 없다. 왜냐하면 직접 교수가 시도된 한참 후에서야 그러한 발전이 나타나기도 하고(예 : 비율 추론), 상관적 추론에서와 같이 어떠한 직접 교수를 하지 않아도 이루어지기도 하기 때문이다(예 : Lawson & Bealer, 1984). 좀 단순화하여 생각하기 위해 우리의 논의를 비율 추론 문제로 제한해보자. 왜냐하면 이 문제들이 가장 일관적이고 적은 범위의 학생 반응을 유발하기 때문이다. 이 논의를 조금 더 제한하여 비율 추론에 대한 문제 하나를 가지고 이야기해보자. 문제는 제1장에서 소개된 수아레스와 론하이머(Suarez & Rhonheimer, 1974)의 물 붓기 과제이다.

　물 붓기 과제는 로슨, 카플러스, 아디(Lawson, Karplus & Adi, 1978)가 적용한 바와 같이 학생에게 하나의 실린더에서 다른 실린더로 물을 부었을 때 물의 높이가 얼마만큼 높아질지에 대한 예상을 하도록 한다. 기억하는 바와 같이 학생들에게 먼저 4까지 물이 차 있는 넓은 실린더의 물을 좁은 실린더로 부었을 때 높이가 6까지 올라가는 것을 보여준다. 그리고 나서 학생들에게 넓은 실린더에 6까지 차 있는 물을 빈 좁은 실린더로 부었을 때 높이가 어디까지 올라가는지에 대해 묻는다. 반응은 다양하지만 주로 다음의 네 가지 부류 중 하나에 해당한다.

　1. 덧셈 전략. 예를 들면 물은 4에서 6으로 올랐다(4 + 2 = 6). 따라서 6에서 8로 오를 것이다(6 + 2 = 8).

　2. 질적 추측. 예를 들면 물은 약 10까지 오를 것이다.

3. 가산적 비율 전략. 예를 들면 물은 9까지 오를 것이다. 왜냐하면 비가 2 대 3이고 좁은 실린더에서 2 + 2 + 2 = 6이므로 넓은 실린더에서는 3 + 3 + 3 = 9이다.

4. 비율 전략. 예를 들면 $2 / 3 = 4 / 6 = 6 / x$, $x = 9$이다.

또 다시 좀 더 단순화하기 위해 논의를 덧셈 전략과 비율 전략의 두 가지로 제한 한다. 덧셈 전략과 비율 전략이 각각 가장 순진한 전략과 가장 세련된 전략을 드러 내기 때문이다.

이 과제에서 아이의 전형적인 순진한 반응은 덧셈 전략을 사용하여 8이라고 답 하는 것이고, 청소년의 전형적인 세련된 반응은 비율 전략을 사용하여 9라고 답하 는 것이다. 그렇다면 다음과 같은 중요한 문제가 생긴다. 청소년기에 나타난 덧셈 전략에서 비율 전략으로의 전환은 어떻게 이루어지는 것인가? 현재의 가설은 기본 적으로 로랑이 젖병 뒤집기를 학습한 것과 같은 방법으로 이루어진다는 것이다.

이 과제에 덧셈 전략으로 반응하는 아이들은 로랑이 젖병 바닥을 보고 그것을 들고 빠는 것과 같은 반응이다. 문제를 단순하게 해결하는 아이들에게 물 붓기 과 제는 마치 젖병이 로랑에게 단서를 제공하듯이 문제의 단서를 제공한다. 문제는 이러한 단서들이 잘못된 반응을 유도한다는 데 있다(덧셈 반응). 다시 말해서 로랑 의 행동 전환과 관련된 신경망의 변화를 통해 유추해볼 수 있다. 문제의 단서(CS_1) 와 과제를 해결하고자 하는 어떤 내적 동기가 합해져 운동피질에 있는 U_{i2}에 의해 통제되는 가산적 반응인 UCR을 유발한다.

약 10~11세 이전의 아이들에게는 수량적 문제에 대해 덧셈 그리고/혹은 뺄셈 으로 반응하는 것이 가장 일반적인 전략이며, 많은 경우에 이와 같은 전략은 성공 적으로 적용된다. 많은 아이들이 곱셈과 나눗셈을 할 줄 알며, 교과서의 비율 문제 를 풀 수 있다. 그러나 비율 전략(물론 곱셈 그리고/또는 나눗셈을 활용한다)을 사용하 는 것은 마치 로랑이 젖병을 들고 빨기 전에 그것을 뒤집을 생각을 하지 못했던 것 처럼(최소한 첫 29일 동안은) 거의 떠올리지 못한다. 로랑의 초기 행동은 과거에는 성 공적으로 적용되었고, 그에게는 그 행동이 지속적으로 성공을 보장하지 않을 수도 있다고 생각할 이유가 없었다. 덧셈 전략을 사용하는 많은 아이들 또한 그들이 문 제를 올바르게 해결했다고 꽤 확신한다.

그렇다면 어떻게 가산적으로 추론하는 아이들이 자신의 생각에 오류가 있다고 인식하게 되는가? 그리고 일단 자신의 오류를 파악하고 난 후에는 올바른 비율 전략을 적용하는 방법을 어떻게 학습하는가? 그 과정의 단계는 다음과 같다.

1. 덧셈 그리고 곱셈 문제를 해결하는 데 있어서 덧셈 전략의 무분별한 사용
2. 곱셈 문제를 해결하는 데 사용된 덧셈 전략에 대해 반박하는 기대하지 못한 (즉 부정적인) 피드백
3. 반박을 받게 되면 결국에는 무릎 반사처럼 반사적으로 사용하던 덧셈 전략의 사용을 중단
4. 요인 불특정 흥분이 시작되면서 단서들에 대한 외적 탐색과 그것과 연계될 수 있는 성공적 전략에 대한 기억을 돌아보는 내적 탐색 유발
5. 적용했을 때 긍정적인 피드백을 받는 성공적인 단서들의 선택 그리고 새로운 전략의 발견 그리고
6. 내적 전략 모니터링 체계의 획득을 통한 일관성 또는 모순성의 검사. 이 체계는 아마도 문제의 단서들과 미래 상황 속에서 적용할 적절한 전략들 간의 매칭을 촉진한다. 각 단계를 순서대로 생각해보자.

9.1 문제해결 행동의 시작과 중단

이 과제의 문제해결 행동에 대한 몇몇 특성들 중 일부에 대해 설명할 수 있는 단순화한 신경망에 대한 가설이 〈그림 9〉에 제시되었다. 〈그림 9〉에서는 문제해결 동기(P)가 일부 존재하여 흥분 세포인 Ap^+를 자극하는 기능을 한다고 가정한다. 배고픔이나 공포와 같은 특정 동기에 대한 신체적 토대는 잘 알려져 있지만 '문제해결 동기'의 존재에 대한 것은 추측에 의한 것이다. CS_i를 물 붓기 과제에서 처음에 덧셈 전략을 사용하도록 부추기는 과제 단서라고 하자. 과제의 특정 단서는 감각 피질에 있는 U_{i1} 세포들을 작동시키며, 이것은 이어서 그 활동 패턴을 흥분 세포들에 전달한다. 가설에 의하면 문제해결 동기 P 또한 흥분 세포들인 Ap^+를 자극한다. 사전 조건화로 인해 이 활동성은 U_{i2}로 이어지며(이는 또한 U_{i1}에 의해 활성화됨), 이 경우 이것은 덧셈의 행동 반응을 일으키는 신경 활동을 나타낸다.

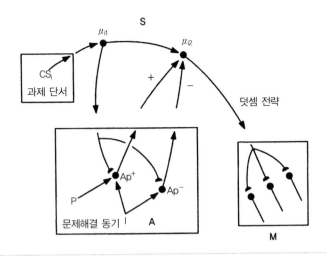

그림 9. 물 붓기 과제(CS)에서의 감각적 단서들과 내적 문제해결 동기를 통합하는 신경망 가설의 요소

따라서 물 붓기 과제에서의 과제 단서(CS_i)는 처음에는 덧셈 행동으로 조건화되어 있다. 핵심 단서는 아마도 이전에 좁은 실린더에 부었을 때 물이 '2만큼 더' 올랐다는 점(절대적 차이)일 것이다. 물 수위의 상대적 차이(좁은 실린더$=1\frac{1}{2}\times$넓은 실린더의 높이)와 같은 다른 단서들은 무시되었다. 로랑의 배고픔의 동기가 만족된 후에 먹는 행동이 종료된 것처럼 해결방안을 마련한 후에는 문제해결 동기 P가 감소하여 학생의 문제해결 행동이 종료된다. P로부터의 입력이 종료된 후에는 I의 두 가지 Ap+와 Ap-로의 입력은 Ap-에서의 재개를 유발한다. 이러한 재개는 금방 U_{i2}의 활동성을 억제하여 문제해결 행동을 종료시킨다.

9.2 덧셈 전략의 반박

덧셈 전략을 사용하여 물 붓기 과제에서 8이라고 반응하는 학생은 자신의 답이 전적으로 옳다고 생각한다. 이는 로랑이 젖병 바닥을 빨았을 때 우유가 나오기를 기대한 것과 똑같다. 로랑의 사례에서 보았듯이 틀린 답이라는 기대하지 못했던 피드백은 결국 유사한 상황들에서의 조건화된 행동 반응을 중단시키며 요인 불특정 흥분을 시작시킨다. 이에 따라 요인 불특정 흥분은 문제 단서들에 대한 보다 자세한 조사를 유도하며 보다 효과적인 전략을 탐색하도록 한다.

이러한 반박은 어떤 형태로 나타날 수 있을까? 확실히 수학 시험에서 정답을 틀리는 것도 한 형태일 것이다. 그러나 이러한 피드백은 통상적으로 문제해결 행동이 일어난 한참 후에 주어지기 때문에 대부분 그 문제에 대한 학생의 집중을 유도하는 데 효과적이지 못한 경우가 많다. 보다 효과적인 피드백은 학생에게 8이라고 예상한 후에 직접 물을 부어보도록 하는 것이다. 물이 9까지 차오르는 것을 보는 것은 즉각적인 반박의 피드백이 되어 학생들에게 효과를 불러일으킬 것이다. 그러나 중요한 점은 그것이 어떤 형태이든 간에 단 한 번의 반박으로는 덧셈 전략을 중단시키는 것이 충분하지 않을 것이라는 것이다. 로랑이 젖병 바닥을 입으로 가져와 빠는 행동을 중단하기까지 여러 번의 시행착오가 있었음을 상기해보라. 가능한 원인으로는 학생들의 덧셈 전략의 활용이 항상 반박을 당하는 것은 아니라는 점이다. 많은 문제 상황에서 덧셈/뺄셈은 맞는 연산이다. 더 나아가 비록 그것들이 맞지 않는다고 해도 학생들은 수일 동안 또는 영원히 자신이 틀렸다는 사실을 모를 수 있다.

따라서 몇몇 상황 속에서 덧셈 문제에서의 감각적 과제 단서들(C_{i1})은 Ap^+의 경로(U_{i1}을 통해)로서 덧셈 전략(U_{i2})과의 연결성이 지속적으로 강화될 것이다. 덧셈 전략의 활용이 반박을 당하게 되는 상황들 속에서 비율 문제에서의 감각적 과제 단서들(C_{i2})은 Ap^-로(U_{i1}을 통해) 유도되어 $C_{i2} \rightarrow Ap^-$의 경로가 조건화될 것이다. 덧셈 전략을 사용하는 학생들이 지속적으로 반박을 당하게 되면서 C_{i2}의 Ap^-로의 투사가 점차 강화되어 C_{i1}의 Ap^+로의 투사보다 강해져 결국에는 지배적이 될 것이며, 그로 인해 학생은 더 이상 이와 같은 종류의 양적 문제에 대해 자동적으로 덧셈 전략을 적용하지 않을 것이다.

9.3 보다 나은 전략을 위한 흥분과 탐색

덧셈 전략의 무의식적 사용이 중단되고 요인 불특정 흥분이 충분해졌을 때만 문제에 대한 조사와 전략 탐색과 같은 현상이 발생할 수 있으며, 이러한 조사와 탐색은 C_{i2}의 입력을 비율 전략과 성공적으로 조건화시킨다. 이는 어떻게 발생하는가?

다시 로랑이 젖병을 들고 빨기 전에 젖병 뒤집기를 학습했던 사례를 고려해보

자. 비율 추론의 경우에서 요구되는 것은 C_{i2}의 입력(비율 문제에서의 곱셈 단서)을 비율 전략의 U_{i2} 운동 반응과 연결시키는 것으로 보인다. 다시 말하면 $F^{(1)}$에서의 입력 C_{i2}는 $F^{(2)}$의 피드백과 일치해야 한다. 이것은 어렵지 않아 보일 수 있다. 왜냐하면 C_{i2}의 입력 정보와 요인 불특정 흥분이 존재하는 경우 학생에게 덧셈/뺄셈 대신 곱셈/나눗셈을 적용해야겠다는 생각이 떠오르기만 하면 되는 것처럼 보이기 때문이다(그림 7 참조). 그러나 그렇게 간단하지가 않다. 그렇게 조건화된 학생은 만약 어떤 전략을 사용해야 하는가에 대한 문제 단서들은 충분히 이해하지 못한다면 덧셈 문제에서도 비율 전략을 적용할 수 있다!

9.4 문제해결 행동에 대한 피드백과 모니터링

그렇다면 우리는 어떻게 전략들과 문제 단서들을 적절하게 일치시키며 문제를 해결할 수 있는가? 물론 이것은 핵심 질문이다. 예상 답은 다음과 같다. 수량적 문제에 접했을 때 특정 용어들 또는 구체적인 관계항들이 전략들(앞에서 진술된)과 조건화되어 있다. 예를 들면, '2배'라는 용어는 곱셈 관계를 제안한다. '더'라는 용어는 덧셈 관계를 제안한다. 그러나 이러한 단서들이 항상 신뢰할 수 있는 것은 아니므로, 문제해결자는 전략을 끝까지 온전하게 적용했을 때 어떠한 결과 또는 예상되는 결과가 나타나는지를 확인하고 나서 그러한 결과들과 문제 상황에 대해 알고 있는 다른 정보와 비교해보도록 해야 한다. 이것이 내적 모순을 일으키게 되면 그 전략은 틀린 것이고 다른 전략이 시도되어야 한다. 내적 모순이란 입력 정보와 기대사항 사이의 적응적 공명이 발견되지 않았다는 것이다. 이 경우 $S \rightarrow Ap^+$의 입력이 즉각적으로 중단되고, Ap^-에서의 재개가 유발되어 해당 전략의 사용을 중단하고 요인 불특정 흥분을 유발하게 된다. 요인 불특정 흥분은 다른 전략을 찾기 위한 LTM의 탐색을 유발한다.

논의된 바와 같이 물 붓기 과제에서 덧셈 전략을 사용할 때 좁은 실린더에서 눈금이 2인 물의 높이는 넓은 실린더로 옮길 경우 눈금 0이 되어야 할 것이다. 물이 사라지는 것이다! 물론 이것은 불가능하다. 따라서 덧셈 전략은 틀릴 수밖에 없다(즉 반박하는 피드백을 받게 된다). 즉,

> 만약… 물 수위의 차이가 항상 눈금 2만큼이라면, (초기 생각)
>
> 그리고… 좁은 실린더에서 눈금이 2인 물이 넓은 실린더로 옮겨진다면, (행동 실험)
>
> 그러면… 물은 눈금 0까지 채워져야 한다(즉 2-2 = 0). 다시 말하면 물은 사라져야 한다. (예측)
>
> 그러나… 물은 한 실린더에서 다른 실린더로 옮길 때 사라지지 않는다. (실제 현상)
>
> 그러므로… 물 수위의 차이는 항상 눈금 2만큼이라고 할 수 없다. (결론)

아니면 다음 문제를 생각해보라. 존은 여섯 살이고 그의 누나 린다는 여덟 살이다. 존이 지금 나이의 2배가 되었을 때 린다의 나이는 몇 살이 되겠는가? '2배'라는 용어는 존의 나이를 구하기 위해 $6 \times 2 = 12$와 같은 곱셈을 해야 한다고 제안할 것이다. 결과적으로 린다의 나이를 구하기 위해 당신은 또 $8 \times 2 = 16$의 곱셈을 하게 된다(많은 학생들이 비율 학습과 이어서 할 경우 이와 같이 해결한다). 그러나 이것은 물론 틀리다. 왜냐하면 린다가 존보다 더 빠른 속도로 나이를 먹을 수 없는 것이 당연하기 때문이다. 그러므로 자신의 임시적 해결방안에 대한 내적 모니터링의 과정을 거치게 되면 내적 모순이 발생하게 되고, 이는 S의 U_{i1}, Ap^+ 그리고 덧셈 전략을 지원하는 U_{i2}로의 입력을 중단하게 된다. 따라서 덧셈 전략은 적응적 공명을 얻지 못하여 거부된다. 그 후 내부적 모순을 유발하지 않는 다른 전략을 찾을 때까지 LTM을 탐색하게 된다. 이와 같이 내적 모니터링은 문제 단서들을 문제 전략들과 매치시키는 데 활용된다. 이러한 모니터링은 아마도 학생들이 다양한 문제해결 전략들을 이미 학습했고, 스스로 전략을 문제 단서들과 맞춰볼 때 일어날 것이다.

요약하자면 숙련된 문제해결자들은 자신이 마음대로 다룰 수 있는 다양한 문제의 단서들에 대한 기억, 다양한 문제해결 전략들 그리고 연산의 일반적 방법들에 대한 지식을 가지고 있다. 그 일반적 방법들로 문제해결자는 모순이 나타나지 않는 것을 찾을 때까지 가능한 전략들을 시도한다. 결과적으로 가산적 추론을 사용하는 아이와 비율적 추론을 사용하는 청소년 사이의 주요한 차이점은 그들이 가지고 있는 전략이 아니다. 두 부류의 개인 모두 두 종류의 전략을 사용할 수 있다. 그 것보다 더 주요한 차이점은 아이는 무의식적으로 전략을 적용하고 나서 내적 검토를 통해 그 결과가 다른 알려진 정보와 일관성이 있는지에 대한 확인을 하지 않는다는 점이다(예 : 물은 하나의 실린더에서 다른 실린더로 옮길 때 사라지지 않는다). 반면에 청소년은 마찬가지로 무의식적으로 전략을 적용하고 나서 (다른 점은) 그 결과들을 검토하여 가능한 모순점이 있는지 알아본다. 만약 모순점이 발견된다면(적응적 공명이 찾아지지 않는다면) 모순이 발견되지 않을 때까지 새로운 전략을 시도할 것이다. 이러한 주요한 차이가 나타나는 이유는 청소년들은(최소한 일부의 청소년들은) 자동적으로 '결론을 내리는 것'이 잘못되었다는 사실을 점차적으로 깨닫는 데 반해 보다 어린 상대자들은 그렇지 못하기 때문이다. 그래서 환경의 입력 정보에 대한 직접적 동화에 의한 것도 아니고 내적 구조의 성숙에 의한 것도 아닌, 새로운 행동이 발생했다(개발되었다). 오히려 이것은 이미 존재했으나 연결되어 있지 않았던 문제해결 행동들과 문제 단서들의 새로운 조합으로 인해 개발되었다.

10. 교육적 함의

신경적 절차에 대해 제안된 이론은 많은 학생들이 물 붓기 과제와 같은 종류의 문제를 성공적으로 해결하기 위해 필요한 기술들을 습득하도록 유도하기에 일반적 교육과정이 불충분한 이유를 명료하게 드러낸다. 학생들은 알고리즘적 전략을 학습한다. 그러나 그들에게는 문제의 단서들에 대한 자세한 탐색을 유발하는 종류의 다양한 문제와 접해볼 기회가 거의 없다. 이러한 탐색은 문제의 단서들을 전략들과 연결 짓고, 잠정적 결과들을 그 결과의 의미들과 연결 짓기 위해 필수적이다.

요약하자면 학교 수업에서 학습하는 것은 대개 불충분하다. 이 진술은 지적 발달에 있어서 교수의 역할에 대해 피아제가 지닌 관점을 생각나게 한다. 피아제는 오랫동안 일반적 교수 활동이 불충분함을 주장했다. 그 이유는 그러한 교수 활동이 필요한 반박과 조절 작용을 거의 하지 못하기 때문이다(Piaget 1964 참조). 불행하게도 이미 진술한 바와 같이 피아제의 심리학적 자기규제 이론은 신경학적 망에 의한 것이 아닌 진화론적 그리고 발달론적 유추에 그 토대를 두고 있다. 현재의 이론은 비록 숙련된 추론의 세부사항들에 대해 설명하기에는 아직 너무나 단순화되어 있지만 그럼에도 불구하고 학습과 발달의 중요한 측면을 드러낼 수도 있는 신경적 메커니즘을 제안한다.

아이가 처음에 덧셈 전략을 무릎 반사처럼 자동적으로 사용했던 것을 이전에 획득한 정신 구조(전략)에 따른 입력 정보의 즉각적 동화와 처리의 사례로 생각해보자. 이것은 피아제의 표현에 따르면 평형화이다. 개인은 반응에 만족했으며 지적으로 자극을 받지 않았다. 그러나 그와 같은 전략을 사용하는 것이 지속적으로 반박당했다고 하자. 신경학적 측면에서 본다면 이것은 짐작건대 S → Ap$^+$ 경로는 약해지고, S → Ap$^-$ 경로는 강화되어 결국 지배적이 되며, 요인 불특정 흥분이 시작되고 문제해결을 위한 적절한 반응을 찾기 위한 탐색 행동이 개시된다고 해석할 수 있다. 이것이 불평형화의 상태이다. 결국 초기의 내부적 시행착오 행동으로(Grossberg, 1982, pp. 14-15 참조) 그리고/또는 현상에 대한 보다 자세한 탐색으로 성공적 행동 패턴이 획득된다. 즉 입력 자극에서 출력 반응까지의 경로에 대한 시냅스 힘의 증가를 통한 새로운 신경의 연결이 형성된다. 이것은 정신 구조에 대한 조절, 보다 복잡한 행동의 습득, 문제의 해결을 구성한다. 피아제의 표현을 빌리자면 이것은 보다 정교하고 발생적인 수준에서의 평형화를 다시 이룬 것이다.

성공적인 비율 추론의 발생과 관련된 일련의 단계들이 제안되었으니 이제 왜 어떤 학생들은 그 능력을 습득하지 못하는가에 대한 이유도 알아낼 수 있을 것이다. 첫째로, 선행되어야 할 전략과 지식이 없다면 그것들은 활용될 수 없다. 유추에 의해 로랑은 이미 젖병을 뒤집는 방법을 알고 있었다. 그것은 문제가 아니었다. 오히려 문제는 젖병 뒤집기와 젖병 바닥의 등장을 연결 짓는 것이었다. 마찬가지로 대부분 청소년들의 문제는 곱셈과 나눗셈을 모른다거나 "평균의 곱은 극단 값의 곱과 같다."는 사실을 기억하지 못하는 것이 아니다. 오히려 문제는 적절한 문제의 단서들과 적절한 연산을 연결시키지 못한다는 데 있다. 둘째로, 학생은 덧셈 전략 사용에 대해 반박받을 수 있는 다양한 문제해결의 기회를 제공받아야 한다. 피드백과 반박이 없다면 필요한 지적 자극은 발생하지 않을 것이다. 따라서 학생들에게 문제해결을 위해 '비율'을 사용하라고 말해주어도 예전의 부정확한 전략이 소멸되지 않았기 때문에 다른 상황에서는 적용하지 못할 것이다.

이전의 논의들은 물론 대부분 비율 추론의 점진적 습득에 대해 다루었지만 그것의 직접적 교수를 꼭 배제하는 것은 아니다. 언급한 바와 같이 물 붓기 과제에서 넓은 실린더에서 좁은 실린더로 단순히 물을 부어 물이 8이 아닌 9까지 채워지는 것을 확인시킴으로써 덧셈 전략에 대한 직접적 반박이 이루어질 수 있다. 어떤 사람은 이러한 종류의 교수가 매우 효과적이라고 할 것이다. 그러나 교사들과 교육과정 개발자들은 지속적으로 남아 있는 제한 요소, 즉 학생에 대해 고려해야 한다. 그 자료가 교사에게 얼마나 잠재적으로 흥미로운가에 상관없이 학생들이 반박의 피드백을 통해 지적 자극을 받았을 때만 잘못된 전략을 포기하고 새로운 전략을 탐색하기 시작하는 것이다. 교실 상황에서 특히 문제가 학생의 개인적 흥미, 요구와 관계가 없는 것이라면 학생들에게 충분한 지적 자극을 주기 어려울 수 있다. 또한 단기간의 직접 교수법은 새로운 상황에서 문제 단서들을 해결 전략들과 매칭하기 위해 필요한 내적 모니터링 체계의 개발을 증진하기에는 아마도 불충분할 것이다. 이러한 종류의 개발을 위해서는 장기간의 노력이 필요해 보인다.

또 하나의 매우 중요한 교육적 함의는 그로스버그의 학습 방정식으로 이어진다. 학습이란 결절들의 시냅스 힘의 증가라는 의미로 이해된다는 것을 상기해보자. 학습 방정식에 따르면 학습은 전체적인 활동성이 특정 기준을 넘었을 때 이루어지며, 전체적 활동성은 시냅스전 그리고 후 활동 두 가지 모두의 작용이다(즉 S'_{ij} 그리고 $[X_j]^+$ 각각). 시냅스전 활동의 수준은 진행 중인 입력의 작용이다. 반면에 시냅스후 활동의 수준은 이전 학습의 작용이다. 따라서 학습, 즉 새로운 정보를 장기기억에 저장하는 것에는 두 가지 방법이 있다는 것을 알 수 있다. 첫 번째 방법은 시냅스전 활동을 상당히 높게 신장시켜 이것만으로도 기준점에 도달하게 하는 것이다. 이것은 예를 들면, 단어 목록에 그것이 '새겨질 때까지', 즉 외울 때까지 계속 반복해서 암송하는 것을 통해 이룰 수 있다. 나는 고등학교 영어 시간에 제프리 초서의 베오울프 구절을 외웠을 때 이것을 실천했다. 나에게는 전혀 의미가 없던 구절들이었음에도 나는 아직도 그 구절의 일부를 암송할 수 있다. 시냅스전 활동을 신장시킬 수 있는 또 다른 방법은 전체적인 자극을 감정적으로 신장시키는 것이다. 예를 들면, 꽉 찬 영화관에 앉아 있는 동안 "불이야!"라고 외치는 것이다. 감정적 자극은 또한 기억에 '새겨질' 것이다.

학습의 두 번째 방법은 새로운 입력 정보를 이미 알고 있는 것과 연결 짓는 것이다. 새로운 입력은 시냅스전의 활동을 증가시키며, 사전 학습은 시냅스후의 활동을 신장시킨다. 따라서 두 가지가 함께 기준점에 도달하면 전달물질 방출률이 변화한다. 이와 같은 학습은 새로운 입력을 증진시키기 위해 엄청난 노력을 하지 않고도 이룰 수 있다. 뿐만 아니라 이러한 새로운 학습은 이미 알고 있던 것과 연결이 되기 때문에 무의미한 것도 아니다. 따라서 학습이 보다 쉬워지고 의미가 있게 된다. 이에 더하여 선반 위에 아무렇게나 얹은 다음 서류철 아래에 새겨 넣는 대신 자료 보관함의 알맞은 위치에 잘 정리하여 꽂아둔 서류철과 같이 차후에 새로운 지식을 쉽게 뽑아서 사용할 수 있게 된다. 결과적으로 학생들이 알고 있는 것을 고려하여 그 지식을 토대로 계획하고 그 지식에 연결 짓는 방법으로 가르치는 것이 훨씬 더 효과적이다. 그러한 연결점들을 제공하지 않으면 학생들은 새로운 지식이 이전의 개념들과 어떻게 어우러지는지 또는 아예 모순적인지에 대해 알 수 없을 것이다. 이로 인해 장기기억은 거의 이루어지지 못하고/거나 학생들은 상호 모순적인 개념을 습득하고도 그렇다는 사실조차 모를 수 있다(예 : Lawson & Thompson, 1988).

이러한 학습의 매우 중요한 측면에 대해 유추의 유용성에 대해 논의할 제5장에서 더 이야기가 진행될 것이다. 그러나 지금으로서는 일단 〈표 2〉와 〈표 3〉에서 나타난 교재의 문구들을 참고해보자(Musheno & Lawson, 1999). 계속 읽어나가기 전에 몇 분간 각 문구들을 찬찬히 읽어보라.

표 2. 공생에 관한 순환학습 모형에서의 교재 문구(Musheno & Lawson, 1999)

자연에서 경쟁 대신 협력이 이루어지는 곳이 있는가?

유기체들은 음식, 물 그리고 공간을 위해 경쟁한다. 그리고 자신을 먹이로 삼을지 모르는 다른 생물체들로부터 자신을 방어한다. 삶은 항상 경쟁적인가? 아니면 종간에 함께 일하는 경우도 있는가? 두 가지 사례를 참고하라.

멕시코와 중앙아메리카의 저지대에서는 쇠뿔아카시아나무가 자란다. 자신이 먹히는 것을 방지하기 위해 나무는 잎 밑에 큰 가시를 자라게 한다. 나무는 각각의 어린잎의 가장 끝에 작은 오렌지 구슬 같은 구조물을 생산한다. 그리고 그것은 기름과 단백질로 채워져 있다. 과학자들은 처음에는 그 오렌지 구슬의 용도를 찾지 못하다가 흥미로운 관찰을 하게 되었다. 그들은 특정 부류의 개미가 아카시아나무를 자신의 집으로 사용한다는 것을 알게 되었다. 나무의 가시에 살고 있는 개미들은 그 신비로운 오렌지 구슬을 음식으로 사용한다.

개미들은 나무를 해치지 않는다. 그러나 그들은 그 나무를 만지는 것은 무엇이든 적극적으로 공격한다. 그들은 잎이나 가지에 내려앉는 다른 곤충도 공격하고 큰 동물이 나무를 그냥 스치고 지나가기만 해도 기어올라가 고통스럽고 따갑게 물기 공격을 한다. 개미들은 심지어 자신들의 나무 근처에 자라는 식물들도 썹어서 파괴시켜버린다. 개미들의 도움으로 동물들은 아카시아의 부드러운 잎을 먹으며 주변의 식물들은 망가진 나무보다 빠르고 크게 자라나게 된다. 이러한 부류의 개미들은 아카시아나무에서만 발견된다.

여기서 아카시아나무와 개미는 서로에게 의지한다. 상호 이익으로 어느 쪽도 피해를 입지 않는다. 둘이 팀을 이루는 것은 양쪽 모두에게 이익이 된다. 이러한 종류의 협력을 상리공생$_{mutualism}$이라고 한다. 다음의 사례 또한 상리공생인가?

아프리카에 소등쪼기새$_{oxpecker}$로 알려진 새는 진드기를 주식으로 먹는다. 그러나 소등쪼기새는 자신의 음식을 아주 재미있는 방식으로 수집한다. 각각의 새는 얼룩말과 같은 풀을 뜯어먹는 큰 동물을 선택한다. 그리고는 얼룩말 등에 집을 짓는다. 새는 자신이 찾을 수 있는 모든 진드기를 뽑아낸다. 그리고 얼룩말은 소등쪼기새가 진드기를 뽑아내는 한 그것이 등에 타고 있는 것을 허용한다. 이와 같은 관계에서 새는 지속적인 음식 공급원을 갖게 되고 얼룩말은 진드기로부터 자유로워진다.

두 사례에서 모두 종들은 가깝고 장기적인 협력 관계를 지닌다. 그래서 그들은 상리공생의 사례가 된다. 또 다른 사례를 보자.

탄자니아에 황로라고 불리는 왜가리와 비슷한 새는 아프리카물소와 다른 풀을 먹는 큰 포유류들을 따라다닌다. 새는 물소의 다리에 모인다. 때로는 풀을 뜯어먹는 동물의 등에 걸터앉기도 한다. 물소가 걸어 다니고 풀을 뜯어먹는 동안 그들은 작은 쥐와 곤충에게 겁을 주고, 이들은 황로의 먹이가 된다. 물소를 따라다니는 황로는 혼자 다니는 것에 비해 영양 공급원을 더 잘 찾을 수 있다. 물소는 황로의 존재로 이익이 되는 것이 없다. 그러나 그렇다고 황로로 인해 방해받는 것처럼 보이지는 않는다. 황로와 물소는 가깝고 장기적인 관계를 갖으나, 이 경우에는 황로만이 이익을 얻는다. 물소는 영향을 받지 않는다. 이러한 종류의 연합, 즉 한 종에게는 이익이 되나 다른 종에게는 영향을 미치지 못하는 것을 공서$_{commensalism}$라고 한다.

다음의 사례는 상리공생인가, 공서인가, 아니면 또 다른 것인가? 크리스마스 시즌 동안 많은 미국 사람들이 전통적으로 문에 걸어놓는, 잎이 풍성한 초록 식물인 겨우살이는 대부분의 식물들처럼 땅에서 자라지 않는다. 겨우살이는 여기 아리조나에 있는 메스키트나무나 오크나무의 가지에서만 자란다. 겨우살이는 특별한 종류의 뿌리를 지니는데, 이것은 나무 안을 파고들어 나무의 수액의 원천을 두드리고 들어간다. 그 수액은 겨우살이의 영양분이 되며, 영양분을 얻은 겨우살이는 더 크게 자랄 수 있게 되어 영양의 필요성이 커져감에 따라 새로운 '뿌리'로 나무의 가지에 파고든다. 메스키트나무는 자신의 수액을 겨우살이에게 빼앗김으로써 해를 입게 된다. 중요한 수분과 영양분을 잃게 되기 때문이다. 다시 이 사례는 두 종간의 가까운 그리고 장기적인 관계를 나타낸다. 여기서 겨우살이는 이익을 얻는다. 그러나 메스키트나무는 해를 입는다. 한 종이 이익을 얻고 다른 종이 해를 입는다면 그 관계는 기생$_{parasitism}$이라고 한다. 이 사례에서 겨우살이는 기생식물이다.

상리공생, 공서 그리고 기생은 모두 두 종간의 가깝고 장기적인 관계를 나타낸다. 그 관계는 식물들 간의, 동물들 간의 또는 식물과 동물 간의 관계일 수 있다. 전체적으로 가깝고 장기적 관계는 공생$_{symbiosis}$이라고 불린다. 이 용어는 그리스 언어에서 유래한다. *bios*는 삶을 뜻하며 *sym*은 함께를 의미한다. 그러므로 *symbiosis*는 함께 삶이라고 번역할 수 있다.

표 3. 공생에 관한 전통적 방식의 교재 문구(Musheno & Lawson, 1999)

공생

공생이란 서로 다른 두 종간의 가깝고 장기적인 관계를 의미하는 용어이다. 그 관계는 식물들 간의, 동물들 간의 또는 식물과 동물 간의 관계일 수 있다. 이 용어는 그리스 언어에서 유래한다. *bios*는 삶을 뜻하며 *sym*은 함께를 의미한다. 그러므로 *symbiosis*는 함께 삶이라고 번역할 수 있다.

자연에서 종간의 관계는 대체로 경쟁적이다. 그래서 식물과 동물은 음식, 물 그리고 생활공간을 위해 싸우고, 다른 종으로부터 먹히지 않기 위해 자신을 방어한다. 공생은 두 종간의 협력과 의존 같은 것을 포함하는 조금 다른, 비경쟁적 형태의 관계를 나타낸다. 여기에는 상리공생, 공서, 그리고 기생이라고 불리는 세 가지의 서로 다른 형태가 있다. 상리공생에서는 가깝고 장기적인 관계가 양쪽 종에게 모두 이익이 된다. 공서에서 관계는 한 종은 이익을 얻으나 다른 종은 영향을 받지 않는다. 세 번째 형태인 기생 관계에서는 한 종은 이익을 얻으나 다른 종은 그만큼의 대가를 치르게 되어 해를 입게 된다.

식물과 동물 사이의 상리공생의 좋은 예를 쇠뿔아카시아나무가 자라는 멕시코와 중앙 아메리카의 저지대에서 찾아볼 수 있다. 자신이 먹히는 것을 방지하기 위해 나무는 잎 밑에 큰 가시를 자라게 한다. 나무는 각각의 어린잎의 가장 끝에 작은 오렌지 구슬 같은 구조물을 생산한다. 그리고 그것은 기름과 단백질로 채워져 있다. 과학자들은 처음에는 그 오렌지 구슬의 용도를 찾지 못하다가 흥미로운 관찰을 하게 되었다. 그들은 특정 부류의 개미가 아카시아나무를 자신의 집으로 사용한다는 것을 알게 되었다. 나무의 가시에 살고 있는 개미들은 그 신비로운 오렌지 구슬을 음식으로 사용한다.

개미들은 나무를 해치지 않는다. 그러나 나무를 만지는 것은 무엇이든 적극적으로 공격한다. 그들은 잎이나 가지에 내려앉는 다른 곤충도 공격하고 큰 동물이 나무를 그냥 스치고 지나가도 기어올라가 고통스럽고 따갑게 물기 공격을 한다. 개미들은 심지어 자신들의 나무 근처에 자라는 식물들도 씹어서 파괴시켜버린다. 개미의 도움으로 동물들은 아카시아의 부드러운 잎을 먹으며 주변의 식물은 망가진 나무들보다 빠르고 크게 자라나게 된다. 이러한 부류의 개미들은 아카시아나무에서만 발견된다.

상리공생의 또 하나의 예는 두 종의 동물 간의 예로 소등쪼기새로 알려진 아프리카에 진드기를 주식으로 먹는 새이다. 소등쪼기새는 자신의 음식을 아주 재미있는 방식으로 수집한다. 각각의 새는 얼룩말과 같은 풀을 뜯어먹는 큰 동물을 선택한다. 그러고는 얼룩말의 등에 집을 짓는다. 새는 자신이 찾을 수 있는 모든 진드기를 뽑아낸다. 그리고 얼룩말은 소등쪼기새가 진드기를 뽑아내는 한 그것이 등에 타고 있는 것을 허용한다. 이와 같은 관계에서 새는 지속적인 음식 공급원을 갖게 되고, 얼룩말은 진드기로부터 자유로워진다.

공서의 관계는 상리공생이나 기생관계에 비해 훨씬 드물다. 관계로부터 한쪽 종이 전혀 영향을 받지 않는 경우를 찾기 어렵기 때문이다. 공서의 좋은 사례는 역시 두 종의 동물 간의 예로 황로라고 불리는 왜가리와 비슷한 새가 아프리카물소와 다른 풀을 먹는 큰 포유류들을 따라다니는 탄자니아에서 찾아볼 수 있다. 새들은 물소들의 다리에 모인다. 때로는 풀을 뜯어먹는 동물의 등에 걸터앉기도 한다. 물소가 걸어 다니고 풀을 뜯어먹는 동안 그들은 작은 쥐와 곤충에게 겁을 주고, 이들은 황로의 먹이가 된다. 물소를 따라다니는 황로는 혼자 다니는 것에 비해 영양 공급원을 더 잘 찾을 수 있다. 물소는 황로의 존재로 이익이 되는 것이 없다. 그러나 그렇다고 황로로 인하여 방해받는 것처럼 보이지는 않는다.

기생관계는 공생의 마지막 형태이다. 자연 속에서 이와 같은 관계는 많이 존재한다. 예를 들면, 크리스마스 시즌 동안 많은 미국 사람들이 전통적으로 문에 걸어놓는, 잎이 풍성한 초록 식물인 겨우살이는 대부분의 식물들처럼 땅에서 자라지 않는다. 겨우살이는 아리조나에 있는 메스키트나무나 오크나무의 가지에서만 자란다. 겨우살이는 특별한 종류의 뿌리를 지니는데, 이것은 나무 안을 파고들어 나무의 수액의 원천을 두드리고 들어간다. 그 수액은 겨우살이의 영양분이 되며 영양분을 얻은 겨우살이는 더 크게 자랄 수 있게 되고 영양분의 필요성이 커져감에 따라 새로운 '뿌리'로 나무 가지에 파고든다. 메스키트나무는 자신의 수액을 겨우살이에게 빼앗김으로써 해를 입게 된다. 중요한 수분과 영양분을 잃게 되기 때문이다.

당신이 알아낸 바와 같이 각각의 문구는 공생, 상리공생, 공서, 기생이라는 네 가지의 새로운 생물학적 용어를 소개한다. 〈표 2〉의 문구는 사례를 먼저 제시하고 새로운 용어를 그 후에 제시한다(즉 '순환학습'의 형태). 또한 새로운 용어들은 '아래에서 위'의 형식으로 소개된다. 다시 말하면 개념적 위계에 따라 덜 포함적인(하위 순위의) 개념들인 상리공생, 공서, 기생이 먼저 소개되고 그 후에 보다 더 포괄적인 '상위 순위'의 공생 개념이 제시된다. 반면에 〈표 3〉에 있는 문구는 새로운 용어들을 보다 '전통적인' 위에서 아래로의 방식으로 소개하며 공생을 가장 먼저 제시한다. 새로운 용어들이 그에 대한 예시자료보다 먼저 제시되는 것도 확인해보라(즉 용어 먼저, 사례 나중).

학습을 유발하기 위한 요소들에 대해 우리가 학습한 것에 따르면(즉 결절들의 시냅스 힘을 강화하는 것), 어떤 문구가 개념의 구성과 저장의 측면에서 더 효과적으로 작용할까? 이론상으로는 순환학습 모형의 문구가 가장 효과적이어야 할 것이다. 아마도 두 문구에 의해 유발되는 시냅스전 활동의 수준은 동일할 것이다. 그러나 관련된 시냅스후 활동은 순환학습 모형의 문구를 읽는 학생들에게서 더 높을 것이다. 이것은 그 문구를 읽는 학생들에게 새로운 용어가 등장했을 때 새로운 용어와 '연결'되어야 할 그 현상에 대해 방금 전에 읽었기 때문이다. 따라서 방금 활성화된, 그리고 지속적으로 활동적인 시냅스후 활동 덕분에 시냅스전 그리고 후 활동의 조합은 기준점에 도달하며 관련된 시냅스 힘은 강화된다. 그러므로 그로스버그의 학습 방정식에서 기술한 바와 같이 학습이 이루어진다.

그러나 전통적 방식의 문구를 읽는 학생들에게는 용어들이 사례 이전에 제시된다. 그래서 새로운 용어들에 의해 유발된 시냅스전 활동은 사례에 의해 유발되는 관련된 시냅스후 활동과 적절한 시기에 매칭되지 못한다. 결과적으로 학습이 쉽게 이루어지지 않는다. 다시 말하면 소개되었을 때 새로운 용어는 '정착'할 곳이 없다. 그래서 새로운 용어를 읽음으로써 증가되는 활동성이 사라질 때까지 그로스버그의 학습 방정식에서 기술되었듯 새로운 용어는 '정착'되지 못하고 잊혀진다. 사실 전통적 방식의 문구는 관련된 사례를 독자에게 제공하기에 앞서 추가적인 새로운 용어들을 소개하여 그것 또한 '정착할 지점'이 없다.

기대했던 바와 같이 머쉬노와 로슨(Musheno & Lawson, 1999)은 순환학습 모형의 문구를 읽은 9~10학년 학생들이 전통적 방식의 문구를 읽은 학생들에 비해 개념 이해도에 대한 사후 시험에서 유의미하게 높은 점수를 획득했다는 사실을 알아내었다. 보다 일반적으로 그로스버그의 활동 방정식과 학습 방정식은 순환학습 접근을 적용하는 모든 학습 맥락(예 : 실험, 강의, 토의)이 '전통적'인 용어가 우선인 위에서 아래로의 접근 방식(즉 Lawson, Abraham & Renner, 1989)에 비해 더 효과적이어야 함을 함의한다. 예를 들면, 여러 개의 생소한 용어를 늘어놓으면서 듣기는 쉽지만 그럼에도 불구하고 의미 없었던 강사의 일상적 강의로 괴로워해본 적이 있지 않은가? 결국 우리는 금방 '집중력을 잃는다.' 우리 중의 일부는 심지어 잠든다. 여기서의 문제는 시냅스전 활동의 부족이 아니다. 문제는 시냅스후 활동의 부족이다. 이로 인해 집중력, 이해력, 학습 그리고 기억이 저하된다.

뇌 성숙, 지적 발달
그리고 서술적 개념 구성

1. 도입

우리는 지금까지 거울 보고 그림 그리기, 피아제의 아들 로랑이 우유를 마시기 위해 젖병의 방향을 제어하는 학습, 불이 붙지 않은 바비큐 화덕, 시청각적 정보 처리, 아동들의 비율 문제해결 과정 등을 통해 임무수행에서의 가설-예측성 추론의 패턴을 발견했다. 동일한 패턴이 학생들의 서술적 개념descriptive concept을 형성하는 과정에서도 작동할까? 〈그림 7〉의 첫째 줄에 묘사된 Mellinark라 부르는 물체의 예를 살펴보기 바란다. 왜 이것들은 Mellinark라고 부르는데 두 번째 줄의 것들은 Mellinark가 아닐까? 다시 말해 무엇이 Mellinark를 Mellinark로 만드는가? 당신은 이것을 알아내기 위해 그림에서 제시한 정보들을 이용할 수 있는가? 만약 그렇다면 세 번째 줄의 어느 물체가 Mellinark일까? 어떻게 그것을 알아내었는가? 다시말해 당신은 Mellinark를 무엇으로 정의하고 있으며, 그러한 정의에 어떻게 도달했는가? 당신의 추론 단계는 무엇인가? 뒷부분을 계속해서 읽기 전에 몇 분 동안 이질문에 대답할 시간을 갖도록 해보라.

Mellinark 문제를 해결하는 데 사용한 추론에 대한 통찰력을 얻기 위해 여러 학생들은 문제풀이를 시도했고 우리에게 자신들의 추론에 대해 이야기했다. 다음의 예는 그림 세 번째 줄의 1번, 2번, 6번 물체가 Mellinark라고 확인한 학생의 설명이다(Lawson, McElrath, Burton, James, Doyle, Woodward, Kellerman & Snyder, 1991, p. 967).

1번, 2번, 6번이 Mellinark입니다.

좋아요. 그걸 어떻게 알아냈나요?

음, 제가 첫 번째로 주의한 것은 전체 모양이었습니다. 직선형이거나 아령 모양이거나. 하지만 이 방법으로는 해결할 수 없었어요. 왜냐하면 둘째 줄의 어떤 것들은 비슷한 외형을 가지고 있었으니까요. 그래서 저는 외형을 배제했습니다. 그다음에 알아차린 것은 첫째 줄의 물체들은 모두 어두운 명도를 가지고 있다는 것입니다. 하지만 둘째 줄을 보면 어떤 것들은 어두운 명도를 가지고 있지만 Mellinark가 아니죠. 그러니까 어두운 명도가 유일한 단서일 수 없다는 것입니다. 그래서 다시 첫 번째 줄로 돌아가 보았어요. 이번에는 전부 꼬리를 가지고 있다는걸 알아차렸죠. 하지만 둘째 줄의 어떤 것들도 꼬리를 가지고 있지요. 그렇다면 꼬리도 유일한 단서가 될 수 없다는 것이고요. 이렇게 되니약간 혼란스러워졌지만 다시 첫째 줄의 물체들에 또 다른 무엇이 있는지 주시했죠. 그때 큰 점이 눈에 띄더군요. 그러니까 첫째 줄의 물체들은 이 세 가지를 동시에 모두 가지고 있고, 둘째 줄의 물체들은 그렇지 않더라고요.

이 진술에 의하면 학생은 처음에 전체적 외형이 결정적 단서일 것이라는 생각을 만들어냈다. 그러나 이 이야기를 함과 동시에 곧 이 생각은 폐기되었다. 왜냐하면 둘째 줄의 몇 개의 물체가 비슷한 외형을 가지고 있었기 때문이다. 그러므로 처음에 학생은 이와 같은 추론을 했을 것이다.

> 만약… 전체적 외형이 Mellinark의 결정적 특징이라면, (서술적 가설)
> 그리고… 두 번째 줄의 Mellinark가 아닌 물체들을 유심히 보면, (행동 실험)
> 그러면… 첫째 줄의 Mellinark들과 같은 것이 없어야 하는데, (예측)
> 그러나… Mellinark가 아닌 물체들의 몇 개가 비슷한 외형을 가지고 있다. (관찰된 결과)
> 그러므로… "나는 배제한다." 즉 나의 처음 생각이 틀렸다고 결론짓는다. (결론)

물론 이것은 우리가 이미 알아본 것과 동일한 추론 패턴이다. 어떤 논리학자들은 이러한 패턴을 '반박의 추론' 또는 '귀류법'歸謬法, reductio absurdum이라고 부른다(예 : Ambrose & Lazerowitz, 1948). 또한 다른 나머지 학생들의 진술에서 나타나듯 이 패턴은 모든 반박 요소가 사라질 때까지 계속 순환된다. 그러므로 처음의 서술적 가설을 폐기한 즉시 학생은 또 다른 가설을 세우는 것 같다(예 : 명도가 결정적 요소라거나 꼬리가 결정적 요소라는). 그리고는 앞에서와 동일하게 시험하고, 궁극적으로 특징들의 조합(명암, 꼬리, 큰 점)을 발견할 때 까지 되풀이하여 모순(반박)이 없는 예측에 이르게 된다. 즉,

> 만약… Mellinark들이 어두운 명암을 갖고 꼬리가 있으며 큰 점이 하나 있는 물체
> 라면, (서술적 가설)
> 그리고… 첫 번째와 두 번째 줄의 모든 물체들을 시험한다면, (실험)
> 그러면… 첫 번째 줄의 모든 물체는 세 가지 특징을 모두 가져야 하며, 두 번째 줄
> 의 어떠한 물체도 세 가지 특징을 모두 갖지 않을 것이다. (예측)
> 그리고… 이것이 내가 본 사실과 같다. (관찰된 결과)
> 그리고 세 번째 줄의 6번 물체는 위 세 가지 특징을 모두 가지고 있으므로 그것은
> Mellinark이다. (결론)

당신도 1, 2, 6번 물체가 Mellinark라고 결론 내렸는가? 만일 그렇다면 당신의 추론은 앞의 것과 유사한가? 고등학생의 선별 집단에 Mellinark 문제 형식의 과제를 준다면 어떨 것 같은가? 고등학생들도 이와 같은 패턴의 추론을 할까? 아니면 뭔가 다른 방식을 사용하며 어려움에 빠질까? 이것을 알아보기 위하여 로슨과 그의 동료들(Lawson et al., 1991)은 314명의 고등학생을 대상으로 일련의 Mellinark 형식의 과제를 투입했다. 흥미롭게도 많은 학생들이 문제해결에 어려움을 겪었을 뿐 아니라 그들의 해결 능력이 과학과 수학에서의 문제해결 능력(즉 발달적 단계)과 높은 상관관계를 보였다.

문제해결 과정에서 가설-예측성 추론의 순환을 적용하는 데 실패한 학생들이 경험하게 되는 어려움은 문제풀이에 실패한 학생과의 대화의 예시에서 잘 드러난다.

Mellinark를 '꼬리가 있는 물체'로 정의한다고 가정해봅시다. 이 생각을 어떻게 검증할 것인가요? 이 생각이 옳거나 그르다는 것을 알려주는 어떠한 정보가 있나요?

음, 어… 다른 물체에도 같은 꼬리가 있는지 보면 되겠죠…. 아니면 음, 그거요, 물체의 특징이요…. 꼬리, 점, 음영 같은 것들 말이에요. 그런 것들이 뭐랄까, 다 같은지 아니면 비슷한지… 그런 후에 음… 모르겠네요.

알았어요. 두 번째 줄을 볼까요. 여기에는 Mellinark가 하나도 포함되어 있지 않다고 했죠. 꼬리에 관해서 본다면 이것들로부터 알 수 있는 것이 뭔가요? 다시 말할게요. 만일 Mellinark들이 꼬리를 가지고 있다는 것이 참이라면, 두 번째 줄의 물체들로부터 꼬리와 관련하여 뭘 알아낼 수 있을까요?

음… 그것들은 꼬리를 가지고 있는 다른 물체인데… 이상한데… 그것들은 음영이 없는 게 있고 또 음… 그것들은 훨씬… 잘 모르겠어요.

알았어요, 다시 뒤로 돌아가 보죠. 다시 말해봅시다. Mellinark들은 꼬리를 가졌습니다. 그리고 여기 아래 두 번째 줄을 봅니다. 여기 있는 Mellinark가 아닌 것들에도 꼬리가 있네요. 여기 꼬리가 보이죠?

네.

그리고 이게 Mellinark가 아니란 것을 알고 있죠. 그래서 이것으로부터 당신이 만든 정의가 틀렸다고 결론 지을 수 있겠네요.

네. …그런데 표가 잘못되었을 수도 있지요. 실수 같아요. 이 물체들(꼬리가 있는)은 위 칸의 Mellinark들과 함께 넣어야 되는 건데….

로슨(1991)이 발표한 이런 종류의 반응과 정량적 분석 자료는 고등학생들이 보이는 명백한 어려움을 제시하고 있음에도 불구하고 어려움의 원인들에 관한 의문점은 남아 있다. 학생들이 겪는 이런 어려움은 가설-예측에 의한 추론 기술의 부족에서 비롯되었을 수 있다. 피아제(1964)가 주장했던 것처럼 우리도 이런 추론 기술은 인지발달의 결과(즉 신체적·사회적 경험, 신경계의 성숙과 자기규제)라고 간주한다. 만일 이것이 사실이라면 구술(말)을 통해 추론을 활용하게 하는 간략한 훈련으로는 학생들이 Mellinark 유형과 같은 문제를 해결하는 데 전혀 도움이 되지 않아야 할 것이다. 다시 말해 그 훈련은 실패할 것이다. 왜냐하면 문제해결에 요구되는 추론 기술은 이 이론에 의하면 단기간의 훈련이 아니라 장기간의 인지발달에 의한 결과물이기 때문이다.

이에 따라 잠재적으로 연관 있는 특징을 알아내는(그래서 검증에 사용할 서술적 가설을 만들어내는) 6종류의 Mellinark 유형의 과제와 어떻게 만일/그러면/그러므로로 이루어진 추론의 반복회로를 학생들에게 설명하는 간단한 구술 훈련으로 구성된 연구가 시작되었다. 좀 더 구체적으로 이 연구의 기반이 되는 추론은 다음과 같이 말할 수 있다.

> 만약… 고등학생들이 경험하는 어려움들은 발달적 차원에서 유래된 부족(결핍)을
> 원인으로 하고, 가설-예측성 추론 기술은 서술적 개념의 구성을 필요로 한다면,
> (발달 가설)
> 그리고… 학생들은 Mellinark 유형의 과제를 해결하기 위해 어떻게 추론을 사용할
> 지에 관한 간략한 구술 훈련을 제공받는다면, (계획된 실험)
> 그러면… 학생들에게 추가적으로 훈련받지 않은 과제를 부과한다. 학생들은 해결
> 에 실패한다. (예측)

2. 연구 방법

2.1 연구 설계

연구대상의 선별에 앞서 수차례의 예비 훈련을 실시했다. 학생들의 반응은 최소한
몇 명의 8학년 학생(12~14세)은 성공적으로 반응했다는 의혹이 제기되었다. 이에
따라 첫 번째 훈련 진행은 8학년 학생을 대상으로 했다. 만일 8학년 학생에서 성공
적이라면 이보다 어린 학생들을 선별하여 이들에서도 성공적인지 여부를 알아보
고 같은 방법으로 연령을 낮추며 실험이 성공되지 않는 연령까지 진행한다. 한편
만일 8학년이 성공적이지 않다면 더 연령이 많은 학생을 대상으로 선별하며 성공
적인 대상 연령이 확인될 때까지 계속 진행한다.

2.2 연구대상

연구대상은 미국 남서부의 소도시 소재 2개 초등학교와 중학교의 학생 175명(남학
생 88명, 여학생 87명)으로 했다. 학년과 학생의 연령은 다음과 같다. 유치원(n=70,
5.3~7.0세, 평균 6.4세), 1학년(n=30, 6.8~7.9세, 평균 7.5세), 2학년(n=30, 7.9~8.9세,
평균 8.4세), 4학년(n=15, 8.4~10.3세, 평균 9.4세), 6학년(n=15, 10.4~11.9세, 평균 11.5세),
8학년(n=15, 12.4~14.4세, 평균 13.4세).

2.3 간략한 구술 훈련

연구대상은 교실 근처의 조용한 장소에서 개별적으로 훈련을 제공받았다. 훈련의 목적은 연구대상이 개념의 구성에 필수적으로 여겨지는 만약/그러면/그러므로 추론 패턴을 사용할 수 있는 정도를 측정하는 것이다. 추론 패턴에 대한 설명은 연구대상이 어려움을 경험하게 될 때마다 반복적으로 제공되었다. 또 다른 목적은 (1) 물체 면의 특징, (2) 작은 점들이 있음, (3) 꼬리, (4) 하나의 큰 점, 또는 (5) 이상의 조합과 같이 과제의 특징을 드러내는 것이다. 누적된 훈련의 효과는 마지막으로 일곱 번째 과제인 Mellinark 과제로 측정된다. 그러므로 Mellinark 과제는 훈련에 사용되지 않으며 부과되기만 하는데, 필요에 따라 몇 개의 또는 전체의 선행 과제를 통한 훈련 후에 부과된다. 각 훈련에 소요된 시간은 15~20분이다.

2.4 서술적 개념 구성을 위한 과제

초등 과학 연구(1974)의 '물체 카드'에 사용된 패턴을 빌어 만든 7종의 서술적 개념 구성을 위한 과제를 구성했다. 각각의 과제는 $8\frac{1}{2}$×11인치의 종이에 그려진 세 줄의 물체 형상 그림으로 이루어졌다. 첫 번째 과제를 수행할 때 학생들에게 주어진 언어적 정보는 다음과 같다.

> 첫 번째 줄에 그린 형상들은 모두 Shloom이라 부릅니다. 왜냐하면 이 형상들은 모두 어떤 공통점을 가지기 때문입니다. 두 번째 줄의 형상들은 모두 Shloom이 아닙니다. 왜냐하면 이 형상들은 그 공통점을 가지지 않고 있기 때문입니다. 이것을 이용하여 셋째 줄의 형상들 가운데 Shloom은 어느 것인지 알아내십시오.
> 〈그림 1~6〉의 과제들을 성공적으로 해결하는 데 필요한 일종의 추론을 얻기 위해 이번에는 여러분이 스스로 몇 분의 시간을 가져보기 바랍니다.

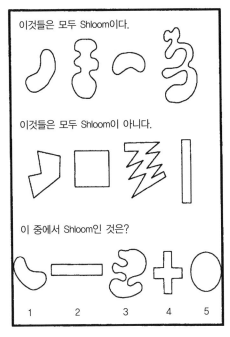

그림 1. 과제 1 – Shlooms

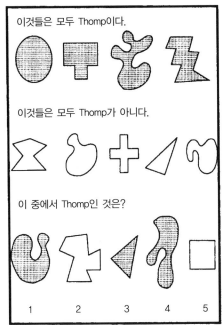

그림 2. 과제 2 – Thomps

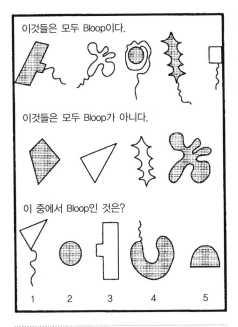

그림 3. 과제 3 – Bloops

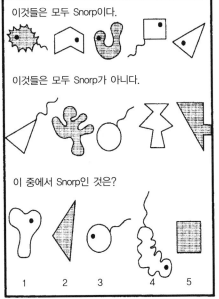

그림 4. 과제 4 – Snorps

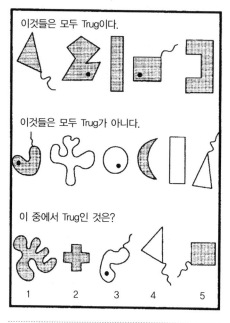

그림 5. 과제 5 – Trugs

그림 6. 과제 6 – Gloms

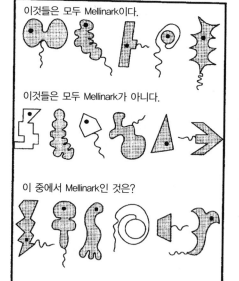

그림 7. 과제 7 – Mellinarks

2.5 특정 과제별 훈련

처음에 부과한 과제에 대하여 많은 연구대상자들은 물체가 가지는 대강의 외형을 이용하여 매치시켰다. 예를 들어 과제 1에서 많은 연구대상자들이 셋째 줄의 1번, 3번 물체가 Shloom이라고 했는데, 그 이유는 '이 물체들이 첫째 줄의 1번, 2번 물체와 비슷했기 때문'이었다. 또 셋째 줄의 2번 물체가 Shloom이 아닌 이유는 '둘째 줄의 4번째 물체와 외형이 비슷했기 때문'이었다. 전형적으로 이러한 전략을 사용하고 있는 연구대상자들은 셋째 줄의 4번, 5번 물체가 Shloom인지 알 수 없었다. 문제해결에 실패한 많은 연구대상자들은 이러한 외형 맞추기 전략을 계속적으로 사용하고 있으며, 이런 현상은 뒤따르는 과제에서 타당한 특징이나 올바른 해결전략을 제공받고 나서도 계속되었다. 더 정확히 말하면 과제 1을 이용한 훈련이 필요시 실험자는 연구대상자에게 다음과 같이 말했다.

첫째 줄의 물체들은 모두 곡선 면을 가지고 있는 점을 주의하세요. 또한 둘째 줄의 물체들은 어느 것도 곡선 면을 가지고 있지 않은 것도 주의하세요. 그 대신 이것들은 직선 면을 가지고 있지요. 그러므로 만약 곡선 면을 가지고 있는 물체를 Shloom이라고 말한다면 셋째 줄의 1번, 3번, 5번 물체는 반드시 Shloom이지요.

따라서 연구대상자들은 곡선 면, 직선 면 등과 같이 물체의 면의 속성에 대하여 주의를 기울이라는 일종의 주의를 받은 것이다. 과제 1은 만약/그러면/그러므로 추론 패턴을 도입하는 데 사용되지 않았다. 과제 2가 주어졌을 때 연구대상자들은 네 가지 중 한 가지를 실행하게 될 것이다.

1. 외형 비교하기 전략을 꾸준히 계속한다(예 : 셋째 줄의 2번 물체는 Thomp이다. 왜냐하면 그것은 첫째 줄의 4번 물체와 닮았기 때문이다. 그리고 셋째 줄의 4번 물체도 Thomp이다. 왜냐하면 첫째 줄의 3번 물체와 닮았기 때문이다).

2. 곡선 면이 관련 있다는 생각을 계속하면서 1번, 4번 물체가 Thomp라고 결론 짓는다.

3. 첫째 줄의 모든 물체에 작은 점이 많다는 점을 알아채고 곧바로 Thomp들은 작은 점을 가지고 있는 물체라고 결론짓는다. 비록 이 접근법은 셋째 줄의 1번, 3번, 4번 물체가 Thomp라는 것을 알아내기에는 효과적이었지만 달리 가능한 관련된 특징을 제거하는 데는 효과적이지 않았다. 그러므로 이 전략을 사용한 연구대상자들은 추측에 의존하여 정답을 맞혔다. 올바른 초기 아이디어를 가진 사람들은 문제해결에 성공했다. 그러나 초기의 가설이 틀린 사람들은 문제해결에 실패했다. 왜냐하면 시험하고 폐기하는 추론 패턴을 사용하지 않았기 때문이다.

4. 가설-예측성 추론을 사용한다. 예를 들어, ⑴ 면의 종류가 관련 있다는 생각

을 폐기한다(두 종류의 면이 첫째 줄과 둘째 줄에 모두 있으므로). (2) 작은 점의 유무가 관련성을 가지는지 대안적 아이디어를 만든다. (3) 첫째 줄에 있는 모든 Thomp에 작은 점이 있고, 동시에 둘째 줄의 Thomp가 아닌 것들에 작은 점이 없다는 것을 확인한다. (4) 그러므로 셋째 줄의 1번, 3번, 4번 물체가 Thomp 라고 결론 내린다.

만일 한 연구대상자가 앞의 1이나 2를 실행하면 실험자는 그에게 올바로 관련된 물체의 특징을 지적하고 4에 구현된 논거를 다음과 같이 구술적으로 제시한다.

> Shloom들은 곡선 면을 가졌지요. 그러므로 Thomp들도 곡선 면을 가졌을 것이라고 추측할 수 있어요. 하지만 만일 곡선 면이 중요한 특징이라면 첫째 줄에 있는 모든 물체는 곡선 면을 가져야 하지요. 그런데 여기 2개의 물체(2번, 4번)가 직선 면을 가진 것 보이나요? 이것들도 Thomp이고요. 이것은 곡선 면 말고 다른 중요한 것이 있다는 것을 의미하지요. 또 만일 곡선 면이 중요한 특징이라면 둘째 줄의 어느 것도 곡선 면을 가져서는 안 된다는 것을 주의하세요. 그런데 어떤가요, 여기 2개(둘째 줄의 2번, 5번 물체)는 곡선 면을 갖고 있는데 Thomp가 아니지요. 그러니까 Thomp에게는 곡선 면이 아니고 다른 중요한 특징이 있겠죠.

물론 이 구술적 논거 제시로 연구대상자는 훈련되고 이러한 가설-예측성 추론이 가능해져서 구술 훈련을 이해하게 되며 잇따른 과제의 해결을 위한 추론에 사용하게 될 것이라고 예측해볼 수 있다(Lawson, 1987 참조). 반면 이러한 추론 능력이 결여된 연구대상자들은 의미를 이해하지 못하고 자기들의 잘못된 초기 접근법(앞의 1, 2, 3)을 고수할 것이다. 물론 연구대상자가 단지 추측만으로 3의 접근법을 쓰고 있는지 아니면 4의 추론을 사용하는지 판별하기는 어렵다. 결과적으로 연구대상자가 올바른 대답에 도달할 때마다 그가 사용한 추론의 패턴은 구술적으로 제시될 것이다. 이것은 그 연구대상자가 구술적으로 표현할 수 있는지, 그렇지 않은지를 보여준다.

훈련은 앞의 6개의 과제를 필요시 구술적 설명을 반복적으로 하며 차례로 계속 진행된다. 그리하여 연구대상자들이 일곱 번째 과제에 도달할 즈음에는 다섯 번의 독립된 기회(과제 2~6)를 통해 추론의 패턴에 관한 설명을 이미 접하게 된다. 연구대상자들은 모든 특징의 설명을 들었다. 최종적으로 과제 7인 **Mellinark** 과제는 연구대상자들이 Mellinark의 서술적 개념을 구성하는 과정에서 추론 패턴을 활용하는 능력을 측정하는 최종 시험으로서 실험자의 조력이 전혀 없는 가운데 주어진다.

2.6   결과 측정

각 과제를 해결하는 능력을 측정하기 위해 각각의 과제에 대한 훈련에 앞서 각 셋째 줄의 물체들에서 Shloom, Thomp, Bloop 등인 것을 확인하는 것을 녹화했다. 연구대상자들이 만일 셋째 줄의 1번, 2번, 6번 물체를 Mellinark로 확인한 경우에 성공으로 간주했다.

3. 전체적 결과, 잠정적 결론, 제기되는 핵심 의문

실험에 투입된 15명의 8학년 학생은 훈련을 즉시 이해했고 1번, 2번, 6번 물체를 Mellinark로 확인했다. 15명의 6학년 학생도 모두 역시 셋째 줄의 Mellinark를 제대로 확인하는 데 어려움이 없었다. 15명의 4학년 학생도 모두 거의 어려움 없이 과제해결에 성공했다. 2학년 학생들에서 약간의 어려움이 나타났다(다음에 자세히 설명할 것이다). 그럼에도 불구하고 처음 5명의 학생은 Mellinark 과제를 성공적으로 해결했다. 여섯 번째 학생은 실패했는데, 그는 1번, 2번, 4번, 6번 물체를 Mellinark라고 말했다. 4번 물체를 Mellinark로 잘못 확인한 이유로는 "첫째 줄의 4번 Mellinark와 비슷하게 생겼기 때문"이라고 말했다. 나머지 24명의 2학년 학생은 모두 성공적이었다. 그러므로 이 결과는 이 연구에서 다루는 가설, 즉 고학년 학생들이 겪는 어려움이 발달 단계에서 유래되는 서술적 개념을 구성하는 데 필요한 가설-예측성 추론 능력의 결여 때문에 생긴다는 우리의 가설에 대하여 명백한 모순을 드러낸다.

대부분의 유치원생 연구대상자(27/30)들이 물체의 특징을 쉽사리 알아냈지만 그들 중 아무도 추론을 이해하지 못하고 있는 것으로 보였고, 따라서 아무도 Mellinark 과제를 풀지 못했다. 말할 필요 없이 고학년 연구대상자 중 사실상 전원이 과제를 해결한 것과 유치원생 전원이 실패한 것이 서로 결부되고 있다는 것은 놀라운 결과이며, 이것이 중간에 있는 연령인 1학년 학생을 대상으로 한 선별과 훈련을 진행하게 된 기폭제가 되었다. 대략 절반 정도(14/30)의 1학년 학생들이 Mellinark 과제를 해결했다.

〈그림 8〉은 유치원생, 1학년생, 2학년생의 연령(개월 수)을 함수로 정리한 Mellinark 과제의 결과를 보여준다. 검은 점은 실행에서의 성공을, 흰 점은 실패를 나타낸다. 연령과 성공 간에 극적인 관계를 보여준다. 84개월 미만(7세 미만)의 연구대상자 30명 중 성공한 사람은 아무도 없었다. 84~95개월 연령(7세)의 연구대상자에서는 30명 중 14명이 성공했는데, 이 중에서도 개월 수가 많은 사람이 훨씬 높은 성공률을 보였다. 그리고 96~107개월(8세)인 연구대상자에서는 사실상 전원 (29/30)이 과제를 성공적으로 해결했다.

이 결과에서 놀라운 점은 두 가지이다. 첫째, 로슨 등의 실험에 참여한 연구대상자들보다 훨씬 어린 학생들이 Mellinark 과제를 해결하기 위해 수월하게 훈련되었

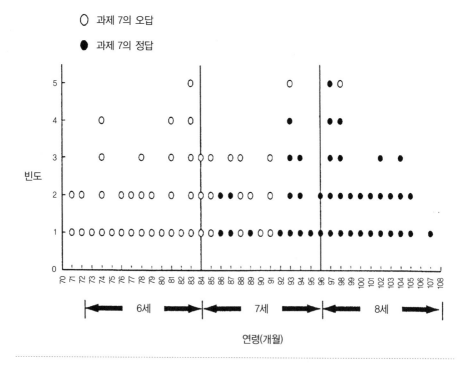

그림 8. Mellinark 과제의 수행 결과. 각 점들은 연구대상자들의 연령(개월 수)에 대한 성공(검은 점) 또는 실패(흰점) 수행을 나타낸다.

다. 둘째, 훈련의 긍정적 효과는 정확하게 7세의 연령에서 극적으로 감소한다. 7세라는 연령은 상당한 흥미를 자아내는데, 왜냐하면 많은 선행 연구자들(예 : Cole & Cole, 1989)이 알아낸 지적 발달의 엄청난 진전을 보이는 바로 그 시기와 정확히 일치하기 때문이다. 실로 피아제는 7세의 연령을 전조작기preoperational stage에서 구체적 조작기concrete operational stage로 전이되는 발달시기로 인용했다(예 : Piaget & Inhelder, 1969, p. 96). 이제 우리는 설명이 필요한 두 가지의 결과를 남겨두고 있다. 2학년과 그 이상의 연령의 학생들이 가설-예측성 추론을 사용하고 있는 것으로 보임을 고려할 때 로슨 등(1991)의 결과에서 많은 고등학생은 왜 어려움을 겪었을까? 그리고 과제 수행 능력이 7세 연령을 경계로 급작스럽게 감소된 원인은 무엇일까? 이 의문들에 대해 설명이 가능할지 알아보기 위해 개별 과제의 결과를 좀 더 세심히 고려해보기로 한다.

4. 개별 과제의 결과

〈표 1〉은 7종의 개별 과제 수행에 관한 유치원생, 1학년생, 2학년생들의 결과를 보여준다. 제시된 수치는 훈련이 투입되기 전에 각 연구대상자들이 각 개별 과제의 셋째 줄에서 올바른 물체를 알아맞힌 결과의 백분율이다. 이 백분율은 연령과 수행결과 간의 명확한 관련성뿐 아니라 몇몇 6세 연구대상자들은 단일 특성 과제들(예 : 과제 1~4)을 성공적으로 해결했음을 보여준다.

어린 연구대상자들이 외형비교 전략을 선호하는 뚜렷한 경향은 〈표 1〉 또는 〈그

표 1. 개별과제에 대한 훈련 투입 전에 해당 과제를 성공적으로 해결한 6~8세 연령의 연구대상자들의 백분율

연령	과제 1 (곡선 면)	과제 2 (작은 점)	과제 3 (꼬리)	과제 4 (큰 점)	과제 5 (직선 면, 작은 점)	과제 6 (큰 점, 꼬리)	과제 7 (큰 점, 꼬리, 작은 점)
6세	10	40	7	33	0	3	0
7세	33	93	47	73	13	40	47
8세	37	100	77	93	33	50	97

림 8〉에서는 나타나지 않았다. 실제로 단일 특성 과제에서 6세 연구대상자들은 외형비교 전략을 사용하여 어느 정도의 성공(과제 1에서 7%, 과제 2에서 40%)을 얻을 수 있었다. 과제 5~7에 대하여 외형비교/짐작으로 올바른 물체를 알아낼 기댓값은 물론 훨씬 작다. 왜냐하면 이 과제들은 하나 이상의 특성들의 조합을 수반하기 때문이다. 과제 5와 7에서 6세 연구대상자들의 성공률이 0%로 감소하는 것에 주목하라. 1명의 6세 연구대상자는 과제 6에서 성공했지만 그다음 과제 7에서는 Mellinark가 곡선 면과 꼬리를 가진 물체일 것이라고 추측했다. 이러한 추측 때문에 이 유치원생은 셋째 줄의 1번, 2번, 4번, 5번 물체가 Mellinark라는 잘못된 결론을 내리게 되었다. 우리가 둘째 줄 4번 물체의 가능한 관련성(곡선 면, 꼬리가 있지만 Mellinark가 아닌)에 대해 물어보았을 때 그 아동은 자신의 처음 추측이 잘못되었다는 결론을 내리는 데 이 정보를 사용하지 못했다. 실제로 이것이야말로 실패한 연구대상자들이 도달하지 못한 바로 그 결론인 것이다. 핵심은 가설-예측성 추론을 활용하는 것이 이러한 결론을 도출하는 데 필요하다는 것이다(예 : 만약… Mellinark가 꼬리가 있는 곡선 면을 가진 물체라면, 그리고… Mellinark가 아닌 둘째 줄의 물체들을 보았을 때, 그러면… 어느 것도 곡선 면과 꼬리를 동시에 갖고 있을 수 없다. 그러나… 둘째 줄의 4번 물체는 곡선 면과 꼬리를 가지고 있다. 그러므로… 나의 곡선 면과 꼬리 아이디어는 분명히 잘못된 생각이다).

그렇다면 어린 학생들은 이 추론 패턴을 사용하지 못했기 때문에 실패했고, 더 연령이 높은 학생들은 이것을 사용했기에 성공할 수 있었다고 할 수 있다. 따라서 고등학생을 대상으로 한 초기의 연구대상 집단에서 나타난 어려움이 서술적 개념 형성에 필요한 가설-예측성 추론 기술의 결여 때문이라는 가설은 동의하기 어렵다. 실제로 2학년의 어린 연령까지 내려가봐도 사실상 모든 학생들이 추론 패턴을 간략하게나마 학습하기만 하면 가설-예측성 추론을 활용할 수 있었던 것으로 보인다. 하나의 예를 보면, 한 8세의 연구대상자는 과제 6을 성공적으로 해결하고(그의 답이었던 1번, 3번, 4번 물체가 Glom이라는) 연구자의 질문에 답변했다. "꼬리는 아닌 것이 분명했어요. 왜냐하면 이것들을 보면(둘째 줄 1번, 3번 물체) 꼬리가 있어요. 이것을 보면(둘째 줄 1번 물체) 직선 면도 아니죠." 최종 과제인 과제 7을 공략할 때 그는 가설-예측성 추론을 사용하여 생각을 점검했다. "내 생각에는 큰 점, 작은 점, 꼬리인 것 같은데… 잠깐만! (둘째 줄을 살펴보며)… 됐어요. 둘째 줄의 어느 것도 이것들을 다 갖고 있지 않아요. 그러니까 1번, 2번, 6번 물체가 답이지요."

4.1 유치원생들은 왜 실패했을까

유치원생부터 8학년 학생까지 사실상 모든 연구대상자들이 틀린/불완전한 가설 (예 : Mellinark가 꼬리가 있는 물체라는 식)을 가지고 Mellinark 과제를 시작했다는 점을 고려하면 왜 연령이 높은 연구대상자들은 가설-예측성 추론을 잘 활용하여 자신들이 초기에 가졌던 가설을 폐기하거나 수정했고, 반면에 유치원생들은 그렇지 못했는가가 의문의 핵심이다. 최소한 세 가지의 가능성을 떠올리게 된다.

1. 어쩌면 유치원생들은 검증해야 할 특징들의 조합을 만드는 능력이 없을 수 있다.
2. 어쩌면 유치원생들은 '반증의 논리'를 이해하지 못할 수 있다. 따라서 상반되는 증거를 얻을 때 인지적 충돌을 만들지 못한다.
3. 일단 초기의 아이디어가 만들어지면 유치원생들이 다른 가능한 대안을 받아들이기 어려울 만큼 그것은 강하게 유지된다.

유치원생은 접합 개념을 형성할 수 있는가? 우선적으로 유치원생들이 접합 개념(예 : 아마도 Mellinark가 꼬리와 작은 점을 가진 물체일 수 있다)을 형성하지 못했기 때문에 문제를 해결하지 못했다는 가설을 고려해보자. 이 가설이 옳다면 유치원생들은 단일 특징 과제(즉 과제 1~4)는 성공적으로 해결했어야 하며, 이중 및 삼중 특징 과제 (즉 과제 5~7)는 실패했어야 한다. 〈표 1〉에서 일부 유치원생들이 과제 1~4에서 성공했음을 주의하여 보라. 과제 4(마지막 단일 특징 과제)에서부터 과제 5(첫 번째 이중 특징 과제)로 넘어갈 때 나타나는 상당한 성공률 감소(33%에서 0%로)도 주의하라. 게다가 과제 5의 실패 후 훈련을 받은 7~8세에서 과제 6의 성공률은 상당히 증가했다. 그러나 6세의 과제 6 성공률은 올라가지 않았다. 과제 6에서 40%의 7세 연구대상자들이 이중 특징 과제에서 성공을 보였고, 50%의 8세들이 성공했지만 이 이중 특징 과제를 해결한 6세들은 단지 1명(3%)에 불과했다. 7세와 8세 연구대상자들이 과제 7(유일한 삼중 특징 과제)을 수행 시 성공률은 순서대로 각각 47%와 97%로 또다시 증가했는데, 6세에서는 증가하지 않았다(0%). 그러므로 관련되는 특징의 개수면에서의 과제의 복잡성은 많은 연구대상자들에게 어려움의 근본적 출처였다. 그리고 훈련을 제공한 후에도 어린 연구대상자들에 있어서는 계속적인 어려움의 출처가 되었지만 더 연령이 높은 연구대상자들에서는 그렇지 않았다.

특징을 조합하는 능력이 유치원생들의 수행 능력을 실제적으로 제한하고 있는가? 6세 연구대상자들의 데이터를 면밀히 검토해보면 이들 중 9명(33%)이 과제 6과 7에서 특징을 조합하는 능력을 발휘한 것을 알게 된다. 예를 들어, 1명의 6세 연구대상자는 "첫째 줄의 5번 물체와 마찬가지로 작은 점들이 있고 큰 점이 있고 꼬리가 있으므로" 셋째 줄의 세 번째 물체를 Glom이라고 결론 내렸다. 그러므로 다른 몇 명과 마찬가지로 이 아이에게 있어서 문제는 특징을 찾아내고 조합하는 것에 있는 것이 아니라 조합을 만든 후에 검증을 하지 못한 데 있다. 그러므로 결론은 유치원생들의 수행 능력을 제한한 주된 요소는 물체의 특징을 찾아내거나 특징들을 조합하는(다시 말해 접합 개념을 형성하는) 능력의 결여가 아니라 조합을 만든 다음에 이를 검증하는 데 실패한 것이다.

이 잠정적인 결론을 더 정교하게 검증하기 위해서 또 다른 15명의 유치원생 연구대상자들을 선별했고, 좀 더 직접적 방법으로 일곱 가지 과제를 투입했다. 연구대상자들은 자기 스스로 아이디어를 생성하고 검증할 필요 없이 연구자들이 핵심적 특징들을 정확히 말해준 다음, 세 번째 줄에서 올바른 물체를 고르도록 요구받았다. 예를 들어, 과제 1을 실행할 때 다음과 같이 설명했다.

> 이 물체들은(첫째 줄) Shloom이라고 부릅니다. 왜냐하면 이것들은 모두 구부러진 곡선 면을 가지고 있으니까요(곡선 면을 가리킨다). 둘째 줄에는 곡선 면을 가진 것이 하나도 없는 것도 잘 보세요. 이것들은 모두 직선 면을 가지고 있지요. 셋째 줄에서 Shloom은 어느 것일까요?

과제 5, 6(이중, 삼중 특징 과제)에 대한 구술적 설명은 약간 더 복잡하다. 예를 들어, Trug 과제에서는 다음과 같은 설명도 포함되었다.

> 그러니까 Trug는 직선 면과 작은 점을 가지는 물체입니다. 둘째 줄에는 직선 면과 작은 점을 함께 가지는 물체가 하나도 없으니까 어느 것도 Trug가 아닌 것이 맞지요. 1번을 보면 작은 점이 있지만 직선이 없으니까 Trug가 아니죠. 여기 5번은 직

선 면을 가졌지만 작은 점이 없으니까 이것도 Trug가 아니고. 그러니까 Trug가 되려면 직선 면과 작은 점을 동시에 가져야 해요. 이제 셋째 줄에서 Trug를 골라낼 수 있는지 보세요.

Mellinark 과제에서 제공된 설명은 연구대상자들이 세 가지 특징을 조합해야 Mellinark가 된다는 점을 빼고는 유사하다.

단일 특징 과제(과제 1~4)의 성공률은 순서대로 각각 93.3%, 100.0%, 93.3%, 93.3%였다. 이중 특징 과제(과제 5, 6)의 성공률과 삼중 특징 과제(과제 7)의 성공률은 순서대로 각각 46.6%, 73.3%, 66.6%였다. 이 결과들은 5~6세 연구대상자들이 비록 완벽하지는 않았으나 일반적으로 결합 개념을 형성하는 데 성공적이었음을 보여준다. 그러므로 이전 실험 집단에서 6세들이 Mellinark 과제를 해결하지 못했던(성공률 0%) 원인으로 그들이 결합 개념을 형성하는 능력이 결핍되어 있기 때문이라는 것이 타당하지 않다는 것을 보여준다(직접적 설명을 받은 5세에서 Mellinark 과제 성공률이 66.6%였다는 점을 주목하라). 비록 소수의 5세 연구대상자들이 과제해결에서 어려움을 겪었지만 중요한 점은 전체적으로 명확한 다수가 결합 개념을 형성할 수 있었다는 점이다. 그러므로 이들의 실패 원인이 결합 개념 형성 능력의 결핍이라는 가설은 지지할 수 없다.

유치원생은 반증의 '논리'를 이해하는가? 유치원생의 과제해결 실패에 관한 두 번째 가설은 그들이 반증의 '논리'를 아직 이해하지 못할 수 있다는 것이다. 그렇기 때문에 모순되는 사실이 드러났을 때 그것이 아무런 '인지적' 충돌을 만들지 않는다는 것이다. 이러한 관점에서 볼 때 전조작기에서 구체적 조작기로 전환되는 것이 새로운 '논리적' 조작을 획득하는 것과 관련된다고 본 피아제의 주장은 옳은 것 같다. 이 가설을 검증하기 위해서 또 다른 유치원생 집단에 반증 논리 과제를 투입했다. 만일 '논리 결여 가설'이 옳다면 유치원생들은 이 과제를 해결할 수 없을 것이다.

과제를 수행하는 동안 연구대상자들에게는 삼각형, 또는 사각형이 한쪽 면에 그려져 있고 반대 면에는 녹색 점 또는 청색 점이 찍힌 8장의 카드가 제시되었다(예 : Lawson, 1990). 그리고 연구대상자들에게 이 과제에서 지켜야 하는 다음과 같은 규칙을 설명했다. 만일 한 카드가 한쪽 면(p)에 삼각형을 가지면, 다른 면(q)에는 녹색 점을 갖는다. 즉 p $\supset$ q이다. 각각의 카드를 뒤집으며 다른 면의 그림이 규칙을 위

배하는지 연구대상자들에게 물었다. 연구대상자들에게 제시된 카드는 순서적으로
다음과 같다.

(1) 삼각형이 나오고, 반대 면은 녹색 점(즉 p이면 q)

(2) 녹색점이 나오고, 반대 면은 삼각형(즉 q이면 p)

(3) 사각형이 나오고, 반대 면은 녹색 점(즉 p가 아니면 q)

(4) 녹색 점이 나오고, 반대 면은 사각형(즉 q이면 p가 아님)

(5) 삼각형이 나오고, 반대 면은 청색 점(즉 p이면 q가 아님)

(6) 청색 점이 나오고, 반대 면은 삼각형(즉 q가 아니면 p)

(7) 사각형이 나오고, 반대 면은 청색 점(즉 p가 아니면 q가 아님)

(8) 청색 점이 나오고, 반대 면은 사각형(즉 q가 아니면 p가 아님)

제시된 카드가 규칙에 위배된다고 대답한 연구대상자들의 백분율은 카드의 순
서에 따라 (1) 16%, (2) 12%, (3) 44%, (4) 56%, (5) 88%, (6) 73%, (7) 48%, (8) 44%였다.
단 1명도 모든 카드에 대해 옳게 대답하지 못했다[단지 (5), (6)만이 논리적으로 규칙
에 위배됨을 참고하라]지만 그들 대부분 (5), (6) 카드가 규칙에 위배된다는 것을 말
했다(즉 순서적으로 88%와 73%). 다르게 표현하자면 대부분의 연구대상자는 p와 q가
아닌 것이 나오거나 q가 아니고 p인 것이 나올 때 규칙 p ⊃ q에 위배(즉 반증)된다
는 것을 이해했다. 그러므로 논리 결여 가설은 지지할 수 없다.

많은 연구대상자들이 (5)와 (6) 이외의 카드들이 규칙에 위배된다고 생각했다는
사실은 어떤 혼동이 있었음을 보여준다. 그러나 이 혼동은 개념 구성 과제의 실패
의 이유로 보이지는 않는다. 왜냐하면 이번 과제에서 나타난 비슷한 혼동이 심지
어 과제에 관한 간단한 설명만으로 별 어려움 없이 과제에 반응한 고등학생과 대
학생 연구대상에서도 나타났기 때문이다(Lawson, 1990). 이것은 어린 연구대상자들
에서 나타난 개념 구성 과제에서의 실패가 모순된 증거를 인식하는 능력 결여에 기
인한 것이 아니라는 것을 의미한다. 다르게 표현하자면 6세 연구대상자들의 과제
실패는 논리의 결여나 결합 개념의 형성에 실패했기 때문이 아니다.[1]

---

1 6세와 8세의 과제 수행에서의 차이에 관한 또 다른 가설은 언급할 만하다. 파스칼-리온(Pascual-

유치원생은 다른 가능한 대안을 받아들이지 못하는가? 앞에 열거한 세 번째 가설은 유치원생의 과제 실패가 그들이 만든 초기 아이디어에 너무 강하게 사로잡혀 다른 가능한 대안을 받아드리지 못한다는 데 기인한다는 것을 제시한다. 이러한 종류의 실패는 '고집'의 오류의 일면을 제시하는데, 즉 연구대상자는 모순성을 보여주는 새로운 증거에도 불구하고 초기 아이디어를 고수한다. 위스콘신wcst 카드 분류 과제를 투입한 실험에서 7세 이하의 어린 아동들과 전두엽의 손상을 가진 성인에서 잘못된 '고집'이 나타났다. 위스콘신 카드 분류 과제에서 나타난 잘못된 보존은 연구대상자들이 이전에 수행한 성공적인 분류(색깔에 근거한)로부터 새로운 특성(예 : 모양 등)으로 전환하지 못할 때, 심지어 실험자가 연구대상자에게 잘못된 선택을 하고 있음을 반복적으로 지적해주어도 관계없이 나타났다. 고집의 오류는 상반된 증거를 직면하고서도 계속된다. 어떤 의미에서 상반된 증거는 연구대상자의 추론에 결과적으로 아무런 충격을 일으키지 않으며, 결과적으로 그들은 새로운 아이디어를 만들거나 시험하려 하지 않는다. 달리 표현하면 그들은 과제를 성공적으로 수행하기 위해 필요한 가설-예측성 추론을 사용하지 않는다.

덴프스터(Dempster, 1992)는 위스콘신 카드 분류 과제, 장독립성場獨立性, field independence 검사, 보존 과제conservation task, 선택적 주의 과제selective attention task, 그리고 브라운-피터슨 과제Brown-Peterson task 등과 같이 다양한 간섭에 민감하게 영향받는 과제의 실행에서 발생하는 주된 어려움의 종류로서 아동의 판단을 헷갈리게 하거

Leone, 1969, 1970)에 따르면 정신 능력은 연령이 높아지면서 증가한다. 추측하건대 6세 아동은 2단위의 정신 능력을 갖는다(즉 그들은 동시에 두 단위의 서로 무관한 정보를 처리할 수 있다). 아동이 8세가 되면 그들의 정신 능력은 3단위로 증가한다. 이 증가는 장독립성 척도(Globerson, 1985), 사회계층(Globerson, 1983)과 같은 인자들과는 독립적인 것으로 간주된다. 만일 개념습득 과제를 해결하는 데 관계된 추론이 동시에 3단위의 정보를 필요로 한다면[즉 (1) 만일 꼬리의 유무가 Mellinark를 결정한다면, 그리고 (2) 이것들(두 번째 줄의 물체들)은 Mellinark가 아니지만 꼬리를 갖고 있다. 그렇다면 (3) 꼬리의 유무는 Mellinark를 결정하는 데 충분하지 않다], 그리고 만일 6세 아동이 단지 2단위의 정신 능력을 가지고 있다면 우리는 이 아동들이 문제해결을 실패하는 현상에 대한 설명으로 '불충분한 정신 능력'을 제기할 수 있다. 이러한 설명은 논리적으로 유사한 평가 과제에서도 유지되어야 한다는 문제점을 가진다(즉 (1) 카드의 한 면에는 삼각형, 다른 면에는 녹색 점이 있다고 한다면, 그리고 (2) 삼각형이 그려진 카드를 뒤집었더니 청색 점이 나왔다. 즉 삼각형과 청색 점이 그려진 카드가 존재하고 있다. 그러므로 (3) 규칙에 위배되었다). 두 가지 상황에서 적용되는 논리는 3단계이다(즉 (1) p ⊃ q, (2) p와 q가 아님, (3) p가 아님 ⊃ q가 아님). 평가 과제에 응한 대부분의 6세 아동들은 이러한 3단계 논증을 할 수 있었으며, 이것은 '정신 능력' 설명에 대한 이견이 된다.

나 엉뚱한 정보를 억제하지 못해서 생기는 실패가 관련된다는 것을 설명하는 많은 양의 자료를 검토했다. 뎀프스터의 논평은 우리가 얻은 결과의 설명을 가능하게 하는 두 가지의 관점을 제공한다. 첫째, 루리아(Luria, 1973)와 그의 동료들의 연구를 언급했는데, 여기에서 루리아는 다음과 같이 결론 내리고 있다.

> … 주목해야 할 것은 대뇌의 전두엽 전부 피질 부위는 발생학적으로 아주 늦게 성숙되고, 아동이 4~7세에 이르기 전까지는 기능적으로 성숙되지 않는다. … 전두엽 영역의 증가는 3.5~4세에서 급격히 일어나며, 7~8세 연령 정도에서 두 번째 급격한 증가가 뒤따른다. (pp. 87-88)

둘째, 전두엽이 손상된 성인 환자는 위스콘신 카드 분류 과제에서 뇌의 다른 부위에 손상을 가진 환자에 비해 현저하게 높은 실수를 하고, 현저히 낮은 전이(즉 아주 높은 고집의 오류 수치)를 보인다. 뎀프스터가 지적한 바와 같이 성인 전두엽 손상 환자(Heaton, 1981)와 정상인 6세 아동이 보이는 고집의 오류의 평균값을 비교해보면 비슷한 수행 방식을 보임을 알 수 있다(Chelune & Baer, 1986). 즉 2학년 아동이 여기서 제시된 문제해결에 성공하고 유치원생들은 실패한 까닭은 전두엽 성숙도와 관련이 있다. 다시 말해 전두엽은 과제 수행에서 핵심적 역할을 할 가능성이 있지만 7~8세가 되기 전에는 충분히 기능적이지 않은 것이다.

전두엽은 뇌의 다른 부위로부터 정보를 수집하고 예상하며 목표를 선정하고 정보를 시험하고 관찰하여 새로운 반응을 생성시키는 것과 같이 뇌가 담당하는 몇 가지 '고등' 집행 기능을 수행하는 곳이다(Stuss & Benson, 1986 참조). 만일 여기서 제시된 과제들이 유사한 인지 요구와 관련된다면(WCST, 즉 위스콘신 카드 분류 과제와 같은) 이 전두엽 가설은 타당성을 인정받을 것이다. 러바인과 프루에트(Levine & Prueitt, 1989)는 WCST를 수행하는 과정에서의 신경망과 전두엽 기능의 컴퓨터 시뮬레이션을 상세히 보고했다. 이 신경망이 여기 제시된 과제에서도 역시 작용되고 있을까?

5. 러바인 - 프루에트 신경망

〈그림 9〉는 이 개념 구성 과제에서 작동할 수 있는 러바인-프루에트 네트워크와 동일 구조의 신경망을 나타낸다. 과제 3인 Bloops 과제를 예시로 선택했다. 이 네트워크는 F_1으로 표기된 입력 특성을 나타내는 마디 부분을 포함한다. WCST 과제의 입력 특성은 색(적색, 황색, 청색, 녹색), 모양(원형, 사각형, 삼각형, 십자형), 그림의 개수(1, 2, 3, 4)가 된다. Bloops 과제에서 부호화되어야 하는 특징들은 꼬리(0 또는 1), 작은 점의 수(0 또는 다수), 그리고 경계 면의 종류(직선, 곡선)이다. F_2 마디 부분은 러바인-프루에트 네트워크에서의 주형 카드를 부호화한다. WCST에서의 주형 카드는 하나의 적색 삼각형, 2개의 녹색 별, 3개의 황색 십자형, 4개의 청색 원을 보여준다. 주형 카드는 카드를 분류하는 데 근거가 되는 특징에 관한 아이디어의 근원 역할을 한다(예 : 적색으로 분류하기, 원형 모양으로 분류하기). Bloops 과제의 첫째 줄에 제시된 그림들은 셋째 줄에서 Bloops인 물체와 Bloop이 아닌 물체를 분류하는(예 : Y_1=꼬리를 하나 갖고 있으면 Bloop이다. Y_2=작은 점이 있으면 Bloop이다. Y_3=직선 면을 가지고 있으면 Bloop이다) 근거가 되는 특징을 포함하는 면에서 동일한 역할을 한다. 그러므로 Bloop 과제의 F_2에서 가능한 범주들은 꼬리를 가진 모든 물체 집단, 작은 점을 가진 모든 물체 집단, 직선 면을 가진 모든 물체 집단이라고 말할 수 있을 것이다.

이 네트워크에는 그림에서 나타냈듯이 습관 마디와 편향 마디도 포함한다. 이 마디들은 F_1에서의 각각의 하위 부분에 해당한다. 습관 마디는 기존의 범주화가 얼마나 자주 올바르게 또는 틀리게 만들어졌는지를 감지한다. 이것은 WCST에서 예를 들어, 색깔에 기초한 분류 횟수가 얼마나 많이 실험자의 '성공' 또는 '실패' 판정으로 강화되었는지를 의미한다. 제시된 일련의 개념 입력 과제에서 습관 마디는 이전에 사용한 범주화(예 : 과제 1에서 경계 면의 종류)가 얼마나 자주 재사용되었는지를 탐지한다. 다시 말해 만약 작은 점의 존재가 이전의 과제에서 관련성 있는 특성이었다고 하면 이 특성으로 범주화하는 '습관'은 강화되었다. 이 연구에서 부과한 과제 1을 시작할 때 대부분의 연구대상자들이 외형 비교 전략을 사용한 것은 아마도 그들의 과거 경험에서 물체의 외형 비교가 강화된 까닭일 것이다. 여기서 중요한 점은 많은 어린 연구대상자들이 이 외형 비교 전략을 인터뷰하는 동안 계속 고수했다는 사실이다. 반면 8세 집단에서는 처음에 외형 비교로 접근했던 연구대상자 전원이 이 생각을 버릴 수 있었다.

편향의 마디들은 습관의 마디와 강화에 의하여 영향을 받는다. WCST에서 실험자들은 연구대상자들이 실행하는 분류에 대하여 '맞다' 또는 '틀리다'의 대답을 함으로써 정$_{正}$/부$_{줌}$의 강화를 준다. 개념 입력 과제에서의 강화는 실험자들이 과제해결을 위하여 두 번째 줄 물체들의 형태에 관하여 다른 대안적 전략을 제안할 때 발생된다. 예를 들어, 과제 2의 경험에 기초하여 작은 점의 존재가 관련되는 특징이라는 생각으로 무장하고 있는 어떤 연구대상자를 가정해보자. 그는 첫 번째 줄의 물체들을 살펴보고 1번, 3번, 4번의 Bloop가 작은 점을 가지고 있다는 것을 주시한다. 이 작은 점을 가진 Bloop들은 곧 작은 점의 존재가 과제에서 관련된 특징이라는 생각을 강화한다. 물론 첫째 줄에는 부$_{줌}$의 강화를 주는 2번, 5번의 작은 점이 없는 물체도 역시 포함되어 있다. 그럼에도 불구하고 정$_{正}$의 강화 신호가 너무 강하거나 부$_{줌}$의 강화 신호가 너무 약하면 습관은 살아남게 된다(즉 연구대상자는 이전에 물체를 범주화된 방식을 버리지 못할 때 고집의 오류를 나타낸다). 두 번째 줄이 정$_{正}$의 강화를 돕거나(작은 점을 갖지 않은 2번, 3번 물체), 또는 부$_{줌}$의 강화를 돕는 물체들(1번, 4번 물체)을 포함하고 있는 점을 유념할 필요가 있다.

F_1과 F_2 사이에 있는 Z_{ij}와 Z_{ji}는 양방향으로 두 마디(절)를 연결하는 뉴런 연접부$_{synapse}$의 강도를 나타낸다. 이것들은 마디 X_i(예 : Bloop 과제에서 작은 점이 있는 1번 줄의 첫째 물체처럼 관심을 끄는 물체)가 F_2에서 활성을 갖는 특성을 포함할 때(예 : 작은 점의 존재가 중요한 특성이다) 커진다. 편향의 마디로부터 오는 주의의 통로$_{attentional\ gating}$는 F_1에서 F_2 간의 신호를 증가시킨다. 예를 들어 "작은 점이 있으면 Bloop이다."라는 편향이 높고 "꼬리가 있으면 Bloop이다."라는 편향이 낮으면, 작은 점과 꼬리가 있는 1번 줄의 첫째 물체는 F_2의 "꼬리가 있으면 Bloop이다."의 마디를 흥분시키기보다는 "작은 점이 있으면 Bloop이다."의 마디를 더 흥분시킬 것이다. 어떤 물체가 주의를 끌었다면 입력된 물체에 대응하여 가장 큰 활성도 y_i를 갖는 제안의 범주는 그 물체가 잘 조화될 때 선택된다. 공유하는 특징(들)에 상응하는 조화의 신호는 습관과 편향의 마디로 보내진다. 이 신호들은 그 물체가 첫째 줄(Bloop

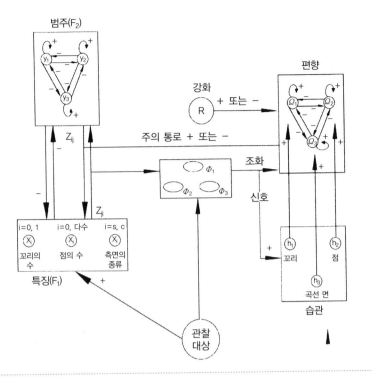

그림 9. Bloops 과제에 관련될 것으로 추정되는 핵심적 신경 과정을 러바인-프루에트(1988)에 따라 패턴화된 신경망 도표. 세부 내용은 본문을 참조하라.

들)에 있거나 둘째 줄(Bloop가 아닌 것들)에 있는지 여부에 따라 편향의 마디의 활성도를 증가시키거나 감소시킨다. 다시 말해 어떤 사람이 작은 점의 존재가 중요한 특징이라는 생각에서 시작하여 작은 점이 많으며 Bloop에 속하고 있는 첫째 줄의 1번 물체에 주의를 기울인다면, 습관과 편향의 마디로 가는 신호는 증가된다. 한편 어떤 사람이 작은 점은 많지만 Bloop가 아닌 둘째 줄의 1번 물체에 집중한다면 그 신호(습관과 편향의 마디로 가는 신호)는 낮아진다.

다양한 신호들 간의 방정식을 포함하는 신경망의 추가적 세부 내용은 러바인과 프루에트(1989)의 연구를 참고하라. 여기서 일부러 남겨둔 한 가지 중요한 변수는 편향의 마디를 활성화시키는 강화$_{\text{R, Reinforcement}}$이다. 〈그림 9〉에서 나타나듯 이 강화는 $+\alpha$ 또는 $-\alpha$의 값을 취할 수 있는데, α는 정상 성인에서 상대적으로 높고 전두엽 손상이 있는 성인에서 상대적으로 낮은 것으로 간주된다. 이것은 강화가 일어나는 지점으로부터 편향의 마디로 연결되는 강화의 화살표시(+ 또는 −)는 과제를 실행 중인 전두엽의 기능과 상응된다. 그러므로 이 연구에서 6세 연구대상자의 값은 그들의 전두엽이 충분히 기능적이지 않으므로 비교적 낮을 것으로 예상할 수 있다. 반면 8세 연구대상자들의 전두엽은 기능적이므로 값은 비교적 높을 것이다. 요약하면 전두엽이 손상된 성인의 WCST 카드 분류 과제에서 색 범주를 기초로 한 분류에서 모양 범주로 전환하는 데서 나타나는 실패는 편향 마디로 충분히 강한 신호(+ 또는 −)를 보내서 편향 마디의 활성을 충분히 변화시키는 전두엽 부위 강화의 실패로 설명할 수 있다. 충분히 강력한 신호가 없이는 현재 활성이 있는 편향은 계속해서 행동을 조절할 것이다. 어쩌면 동일한 이유에서 이 연구의 6세 연구대상자들은 범주화를 전환시키지 못하고 있는 것일 수도 있다.

러바인과 프루에트(1989)는 신경망에서 발생되는 차이를 뒷받침하는 많은 실험적·해부학적 발견을 언급하고 있다(예 : Mishkin, Malamut & Bachevalier, 1984; Mishkin & Appenzeller, 1987; Ulinski, 1980; Nauta, 1971). 그들은 값을 유일한 변인으로 통제한 WCST에서의 정상인과 전두엽 부위 손상 환자의 시뮬레이션 결과를 제시하기도 했다. 정상인의 값은 4였다. 손상된 전두엽의 시뮬레이션에서 값은 1.5로 세팅되었다. 시뮬레이션의 결과는 실제 정상인과 전두엽 손상 환자에서 얻은 이전 결과와 거의 동일했다. 그러므로 이 결과들은 그들의 신경망이 매우 정확하다는 점과 유추해보건대 〈그림 9〉에 제시된 신경망의 정확성을 설득력 있게 뒷받침한다.

6. 결론

우리가 제기한 근본적인 논쟁은 바로 어떤 사람의 환경에서 접하는 어떤 대상의 관련성 있는 특징에 관한 제안점에 대해 지지하거나 혹은 반대하는 증거들을 평가하는 능력이 서술적 개념 구성 과정의 핵심이라는 것이다. 나아가 반대되는 증거에 주의를 기울이고 평가와 처음 아이디어의 대안을 촉발시키는 능력은 전두엽이 충분히 성숙되는 7세 이후에 가능해진다는 것을 의미할 수도 있다. 달리 말하면 서술적 맥락에서의 가설−예측성 논증은 아동이 처음에 꼬리가 중요한 특징이라고 믿었다면 거의 혹은 아무런 효력을 발휘하지 못한다. 하지만 전두엽이 충분히 성숙되어 반대되는 증거들을 받아들이고 주의를 집중하게 되면 강력한 구술적 가설-예측성 논증 패턴이 사용 가능해진다. 이 패턴은 어떤 개체의 서술적 개념의 구성을 가능하게 하기 때문에 이것을 통해 지능 발달의 새로운 단계에 있는지를 명확히 확인할 수 있게 한다.

그러므로 잠정적 결론으로 7세에 시작되는 지능 발달의 단계(피아제가 구체적 조작기라 명명한)는 구술적 수단, 가설-예측적 추론 패턴을 사용하여 물체, 사건, 상황의 서로 다른 특징의 관련성을 시험하고 서술적 개념을 구성하는 것과 관련된다. 이 시기의 추론은 아동이 자신의 환경에서 직접적으로 인지하는 것에서 시작되며, 이는 아동이 Mellinark 과제에서 작은 점, 꼬리 등을 실제적으로 볼 수 있는 것에 해당한다. 이런 의미에서 아동이 추론을 시작하기 위해 사용한 묘사는 경험에서 나오며 아동에 의해 예측되고 시험된 개념은 근본적으로 서술적이다.

물론 살아가는 동안에, 특히 과학에서 예측되고 시험되는 많은 실체와 과정은 근본적으로 자연 현상의 이유를 밝히는 것이다. 예를 들어, 성체가 된 연어는 알을 낳기 위해 자신의 탄생지로 회귀한다. 이 관찰은 매우 흥미로운 인과관계의 질문을 만든다. 연어는 어떻게 알을 낳기 전에 자신이 부화한 장소를 알아낼까?(즉 무엇이 연어들을 자기의 고향으로 돌아오도록 만드는가?) 연어는 우리에게 이 질문에 답하지 않을 뿐 아니라 누구도 단지 연어들이 상류를 향해 헤엄치는 것을 관찰하는 것만으로 답을 알아낼 수 없다. 이와 같은 종류의 인과적 의문에 답하기 위해서 우리는 여러 가지의 서로 다른 인과관계를 만들어내고 시험하는 과정을 필요로 한다. 이점에서 인과적 가설은 서술적 가설과 반대된다. 인과적 가설 만들기는 직접적 관찰과는 반대로 비유(설명을 빌려오는 것)를 필요로 한다(Hanson, 1958; pp. 85-86은 납치의 과정, 즉 어떤 맥락으로부터 아이디어를 납치/도둑질/차용하여 다른 맥락에서 활용하는 과정). 인과적 가설이 어떻게 만들어지느냐에 관계없이 한번 만들어지면 이 가설은 동일한 가설-예측성 추론 패턴을 이용하여 시험되어야 한다. 이는 다음과 같이 이루어질 것이다.

만약… 연어가 항해하는 것이 사람이 항해하듯 눈을 이용한다면, (시각 가설)

그리고… 회귀하는 어떤 연어의 눈을 가린다면, (계획된 실험)

그러면… 눈을 가린 연어들은 그렇지 않은 연어들만큼 자기의 고향을 잘 찾지 못할 것이다. (예측)

그러나… 두 집단의 연어들 모두 고향에 잘 찾아왔다. (관찰된 결과)

그러므로… 시각 가설은 잘못되었다. 우리는 다른 인과적 가설을 세우고 시험해야 한다. (결론)

그러므로 우리는 적어도 두 수준의 가설-예측성 추론을 확인했다. 낮은 수준에서 추론은 환경적 자극의 직접적 인지에 의한 경험적 묘사에 의해 시작되었다. 이 수준의 추론은 서술적 가설을 시험하거나 서술적 개념을 구성하는 데 사용되었다. 높은 수준에서 추론은 비유에 의해 빌려와서 만들어진 가설적 묘사에 의해 시작되었고, 인과적 개념(나중에 특히 제8장에서 더 이야기할 것이다)을 구성하게 될 인과적 가설을 시험하는 데 사용되었다.

가설-예측성 추론의 최소한 두 수준을 구분했으므로, 우리는 어째서 로슨 등 (1991)이 고등학생의 과학/수학적 추론 실행 결과와 Mellinark 과제 실행 결과 사이에 높은 상관관계를 발견하게 되었는지에 대해 설명할 수 있는 위치에 결국 도달한 것 같다. 언급한 바와 같이 과제를 잘 실행하지 못했던 학생들의 문제점은 서술적 가설을 시험하는 데 필요한 낮은 수준의 기술이 부족했기 때문이 아니다. 이것은 초등학교 2학년 아동까지 내려가도 서술적 과제를 해결하는 낮은 수준의 추론을 사용하도록 쉽게 유도할 수 있는 것을 보면 알 수 있다. 오히려 고등학생에서 나타난 문제점은 대안적 문제해결 전략(예: 외형 비교 전략 대 하위의 가설-예측성 추론)을 시험하는 높은 수준의 추론을 사용하는 기술이 다소 부족한 데 있는 것으로 보인다. 다시 말해 사람들이 물체와 카드 과제에서를 성공적으로 수행하려면 고등학생들이 스스로 한 것처럼 여러 가지를 차용하여 만든 전략을 시도하고 시험하는 것이 필요하다. 그러므로 이러한 높은 수준의 추론 능력이 부족하면 학생들은 과제가 불러일으키는 첫 번째 가설이 틀릴 때마다 어려움을 겪게 될 것이다.

로슨과 동료들(1991, pp. 965-966)의 연구에 언급된 세 번째 학생의 대화를 보면 이 잠정적 설명은 더욱 타당해 보인다. 이 학생은 처음에 외형 비교 전략을 만들었지만 이 전략이 잘 들어맞지 않음을 발견했다. 그러나 혼자서는 이것을 버리고 성공적인 전략을 끌어내지 못했다.

이것은 도저히 이해가 안 되는데요, 잘 설명할 수가 없네요. 4번이 Mellinark인 것 같아요. … 3번, 1번은 Mellinark가 아니에요. 규칙이나 이유는 없어 보여요, 전혀.

한 번에 하나씩 보도록 합시다. 4번이 Mellinark라고 했죠?

이것(첫째 줄의 4번)과 비슷해서 그냥 예측했어요. 그게 유일한 이유예요. 가운데 원 모양이 맞는 것 같아요. 그리고 이것(셋째 줄 3번)은 둥근 모양이니까…. 그리고 여기(첫째 줄) 있는 것 중에는, 그런데 이것들(두 번째 줄) 중에는 없고요. 이것(셋째 줄, 1번)은 삐죽삐죽하니까 이건 Mellinark가 아닌 것 같고. 이것들은 더 직선형이잖아요. 이것은 꼬리가 있고. 전혀 이해를 못하겠어요. 여기 두 가지 안에 두 가지 아이디어가 있다고 보는 것 같은데 뭔지 보이지가 않아요. 왜냐하면 이걸 설명을 못하겠으니까요. 추측하는 것도 좋아하지 않고요.

자, 어떤 사람들은 이것을 이런 방식으로 보더군요. 예를 들어, 여기 모든 것(첫째 줄)이 꼬리를 가지고 있다고 합시다. 만약에 Mellinark가 꼬리가 있는 물체라면 두 번째 줄에 있는 물체는 아무것도 꼬리가 없어야 할 것이라고 기대하겠죠. 하지만 몇 개가 꼬리를 갖고 있잖아요. 그러니까 Mellinark가 꼬리를 가진 물체라는 생각은 틀리는 거죠.

아, 네.

그러니까 Mellinark이기 위한 다른 이유가 있겠지요.

네, 그게 제가 찾고 있던 거예요. 어떤 비슷한 점이요. 이것들이 모두 비슷하게 둥글거나 삐죽하거나 직선이거나. 하지만 이런 게 안 보여요. 당신이 보는 게 저는 안 보여요.

자, 당신이 어떤 특징의 조합을 찾는다고 합시다. 예를 들어, 이것들은 모두 꼬리와 큰 점을 갖고 있다고 합시다.

네, 그건 사실이에요. 어쩌면 '큰 점에 꼬리가 있으면 Mellinark이다' 이런 식으로요. 아! 알겠어요, 말이 돼요.

네, 잠시 이 생각을 가지고 해볼까요? 잘 되어가나요?

네, 그런 것 같아요. 점, 꼬리 그리고 Mellinark… 아니면 작은 점… 이런 식으로 말이죠? 큰 점과 작은 점 그리고 꼬리. 이 세 가지가 동시에 여기(둘째 줄)에는 안 보여요. 만약에 세 가지를 모두 조합하면… 그러면 1번, 2번, 6번(셋째 줄)이네요. 그러니까 그 아이디어를 미리 알려주었어야죠. 하지만 잘 보고 나서 생각하니, 아하, 헤!헤!헤! 하지만 혼자 가만히 앉아서 풀 수 있었을 것 같지는 않네요. 알았어요.

　　이 반응은 훈련을 안 받은 연령이 높은 학생들이 과제의 특징을 찾아내고 이를 시험하기 위해 필요한 가설-예측성 추론을 사용할 수 있다는 것을 의미한다. 그러나 그들은 대안적 문제해결 전략을 만들고 시험하기 위한 가설-예측성 추론을 활용하지 못한다. 그러므로 마치 잘못된 아이디어를 고수하며 고집하는 유치원 아동처럼 많은 고등학생도 초기에 품은 잘못된 전략을 고집한다.

　　결론적으로 물체 카드 과제는 해결을 위해 두 가지 수준의 가설-예측성 추론의 사용을 요구하는 것으로 나타난다. 학생들이 스스로 과제를 해결해야 하거나 초기의 문제해결 전략에 문제점이 있어 폐기되어야 할 때 높은 수준의 추론 사용이 필요하다. 그러나 간단한 훈련으로 올바른 전략을 얻게 되면 낮은 수준의 추론이 필요할 뿐이다. 이 결과와 결부된 로슨과 동료들(1991)의 결과는 많은 고등학생들은 높은 수준의 추론을 사용하는 기술이 부족하다는 것을 의미하고 있다. 반면 거의 모든 초등학생이 언어의 습득과 전두엽의 성숙의 결과 7세 연령에서 발생되는 것으로 여겨지는 낮은 수준의 추론을 사용하는 기술을 가지고 있다. 물론 높은 수준의 추론을 사용하기 위해 또 다른 급속한 뇌 성숙이 필요할지에 대한 가능성은 있다(제4~5장 참조).

7. 교육적 함의

현재로서는 단지 잠정적인 교육적 함의만을 유추할 수 있다. 그래도 과제해결을 위한 추론의 패턴에 대해 논의하고 여러 종류의 물체 과제를 교실에 도입하는 것이 추론 기술이 부족한 중학생이나 고등학생들에게 도움이 되고 더 높은 수준에서 인과적 가설과 문제해결 전략이 결합된 동일한 추론 패턴을 이해하고 사용(비유를 통해)하는 데 효과적이라고 하면 사람들은 아마도 의심할 것이다. 이 논의의 연장선상에서 교사들이 어떻게 두 상황의 추론 패턴이 동일한지, 그렇지만 두 상황에서의 추론이 서로 다른 아이디어에서 시작했는지를 명확하게 지적하는 효과적인 교육이 필요할 것이다(즉 관찰에 의해 만들어진 서술적 가설 대 차용에 의해 만들어진 인과적 가설/전략). 이러한 설명이 의도하는 결과는 연령이 높은 학생들이 높은 수준의 가설–예측성 추론의 사용을 더 잘 자각하게 된다는 것이다. 이런 자각의 증가는 인과적 가설을 시험하는 기술의 향상과 대안적 문제해결 전력의 시험, 그리고 아마도 높은 수준의 과학적 · 수학적 개념의 이해 증가 면에서 이점을 주게 될 것임에 틀림없다.

04

뇌 성숙, 지적 발달
그리고 이론적 개념 구성

1. 도입

서술적 개념을 구성하는 데 사용되는 가설–예측적 추론 능력의 발달은 7세 무렵 전두엽의 성숙과 관련되어 있다(제3장 참조). 마찬가지로 이론적 개념을 구성하는 데 필요한 더 높은 수준의 가설–예측적 추론 능력의 발달은 초기 청소년기 동안 더 많은 전두엽 성숙과 관련이 있을 것이다. 이론에 따르면 이론적 개념의 구성은 논증(이전에 구성된 오개념을 제거하고, 더 적합한 이론적 개념을 받아들이는 데 필요한 추론) 구성에 사용되는 더 높은 수준의 가설–예측적 추론을 포함한다. 다시 말해서 이러한 추론 능력은 필수적인 개념 변화를 겪는 데 필요하다. 이 장에서는 초기 청소년기 동안 전두엽 성숙이 더 높은 수준의 가설–예측적 추론 능력의 발달에 영향을 미치고, 이러한 추론 능력의 발달이 이론적 개념을 구성하는 개인의 능력에 영향을 미친다는 가설을 검증하기 위해 설계된 연구에 대해 논할 것이다.

2. 뇌 성숙 관련 연구

뇌 무게와 두개골 둘레의 증가에 기초하여 엡스타인(Epstein, 1974a; 1974b; 1978)은 아동기와 청소년기 동안의 두뇌 성장은 일련의 정체기와 급성장기를 거치며 발생한다고 결론지었다. 초기 청소년기에 관해 엡스타인과 토퍼(Epstein & Toepfer, 1978)는 "아마도 청소년의 85%는 사실상 12~14세 사이에 두뇌 성장이 멈춘다."(p. 657)고 언급했다. 엡스타인과 토퍼에 따르면 사춘기의 시작과 동시에 나타나는 초기 청소년기의 두뇌 정체기 이후 14~16세까지 두뇌 급성장이 나타난다. 두뇌 정체기와 이후 급성장기는 학습 능력과 관련지어 나타난다. 예를 들면, 엡스타인과 토퍼는 11세 무렵(두뇌 성장 시기) 유동지능$_{fluid\ intelligence}$이 정점을 찍고, 뒤이어 13~13.5세 무렵(두뇌 성장이 멈추는 시기)에 하락하는 자료를 예로 들었다. 게다가 그들은 전반적인 두뇌 성장이 피아제 발달 이론의 고전적 4단계(즉 감각운동기, 전조작기, 구체적 조작기, 형식적 조작기)와 일치한다고 주장한다. 그들의 말에 따르면 "이러한 두뇌 성장 시기는 피아제 단계의 생물학적 기초로 밝혀질 것이다"(p. 657). 허드스페스와 프리브람(Hudspeth & Pribram, 1990)에 의해 보고된 최근 뇌파 자료는 발달 단계와 두뇌 성장 사이의 관련성을 입증하는 데 기여한다. 흥미롭게도 이러한 뇌파 데이터는 마지막 다섯 번째 발달 단계의 가능성을 제시하는 17세 이후 시기를 포함한 출생부터 21세까지의 총 다섯 시기(즉 급성장기와 정체기)가 존재함을 보여준다(제7, 8, 10장 참조).

비록 인간이 태어나면서부터 최대 뉴런 수를 가지고 있더라도 전두엽에 존재하는 뉴런은 청소년기 동안, 심지어 성인 초기까지 계속해서 성장한다(Schadé & Van Groenigen, 1961). 특히 블링코프와 글리저(Blinkov & Glezer, 1968)는 청소년기 동안 전운동 영역과 감각운동 영역보다 전두엽 추상 세포(제2장 참조)의 길이와 범위가 더 증가하는 것을 발견했다. 전두엽 추상 세포의 수상돌기 또한 출생 후부터 계속 자란다.

갓 태어났을 때 상대적으로 잘 발달하지 않은 수상돌기는 10대 기간에 계속해서 성장하며, 결과적으로 전체 수상돌기의 길이와 수의 증가를 가져온다(Schadé & Van Groenigen, 1961). 전두엽 신경 세포의 수초화$_{myelinization}$ 증가 또한 10대 기간 동안 계속된다. 이와는 대조적으로 감각운동피질의 수초화는 대부분 2세경에 완성된다 (Yakoblev & Lecours, 1967). 또한 청소년기 동안 뇌파 활동의 급등은 전두엽을 중심으로 나타난다(Thatcher et al., 1987). 따라서 14~16세 두뇌 급성장은 주로 전두엽에서 발생한다고 보는 것이 합당하다.

14~16세의 두뇌 급성장과 전두엽 활동 사이의 명백한 연관성을 파악한 연구는 아직 없다. 그럼에도 불구하고 위스콘신카드분류검사(Heaton, Chelune, Tally, Kay & Curtiss, 1993)에서 카드를 올바르게 분류하기 위해 이전에는 관련이 있었으나 현재는 관련 없는 단서들에 대한 억제에서 나타나는 어린이와 청소년의 능력에 관한 발표 자료들은 이러한 연관성을 시사한다. 전두엽 손상 환자를 주로 다루는 몇몇 신경학 연구에서는 위스콘신카드분류검사를 전두엽 활동을 측정하는 데 타당한 검사로 규정하고 있다(예 : Knight & Grabowecky, 1995; Luria, 1980; Milner, 1963; Milner, 1964; Shimamura, Gershberg, Jurica, Mangels & Knight, 1992; Weinberger, Berman & Illowsky, 1988; Weinberger, Berman & Zee, 1986). 위스콘신카드분류검사로 측정된 히튼Heaton과 동료들의 억제 능력(즉 잠재적으로 잘못 판단하기 쉬운 단서를 무시/억제하는 능력) 분석에 따르면 10세부터 대략 13세(사춘기 시작과 일치하는 시기) 때 다소 현저한 수행 능력의 하락을 제외하고는 연령이 높아질수록 억제 능력이 증가한다(Cole & Cole, 1989). 이러한 수행 능력의 하락이 사춘기 동안 나타나는 전두엽 성장의 부족이 원인일까? 그러한 능력 하락이 전두엽에 집중된 다른 인지 능력(목표에 도달하기 위해 일련의 행동을 설계하는 능력, 복잡한 배경 속에 숨겨진 간단한 경향성을 찾는 능력과 낱개로 분리된 정보들을 마음속으로 조직화하는 능력)과 연관되어 있는 것일까?

12~14세 정체기와 14~16세 급성장기가 이러한 전두엽 활동과 관련이 있다고 가정한다면 이 또한 학생들의 추론 능력과 과학적 · 수학적 개념 구성 능력과 연관성을 가지고 있을까? 이전의 연구들은 이러한 연관성을 시사한다. 예를 들어, 로슨, 카플러스, 아디(1978)는 비례와 확률 추론의 사용에 있어 6학년(평균 12.9세)과 8학년(평균 14.3세) 사이에서는 거의 차이가 없었지만, 8~10학년(평균 16.1세) 사이에서는 엄청난 발달이 나타남을 발견했다. 또한 황, 박, 김(Hwang, Park & Kim, 1989)은 6,130명의 한국 학생 표본 조사를 통해 12~14세 학생들의 비례, 조합, 확률, 상관 추론 능력은 대체로 유사한 수행 정도를 보이지만(즉 이 연령층 전반에서 단지 평

균 3.8%만 평가 능력이 향상되었음), 15세경부터는 실질적인 수행이 향상된다는 것을 발견했다(즉 평가 능력이 평균 15.2% 향상). 게다가 몇몇 연구는 추론 능력과 개념 학습 사이의 명확한 연관성을 확인했다(예 : Baker, 1994; Choi & Hur, 1987; Johnson & Lawson, 1998; Kim & Kwon, 1994; Lawson & Renner, 1975; Lawson, 1985; Robinson & Niaz, 1991; Ward & Herron, 1980). 히튼과 동료들의 자료 분석과 이러한 교육 연구들은 초기 청소년기의 뇌 성장의 정체기와 급성장기는 몇몇 중요한 인지 능력과 학생들이 수업의 결과로서 배우거나 배우지 못하는 것에 영향을 줄 수 있음을 제안했다.

초기 청소년기 동안 전두엽의 성숙은 신경 세포의 수초화 증가를 동반한다. 수초화의 증가는 신호 전송률을 높인다. 따라서 증가된 신호 전송률은 결과적으로 (정보 손실이 일어나는 신호 감소 시기 전까지 처리될 수 있는) 정보의 양을 증가시킨다고 보는 것이 합당하다(제2장 그로스버그의 활동 방정식 참조). 따라서 심적으로 정보를 표현하는 개인의 능력(즉 개인의 표상 능력)은 초기 청소년기 동안 증가할 것으로 예상된다. 아마도 표상 능력은 배경 잡음으로부터 관련된 과제 정보를 빼내거나 목표에 도달하기 위해 일련의 단계를 설계하는 능력과 개인의 작동기억을 포함한다. 이론적 개념 구성과 관련해 과제 관련 정보를 표상하는 능력은 매우 중요하다고 할 수 있다.

게다가 수초화 증가에 기인한 신호 전송률의 증가는 뇌파 신호 주파수와 강도를 증가시키게 된다. 만약 수초화의 증가가 정적·부적 강화를 담당하는 전두엽에서 편향 노드까지 신호를 전송하는 축색돌기에서 발생한다면(제3장에서 소개된 러바인-프루에트 신경망에서 묘사된 것과 같이), 과제와 관련 없는 정보에 대한 억제 능력은 초기 청소년기 동안 증가할 것으로 기대된다. 개념 변화와 관련해볼 때 과제와 관련 없는 정보란 오개념 유발 가능성으로 인해 내부(혹은), 외부의 가설-예측적 논쟁에 관여되기 전에 억제되어야 하는 사전 오개념을 말한다. 다시 말해서 만약 어떤 사람이 그들의 선개념이 옳다고 확신한다면 가설-예측 과제 수행 시 오개념을 생각하거나 사용하려 하지 않기 때문에 개념 변화를 경험하지 않는다. 반면에 새로운 개념이 최소한 그럴듯할 때 학생은 개념 변화를 일으키는 가설-예측적 논쟁에 참여하려는 입장을 보인다. 〈그림 1〉은 주요 이론적 관계들을 요약한 것이다.

2.1 연구 설계와 예측

〈그림 1〉에 요약된 이론적 관계에 대한 검사로서, 14개의 탐구 수업 과정이 13.1～16.9세 사이(전두엽 성장이 정체기를 지나 급성장할 연령대)로 구성된 8개의 학생 집단에서 진행되었다. 수업에 앞서 전두엽의 활동과 관련된 측정(즉 억제, 설계, 탈잠입 능력과 정신 능력)과 과학 추론 능력 검사가 모든 학생들에게 투입되었다. 이론적 개념 이해의 검사(즉 분자운동 이론에서 나온 기압 개념)는 수업 전과 후에 수행됐다. 다음 논쟁은 실시된 대체 가설과 예상 결과를 요약한 것이다.

> 만약… 초기 청소년기의 전두엽의 성숙이 고차 추론 능력의 발달에 영향을 주고 고차의 추론 능력의 발달이 이론적 개념을 구성하는 능력에 영향을 준다면, (전두엽 성숙 가설)
> 그리고… 전두엽 활동과 추론 능력이 13.1～16.9세 학생들에게 측정되고 이론적 개념을 포함한 동일한 일련의 수업을 받는다면, (계획된 실험)
> 그러면… 평가 시 13～14세 학생들 사이에서는 수행 능력의 정체기가 나타나고 연령이 높은 학생들 사이에서는 수행 능력의 급성장기가 보여야 할 것이다. 게다가 수업의 효과는 13～14세 학생들 사이에서 모두 나타나지 않을 것이고, 15～16세 사이에서는 점차적으로 효과가 보여야 한다. (예측)

다른 한편으로,

> 만약… 추론 능력과 학습 능력의 증가가 단지 환경적 영향(예 : 학교 교육에 의한 선언적 지식의 증가 혹은 단순히 일반적인 생활 경험에서의 증가)에 의존하고 연령

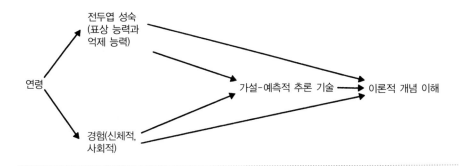

그림 1. 핵심 이론적 관계

에 따라 선형적으로 증가한다면, (경험 가설)

그러면… 수행 능력의 정체기(와/혹은) 급성장기는 발견될 수 없을 것이고, 수업은 연령에 따라 선형적으로 점차적 효과를 보여야 할 것이다. (예측)

3. 연구 방법

3.1 표본

연구에 참여한 대상자는 한국의 2개 중학교와 2개 고등학교에서 지원한 13.1~16.9세 사이 206명의 학생(남학생 99명, 여학생 13명)이었다. 1개의 중학교와 고등학교는 대략 인구 10만의 도시에, 다른 중학교와 고등학교는 대략 인구 200만의 도시에 위치해 있다. 각 학생은 모두 남자 혹은 여자로 구성된 8~11학년까지의 8개 과학반 중 1개에 참여했다.

3.2 검사 도구

억제 능력. 개별적으로 실시된 위스콘신 카드 분류 과제인 WCST(Heaton et al., 1993)는 억제 능력을 측정하는 데 사용되었다. 각 학생별 검사 시간은 약 10분이 소요되었다. WCST는 4개의 자극 카드와 128개의 반응 카드로 구성되어 있다(그림 2 참조). 첫 번째 자극 카드는 1개의 적색 삼각형을, 두 번째는 2개의 녹색 별을, 세 번째는 3개의 황색 십자가를 나타난다. 그리고 네 번째는 4개의 청색 원을 나타내고 있다. 128개의 반응 카드는 서로 다른 모양(원형, 삼각형, 십자형, 별형), 색깔(적색, 황색, 청색, 녹색) 그리고 그림의 개수(1,2,3,4)를 나타낸다. 학생들에게 128개의 반응 카드가 주어지고, 각 카드를 네 장의 자극 카드 중 하나와 부합하는 것을 찾도록 한다. 각각을 일치시켜본 후 학생들은 자신의 선택이 올바른지, 그렇지 않은지를 듣게 된다. 하지만 이때 부합되는 원칙은 말해주지 않는다(즉 색깔, 모양, 수에 의한 일치).

좀 더 구체적으로 첫 번째 부합하는 원칙은 색깔에 의한 일치이다. 시도된 다른 모든 부합은 틀리게 된다. 학생이 연속해 열 번 올바르게 색깔을 일치시키면 분류 원칙은 비밀리에 모양으로 바뀐다. 만약 학생이 진행자의 부적 피드백에도 계속

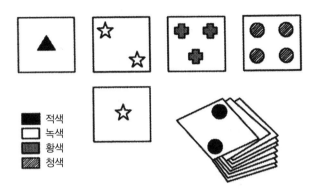

적색
녹색
황색
청색

그림 2. 위스콘신 카드 분류 과제

색깔에 따라 잘못 일치시키면 반응 고집의 오류$_{perseveration\ erorr}$를 범한 것으로 간주된다(즉 부적 피드백에도 불구하고 카드 분류에서 잘못된 반응을 보이는 것). 연속적으로 열번 모양에 따라 올바른 반응을 보이면 원칙은 수로 바뀌고, 다시 색깔로 돌아간다. 이러한 과정은 학생들이 6개의 일치되는 범주를 성공적으로 완성하거나 모든 128개의 카드가 사용될 때까지 계속된다. 이 검사에는 상당한 시간이 소요되기 때문에 5명의 진행자가 투입되었다. 진행자 훈련은 검사 진행에 대한 설명, 학생 반응의 기록, 피드백 부여와 적절한 범주 변화에 대한 언어적 설명과 실례를 포함했다. 훈련 기간은 대략 2시간 정도 지속되었으며, 표본 학생 반응 기록에 기초한 평가자 간 신뢰도는 0.93이었다.

　채점. 각 범주에 대한 반응 고집의 오류의 수는 개별 학생에 대한 총수를 얻을 수 있도록 합산되었다. 자료 분석은 이러한 수들을 통해 진행되었다. 억제 능력은 반응 고집의 오류의 수와는 음의 상관이 있음에 반대로 관련이 있다는 것에 주목해야 한다. 따라서 더 적은 반응 고집의 오류를 범하는 학생들은 더 높은 억제 능력을 가진 것으로 추정된다.

　설계 능력. 개별적으로 실시된 런던탑검사는 설계 능력을 평가하는 데 사용되었다. 각 학생별 검사 시간은 약 20분이 소요되었다. 이 검사는 점차적으로 어려운 과제 세트를 성공적으로 해결하기 위해 수단-목표 분석 측면에서 계획이 요구된다(Krikorian, Bartok, & Gay, 1994; Shallice, 1982). 각각의 과제를 해결하기 위해 학생들은 최소의 이동으로 과제 완수와 관련해 정해진 일련의 성공적 이동을 설계하고 실행해야 한다. 검사 도구는 3개의 서로 다른 높이의 수직 나무 막대로 구성된 판과 이동 가능한 3개의 공으로 구성된다. 적색, 녹색, 그리고 청색으로 칠해진 공은 수직 막대 위아래로 이동할 수 있다. 첫 번째 막대는 3개의 공 모두를 넣을 수 있다. 두 번째 막대는 2개의 공을 넣을 수 있고, 세 번째 막대는 오직 1개의 공만을 넣을 수 있다. 초기 공의 위치로부터 학생들은 명확한 설정 목표에 도달하기 위해 정해진 이동 수 내에서 한번에 1개의 공을 막대에서 막대로 옮겨야 한다(예 : 다섯 번 이동해서 긴 막대에 적색 위에 청색, 청색 위에 녹색 공이 오도록 정렬하라). 이 검사는 학생들이 최종 목표를 마음속에 그려보고 예상해야 할 뿐만 아니라 목표에 대한 각 단계 또한 올바른 순서로 그려보는 일련의 하위 목표 과정에 대한 설계가 필요하다.

크리코리안과 동료들(Krikorian et al., 1994)은 1학년부터 8학년 학생들에게 적합한 과제 세트를 개발했다. 현재의 연구는 8~11학년의 학생들을 검사했기 때문에, 크리코리안 등이 개발한 검사에 난이도를 증가시키는 5개의 추가적인 과제들을 포함하여 총 12개의 과제로 수정되었고, 그중 2개는 예시 과제였다. 각 학생들은 5명의 훈련된 진행자들 중 1명에 의해 개별적으로 평가되었다. 진행자 훈련은 검사 진행에 대한 설명, 학생 반응의 기록, 시간제한 점검과 피드백 부여에 대한 언어적 설명과 실례를 포함했다. 훈련은 대략 2시간 정도 걸렸고, 표본 학생 반응 기록에 기초한 평가자 간 신뢰도는 0.95였다.

채점. 기록된 과제 중 가장 쉬운 것은 네 번의 이동이 필요하고, 가장 어려운 것은 일곱 번이 필요했다. 각 과제마다 세 번의 기회가 주어졌다. 각 기회마다 목표 지점에 도달하기까지 1분의 시간이 학생들에게 부여되었다. 만약 첫 번째 시도에서 제한 시간 이내 정해진 이동 수로 목표지점에 도달했다면 3점이 부여되었다. 두 번째 시도에서 성공적인 수행이 이루어지면 2점이 부여되었다. 그리고 세 번째 시도에서 성공적인 수행이 이루어지면 1점이 부여되었다. 만약 세 번의 시도 모두 실패한 학생에게는 0점이 부여되었다. 각 학생의 총점은 10개 과제에서 얻은 점수들의 총합이다. 따라서 최대 30점이 가능하다. 9학년 학생들의 예비 검사에서 크론바흐 알파Chronbach α 신뢰도 계수는 0.61이었다.

탈잠입 능력. 탈잠입 능력disembedding ability을 평가하기 위해 집단잠입도형검사Group Embedded Figures Test(Dumsha, Minard & McWilliams, 1973; Thompson, Pitts & Gipe, 1983;

Witkin, Moore, Goodenough & Cox, 1977; Witkin, Oltman, Raskin & Karp, 1971)가 시행되었다. 이 검사는 학생들이 복잡하여 오해할 소지가 있는 배경에 숨겨진 단순한 모양의 위치를 파악하고 설명하는 것이다. 탈잠입 능력은 아동기와 청소년기 동안 향상되지만 또래 집단과 비교해볼 때 개인의 능력은 연령에 따라 비교적 일정하게 유지된다(Witkin et al., 1971; Witkin et al., 1977). 현재 연구에 사용된 집단잠입도형검사의 한국어 버전은 2개 부분으로 각각 16개의 모양으로 구성되어 있다(Jeon & Jang, 1995). 각 부분마다 학생들에게 10분이 주어진다. 안(Ahn, 1995)은 이 연구와 유사한 집단으로 한국 중학생 표본에 투입했을 때 크론바흐 알파 신뢰도 계수가 0.70이었음을 보고했다.

정신 능력. 정신 능력 평가를 위해 파스칼-리온과 스미스(Pascual-Leone & Smith, 1969)가 개발한 도형교차검사$_{\text{Figural Intersection Test}}$를 사용했다. 검사를 완료하는 데는 대략 15분 정도가 소요된다. 정신 능력은 파스칼-리온(1970)에 의해 개인의 중앙 연산공간이나 작동기억의 크기로 정의되었다. 파스칼-리온에 따르면 정신 능력은 3세에 e+1부터 15세에 약 e+7까지 증가한다. 여기서 e는 주어진 과제에서 제기되어 쉽게 이해되고 기억된 구체적인 의문을 처리하는 데 필요한 정신적인 노력이나 에너지를 의미하며, 숫자는 과제를 해결하기 위해 주어진 시간에 성공적으로 연계될 수 있는 '스킴'$_{\text{scheme}}$의 최대 수를 나타낸다. 도형교차검사는 다양한 연구에서 학생들의 정신 능력을 평가하는 데 사용되어 왔다(예 : de Ribaupierre & Pascual-Leone, 1979; Globerson, 1983; Niaz & Lawson, 1985; Pascual-Leone, 1970; Pascual-Leone & Ijaz, 1989).

채점. 이 연구에서 사용된 검사는 2~8개의 겹쳐진 도형이 있는 32개의 항목으로 구성되어 있다. 각 항목에서 학생들은 겹쳐진 도형의 교차지점을 나타내는 점을 표시하도록 요구된다. 검사를 완성하는 데 시간제한은 없으며 최대 32점까지 가능하다. 이 연구의 크론바흐 알파 신뢰도 계수가 0.88이었던 것과 유사하게 한국 중학생 집단에서 얻은 크론바흐 알파 신뢰도 계수는 0.88이었다(Ahn, 1995).

전두엽 활동에 대한 평가로서 앞에 묘사된 도구의 타당성은 이러한 검사와 더불어 유사한 검사를 시행했을 때, 현저한 수행 능력 결핍의 원인이 전두엽 손상에 있다는 다음의 다양한 보고를 통해 처음으로 입증되었다. 억제 능력(예 : Milner, 1963; 1964; Weinberger, Berman & Illowski, 1988; Weinberger, Berman & Zec, 1986), 설계 능력(예 : Baker et al., 1996; Black & Strub, 1976; Fuster, 1989; Luria & Tsvetkova, 1964; Luria, 1973; Stuss & Benson, 1986), 탈잠입 능력(Cicerone et al., 1983; Dempster, 1992; Knight & Grabowecky, 1995; Kolb & Whishaw, 1996; Teuber, 1972), 작동기억(예 : Baur & Fuster, 1976; Fuster, 1973; Goldman-Rakic, 1990; Goldman-Rakic & Friedman, 1991; McCarthy et al., 1995)이 그것이다.

추론 능력. 추론 능력을 평가하는 데 14개 항목의 집단검사가 사용되었다. 검사를 완료하는 데는 대략 50분 정도가 소요된다. 이 검사는 로슨의 과학적 추론 검사 Classroom Test of Scientific Reasoning의 수정 버전이다(Lawson, 1978; 1987; 1992). 수정된 검사는 본래의 12항목 중 8개를 포함한다. 본래의 항목은 피아제의 과제를 기초로했고, 변수의 확인과 통제, 비례추론, 확률추론, 상관추론과 조합추론을 포함한다(Inhelder & Piaget, 1958; Karplus & Lavatelli, 1969; Piaget & Inhelder, 1962; Suarez & Rhonheimer, 1974). 수정된 검사에 추가적인 두 가지 항목은 로슨, 칼슨, 설리번, 윌콕스와 울맨(Lawson, Carlson, Sullivan, Wilcox & Wollman, 1976)이 제안한 비례추론과 조합추론을 포함하고 있다. 나머지 4개 항목은 로슨, 클라크, 크라머-멜드럼, 팔코너, 세퀴스트와 권(Lawson, Clark, Cramer-Meldrum, Falconer, Sequist & Kwon, 2000)에 의해 제안되었다. 이것들 중 2개는 물속에 놓인 타고 있는 촛불 위에 원통형 용기를 덮었을 때, 거꾸로 된 원통형 용기 내부에 물이 상승하는 것을 포함한다. 다른 2개는 소금물에 잠긴 붉은 양파 세포의 겉모습 변화에 대한 것이다. 이러한 4개 항목은 학생들에게 이론적 실재를 포함한 가설을 기각하는 데 가설-연역적 추론을 사용하도록 요구한다. 예를 들어, 촛불 연소 실험의 경우 학생들이 직접 확인 실험을 제안하고 불꽃에 의해 생성된 이산화탄소가 물에서 빠르게 녹기 때문에 거꾸로 된 원통형 용기 내부 물이 상승한다는 가설을 기각하는 것이 요구된다.

채점. 모든 항목에서 학생들은 의문에 답하거나 예측한 것을 적어보고 어떻게 답을 얻었는지 설명하거나 정량적 문제의 경우 계산을 보여주어야 한다. 만약 답에 적절한 설명이 더해졌거나 계산 세트가 있다면 항목은 옳은 것으로 판단된다(1점). 틀린 답은 0점이 된다. 10학년 37명 학생들에 대한 예비연구의 크론바흐 알파 신뢰도 계수는 0.75였다. 검사에 대한 타당도는 많은 연구들을 통해서 입증되었다(예 : Lawson, 1978; 1979; 1980a; 1980b; 1982; 1983; Lawson & Weser, 1990).

표 1. 연구에 사용된 도구

사용된 도구
전두엽 활성
위스콘신 카드 분류 시험(억제 능력)
런던 타워 시험(설계 능력)
집단잠입도형검사(탈잠입 능력)
도형 교차검사(정신 능력)
추론 기술
로슨의 교실에서 하는 과학적 추론 검사
이론적 개념 구성
기압 개념 검사

기압 개념 검사. 연구자는 학생들의 기압 개념의 이해를 평가하기 위해 집단검사를 구성했다. 검사는 수업 전과 후에 수행됐다. 관련된 원인을 다루는 6개의 단답형 에세이 항목으로 구성된 검사를 수행하는 데 대략 20분이 소요되었다. 검사의 항목은 다음과 같다. (1) '빨아들일' 때 빨대에서 밀크쉐이크의 상승, (2) 물이 담긴 접시에 놓여 타고 있는 양초 위에 거꾸로 된 원통형 용기 속 물의 상승, (3) 차가운 물속에 가라앉은 찌그러진 소다 캔, (4) 미리 종이 조각을 태우고 있는 병 속에 빨려 들어가게 된 완숙 계란(껍질 벗긴), (5) 떠오르는 열기구, (6) 폐로 들어가는 공기이다. 예를 들면 다음과 같다.

항목 1 읽기 : 밀크쉐이크를 마실 때 빨대를 통해 입 속으로 밀크 쉐이크를 '빨아들일' 수 있다. 어떻게 '빨아들이기'가 밀크쉐이크를 빨대 속에서 움직이게 했을까?

항목 5 읽기 : 아래에서 열기구를 가열하면 풍선은 떠오르게 된다. 왜 가열하기가 풍선을 떠오르게 했는지 설명해보자.

채점. 올바르게 기록된 반응은 각 2점을 얻고, 총 12점이 가능하다. 부분적으로 올바른 반응은 1점을 얻게 된다. 틀린 반응은 0점을 얻는다. 내용 타당도와 항목 명료성은 투입 전에 내용 전문가 분석을 통해 확인된다. 10학년 37명 학생들에 대한 예비연구의 크론바흐 알파 신뢰도 계수 0.69였다.

3.3 교육 처치

교육 처치는 14개의 2시간, 순환학습 교수방법을 사용한 탐구중심 수업으로 구성되었다(Lawson, Abraham & Renner, 1989). 같은 교사(권용주)에 의해 모든 수업이 진행되었다. 1강에서는 학생들에게 이전 과학적 연구의 예시를 통해 과학적 연구의 가설-예측적 패턴에 대해 소개했다(즉 인과적 의문 → 대안 가설 → 실험 설계 → 결과 예측 → 실제 실험 → 결과 관찰 → 결론). 한번 연구 패턴을 학생들에게 소개한 후 지렁이가 다양한 자극에 반응하는 상황 속에 패턴을 적용해보도록 했다.

2~4강에서는 학생들에게 빈 소다 캔이 차가운 물에 가라앉았을 때 왜 찌그러지는지에 대해 가설을 생성하고 평가하기 위한 가설-연역적 추론의 적용 기회를 제공했다. 몇몇 학생들이 생성한 가설 평가 실험 후 교사는 캔 밖의 더 높은 기압과 그에 따라 찌그러지는 원인을 설명하기 위해 분자운동 이론의 관련 원리를 소개했다. 학생들은 공기로 채워진 열기구가 차가워졌을 때 어떤 일이 벌어질 것인지를 설명하고 예측하는 데 소개한 개념들을 적용하도록 했다.

5~7강 동안 학생들은 타고 있는 종이 조각을 병 안에 떨어뜨리고 껍질을 깐 완숙 달걀을 병 입구에 놓았을 때 어떤 일이 벌어지는지 탐구했다. 그들의 관찰에 근거하여 학생들은 인과적 의문(예 : 왜 달걀이 병 속으로 들어가게 되는가?)을 떠올렸다. 그리고 나서 대안 가설을 생성하고 확인 실험을 했다. 현상을 설명하는 데 분자운동 이론과 관련된 기본 원리들을 적용했다. 학생들은 병에서 달걀을 빼내기 위해 이론을 적용하고, 그들이 수행한 것과 왜 그렇게 했는지 설명하도록 했다.

8~10강에서는 학생들이 물이 담긴 접시에 똑바로 서서 타고 있는 양초 위에 거꾸로 된 원통형 용기를 덮었을 때 어떤 일이 일어나는지 탐구하도록 했다. 학생들은 "무엇이 거꾸로 된 원통형 용기에서 물을 상승하게 했는가?"와 같은 질문에 대해 몇몇 가설을 생성하고 실험했다. 또 학생이 가설 검증 실험을 한 이후 학생들의 관찰과 일치하는 설명을 끌어내는 데 적용되었다.

11~12강 처치 동안 학생들은 빨대를 '빨아들였을' 때 액체(예 : 밀크쉐이크)가 빨대 안으로 올라가는 이유를 탐구했다. 또 액체의 이동을 설명하기 위해 분자운동 이론으로부터 끌어낸 기압 개념을 사용한 후에 어떻게 주사기가 혈액 샘플을 '끌어들이는' 데 사용할 수 있는지 학생들에게 설명하도록 했다.

13~14강에서는 학생들에게 어떻게 공기가 숨쉬는 동안 폐 속으로 들어갔다 나오는지를 설명하고 탐구하도록 했다. 한 번 더 관련된 기압 개념들이 사용되었다.

4. 결과

4.1 연령에 따른 전두엽 활동

〈그림 3〉은 연령대별 학생 집단에서 전두엽 활동의 네 가지 측정값에 대한 수행 능력을 보여준다. 왼쪽 상단에 제시된 것처럼 억제 능력은 13~14세 집단까지 감소했

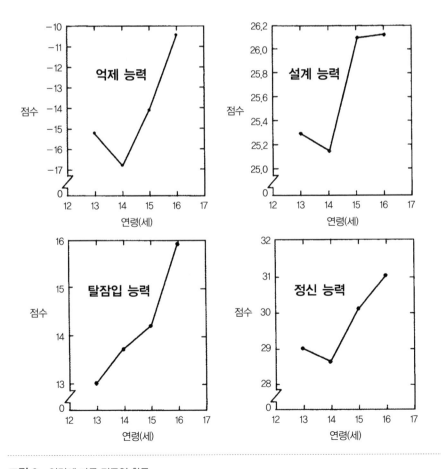

그림 3. 연령에 따른 전두엽 활동

고, 14~16세 집단까지 선형적으로 향상되었다. 전반적인 집단 간 차이점은 통계적으로 유의미했다($F_{3,202}$=3.73, p < 0.01). 억제 능력에 있어서 어떤 특정한 연령 집단에서 차이를 보이는지 결정하기 위해 사후 검증Tukey's test을 수행했다. 검증 결과, 14세와 16세 연령 집단 사이에서 통계적으로 유의미한 차이점이 확인되었다(p < 0.01). 오른쪽 위에 보이는 것처럼 설계 능력은 13~14세 연령 집단까지 감소한다. 그리고 15세 집단에서 극적으로 증가했고, 16세에서 아주 약간 증가했다. 연령에 따른 전반적인 향상은 통계적으로 유의미하지 않았다($F_{3,202}$ = 1.30, p > 0.25). 왼쪽 아래는 탈잠입 능력이 대개 선형적으로 증가하지만, 전 연령대에 따른 경향이 유의미하지는 않다는 것을 보여준다($F_{3,203}$ = 1.93, p > 0.10). 마지막으로, 오른쪽 아래는 정신 능력이 13~14세 집단까지는 감소하고, 14~16세까지 선형적으로 증가한다는 것을 보여준다. 전반적인 집단 간 차이점은 통계적으로 유의미했다($F_{3,202}$ = 4.06, p < 0.01). 사후 검증 터키 검사는 14세와 16세, 그리고 13세와 16세 사이 정신 능력의 차이가 통계적으로 유의미하다는 것을 보여준다(p < 0.01).

4.2 연령에 따른 추론 능력

〈그림 4〉에 제시된 것처럼 추론 능력은 연령에 따라 증가한다. 14세 이후 향상 정

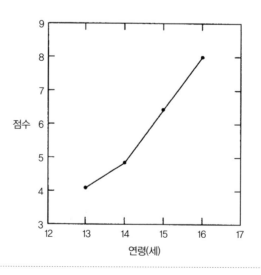

그림 4. 연령에 따른 추론 능력

도에 있어 약간의 증가를 볼 수 있다. 전반적인 연령 집단의 향상은 통계적으로 유의했다($F_{3,202} = 14.58$, $p < 0.01$). 터키 검사를 통해 13세와 15세, 13세와 16세, 14세와 15세, 14세와 16세 사이에 통계적으로 유의미한 차이점이 확인되었으나($p < 0.05$), 13세와 14세 사이에서는 그렇지 않았다.

4.3 추론 능력 예측

〈표 2〉의 a는 전두엽 변수들과 연령 중 어느 쪽이 추론 능력을 가장 잘 예측할 수 있는지 결정하기 위해 사용된 단계적 다중회귀분석 결과를 보여준다. 종합해볼 때 변수들은 추론 능력 변화량의 56.1%를 설명할 수 있었다($F_{5,204} = 30.63$, $p < 0.001$). 나타난 바와 같이 억제 능력은 전체 변화량에서 가장 큰 비율(29.3%)을 설명하고, 뒤이어 설계 능력(14.9%), 연령(8.8%), 탈잠입 능력(2.1%), 정신 능력(1.0%)이었다.

4.4 연령에 따른 이론적 개념 구성

〈그림 5〉는 연령 집단에 따른 기압 개념 시험에 대한 학생들의 수행 결과를 보여준다. 사전검사 평균 점수, 사후검사 평균 점수, 그리고 평균 획득 점수(즉 사후검사 −

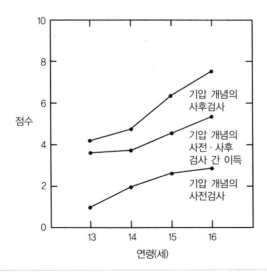

그림 5. 연령에 따른 개념 구성

표 2. 회귀 요약

a. 추론 기술의 예측에 관한 회귀 요약

종속 변수 : 추론 기술   N : 210   R : 0.749   R-Square : 0.561

예측 변수	R	R-Square	R-Square의 증가
억제 능력	0.542	0.293	0.293
설계 능력	0.665	0.442	0.149
연령	0.728	0.530	0.088
탈잠입 능력	0.742	0.551	0.021
정신 능력	0.749	0.561	0.010

b. 사전 · 사후 검사의 차이 예측에 관한 회귀 요약

종속 변수 : 개념 구성의 이득   N : 210   R : 0.655   R-Square : 0.429

예측 변수	R	R-Square	R-Square의 증가
억제 능력	0.530	0.281	0.281
추론 기술	0.591	0.350	0.069
사전 개념 구성	0.636	0.404	0.054
연령	0.646	0.418	0.014
설계 능력	0.655	0.429	0.011

c. 사후검사의 결과 예측에 대한 회귀 요약

종속 변수 : 사후 개념 구성   N : 210   R : 0.841   R-Square : 0.707

예측 변수	R	R-Square	R-Square의 증가
추론 기술	0.730	0.533	0.533
사전 개념 구성	0.807	0.652	0.119
억제 능력	0.833	0.694	0.042
연령	0.837	0.701	0.007
설계 능력	0.841	0.707	0.006

주 : N = 연구대상 수, R = 회귀계수

사전검사)를 보여준다. 제시된 것처럼 사전검사와 사후검사 평균 점수 모두 연령에 따라 향상되었다. 양쪽의 주요 효과는 통계적으로 유의미했다(각각 $F_{3,202} = 7.17$, $p < 0.001$ 그리고 $F_{3,202} = 11.42$, $p < 0.001$). 평균 획득 점수에서 연령의 증가는 또한 통계적으로 유의미하다($F_{3,202} = 5.48$, $p < 0.01$). 13세와 14세 집단의 획득 점수는 거의 동일했으나(각각 3.5점과 3.6점), 15세는 다소 높은 점수(4.5점)를, 16세는 한

층 더 높은 점수(5.3점)를 보였다. 터키검사 결과 13세와 16세, 14세와 16세 사이 획득 점수는 통계적으로 유의미한 차이를 보였다($p < 0.05$). 중요하게도 13세와 14세 사이 획득 점수 차이는 통계적으로 유의미하지 않았다.

4.5 개념 획득과 사후검사 수행 예측

〈표 2〉의 b는 전두엽 평가, 연령, 추론 능력, 그리고 개념 사전검사 성적(사전지식) 중 어느 것이 개념 획득에 있어 유의미한 예측인자로 작용하는지 확인하는 데 사용된 단계적 다중회귀분석 결과를 보여준다. 제시된 것처럼 억제 능력, 추론 능력, 개념 사전검사, 연령 그리고 설계 능력은 개념 획득 변화량의 42.9%를 유의미하게 설명했다($F_{5,204} = 52.20$, $p < 0.001$). 특히 억제 능력은 변화량의 28.1%를 설명하는 최고의 단일 예측인자였다. 추론 능력, 개념 사전검사, 연령 그리고 설계 능력은 각각 고유 변화량의 6.9%, 5.4%, 1.4%, 1.1%를 설명했다. 〈표 2〉의 c는 개념 사후검사 수행을 예측하는 데 사용된 전두엽 평가, 연령, 추론 능력, 그리고 개념 사전검사 성적(사전지식)에 대한 단계적 다중회귀분석 결과를 보여준다. 제시된 것처럼 추론 능력, 억제 능력, 개념 사전검사, 연령 그리고 설계 능력은 개념 사후검사 수행 변화량의 70.7%를 설명했다($F_{5,204} = 98.22$, $p < 0.001$). 예측인자 변수는 각각 변화량의 53.3%, 11.9%, 4.2%, 0.7%, 0.6%를 설명했다. 각각의 표준회귀계수는 0.26, 0.42, 0.25, 0.11, 0.09였다. 각각의 변수는 고유 변화량의 7.0%, 17.7%, 6.1%, 1.1%, 8.3%를 설명했다.

4.6 연구 변수들 간 상관관계

〈표 3〉은 연구 변수들 사이 피어슨 적률상관계수를 보여준다. 보이는 것처럼 모든 변수들은 탈잠입 능력 0.36부터 개념 사후검사 0.73까지의 상관계수 범위에서 추론 능력과 유의미하게 연관되어 있다. 추론 능력과 개념 사전검사와의 상관관계는 0.57, 개념 획득과는 0.51이었다. 4개의 전두엽 평가는 추론 능력, 개념 획득, 개념 사후검사 점수와 유의미한 양의 상관관계를 보였다. 억제 능력과 설계 능력은 추론 능력과 가장 높은 상관관계를 나타냈다(0.54). 억제 능력이 개념 획득(0.53)과 개

표 3. 연구 변수들 사이의 상관계수

	억제 능력	설계 능력	탈잠입 능력	정신 능력	연령	과학적 추론 기술	기압 개념 사전 검사	기압 개념 사후 검사	기압 개념 사전·사후 검사 간 이득
억제 능력	1.00								
설계 능력	0.31**	1.00							
탈잠입능력	0.20	0.26**	1.00						
정신 능력	0.35**	0.30**	0.24*	1.00					
연령	0.20	0.11	0.17	0.19	1.00				
과학적 추론 기술	0.54**	0.54**	0.36**	0.41**	0.42**	1.00			
기압 개념 사전검사	0.26**	0.35**	0.14	0.36**	0.30**	0.57**	1.00		
기압 개념 사후검사	0.55**	0.47**	0.24**	0.44**	0.40**	0.73**	0.70**	1.00	
기압 개념 사전·사후 검사 간 이득	0.53**	0.34**	0.20	0.29**	0.29**	0.51**	0.08	0.77**	1.00

주 : $*p < 0.05$. $**p < 0.01$.

념 사후검사(0.55)가 가장 높은 상관관계를 보였다. 전두엽 평가들 간 상관관계는 중간에서 낮은 수준이었다(0.20, 유의미하지 않음에서 0.35, $p < 0.01$).

4.7 연구 변수들의 공통 성분

〈표 4〉는 모든 연구 변수들의 주성분 분석 결과를 보여준다. 분석은 1보다 큰 고유 값$_{eigenvalue}$을 뽑아내는 직교회전$_{varimax\ rotation}$으로 수행됐다. 두 가지 주성분은 각각 변화량의 29.5%와 27.2%를 설명하는 것으로 추출되었다. 다른 전두엽 평가들이 두 가지 성분 모두를 적당히 설명하는 반면 억제 능력은 성분 2(0.75)에 대해서 가장 강하게 설명한다. 연령은 주로 성분 1(0.50)을 설명하고, 추론 능력은 두 성분 모두를 적당히 설명했다(성분 1에 0.70, 성분 2에 0.53). 개념 획득이 성분 2를 더 강하게 설명하는 반면(0.92), 사전검사 개념은 성분 1을 강하게 설명했다(0.92). 사후검사 개념은 양쪽 성분 모두를 적당히 설명했다(성분 1에 0.66, 성분 2에 0.63).

표 4. 연구 변수의 주성분 분석

변수	성분 1(29.5%)	성분 2(27.2%)
억제 능력	0.22	0.75
설계 능력	0.48	0.39
탈잠입 능력	0.29	0.30
정신 능력	0.51	0.31
연령	0.50	0.17
추론 기술	0.70	0.53
기압 개념의 사전검사	0.92	0.04
기압 개념의 사후검사	0.66	0.63
기압 개념의 사전 · 사후 검사 간 이득	0.10	0.92

주 : 괄호 안은 각 성분에 의해 설명된 총변화량 백분율

5. 논의

〈그림 3〉은 억제 능력과 정신 능력이 전두엽 성숙 가설에 기초따라 13~14세에 감소하고, 15~16세에 증가할 것으로 예측됨을 보여준다. 설계 능력의 패턴은 15~16세 사이 정체기를 제외하고는 예측된 것과 같다. 탈잠입 능력 패턴은 전두엽 성숙 가설에 기초하여 예측되지 않는다. 그러나 경험 가설에 의해 예측된 선형적 패턴 역시 아니라는 것에 주목하자. 15세 이후에 보이는 탈잠입 성장률의 명백한 증가가 사실이건 아니건 혹은 단지 현재 표본의 인위적 결과이건 간에, 후속연구를 위한 쟁점으로 남겨져 있다. 그럼에도 불구하고 이러한 결과들은 이런 인지 능력이 전두엽 성숙에 의해 영향을 받는다는 가설을 크게 지지한다.

〈그림 4〉는 추론 능력이 14세 이후 급격한 증가율을 보이며, 연령에 따라 증가한다는 것을 나타낸다. 언급한 것처럼 13~14세 연령대 사이 점수 간 통계적으로 유의한 차이는 없었다. 예측된 선형적 경험 패턴과 예측된 정체기/급성장기 성숙 패턴 사이의 '하이브리드' 형태로 나타나는 이러한 향상 패턴은 추론 능력의 향상이 신경학적 성숙과 경험(물리적 그리고 사회적) 모두의 산물이라는 견해와 일치한다. 추론 능력의 발달에서 신경학적 성숙과 경험이 역할을 담당한다는 증거를 찾는 것은 발달 이론과 일치한다. 청소년기 사고 발달에 관한 예를 들자면, 인헬더와 피아제(Inhelder & Piaget, 1958)는 "⋯ 이러한 구조의 형성은 신경계의 성숙, 물리적 환경

과의 상호작용에서 얻어진 경험, 그리고 사회적 환경의 영향이라는 세 가지 주요인에 의해 결정된다."고 언급했다(p. 243).

〈그림 5〉는 개념 사전·사후검사와 개념 획득에 대한 학생의 수행을 나타내며, 연령에 따라 예측된 향상을 보여준다. 중요한 것은 향상에 대한 예측된 정체기와 급성장기를 확인할 수 있는 증거인 13~14세 때 학습량은 사실상 동일했다는 것이다(각각 3.5와 3.6). 13세 때 이상으로 14세 때 수행도가 떨어지는 것은 최와 허(Choi & Hur, 1987)가 7~9학년 학생들을 대상으로 생물, 화학, 물리 개념에 대한 검사를 수행했을 때 7학년(평균 연령 12.9세)에서 8학년(평균 연령 13.9세)까지 수행도가 떨어지고, 9학년(평균 연령 14.8세) 사이에서 약간 증가한다는 보고 결과와 유사하다.

〈표 2〉의 b와 c에 제시된 다중회귀분석은 개념 획득이 억제 능력과 추론 능력에 의해 가장 잘 예측되지만, 개념 사후검사 점수는 추론 능력에 의해 가장 잘 예측된다는 것을 보여준다. 따라서 이론적 개념 구성이 전두엽 성숙에 달려 있다는 가설은 지지된다. 이러한 결과는 계속되는 후속 연구에 추가되고 일부는 서론에 인용되었으며 추론 능력이 개념 구성/변화의 강력한 예측인자라는 것을 찾아내도록 했다.

일반적으로 연구 변수들 사이 정적 상관관계(표 3)와 주성분 분석 결과(표 4)는 연구 변수들이 더 적은 수의 인지 파라미터로 축소될 수 있음을 제안하게 된다. 〈표 4〉에서 설계 능력과 정신 능력이 성분 1을 강하게 설명하는 반면, 억제 능력은 주로 성분 2를 설명함에 주목하자. 탈잠입 능력은 양쪽 성분 모두를 적절히 설명한다. 따라서 가설에서처럼 전두엽은 2개의 주요한 기능(억제 기능과 표상 기능) 실행에 관여하는 것으로 보인다. 추론 능력이 양쪽 요소 모두를 적절히 설명한다는 사실은 추론이 억제와 표상 기능 모두에 관여함을 의미한다. 게다가 개념 사전검사 점수가 표상 성분을 강하게 설명하는 데 반해, 사후검사 점수는 표상과 억제 성분 양쪽을 적절히 설명한다. 개념 획득은 억제 성분을 강하게 설명한다. 이것은 견고하게 개념을 획득한 학생들은 원래부터 스스로 무관한 정보를 억제할 수 있음을 의미한다.

학생 개개인은 기압 변화의 원인을 성공적으로 개념화하는 것을 방해하는 두 가지 '오개념'에 빠져서는 안 된다. 첫 번째는 '빨기' 오개념이고, 두 번째는 '공기는 무게가 없다'는 것이다. 이러한 방식에서 볼 때 핵심적인 지도 문제는 이러한 오개념과 같은 것을 극복하는 방법이 된다. 8~10강에서 타고 있는 양초를 다루었다.

타고 있는 촛불 연소 현상은 많은 학생들이 계속해서 다른 오개념(즉 연소가 산소를 '먹거나' 혹은 '소비한다'는 생각)을 떠올리도록 만들기 때문에 흥미롭다. 학생들이 물이 담긴 접시에서 타고 있는 양초 위에 거꾸로 된 원통형 용기를 덮었을 때 불꽃이 빠르게 꺼지고 물이 원통형 용기 안으로 빨리 올라간다는 것을 보게 된다. 따라서 "왜 물이 원통형 용기 안에서 상승했을까?"와 같은 흥미로운 의문이 발생한다. 가장 일반적인 학생 가설은 불꽃이 산소를 모두 태우고, 이러한 '산소의 부족'이 물을 빨아올린다는 것이다. 수업 동안 학생들은 이 가설을 몇 개의 대안들과 함께 확인해보았다. 이러한 대안 가설들을 평가하는 것은 다소 정교한 가설–예측적 추론의 사용을 필요로 한다. 예를 들어, 공기 팽창과 배출 가설에 대항하는 산소소비 가설에 맞서려면 다음 논쟁을 사용할 수 있다.

> 만약… 산소가 소비되는 것 때문에 물이 빨아들여지고,
> 그리고… 1개, 2개, 3개의 양초를 가지고 물의 상승을 측정한다면,
> 그러면… 물의 상승 높이는 타고 있는 양초의 수에 관계없이 같아야 한다. 원통형 용기 안에 산소는 정해진 양만 있기 때문에 이러한 결과가 예상된다. 따라서 촛불의 개수를 늘려갈수록 산소를 더 빨리 태울 것이다. 그러나 더 많은 산소를 태울 수는 없을 것이다.

반면에,

> 만약… 공기팽창과 배출 가설이 맞다면,
> 그러면… 더 많은 촛불은 더 많은 물을 상승하게 해야 한다. 왜냐하면 더 많은 양초는 더 많은 공기를 데울 것이고, 더 많은 공기가 배출될 것이기에 결국 남아있는 공기가 냉각되고 수축할 때 더 많은 물이 채워질 것이다.

학생들이 실험을 통해 촛불이 많을수록 더 많은 물의 상승을 가져온다는 것을 발견할 때, 산소소비 가설은 모순되고 공기팽창과 배출 가설이 지지된다. 그렇다면 무엇이 학생들의 잘못된 가설(오개념을 통해 일부 완성한)을 제거하고 과학적으로 올바른 가설을 받아들이게 하는 것일까? 이러한 분석에 기초해볼 때 학생들은 잘못된 초기 신념을 중지(억제)해야 하는 것으로 보인다. 다시 말해 초기 생각이 틀릴 수도 있고 그것을 시험해봐야 한다는 것을 기꺼이 받아들여야 한다. 그리고 정신

적으로 다소 추상적/가상의 존재(즉 움직이고 충돌하는 분자)를 표상(활성화)하고, 만약/그러면/그러므로 형식의 가설-예측적 논증을 이해(소화)해야 한다. 다시 말해 과제와 무관한 정보를 억제하고 과제 관련 정보를 표상하며 가설-예측적 추론의 순환 과정을 사용해야 한다.

6. 결론 및 교육적 함의

결론적으로 현재 결과는 초기 청소년기 두뇌 성장의 안정기와 급성장기가 학생들의 고차 추론 능력과 그들의 이론적 과학 개념을 구성하는 능력에 영향을 준다는 가설을 뒷받침한다. 요컨대 초기 청소년기 전두엽 성숙은 과제와 무관한 정보를 억제하고 정신적으로 과제 관련 정보를 표상하는 학생의 능력과 관련이 있는 것으로 보인다. 이것과 마찬가지로 물리적·사회적 경험은 추론 능력과 학생이 직관적으로 유래된 과학적 오개념을 제거하고 과학적이지만 가끔은 직관에 반하는 이론 개념을 받아들이는 능력에 영향을 준다. 이러한 결론은 제3장에서 논의된 7세의 초기 두뇌 급성장이 기술적 개념을 구성하는 학생의 능력과 관련이 있다는 것과 유사하다.

이것은 브루너의 유명한 격언인 "어느 발달 단계에 있는 어느 아동이든 지적으로 올바른 형식을 통한다면 어느 과목이라도 효과적으로 배울 수 있다."(Bruner, 1963, p. 33)를 회상하게 한다. 언뜻 보기에 현재의 결과와 결론은 이 견해를 부정하는 것으로 보인다. 그러나 브루너의 핵심 구절 '지적으로 올바른 형식'에 주목해야 한다. 만약 이 연구에서 배운 기압의 이론적 개념과 달리 이를 우리가 누군가 빨대를 끝에서 불었을 때 다른 쪽 끝에서 느껴지는 힘 또는 전기 선풍기의 움직이는 날개에 의해 생성되는 힘으로서 정의한다면 기압의 개념(덜 추상적이지만 지적으로 올바른 형식)은 어린 학생들에게도 이해하기 쉽게 될 것이다. 따라서 브루너의 입장에 대한 반박은 필요 없게 된다. 실제로 브루너의 다음의 진술을 고려해보면 다음과 같다.

기본 개념을 가르치는 데 가장 중요한 것은 학생들이 계속적으로 구체적인 생각에

서 더 개념적으로 적합한 사고 모형의 활용으로 나아갈 수 있도록 도움을 받게 하
는 것이다. 그러나 아동의 사고방식과 거리가 있는 논리에 기초한 형식적 설명을
제시하는 것은 소용없으며, 아동에게 영향을 주지도 못한다. (p. 38)

우리가 대학 수준의 생명과학 과정에서 접하게 되는 구체적/서술적 추론에서부
터 더 추상적인 사고방식으로의 점진적 접근방식은 학생들에게 몇몇 친숙한 상황
에서 인과적 가설을 생성하고, 검증하는 기회를 우선적으로 제공하며, 그들이 친
숙하고 관찰 가능한 것으로부터 덜 친숙하고 이론적인 것으로 신중히 맥락을 밟아
나갈 수 있도록 하는 것이다. 예비 결과는 이러한 접근 방법이 좌절감을 줄이고 이
해를 높인다는 것을 시사한다. 우리는 이러한 대학생이 모두 18세 이상이라는 것
에 대해 언급해야만 한다. 그들은 아마도 분명히 18세경 나타나는 5번째 마지막 두
뇌 급성장기를 겪어왔다. 마지막 급성장기가 추론 능력과 이론적 개념 구성/변화
에 미치는 영향에 대한 의문점은 후속 연구로 남아 있다. 그러나 현재 연구에서 16세
조차 이론적 개념의 도입을 힘겨워한다는 사실에 주목해야 한다. 사실상 그들의
개념 사후검사 평균 점수는 단지 68%였다. 학생들이 적어도 26시간의 헌신적 교수
활동을 제공받은 것을 고려해볼 때 이것은 거의 성공이라 여길 수 없다.

제7, 8, 10장은 지적 발달의 다섯 번째 단계를 시사하는 자료를 제시할 것이다.
그 자료는 또한 다섯 번째 단계 추론이 아마도 이론적 개념구성과 연관되어 있을
수 있다는 가능성을 제안한다. 따라서 이론적 개념을 소개하는 것은 '시기상조'라
는 의문이 제기된다. 핵심은 교사가 어린 학생들에게 원자는 존재하고 무게를 가
지고 있으며 물처럼 표면을 밀어 내릴 수 있다는 등과 같은 이론적 생각을 말한다
는 것이다. 아마도 어린 학생들 중 일부는 신뢰에 기초하여 교사를 믿을 것이다.
그러나 만약 원자에 관한 수업이 왜 과학자들이 원자의 존재를 믿었고, 왜 그렇게
수행했는지에 대한 이유(즉 증거와 논쟁)를 포함한다는 관점에서 과학적이라면, 학
생들은 이러한 수업에 대해 '발달상 준비'가 되어야 한다. '발달상 준비'되는 것은
평균 18세 또는 그 이상이 되는 것을 의미한다.

05

창의적 사고, 유추
그리고 유추적 사고의 신경 모형

1. 도입

웹스터$_{Webster}$에 의하면 창의력이란 "존재하게 만드는 것, 존재의 원인, 개인의 사고 또는 상상에서 진화한 것"이다(Merriam-Webster, 1986). 과학적 창의력은 준비 단계, 부화 단계, 조명 단계, 검증 단계의 일련의 과정들로 기술됐다(Wallas, 1926; Sternberg & Davidson, 1995). 창의적 사고의 과정을 보면 특정 문제에 대해 의식적으로 고민하다가 결국 포기하고 무의식으로 보낸다. 그 후 무의식에서는 어떻게 새로운 아이디어의 조합이 불쑥 산출될 때까지 작용하여, 의식으로 툭 튀어나와 잠정적 해답이나 해결방안을 제시한다. 여기서부터는 의식적 사고 과정을 통해 새로운 아이디어의 가치가 진짜인지 환상에 불과한지에 대해 보다 비판적 검증을 실시한다(Amsler, 1987; Boden, 1994; Koestler, 1964; McKellar, 1957; Wallace & Gruber, 1989 참조).

예를 들어, 종종 듣게 되는 아르키메데스와 황금왕관에 대한 쾨슬러(Koestler, 1964)의 이야기를 생각해보자. 쾨슬러의 이야기에 따르면 히에로는 순금으로 만들어졌다고 주장되고 있는 왕관을 받게 된다. 그는 왕관이 은과 혼합된 게 아닌가 의심하지만 확증을 갖고 말할 수 없었다. 그래서 그는 아르키메데스에게 부탁했다.

아르키메데스는 금과 은의 단위 무게(단위 부피의 무게)를 알고 있었다. 그래서 왕관의 부피를 측정할 수 있다면 그것이 순금으로 만들었는지 아닌지를 판단할 수 있었다. 그러나 그는 그렇게 불규칙한 형태의 물건에 대한 부피를 어떻게 측정할지 알지 못했다. 당연히 왕관을 다시 녹여서 녹인 액체를 측정할 수는 없었다. 그렇다고 측정할 수 있도록 직육면체 모양으로 두드려 펼 수도 없었다. 이러한 쉬운 해결책들이 불가능한 상황이 아르키메데스에게 문제가 되었다.

왈라스Wallas의 용어를 사용하면 아르키메데스는 창의적 사고의 부화 단계에 있었다. 수차례 사고의 막다른 골목에 부딪히다가 그는 이 문제를 잠시 접어두었다. 그럼에도 불구하고 여러 번의 불가능한 일이 시도되고 기각되면서 그의 사고는 발전할 준비가 되어 있었다. 어떤 면에서 아르키메데스는 부화할 수 있도록 문제를 무의식으로 이동시킨 것이다. 아마도 그다음 단계인 조명 단계는 아르키메데스가 목욕을 하려던 때 시작되었을 것이다. 욕조 안에 앉으면서 그는 수면이 높아지는 것을 발견했다. 그리고 그 순간 수면의 상승은 자기 몸의 부피에 대한 간접적인 측정법이라는 것이 떠올랐다. 그래서 아마도 그 순간에 아르키메데스는 왕관의 부피를 어떻게 측정할 수 있는지 '깨닫게 되었다.' 이는 단순히 물에 잠기게 함으로써 가능했다. 그리고 그 부피를 알게 된 후에 그는 그것의 무게를 계산할 수 있게 되고, 그것이 순금으로 되어 있는지 알 수 있게 되는 것이다. 유레카! 아르키메데스는 해결방안을 찾았다.

쾨슬러의 관점에서 아르키메데스의 창의적 행위는 기본적으로 목표해결책 T에 도달하기 위해 이전에는 연관이 없던 사고의 두 차원plane을 연결한 것으로 이해될 수 있다. 예를 들어, 〈그림 1〉은 시작점인 S와 성공하지 못한 채 목표를 찾아 헤매는 여러 사고 과정을 포함하고 있는 P_1 차원의 사고를 표현한다. P_1는 아르키메데스가 부피, 무게를 측정하거나 물질의 속성을 파악하는 등의 목적을 위해 통상적으로 사용했던 습관적인 방법들을 나타낸다. 그러나 당신이 보시는 바와 같이 목표 T는 P_1 내에 존재하지 않는다. 오히려 목욕하는 것과 관련된 사고의 차원인 P_2 위에 있다. 따라서 P_1에서 아무리 사고를 하여도 T에 도달할 수 없게 된다. 아르키메데스는 그의 사고를 P_1에서 P_2로 이동해야 한다. 이것을 위해서는 연결 $L_{link L}$이 필요하다. 쾨슬러가 지적하듯이 그 연결은 언어적(예 : '욕조의 상승한 수면의 높이는

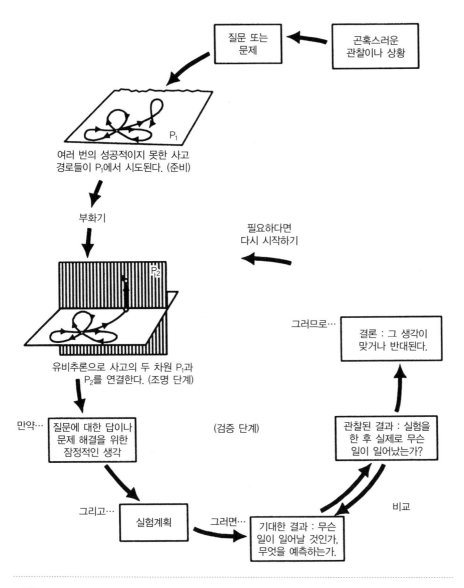

그림 1. 창의적·비판적 사고의 모형으로 준비, 부화, 조명 그리고 검증의 단계를 설명함(Wallas, 1926; Koestler, 1964; Lawson, 1995)

내 몸을 담그는 정도와 일치한다'라는 문장)일 수도 있고, 시각적이어서 수면의 상승을 바라봄과 동시에 몸의 부피가 왕관의 부피에 대응할 것이라고 판단할 수 있다. 어떤 방법이든 중요한 것은 아르키메데스가 그 연계성을 찾아 의식적으로 해결방안을 떠올리기 위해서는 비록 두 가지 모두 의식 수준에 떠올라 있지는 않더라도 머릿속에 두 차원의 사고가 모두 활성화되어 있어야 한다는 점이다. 조명 단계가 지나면 검증 단계에 들어간다. 이를 위해 아르키메데스는 아마도 그가 새롭게 만들어 낸 S에서 T로의 경로를 단계별로 검토하여 어떤 중요한 단계가 빠지지는 않았는지, 실제로 이 경로가 T에 도달하는지 스스로 점검해보았을 것이다. 검증 단계의 또 다른 측면은 실제로 새로운 전략을 적용해보는 것으로서 히에로의 왕관에 실제로 불순물이 섞였는지의 여부를 알아보는 것이다. 다음은 주요 논점을 요약하여 제시한다.

> 만약… 왕관이 순금으로 만들어졌다면, (순금 가설)
> 그리고… 왕관을 물에 담그고 넘친 물을 측정한다면, (계획된 실험)
> 그러면… 왕관으로 인해 넘친 물의 부피는 무게가 같은 순금 샘플로 인해 넘친 물의 부피와 같아야 한다. (예측)

반면에,

> 만약… 왕관이 은이나 밀도가 낮은 또 다른 물질과 혼합되었다면, (혼합 가설)
> 그러면… 왕관으로 인해 넘친 물의 부피는 무게가 같은 순금 샘플로 인해 넘친 물의 부피보다 커야 한다.

아르키메데스 사고의 준비, 부화, 조명 단계가 새로운 절차적 지식(예 : 불규칙한 형태의 물건의 부피를 측정하는 절차)을 탄생시켰다는 점에서 어떻게 창의적일 수 있는지에 대해 주목해보자. 반면에 그의 사고 검증 단계는 일단 아르키메데스가 새로운 절차를 개발한 후 그것을 히에로 왕관의 물질을 분석하는 데 바로 적용해보았다는 점에서 비판적 속성을 지닌다. 이러한 비판적 사고를 통해 새로운 선언적 지식이 산출되었다(예 : 왕관은 순금이 아니었다).

1.1 사고의 차원을 연결하기

이러한 창의적 · 비판적 사고 모형의 핵심은 둘 또는 그 이상의 서로 연관되지 않는 '차원'의 사고들이 서로 연결되는 것이다. 결과적으로 어떻게 이와 같이 서로 다른 차원들이 연결되는가 하는 문제가 가장 중요한 핵심이 된다. 차원이 어떻게 연결되는지에 대해 알아보기 위해 두 생물학자의 연구를 참고해보자. 베버리지

(Beveridge, 1950)의 기록을 보면 1890년 어느 오후에 식구들이 서커스를 구경하러 외출했을 때 일리야 메치니코프는 무심코 장미가시를 투명한 불가사리 유충들에게 던져주고는 지켜보고 있었다. 놀랍게도 메치니코프는 가시가 금방 유충들에 둘러싸여 녹아 없어지는 것을 관찰했다. 유충들은 가시를 삼키고 소화시켰다. 그는 이를 통해 손가락이 가시에 감염되었을 때 나타나는 현상을 떠올렸다. 가시는 고름으로 둘러싸이게 되는데, 그것이 가시를 공격하고 먹어버리는 것이 아닐까 하고 메치니코프는 추측했다. 따라서 메치니코프는 유충 떼를 관찰하며 가시 주변의 인간 세포를 떠올렸다. 이와 같이 유추의 활용은 메치니코프가 인체의 주요 방어 체계, 즉 침입하는 미생물 주위를 둘러싸는 일명 이동식 백혈구(포식 세포)를 발견하는 데 도움을 주었다.

메치니코프의 유추의 활용은 과학사에서는 흔한 일이다. 예를 들어, 찰스 다윈의 자연선택설에서도 유추의 흔적을 찾을 수 있는가? 다윈의 이야기를 고려해보자.

> 나는 사육된 동물과 재배된 식물을 주의 깊게 연구하면서 이 모호한 문제를 해결할 실마리가 생길 것이라 느꼈다. 결과는 실망스럽지 않았다. 이번 경우뿐 아니라 다른 많은 당황스러운 사례들에 대해 다소 불완전할 수는 있겠지만 사육 과정에서 나타나는 변수들에 대한 우리의 지식이 가장 적합하고 안전한 해결의 단서가 되어 주었다. (Darwin, 1989, p. 4)

이 단서를 이용해서 다윈은 진화의 퍼즐 조각을 이어붙이고자 했다. 여러 번의 실패를 하던 중 1838년 9월 토마스 맬서스의 **인구론**_Essay on Population_을 읽고 나서 다음과 같이 기술했다. "나는 변화의 원리가 선택이라는 결론을 사육된 산물들에 대한 연구를 통해 얻게 되었다. 인구론을 읽고 이 원리를 어떻게 적용할지 즉시 알게 되었다"(Green, 1958, pp. 257-258). 그루버와 바렛(Gruber & Barrett, 1974)은 다윈이 **인구론**을 이전에도 읽었었지만 이번에 읽었을 때에야 '인위적' 선택과 진화론적 변화 간의 유추적 연계성을 의식하게 되었다고 지적했다. 일단 연결성이 확립된 후 다윈은 그의 새로운 '자연적' 선택의 이론을 뒷받침할 증거들을 열심히 모으기 시작했다.

유추를 활용한 또 다른 예는 과학사에 무수히 많다. 케플러는 아폴로니우스의 타원에 대한 아이디어를 빌려 행성의 궤도를 나타냈다. 케쿨레는 (꿈 속에서) 뱀이 자신의 꼬리를 먹는 아이디어를 빌려 벤젠의 분자 구조를 만들었으며, 쿨롬은 뉴턴의 중력 작용의 아이디어를 빌려 원자 구성 입자의 단계에서 존재하는 전기력을 나타내었다. 제1장에서 언급했듯이 유추의 활용, 즉 예전 아이디어를 빌려와 새로운 상황에 적용하여 새로운 통찰력과 설명력을 발견하는 것을 때로는 유추적 추론 또는 유추적 전이라고 부르기도 한다(Biela, 1993; Boden, 1994; Bruner, 1962; Dreistadt, 1968; Fauconnier & Turner, 2002; Finke, Ward & Smith, 1992; Gentner, 1989; Hestenes, 1992; Hoffman, 1980; Hofstadter, 1981; Hofstadter, 1995; Holland, Holyoak, Nisbett & Thagard, 1986; Johnson, 1987; Koestler, 1964; Wong, 1993). 따라서 여러 경우에(어쩌면 항상 그럴 수도 있다) 유추는 사고의 차원들 사이의 연결성(L)을 제공하여 사고자가 두 번째 차원으로 옮겨가 목표에 도달할 수 있게 한다.

2. 유추는 왜 과학과 학습에서 그렇게 중요한 역할을 하는가

이 장에서는 제2장에서 소개한 기본적인 신경 모형의 이론을 확장하여 신경 수준에서 유추에 대해 통찰할 수 있는 이론의 토대를 제공할 것이다. 유추가 어떻게 창의적 사고와 학습에서 중요한 역할을 할 수 있는지에 대해 이해할 수 있는 틀을 제공하는 것이 목적이다. 다소 복잡한 내용이므로 단계별로 제시하겠다. 첫 번째로, 인간의 기억에 관한 핵심적인 문제를 명료화할 것이다. 두 번째로, 기초적인 신경망 이론을 복습하여 신경 수준에서의 문제를 해결할 수 있는 틀을 마련할 것이다. 세 번째는, 망 이론을 확장하여 유추가 어떻게 그렇게 중요한 역할을 하는지에 대해 설명할 것이다. 시각적·언어적 유추 두 가지 모두 모델링할 것이다. 그 후 교수학적 함의를 제시할 것이다.

3. 핵심 문제

핵심 문제는 이것이다. 왜 어떠한 경험은 장기기억으로 저장되고, 어떤 것은 저장되지 못하는가? 이 문제에 대해 간단히 답하면 경험을 장기기억으로 이동시키는 가장 중요한 요소는 과거의 경험 중에서 동화를 시킬 수 있을 만큼 현재의 것과 충분히 유사한 것을 찾을 수 있는 뇌의 능력에 달려 있다. 만약 그러한 유사한 경험을 찾을 수 있으면 동화와 저장이 일어난다. 찾지 못한다면 새로운 경험은 잊힐 것이다.

이 문제의 범위를 좁혀줄 최근의 경험 하나를 참고해보자. 일본의 한 초등학교에 방문한 동안 나는 한 교사와 학생들이 씨앗의 성장을 탐구하는 실험의 결과에 대해 논의하는 것을 관찰했다. 교사는 학생들의 의견을 언어, 상징(일부는 영어, 일부는 일본어 사용), 그림으로 칠판에 정리했다. 학생들은 매우 열정적이었으며 교사는 매우 명료하게 기록했다. 실험은 친숙했지만 내가 일본어를 말하거나 쓸 능력이 없었기에 많은 내용을 이해하기 힘들었다.

수업의 결론 부분에서 관찰을 중단하고 교장실에 가서 차를 한 잔 마시게 되었다. 그때 나는 좋은 수업을 관찰했다고 느껴 교사가 칠판에 기록한 것을 포함하여 내용을 일부 적어두어야겠다고 생각했다. 당연하게도 나는 일부는 떠올릴 수 있었으나 기록된 모든 것을 기억해낼 수는 없었다. 흥미롭게도 칠판에 쓰여 있던 주요 항목들의 상대적 위치를 떠올리는 것은 쉬웠다. 씨앗과 그 받침의 그림, 숫자 1과 2, 문자 A와 B, 물음표는 쉽게 기억해낼 수 있었다. '未'와 같은 모양의 상징은 그럴 수 없었다. 왜 그러한가?

당신도 아마 이 사실이 놀랍지 않고 당연하다고 생각할 것이다. 친숙한 영어의 상징은 상기할 수 있었으나 생소한 외국어의 상징은 그렇지 못했다. 관찰자가 일본어를 말하거나 쓸 수 없었기에 이것은 충분히 예상 가능한 일이다. 동의한다! 이것은 우리 모두가 과거에 친숙한 항목과 생소한 항목을 기억해내려고 했을 때 경험한 일이다. 그러나 이것을 어떻게 신경 수준에서 설명할 수 있는가? 사실 칠판 위의 모든 자극은 명료했으며 그 당시에는 모든 것을 옮겨 기록할 수 있었다. 그렇다면 사람은 왜 친숙한 정보는 기억하고 생소한 정보는 잊어버리는가? 정확히 '친숙한'이란 것은 신경학적 용어로 무엇을 의미하는가? 그리고 친숙함이란 것이 장기기억으로의 전이를 어떻게 촉진하는가?

4. 적응적 공명 : 입력과 예상 맞추기

제2장에서 기술했듯이 뇌는 지속적으로 변화하는 자극들을 처리하고 그에 따라 행동을 변화시킬 수 있다. 이는 입력 정보를 이전 경험을 토대로 한 예상과 맞추어 보고, 두 가지가 맞지 않을 경우에 또 다른 예상을 선택하는 체제가 존재함을 의미한다. 적응적 공명이라고 불리는 이에 대한 그로스버그의 메커니즘은 제2장에서 제시되었고, 〈그림 2〉에서 다시 제시하고 있다.

다시 시각적 처리 과정을 돌아보며 간단하게 복습해보자. 기술했듯이 특정 행위의 패턴에 대한 사전 경험으로 인해 P_1은 $F^{(1)}$에 작용을 하며 $F^{(2)}$에 P_2를 발사한다. P_2는 하나의 뉴런일 수도 있다. P_2는 그 후 $F^{(1)}$에 P의 패턴을 흥분시킨다. 패턴 P는 P_1을 뒤따르는 망막 상의 입력과 비교된다. 곧 P는 예상이다. 정지화면에서 P는 P_1이 될 것이고, 움직이는 화면에서 P는 P_1에 이어지는 패턴일 것이다. 두 가지 패턴이 같다면 당신은 예상하는 것을 보게 되는 것이다. 이럴 경우 입력과 그에 따른

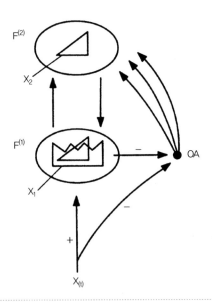

그림 2. 뇌 속 일련의 뉴런판에서 행위 패턴의 일치와 불일치(Grossberg, 1982). 입력 X(t)는 판 $F^{(1)}$에서의 행위의 패턴을 흥분시키고, 불특정 대상의 흥분(OA)을 억제한다. $F^{(1)}$에서의 패턴 X_1은 판 $F^{(2)}$에서의 패턴 X_2를 흥분시키며, 그것은 다시 $F^{(1)}$으로 피드백된다. 불일치는 $F^{(1)}$에서의 활동성을 억제시키며 OA의 억제를 중단한다. 이에 따라 OA는 $F^{(2)}$를 자유롭게 흥분시키며 입력과 일치할 또 다른 패턴을 탐색한다.

불특정 흥분들의 제어의 과정이 막힘없이 이어진다. 중요한 것은 맞는/공명하는 상태로 입력되는 패턴만 알 수 있다는 점이다. 공명이 일어나지 않는다면 장기기억에 코딩은 일어나지 않을 것이다. 이것은 오로지 공명 상태에서만 $F^{(1)}$의 세포 상에서의 시냅스전 그리고 후의 흥분이 발생하기 때문이다(그로스버그의 학습 방정식 참조).

이제 $F^{(1)}$에의 새로운 입력이 $F^{(2)}$에서 예상된 패턴 P와 일치하지 않는 경우를 가정해보자. 불일치가 일어나면 이것은 $F^{(1)}$에서의 활동성을 측면 억제를 통해 끄게 된다. 이는 다시 불특정한 흥분을 제어하는 출력을 끈다. 불특정 흥분을 일으키게 되며 P_1과 맞는 $F^{(2)}$에서의 새로운 패턴에 대한 내부 탐색을 시작하게 된다.

이러한 일련의 과정은 정보가 시간이 지남에 따라 어떻게 처리되는지에 대해 설명한다. 중요한 점은 $F^{(1)}$으로 돌려보낼 흥분의 패턴이 입력의 패턴과 일치하는 기억의 기록들이 $F^{(2)}$에 존재한다면 그 자극은 '친숙한' 것으로 생각된다는 것이다. 그것이 일치하지 않는다면 입력되는 자극은 생소한 것이고 다른 패턴을 탐색하는 무의식적 과정을 유발하는 흥분이 작동한다. 만약 그러한 일치가 얻어지지 않는다면 (생소한 한자를 볼 때의 사례와 같이) 문제의 대상에 대해 더 주의 깊게 집중하여 보지 않는 이상, 장기기억에의 코딩은 이루어지지 않을 것이다. 생소한 대상을 주의 깊게 살펴보게 되면 시냅스전의 활동성이 치솟게 되어 비교적 낮은 시냅스후의 활동성을 보충할 수 있게 되며, 결과적으로 감각 정보의 입력이 비활성이었던 세포들에 기록된다.

적응적 공명과 그로스버그의 학습 방정식은 입력 패턴이 어떻게 장기기억으로 저장되는지에 대해 설명한다. 이 장은 그로스버그의 이론을 이 부분에서 확장한다. 결론적으로 말하면 제안될 유추적 작용에 관한 이론에서는 새로운 경험을 장기기억에 코딩하는 것을 상당 부분 촉진시키는 유추의 신경 수준에서의 구체적 작용에 대해 소개한다. 그러나 유추의 역할에 대해 논의하기 이전에 우리는 패턴의 재생과 재출력을 위해 뉴런의 판들slabs이 어떻게 작용하는지에 대해 보다 구체적으로 알아볼 필요가 있다.

4.1 아웃스타와 인스타

그로스버그는 아웃스타$_{outstar}$를 패턴의 재생과 재출력 과정에 근간이 되는 신경적 구조로 제안한다. 아웃스타는 세포체가 상호 연관된 뉴런의 판에 위치하고, 이것을 보다 낮은 뉴런의 판에 내장된 세포체들의 집합에 연결시켜주는 시냅스 꼭지들의 집합으로 구성된 뉴런이다(그림 3 참조). 이론적으로 아웃스타는 패턴(개념)을 배우고 재출력하게 할 수 있는 기초적인 기능 단위이다. 아웃스타가 이것을 어떻게 이루는지를 이해하는 것은 유추가 어떻게 학습을 촉진시키는지를 이해하는 데 핵심적인 부분이다.

〈그림 3〉에서 아웃스타는 보다 낮은 판의 뉴런들에게 활발하게 돌기를 통해 자극을 발사하고 있다. 또한 이 낮은 판의 뉴런들은 아웃스타의 자극을 받음과 동시에 그보다 더 낮은 판의 뉴런들 또는 아마도 환경(예 : 망막 상의 시각적 입력의 패턴)으로부터 패턴의 입력을 받고 있다. 그림에서 보면 입력판에서의 색칠된 뉴런들은 활동적인 뉴런들을 나타낸다. 세포체가 더 진하게 색칠되어 있을수록 더 활발하게 활동하는 것이다(예 : 더 많은 정보가 입력되고 있으며 따라서 더 자주 발사하고 있다). 학습 방정식에 따르면 아웃스타 N_0가 발사를 하여 신호 S_{0j}가 입력판에 도달하는 것

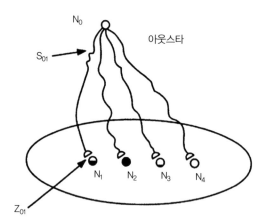

그림 3. 아웃스타와 입력판. 진한 색의 뉴런들은 활동적인 뉴런을 나타낸다. 세포가 더 진하게 색칠되어 있을수록 더 활동적인 것이다. 이 과정에서 아웃스타가 입력판에서 샘플링하고 있다면 각 시냅스 꼭지의 시냅스 힘에 따라 그 세포의 활동성이 그대로 반영될 것이다(그림 4 참조). 세포가 더 활동적일수록 시냅스 힘은 커질 것이다.

과 동시에 낮은 판의 뉴런들의 패턴이 발사를 하고 있으면, 시냅스 힘 Z_{oj}가 증가된다. 시냅스 힘이 변화한다는 것은 입력판에서의 행위의 패턴이 사라졌을 때 아웃스타가 아무 때나 재발사를 통해 그 패턴을 **재출력**할 수 있다는 매우 중요한 결론을 유도한다. 아웃스타가 계속적으로 발사를 하면 시냅스 힘이 강한 시냅스들은 그들과 연관된 입력판상의 세포들의 활동성을 증가시킬 것이고, 시냅스 힘이 낮은 세포들은 처음 아웃스타에 의해 입력판이 샘플링되었을 때와 마찬가지로 덜 활동적일 것이다. 이와 같은 방법으로 패턴은 재생산될 것이다(그림 4 참조).

뉴런의 판들은 〈그림 3〉과 〈그림 4〉에서처럼 보다 높은 판에서 나온 돌기들로만 연결된 것은 아니다. 입력 창에 있는 뉴런의 세포체들도 돌기들을 통해 그들을 보다 높은 판의 세포체들과 연결시킨다. 〈그림 5〉에 나타난 것처럼 낮은 판에서의 활동의 패턴에 따라 보다 높은 판의 세포체의 활동성을 유도하는 시냅스 전달물질의 방출량이 변화되어 낮은 판에서의 활동성이 그대로 반사된다. 따라서 낮은 판에서의 패턴이 활발하고 높은 판(아웃스타)에서의 세포체가 활발하면, 이러한 시냅스 힘은 강화되어 그 활동의 패턴을 다시 낮은 판으로 반사시키게 될 것이다. 결과적으로 패턴이 다시 나타나게 되면 아웃스타는 발사할 것이다. 이런 면에서 아웃스타는 그 패턴을 '기억'한 것이다. 중요한 것은 아웃스타(보다 높은 판의 뉴런)가 패턴을

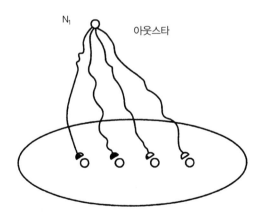

그림 4. 아웃스타는 패턴을 재출력한다. 진하게 색칠된 시냅스 꼭지들은 아웃스타가 판의 패턴을 학습할 만큼 충분히 입력판을 샘플한 후의 시냅스 힘을 나타낸다. 제시된 시냅스들은 학습이 된 것으로 〈그림 3〉에서 취한 패턴을 재출력할 수 있다.

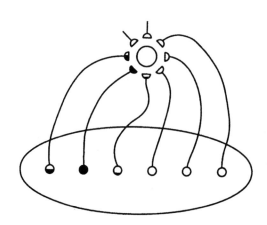

그림 5. 발사된 패턴을 학습한 인스타. 진한 색의 세포들은 활동적인 세포이다. 더 진할수록 더 활동적이다. 그로스버그의 학습 방정식에 따르면 상위의 세포에서 발사가 되면 시냅스는 성장한다. 다른 세포의 시냅스 힘은 감소한다. 이와 같은 방법으로 시냅스(인스타)는 영향을 받은 세포에 역으로 발사한 그 패턴을 학습한다. 이 패턴이 입력 정보로 다시 나타나게 되면 인스타의 시냅스 힘이 세포의 발사를 유도할 것이다.

배우는 데는 충분한 시간이 필요하다. 당신은 나중에 유추가 이 기간을 단축시키는 데 주요한 역할을 함으로써 그렇지 않았다면 불가능했을 학습을 이루어지게 한다는 것을 알게 될 것이다.

〈그림 5〉에 표현된 작용은 기능적 중요성이 대단하여 그로스버그는 그것을 인스타$_{instar}$라고 명명했다. 인스타는 사실상 뉴런에 연결된 시냅스 꼭지들과 결부된 시냅스 힘들의 집합이다. 특정 패턴이 뉴런에 지속적으로 발사되면 그 패턴은 그 뉴런의 인스타의 일부로 재출현하게 될 것이다.

요약하여 말하면 시냅스 힘으로 아웃스타는 자신들을 입력 정보에 맞추어 정렬한다. 그러고 나면 아웃스타는 그 입력 정보를 재출력할 수 있게 된다. 아웃스타의 집합이 해당 입력 정보에 맞게 정렬되지 못할 경우 그 입력 정보는 다시 제시되지 않는 한 재출력될 수 없다. 즉 기억되지 못한다. 중요한 점은 다음과 같다. 만약 적절한 아웃스타가 없다면 해당 패턴은 재생산되지 못하고, 따라서 기억되지 못한다. 일본 교실에 관한 처음의 사례에서 한자는 그것의 재출력에 필요한 아웃스타가 존재하지 않았기 때문에 재출력되지 못했다. 간단히 말하면 재생이 되기 위해서는 반드시 아웃스타가 존재해야 한다.

이때 망막 상으로 들어오는 것과 같은 입력 패턴은 늘 완벽하게 똑같지는 않다는 점을 기억해야 한다. 우리는 자기 전에 기억하는 모습과 아침에 일어났을 때의 모습이 서로 다르다. 그럼에도 불구하고 우리는 우리 자신을 '인식'한다. 이것이 어떻게 가능한지에 대해서는 그로스버그의 적응적 공명 이론에서 보여준다. 그것은 판의 뉴런들이 사용하는 방법에 있다. 뉴런들은 '최적'의 것을 탐색하기 위해 서로 상호작용한다. 판 1에 하나의 이미지가 제시되었다고 하자. 그 이미지는 여러 가지 속성을 지닌다. 예를 들어, 여러 개의 패턴을 포함하고 있을 것이다. 학습된 각각의 패턴(또는 속성)은 판 2에서의 아웃스타를 작동시킬 것이다. 판 2에서의 아웃스타는 그에 따라 또다시 판 1로 재발사할 것이다. 일치되게 촉발된 패턴들은 자신을 촉발시킨 그 패턴을 재출력할 것이다. 모든 것이 일치하거나 충분히 근사할 경우 최적의 패턴이 발견된 것이다. 패턴이 불일치할 경우 다른 패턴과 관련된 다른 아웃스타에 대한 탐색이 시작된다. 그로스버그의 적응적 공명에 관한 이론에서는 이러한 최적의 합치도 탐색에 대해 구체적으로 기술하고 있다.

4.2 묶음의 메커니즘으로서의 아웃스타

학습을 촉진하는 유추의 역할에 대해 논의하기 이전에 신경의 메커니즘에 대해 한 가지 더 알아야 한다. 묶음chunking이라는 잘 알려진 심리학적 현상에 관한 메커니즘이다. 묶음은 심리학의 분야에서 흥미로운 부분을 차지한다. 밀러의 마법의 수 7, 더하기 혹은 빼기 2는 다양한 기억 전략이나 도구에 의지하지 않을 경우 사람들은 단지 일곱 가지의 서로 관련 없는 자료의 단위를 기억할 수 있다는 사실이 거의 보편적인 진실임을 나타낸다(Miller, 1956). 이것은 전화번호가 7개의 숫자로 이루어진 이유를 설명한다. 그러나 우리는 확실하게 7개 '단위'의 정보보다는 훨씬 더 많은 정보를 담는 개념들을 구성한다. 따라서 이전에 관련 없던 단위의 입력 정보들이 하나의 묶음이나 '단위'로 구성되어 보다 상위의 묶음들을(사고/개념의 단위) 산출할 수 있는 사고의 과정이 반드시 일어나야 한다. 이러한 내면적 절차가 묶음이다(Simon, 1974).

예를 들어, 생태계라는 용어에 대해 생각해보자. 당신이 알고 있는 바와 같이 생태계는 생물군과 그것의 무생물(생물이 아닌)적 환경 요소들로 구성되어 있다. 생물군은 생산자, 소비자, 분해자로 구성된다. 무생물적 요소로는 강우량, 기온, 기질 형태 등이 있다. 각각의 하위 요소는 보다 더 하위 요소들로 분류할 수 있다. 예를 들어, 생산자는 풀, 숲, 소나무 등이 해당될 것이다. 따라서 생태계라는 용어는 7개 보다 훨씬 더 많은 별개의 단위나 묶음을 포함한다. 생태계라는 용어 자체가 하나의 개념이다. 따라서 이 용어를 '이해'하는 사람들에게 이것은 장기기억 속에 단지 하나의 묶음으로 구성되는 것이다.

묶음의 작용(즉 상위 수준의 개념 형성)은 매우 중요하다. 묶음은 정신 능력에 대한 부담을 덜어줌으로써 새로운 개념들이 차지할 수 있는 추가적인 사고 능력을 제공한다. 이로써 보다 더 복잡하고 포괄적인 개념들을 구성할 수 있다(즉 보다 많은 수의 하위 개념을 포함하는 개념). 제3장에서 소개된 Mellinark로 돌아가면 우리 모두가 Mellinark가 무엇인지에 대해 잘 알고 있으므로, 우리는 더 이상 이것을 지칭할 때 "폐쇄된 세포막 내에 존재하는 곡선 또는 직선형의 생물로, 내부에 하나의 큰 점과 많은 작은 점 그리고 하나의 꼬리를 갖는다."라고 할 필요가 없다. 두 집단이 모두 개념을 갖고 있는 상태에서 이 모든 정보를 포함하는 Mellinark라는 용어를 사용하는 것은 사고와 의사소통을 상당히 촉진시킨다.

그로스버그는 아웃스타가 묶음(즉 개념 형성)을 만드는 해부적/기능적 단위라고 가정한다. 하위의 판을 샘플링하는 아웃스타는 동시에 발사하는 뉴런들의 집합을 묶을 수 있다. 이를 위해서 그들은 단지 충분이 높은 비율의 발사를 통해 그 시냅스 내의 시냅스 힘이 묶음화될 뉴런의 활동을 반사시킬 수 있도록 하면 된다. 적응적 공명이 일어나기 위해서는 묶음화된 뉴런들이 아웃스타에 발사해야 한다. 이러한 관점에서 아웃스타의 목적은 묶음을 구성하고 나중에 구성된 묶음을 확인하고 재 출력 하는 데 있다.

OCOS$_{\text{On-Center, Off-Surround}}$라고 불리는 구조는 묶음에 중요한 역할을 한다. OCOS는 때로는 승자가 독식하는 구조라고 불리기도 한다. OCOS 구조에서는 활성화된 세포가 주변의 세포를 흥분시키고 멀리 있는 것들을 억제시킨다. OCOS 세포가 주변의 세포를 흥분시키기 때문에 서로 가까이 있는 세포들은 서로를 흥분시킬 것이다. 이로 인해 가까이 있는 활성화된 세포들은 '핫 스팟'이 되고 멀리 있는 세포를 억제한다. 핫스팟의 범위 내의 세포들은 보다 낮은 판을 샘플링하고 그 하위의 판에서 활성화된 패턴을 학습하는 아웃스타가 된다. 따라서 하위 판 패턴의 세포들은 상위의 판을 흥분시키는 핫스팟이 될 것이고, 핫스팟의 세포는 패턴을 학습하는 아웃스타가 된다.

묶음화는 시공간적으로 일어날 수 있다. 예를 들어, 음성 언어는 해당 낱말을 산출하기 위해 필요한 일련의 신경 활동의 묶음이다. 들은 낱말은 그 낱말로 확인된 일련의 음성 패턴이다. OCOS 구조는 상위의 샘플링 판에서 승자(핫스팟)를 강화할 수 있고, 이로 인해 공간적 또는 시간적 사례에서 묶음이 일어나도록 할 수 있다.

아웃스타가 실제로 묶음의 기초가 되는 생물학적 메커니즘이라면, 밀러의 마법의 수 7은 아웃스타의 구조와 어떠한 물리적 관계가 있음에 틀림없다. 어떤 관계가 있을까? 아마도 세포의 활동성, 세포의 퇴화율 그리고 축색돌기 트리의 분포 관련된 물리적 제약이 있을 것이다. 이것은 단지 추측에 불과하지만 몇 개의 핫스팟만이 판 위에 존재할 수 있으므로 어떠한 제약이 반드시 존재할 것이다. 또한 흥분된 뉴런은 단지 일정 기간 동안만 지속적으로 발사할 수 있다. 이와 같은 제한점들이 묶음의 크기에 물리적 제약을 부과할 것이다.

따라서 뇌는 묶음을 구성하는 아웃스타를 가지고 있다. 생태계라는 단어의 뜻을 '이해'하는 사람에게는 생태계의 묶음이 구성되어 있다. 즉 생태계 아웃스타의 집합을 갖는다. 다시 말하면 그 사람은 뇌 어딘가에 세포의 앙상블이 있어 생태계라는 낱말이 들리거나 읽히는 등의 경우에 발사한다. 발리스, 앤더슨과 밀러(Wallis, Anderson & Miller, 2001)가 원숭이를 대상으로 한 최근의 연구에서 추상적인 규칙은 하나의 뉴런, 특히 전액골 피질 부위의 뉴런에 머무른다는 사실을 제시했다. 발리스 등은 다음과 같이 묶음의 중요성에 대한 위 내용의 요점을 반복하여 말했다.

> 추상화 능력은 인지의 중요한 요소이다. 유기체를 구체적 관계들로부터 자유롭게
> 하며 일반화하고 중요한 개념과 원리를 개발할 수 있는 능력을 제공한다. (p. 956)

추상적인 개념과 원리/규칙이 하나 뉴런 또는 뉴런들의 앙상블 속에 머무른다는 발견은 묶음 덕분에 매우 중요하며 때로는 놀랍다. 다음 절에서 신경학적 토대에서의 유추와 유추가 어떻게 묶음의 구성에 도움을 주는가에 대해 논의할 것이다.

5. 유추의 신경학적 토대

유추는 공통된 속성(또는 패턴)을 공유하는, 즉 한 가지 이상의 관점에서 유사한 물건이나 사건 또는 상황으로 구성된다. 공유된 속성은 상당한 신경적 영향력을 지닌다. 아마도 유사한 속성은 유사한 영향력을 지닐 것이다. 논의의 핵심은 공유된 또는 유사한 속성의 묶음들이 피드백 고리를 형성하는 것과 같은 의미 있는 방법을 사용하여 서로를 강화한다는 것이다. 이러한 피드백 고리들이 아웃스타 샘플링(즉 새롭게 배워야 할 패턴을 샘플링하는 세포)의 활동성을 유발하여 피드백 고리가 형성되어감에 따라 그 활동성이 기하급수적으로 증가한다는 것은 수학적으로 입증할 수 있다. 이러한 세포 활동성의 급격한 증가는 두 가지 면에서 매우 중요하다. 첫째, 이것은 급격한 샘플링을 의미하고, 급격한 샘플링은 빠른 학습(또는 느린 학습과 학습되지 못한 것이 종종 동의어로 쓰이므로 단순히 학습 기간이라고 할 수도 있다)을 의미한다. 둘째, 활동성의 기하급수적 증가는 OCOS 판 위의 세포들이 서로와 경쟁하며 가장 먼저 활동성을 띠게 되는 것이 덜 활동적인 세포들을 억제한다는 점에서 매우 중요하다. 이어지는 사례를 통해 이러한 점을 설명할 것이다.

5.1 학습을 촉진하는 유추

내가 7학년이었을 때 나의 수학 선생님은 90도로 만나는 두 직선을 이야기하기 위해 *perpendicular*수직라는 단어와 그 기호 '⊥'를 소개했다. 선생님은 우리가 그 단어와 기호를 그 의미와 함께 기억하기를 원했다. 그래서 선생님은 그 단어와 기호를 소개할 때 *pup-in-da-cooler*라는 단어를 함께 제시했다. 아마도 선생님은 이러한 유사한 음의 단어로 우리 머릿속에 떠올릴 이미지들을 소개하는 것이 재생을 도울 것이라고 직감적으로 믿었을 것이다. 이것으로 몇몇 학생들이 웃었을 뿐 아니라 정말 효과가 있었다. 지금까지도 나는 perpendicular라는 말이나 기호 '⊥'를 볼 때마다 pup-in-da-cooler를 바로 떠올리게 된다. perpendicular와 pup-in-da-cooler라는 단어는 매우 유사하다. 물론 문자도 유사하지만 묶음도 유사하다. 우리는 다른 수준의 유사성을 공유한 유추에 근사한 예시를 통해 이 각각의 사실들에 대해 집중할 것이다.

우리는 단어 pup은 장기기억 속에 이미 저장된 묶음이라고 생각하며, perp라는 단어는 앞으로 배워야 할 묶음이다. 우리는 pup라는 장기기억 속의 활발한 묶음을 통해 어떻게 perp의 학습이 촉진될 수 있는지에 대해 설명할 것이다. 이 사례는 pup-in-da-cooler라는 표현이 어떻게 perp-in-dic-ular의 학습을 촉진시킬 수 있는지에 대해서도 드러낼 것이다.

기본적 청각적 속성(또는 패턴)은 음소라고 불린다. 그러나 문자를 기본 청각적 패턴, 즉 음소로 가정하는 것이 논의를 보다 단순화할 것이다. 이어지는 논의를 기술적으로 보다 정확한 버전으로 만들고자 한다면 단순히 문자들을 음소로 변경하면 된다. 요약건대 perpendicular라고 말하면 두 단어의 유사한 음으로 인해 pup-in-da-cooler라는 단어로 인해 단기기억에 남아 있는 신경의 활동성이 그대로 유지된다. 공유된 속성은 그 활동성이 유지되고, 그로 인해 묶음이 이루어지며, 이것이 곧 perpendicular라는 단어의 학습을 촉진한다.

어떻게 공유된 속성이 새로운 입력 정보의 묶음을 유발하는가? 〈그림 6〉을 살펴보자. pup이라는 단어가 들리면 묘사된 바와 같이 판 1에 정보가 입력된다. 이 입력은 판 2의 장기기억 속의 pup이라는 묶음을 활성화한다. 동시에 perp라는 음은 판 1에서의 활동성뿐 아니라 판 2에서의 핫스팟의 활동성을 유발한다. 즉 pup이라

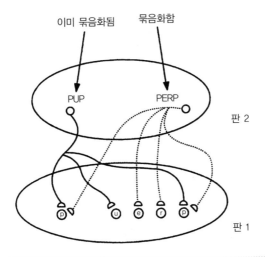

그림 6. 속성을 공유하는 묶음. pup은 '시작 p음', 'u음', '끝 p음'의 속성(음소들)을 묶는다. perp는 같은 시작음과 끝음 p를 묶음화한다.

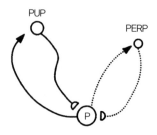

그림 7. 피드백 고리의 구성. 화살표는 인스타의 부분을 나타낸다. 하나의 신호가 pup에서 p(아웃스타의 일부)로 이동하고 점선을 따라 p에서 perp으로 갔다가, 다시 점선을 따라 p로 되돌아간다. 그러고는 화살표를 따라 다시 pup으로 이동한다. 점선은 형성 과정 중의 인스타(p에서 perp로)와 아웃스타(perp에서 p로)를 나타낸다.

는 묶음을 나타내는 판 1에서 지속적으로 활성화되어 있는 첫음과 끝음 p를 자극하는 아웃스타 하나가 생긴다. 이러한 문자들은 판 2의 핫스팟과 연결되어 있는 인스타의 일부를 형성하기 시작한다. 핫스팟은 perp라고 묶음화할 것이며 pup에서 perp로, 그리고 다시 perp에서 pup으로의 피드백 고리를 만들 것이다(그림 7 참조). 이 피드백 고리는 perp 뉴런의 활동성을 급격히 증가시킬 것이다. 이러한 증가된 활동성으로 perp이라는 묶음(아웃스타)이 보다 수월하게 구성될 것이다.

판 2의 뉴런들은 pup, in, da, coo와 ler의 각 음절을 묶는다. 또한 보다 상위의 판 3이 존재한다. 그리고 판 3에서는 pup-in-da-coo-ler의 5개 음절을 묶는 뉴런이 존재한다. 이와 동시에 판 2에는 피드백 고리가 perp, in, di, cu, ler의 묶음의 형성을 유도한다(돕는다). 또한 판 3에서는, 뉴런이 perp-in-di-cu-ler라는 음절들을 묶기 시작한다. 여러 개의 피드백 고리가 판 3의 뉴런들 사이에서 구성되어 perpendicular라는 단어의 묶음을 촉진한다(그림 8 참조).

5.2 발생적, 자기-구조화 체계

기호 '⊥'가 어떻게 학습되는지에 대해서는 아직 설명되지 않았다. 이 절에서는 그것에 대한 설명과 함께 pup-in-da-cooler와 perpendicular 사이에 존재하는 공유된 속성들로 인해 '⊥'의 학습속도를 상당히 촉진시키는 발생적 신경조절 체계가 형성됨을 보일 것이다. 내용은 발생적 신경조절 체계의 두 가지 대안적 구조들로 시

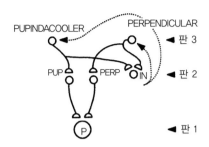

그림 8. 여러 개의 피드백 고리가 판 3의 뉴런들을 연결하여 'pupindacooler'와 'perpendicular'라는 단어를 묶는다. 하나의 피드백 고리는 'pupindacooler'에서 시작한다. 'pupindacooler'에서 'pup'에서 'p'로 'perp'로 이동하며 여기에서 'perpendicular', 다시 'perp'로, 다시 'p'로, 또 'pup'으로 이동하여 결과적으로 'pupindacooler'로 이동하는 것은 또하나의 피드백 고리이다. 다른 고리들도 분명히 존재한다. 'p'에서 'perp'로, 'perp'에서 'perpendicular'로, 그리고 'p'에서 'pup'으로, 'pup'에서 'pupindacooler'로의 인스타들은 제시되지 않았다.

작한다. 그리고 조절 체계 자체가 소개될 것이다. 신경조절 체계가 다른 대안들에 비해 우수한 이유와 학습률을 크게 증가시키는 이유에 대해 설명할 것이다. 그러고 나서 조절 체계가 기하급수적 학습률을 유발한다는 것을 수학적으로 입증할 것이다.

〈그림 9〉는 첫 번째 대안을 나타낸다. 여기서는 perp가 단어 perpendicular를 기호 '⊥'의 재생과 연관지어 나타낸다. A와 C는 각각 뉴런을 의미한다(즉 OCOS 구조에서는 적은 뉴런들의 집합이 서로를 흥분시킨다). A는 perpendicular라는 단어를 들었을 때 청각적 신경의 하부 체계에서 활성화되는 하나의 뉴런 또는 뉴런들의 집합이다. 이 뉴런들의 집합은 단어를 묶거나 묶을 것이다. C는 기호 '⊥'를 포함하는 시각적 체계의 부위를 취할 뉴런이다. C는 학습이 성공적이라면 기호를 통합할 chunk 뉴런이다.

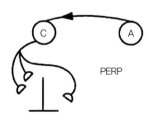

그림 9. 단어 'perp'와 기호의 연결

　　뉴런 A와 C의 흥분은 단어 perpendicular와 기호 '⊥'의 연결성을 야기한다. 이에
따라 perpendicular라는 단어는 기호를 재생시킬 것이다. A의 활동성은 묶음의 촉
진제라고 생각할 수 있다. 그 이유는 C는 샘플링 세포로서 이것의 활동성은 속성
들의 집합이 하나로 묶인 묶음의 형성을 야기하기 때문이다. A의 활동성은 C의 샘
플링의 비율을 증가시킬 것이고, 이에 따라 C의 묶음화 능력도 증가할 것이다. 이
구조의 문제점은 세포 C의 활동성은 유일하게 A의 활동성에만 의존한다는 것이
다. 따라서 A가 극도로 활동적이거나 여러 번 반복되지 않는 이상, 세포 C가 시도
하는 학습은 이루어지지 않을 것이다.

　　〈그림 10〉은 〈그림 9〉의 확장이다. 이 구조에서는 pup와 perp의 두 단어가 뉴런
C를 활성화한다. 따라서 C는 이전의 사례에서보다 2배로 흥분될 것이다($X_A = X_B$ 그
리고 $Z_{AC} = Z_{BC}$라고 가정할 경우). 이 구조는 〈그림 9〉의 발전적 형태이다. 그러나 여
전히 신경 활동성의 급격한 신장이 불가능하다.

　　〈그림 11〉은 대규모의 신경 활동성의 신장을 유발할 수 있는 발생적 자기-구조
화 신경조절 체계를 보여준다. 사실상 이것은 C의 샘플링 비율의 기하급수적 증가
를 유발할 수 있다. 살펴본 바와 같이 A와 B의 뉴런들은 피드백 고리를 형성한다.
이 피드백 고리는 C의 샘플링 비율을 기하급수적으로 증가시킨다는 면에서 강력
하다. 아마도 이것이 유추가 산출하는 신경학적 메커니즘일 것이다. 조절 구조에
서 A와 B의 뉴런들이 피드백 고리를 형성하기 때문에 A와 B가 발사하게 되면 각
각은 다른 하나의 발사율만큼 증가할 것이다. A는 B의 발사율 S_{BA}를 증가시키고,
B는 A의 발사율 S_{AB}를 증가시킨다. 따라서 C의 샘플링 비율은 기하급수적으로 증
가할 것이다.

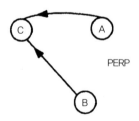

그림 10. 확장 : 'pup'와 'perp'의 두 단어가 뉴런C를 활성화시킨다. C는 $X_A = X_B$ 그리고 $Z_{AC} = Z_{BC}$라고 가정할
때 〈그림 9〉에 비해 2배로 흥분될 것이다.

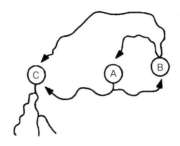

그림 11. 유추로 인해 산출된 조절 체계. 이것은 자기−구조화 신경조절 체계로 C의 샘플링 비율을 기하급수적으로 증가시킨다. A와 B가 서로 피드백 고리를 형성하기 때문에 C의 활동성은 기하급수적으로 증가한다.

〈그림 11〉에서 제시된 구조에서 신호 S_{AB}는 A에서 축색돌기를 따라 B와 C에 모두 도달한다. 즉 $S_{AB} = S_{AC}$이다. 같은 방법으로 $S_{AB} = S_{BC}$이다. 따라서 S_{AB}와 S_{BA}의 증가는 S_{AC}와 S_{BC}의 증가를 야기할 것이다. A와 B로부터 C까지의 신호는 이 구조의 부산물이다. A에서 B로, 또다시 A로의 피드백 고리는 A와 B로 하여금 동시에 발사하도록 유도하는 자료가 유기체에 제공되었을 때 나타난다. 부산물로서 다른 부분도 신경흥분물질이 넘쳐난다. pup와 perp를 묶는 뉴런들이 A와 B 같은 것이다. 그들이 넘치게 하는 부분이 승자가 다 갖는 구역이라면 C가 나타나 강하게 흥분될 것이고 기호 '⊥'가 학습될 것이다. Perp는 '⊥'와 연결될 것이고, C의 축색돌기 트리 또한 청각피질에 닿는다면 '⊥'는 perp와 연결될 것이다.

5.3 기호 '⊥'의 학습을 이끄는 조절 체계

조절 체계는 학습을 이끈다. 다시 말하면 조절 체계는 학습이 발생하는 비율을 결정한다. 유추가 어떻게 학습 비율을 통제하는지 이해하기 위해서 다음을 주목하라. 샘플링 비율 등식에서 비록 Z_{AC}가 작더라도 $S_{BA} \cdot Z_{BA}$의 값이 크면 $d/dt(X_C)$, C의 샘플링 비율 또한 클 것이다. 이것은 A와 B 사이의 연결성이 강하면 $S_{BA} \cdot Z_{BA}$ 값이 커질 것이라는 점에서 흥미롭다. 따라서 유추, 즉 A와 B 사이의 신호들은 기호 '⊥'의 학습을 이끈다.

입력 자료 pup-in-da-cooler와 perpendicular 내의 공유된 속성은 조절 체계(A와 B의 뉴런들과 그들이 형성하는 피드백 고리)의 형성을 유발한다. 문자 A는 단어 pup-in-da-cooler를 묶는 뉴런을 나타낸다. B는 perpendicular를 묶는 뉴런을 나타낸다. 공유된 속성이 묶음의 발생을 유도했기 때문에 체계가 형성되었다. 언급한 바와 같이 묶음이 이루어진 주요한 이유는 공유된 속성이 신경 활동성을 기하급수적으로 증가시켰기 때문이다. 이러한 활동성의 급격한 증가는 묶음의 형성을 유도했다. 따라서 입력 자료 및 묶음을 만들 수 있는 신경학적 능력 그리고 피드백과 관련된 기하급수적 증가가 조절 체계의 발생을 가져왔다. 이와 같은 관점에서 유추가 조절 체계의 형성을 유도했다.

6. 요약

한자 '未'를 잊어버린 것과 perpendicular라는 단어 및 그 기호를 학습하는 두 가지 사례는 계층적 신경망의 이론으로 설명할 수 있다. 첫 번째 사례에서는 두 판의 계층적 신경망을 사용하여 설명한다. 두 번째 사례에서는 3개 판의 계층적 신경망을 사용하여 설명한다. 첫 번째 신경망으로 한자가 왜 쉽게 재생될 수 없었는지에 대해 설명했다. 이 신경망의 첫 번째 판은 특정 방향으로 기울어진(또는 방향성 있는) 직선 조각들로 활성화된 뉴런들의 판이었다. 두 번째 판은 첫째 판의 뉴런들을 묶은 세포들(아웃스타)로 구성되었다. 두 번째 판에 한자로 활성화된 첫 번째 판의 뉴런들을 묶은 뉴런이 있다면 그 문자는 해당 뉴런을 활성화함으로써 재생될 수 있다. 만약 한자를 묶음화할 뉴런이 없다면 그 문자와 연관된 시냅스전 활동성이 상당히 증가되지 않는 이상 그것은 재생될 수 없을 것이다.

두 번째 사례는 〈그림 7〉에 나타난다. 3개 판의 체계에서 첫 번째 판은 선 이미지의 기본 단위인 사선과 같이 음성 언어의 기본 단위로서의 소리인 음소에 의해 활성화된 세포들로 구성된다. 두 번째 판은 첫 번째 판에서 활성화된 뉴런들을 묶는다. 세 번째 판에서는 두 번째 판에서 활성화된 뉴런들을 묶는다. 판 2에서의 묶음들은 pup와 perp와 같은 음절이 된다. 판 3에서의 묶음들은 pupindacooler 그리고 perpendicular와 같은 단어가 된다. 두 번째 사례에서는 첫 번째 판에서의 유사한 활동성(단어 pup와 perp의 p음으로 형성된 활동성 같은 것)과 두 번째 판에서의 요소들 사이의 피드백 고리를 형성한다는 것(pup와 perp를 묶는 뉴런들 사이)을 설명했다.

두 번째 판에서의 유사한 활동성(in과 ler는 pupindacooler와 perpendicular에 모두 나타난다)은 세 번째 판에서의 뉴런들 간의 피드백 고리를 형성할 수 있다. 이러한 피드백 고리들은 신경의 시냅스후 활동성을 급격히 증가시킨다. 그리하여 묶음의 능력을 높이며 그에 따라 학습 능력이 향상된다. 이에 덧붙여 판 3위의 뉴런들은 발생적 신경조절 체계가 된다.

7. 교육적 함의

유추의 역할에 대한 우리의 지식으로 학습자가 한자 '未'의 정보를 재생하는 데 어떤 도움을 줄 수 있을까? 뇌가 계층적 신경망으로 구성되어 있고 인스타와 아웃스타가 우리가 예상하는 것과 같은 중요한 역할을 한다면 제안된 신경의 메커니즘(발생적 피드백 고리와 그 결과로 생긴 신경조절 체계)은 유사한 자료가 어떻게 그리고 왜 학습을 촉진하는지에 대한 신경학적 설명을 제시한다. 제안된 신경학적 설명은 유추의 탐색은 학습을 상당히 촉진시킴을 내포한다. 예를 들어, 한자 '未'와 같은 상징을 학습하는 데 유추가 어떤 도움이 될 수 있을까? 당연하게도 올바른 접근법은 상징과 유사한 무엇을 상상하는 것이다. 예를 들어 이 상징은 등호와 함께 있는 삼각대를 연상시킬 수 있다. 장기기억에 이미 저장되어 있는 이러한 유사한 이미지를 활성화하는 것은 시냅스후의 신경 활동성을 상당히 증가시킨다. 그리하여 그로스버그의 학습 방정식에 따르면 새로운 입력 정보를 장기기억에 저장할 수 있게 된다. 물론 어떤 경우에는 만족할 만한 유추, 이미지 또는 이미지들의 집합을 찾지 못할 수도 있다. 이런 경우에는, 예를 들어 3개의 세로선이 하나의 수평선과 만나고 있고, 등과 같이 그 상징을 묘사하는 더 지루한 과제에 의지하는 수밖에 없을 것이다. 이러한 용어들로 제공된 패턴은 $F^{(2)}$의 기억 속에 존재하며, 이 절차는 효과가 있을 것이다. 그러나 관련 변수들을 기술하는 데는 상당한 노력이 필요하다. 이러한 노력은 사실상 묶음이 일어날 수 있도록 관련 이미지의 부분을 단기기억 속에 잡아두는 방법이다. 우리는 천 마디 말보다 하나의 그림이 더 가치가 있는 이유에 대한 신경학적 근거를 갖고 있다. 관련된 속성이 이미 유사한 이미지에 연계되어 있기 때문에 이미지가 훨씬 우수하다.

pup-in-da-cooler 사례에서는 유추/유사성이 새로운 정보와 기존의 알고 있던 정보 사이에 공유되는 관련 속성들을 통합함으로써 학습을 어떻게 촉진시키는지에 대해 설명했다. 같은 맥락으로 유추의 사용은 아마도 학습자들이 다윈의 이론에서 자연선택설의 생물학적 개념과 같이 관찰할 수 없는 이론적 개념들의 이해를 도울 것이다. 다윈의 주요 통찰력은 친숙한(그에게 친숙한) 인위적 선택과 자연적으로 발생하는 비교적 생소한 과정들 사이의 내재된 유사성을 '보았을 때' 형성되었다. 학습자들은 인위적 선택의 과정이 생소할지도 모른다. 그러나 그 과정의 교실 시뮬레이션 활동에 참여하여(예 : Stebbins & Allen, 1975) 그러한 친숙성을 제공할 수 있다. 결과적으로 유기체의 변화의 메커니즘으로 시뮬레이션했던 과정과 유사한 자연선택설의 과정이 소개되었을 때 친숙함과 생소함 사이의 적절한 피드백 고리가 형성될 것이고, 기대된 학습이 일어날 것이다.

요약하여 말하면 이 이론은 유추적 작용이 배운 내용의 학습과 기억에 기초가 된다고 주장한다. 그리하여 특정 개념에 대한 적절한 유추의 식별과 그것들의 제한점과 최적의 활용 방법에 대한 탐색과 평가가 교육적 연구의 활발한 논제로 부각되어야 한다. 다음 장에서는 이러한 연구의 사례를 제시할 것이다.

이론적 개념 형성과 변화에서 유추와 사유 능력의 역할

1. 도입

이 장에서는 두 가지의 교육적 질문을 다루기 위하여 고안된 실험에 대하여 설명하고자 한다. 두 질문은 다음과 같다. (1) 이론적 개념의 형성을 용이하게 하는 요인은 무엇인가? (2) 학생들로 하여금 과학적으로 바람직하지 않은 설명(오개념)을 과학적으로 바람직한 것으로 바꾸게 하는 요인은 무엇인가? 이 질문에 대한 답은 대학교 생물학 입문 시간에 찾아볼 수 있을 것이고 분자 극성, 결합 및 확산에 대한 개념에 대하여 다룰 것이다. 그런 개념은 '서술적'descriptive에 반대되는 의미에서 '이론적'theoretical이라고 정의된다. 왜냐하면 그런 개념은 파란 염료가 물에서는 확산되지만 기름에서는 그렇지 않다거나 방의 다른 쪽 끝에서 냄새를 감지할 수 있는 것 같이 관찰 가능한 현상들을 설명하기 위하여 원자 및 분자 수준에서 존재한다고 가정된 보이지 않는 개체와 과정에 연관된 것이기 때문이다.

두 가설이 검증될 것이다. 제5장에서 선행된 이론적 근거에 기반하여 전자는 유추(비유)가 이론적 개념 형성을 돕는다고 가정한다. 즉 개념 형성은 학생들로 하여금 경험을 통해 패턴을 바꾸기를 요구한다. 그러나 이론적 개념을 위해 바뀌어야 하는 패턴은 곧바로 경험할 수 없다. 예를 들어, 사람은 분자들이 서로 충돌하거나 달라붙거나 튕겨나가는 것을 볼 수 없다. 그래서 패턴을 구현하는 유추적인 관찰 가능한 수준의 경험들은 학생들의 경험을 도와주고 이론적 패턴을 바꾸도록 해준다.

교육적 목적으로서 유추의 사용은 그 관심이 점점 높아지고 있고 이것을 주제로 하는 연구도 아직은 비록 적은 수이지만 지속적으로 증가하고 있다(예 : Brown & Clement, 1989; Clement, 1989; Gabel & Samuel, 1986; Halpern, Hansen & Riefo, 1990; Flick, 1991; Friedel, Gabel & Samuel, 1990; Dupin, 1989; Gilbert, 1989; Jardine & Morgan, 1987; Klauer, 1989; Stavy, 1991; Webb, 1985; Simons, 1984). 이 연구들 중에 어떤 것은 앞서 언급한 유추 가설을 제공했지만 어떤 것은 아직 그러지 못한 것들도 있다. 문헌 리뷰에서 듀이트(Duit, 1990)는 그러한 연구들을 다음과 같이 요약했다.

> 현재까지 발표된 유추적 사고에 대한 연구들을 보면 예측된 결과만큼이나 많은 수의 결과가 예측을 벗어난다. 이러한 연구 결과들을 요약해 볼 때 유추적 사고가 정말 일어난다면 유추가 학습 과정에 도움이 된다고 주장할 수 있다. (p. 27)

듀이트는 두 가지 조건이 유추적 전이에 필수적이라고 생각했다. 첫째, 추론의 영역이 학생들에게 익숙해야 하고 둘째, 추론은 오개념이 없는 영역 내에 있어야 한다.

듀이트의 첫 번째 조건에 이어서 이 연구는 친숙한 추론 영역을 다룰 것이다. 그러나 이 연구는 듀이트의 두 번째 조건은 따르지 않을 것이다. 대신에 오개념이 일어나기 쉬운 분야를 차용하여 두 번째 가정이 검증될 수 있도록 할 것이다. 두 번째 가설은 어떤 현상을 설명하기 위하여 바람직하지 않거나 불완전한 이론적 개념을 사용하는 것에서 더 바람직하고 완전한 이론적 개념을 사용하는 것으로의 변화는 제4장에서 논의했던 가설-예측성 추론 능력이라는 보다 높은 단계에 의해 영향을 받는다고 제안했다. 그러한 추론 능력은 어떠한 둘 혹은 그 이상의 이론적 개념이 특정한 현상을 설명하기 위해 사용되어야 하는지를 결정하는 데 필수적인 것으로 간주되었다. 예를 들어, 물에 염료가 퍼지는 것을 설명하기 위하여 두 가지 대체 가능한 가설(개념의 다른 세트에 근거한)이 머릿속에 떠오를 수 있다. 아마도 염료가 퍼지는 것은 물과 염료 분자가 극성에 의하여 분자 결합을 이루기 때문일 것이다. 혹은 물 분자의 무작위 충돌이 염료의 밀도가 높은 곳에서 염료의 밀도가 낮은 곳으로 전체적인 이동을 불러오기 때문에 염료가 퍼지는 것일 수도 있다. 둘 중 어떤 가설이 혹은 두 가설이 다 맞을까? 이것을 결정하기 위해서는 학생은 가설-예측성 추론을 이렇게 적용해볼 수 있다.

만약… 염료가 단순히 염료 분자와 물 분자가 극성 분자여서 서로 분자 결합[1]을 이루기 때문에 퍼진다면, (극성 분자 가설)

그리고… 어떤 염료가 흔들리지 않는 용기 안의 물에 살짝 떨어진다면, (계획된 실험)

그러면… 염료는 퍼지지 않을 것이다. 아마도 여기에는 염료 분자들을 물 분자 사이로 흩어놓을 만큼 충분한 운동이 없기 때문이다. (예측)

그러나… 염료는 퍼진다. (관찰된 결과)

그러므로… 극성 분자 가설은 기각된다. (결론)

그러나

만약… 염료가 물 분자와의 임의적인 분자 충돌 때문에 퍼진다면, (임의 운동 가설)

그러면… 염료는 퍼져야 한다. 왜냐하면 염료 분자를 물 분자 사이로 흩어놓을 임의적인 분자 충돌이 존재하기 때문이다. (예측)

그리고… 염료는 퍼진다. (관찰된 결과)

그러므로… 임의 운동 가설은 지지된다. (결론)

가설-예측성 추론 방법이 이론적 개념 형성과 개념의 변화에 관련이 있다는 가설은 적어도 이전의 세 가지 연구를 통해 검증되었다. 로슨과 톰슨(Lawson & Thompson, 1988)은 가설의 근거를 발견했는데, 추론 능력은 7학년 학생들이 유전과 자연선택 수업에 가지고 있던 오개념의 수와 많은 상관이 있다는 것이다. 그러나 그 연구는 수업 전후의 변화를 측정하지 않았다. 로슨과 베저(Lawson & Weser, 1990)는 대학생들의 수업 전과 후의 변화를 측정했는데, 추론 능력이 부족한 학생들은 생명에 대해 더 많은 비과학적인 믿음(예 : 특이한 창조, 생기설, 정향진화설 등)을 가지고 있다는 것을 발견했고, 그러한 신념들의 전부가 아닌 일부조차도 변화시킬 것 같지 않

---

1 역자 주 : 극성 분자들 간의 분자 결합이란 표현은 비결합성 상호작용으로 기술하는 것이 타당하므로 '분자 상호작용'으로 표현하는 것이 옳다. 그러나 이런 점을 이해하면서 원저자의 '분자 결합' 표현을 사용해도 문맥상 문제가 발생하지 않으므로 이 표현을 그대로 사용하겠다.

다는 것을 발견했다. 세 번째인 로슨과 워스놉(Lawson & Worsnop, 1992)의 연구는 추론에 능숙한 고등학생들에서 진화론과 특정 창조론에 대한 수업 전에 오개념을 가지고 있는 빈도가 더 낮다는 것을 알아냈다. 그러나 추론 능력은 신념의 변화와는 관련이 없었다.

로슨과 베저(1990)와 로슨과 워스놉(1992)의 연구는 잠재적·정서적으로 내재된 진화의 맥락에 있어서의 개념 변화에 대하여 실험했다. 그리하여 어느 정도까지는 정서적으로 특정 창조론에 충실한 학생들에서 진화론으로의 개념적 변화가 전혀 나타나지 않는 것이 전체 결과에 영향을 주었을 수도 있고 그런 이유에서 가설을 더 명백하게 뒷받침하는 것에 실패했다고 볼 수 있다. 이에 따라 여기서는 추론 능력 가설을 정서적인 면과 관계없는 것에 대한 시도를 통하여 가설에 대한 검증을 더 잘할 수 있게 할 것이다.

용기 속에 넣고 흔들 때 파란 염료는 물과 섞이지만 기름과는 섞이지 않는다는 맥락에서 처음에 두 가지 이론적 개념(분자 극성과 결합)을 학생들에게 가르쳐주었다. 그다음 학생들이 이 개념들은 잘못 적용할 가능성이 있는 잠재적으로 잘못된 맥락에서 실험을 진행했다. 이 잘못된 맥락은 학생들에게 용기 안에서 흔들지 않은 물에 파란 염료가 퍼지는 현상을 설명하라고 했다. 그 맥락은 확산 개념의 활용을 필요로 한다. 그러므로 이러한 맥락에서(확산의 언급을 생략하고) 분자의 극성과 결합 개념만을 이용하고 확산 개념을 빠뜨리는 것은 과학적 오개념의 한 종류에 해당한다. 여기서 오개념이란 개념이나 개념의 단위가 어떤 현상을 설명하기 위해 과학적으로 바람직하지 않거나 불완전하다는 것을 말한다. 이 정의는 개념(들)이 어떤 다른 현상을 설명하기 위해 적절하지 않다는 것을 의미하지는 않는다.

학생들은 또 다른 이론적 개념(확산)에 대하여 배웠고 학생들이 파란색 염료가 물이 담긴 용기 안에서 퍼지는 것을 설명하기 위하여 분자 결합적 설명만을 이용하는 것에서 추가적이고 더 과학적으로 적합한 확산 개념으로 생각이 바뀌었는지를 보기 위하여 똑같은 상황에서 재시험되었다. 유추와 추론-기량 가설은 친숙한 물리적 유추로 초대된 학생들과 또 더욱 능숙한 추론가들이 더욱 쉽게 개념적 변화를 거치고 알맞게 확산 개념을 적용하리라는 예측으로 이끌었다. 예를 들면 다음과 같다.

만약… 유추적 그리고 더 상위 수준인 가설 - 예측적 추론이 이론적 개념 형성과
개념적 변화에서 이용된다면, (유추와 추론 - 기량 가설)

그리고… 각기 다른 추론 수준에 있는 학생들이 (a) 두 가지의 이론적 개념을 학습
하고, (b) 그들이 개념을 잘못 적용하게 되는 상황에서 시험되며, (c) 물리적 유추
가 사용되거나 사용되지 않는 방법으로 또 다른 이론적 개념에 대해 배우고, (d)
재시험이 이루어진다. (계획된 실험)

그러면… (1) 물리적 유추를 사용하여 학습한 학생들과 추론에 능한 학생들은 재
시험에서 오개념이 적게 나타나야 한다. 그리고 (2) 추론에 능한 학생들은 개념적
변화를 더 잘 거쳐야 한다. (예측)

2. 연구 방법

2.1 연구대상

연구대상은 대규모의 교외 지역 대학에 재학 중인 18.1세부터 44.8세의(X=31.9세)
비전공 초급 생물학 수강 학생들로, 4개의 연구소와 2개의 수업에 등록한 77명의
학생이다.

2.2 추론 기술

추론 - 기량(개발 수준)은 교실에서의 과학적 추론 검사Classroom Test of Scientific Reasoning
(Lawson, 1978; Lawson, 1987)를 활용하여 평가되었다. 검사는 무게 보존, 부피 재배
치, 변인 통제와 문제의 맥락을 설명하기 위해 도표를 활용한 형태의 객관식 문제
에 비례적, 확률적, 조합적, 상관적 추론 등을 취한 12개의 항목을 포함한다. 표집
집단의 반분신뢰도split-half reliability는 0.55이다.

0~4의 점수를 받은 학생들은 낮은 수준에 해당하는 집단으로 분류되었는데 이
것은 피아제의 구체적 조작기 단계에 해당하거나 제3장에서 다룬 기술적 가정을
실험할 수 있는 가설 - 예측적 추론 사용 단계에 해당한다. 즉,

만약… 전체 모양이 Mellinark의 결정적 특성이라면, (서술적 가설)

> 그리고… 나는 두 번째 줄에 있는 Mellinark가 아닌 것을 자세히 살펴본다. (계획된 실험)
>
> 그러면… 첫째 줄에 있는 Mellinark의 전체 형태에서 비슷한 것이 하나도 없다. (예측)
>
> 그러나… 두 번째 줄에 있는 Mellinark가 아닌 것들 중 일부는 전체 형태가 비슷하다. (관찰된 결과)
>
> 그러므로… 나는 그것을 배제했다. 즉 나는 나의 처음 생각이 잘못되었다고 결론지었다. (결론)

이 수준에서의 추론은 아마도 낮은 단계의 두 가지에 의해 선행되기 때문에(즉 피아제 이론 내에서의 감각운동기와 전조작기) 이 낮은 수준은 3수준으로 지정될 것이다. 5~8점을 받은 학생들은 과도기적 추론자로 분류되었고 9~12점을 받은 집단은 임시 가설을 성공적으로 실험하도록 가설-예측성 추론의 사용과 피아제의 형식적 조작기(예 : Inhelder & Piaget, 1958)에 상응하는 4의 높은 수준으로 분류되었다. 예를 들면 다음과 같다.

> 만약… 흔들리는 속도의 차이가 추에 달려 있는 무게의 양 차이에 의해서라면, (임시 가설)
>
> 그리고… 두 추의 무게가 서로 다른 반면에 다른 가능한 원인들은 변하지 않고, (제안된 실험)
>
> 그러면… 추의 흔들리는 속도는 서로 달라야 한다. (예측)
>
> 그러나… 제안된 테스트를 수행할 때 흔들리는 속도는 서로 다르지 않았다. (관찰된 결과)
>
> 그러므로… 흔들리는 속도의 차이는 아마도 무게의 차이에 의해서 생기는 것이 아니다. 즉 무게 가설은 아마도 틀린 것이다. (결론)

이 연구는 대상자 모두가 18세 이상인 대학생들과 제4장에서 논의된 마지막 뇌 발달 단계를 거친 학생들을 포함하기 때문에 추론의 차이를 특징짓기 위하여 '단계'라는 말 대신 '수준'이라는 용어를 사용했다.

2.3 실험 설계

강의/설명 시간 동안에 모든 학생에 대한 초기 설명을 포함한 수정된 솔로몬_{Solomon}

네 집단 설계가 사용되었다(Campbell & Stanley, 1966). 이러한 초기 설명은 학생들이 '분자 양극성'과 '유대'의 용어를 물속 파란 염료의 번짐에 연관시키는 방식으로 소개하기 위한 것이었다. 이러한 연관은 학생들에게 직관적으로 비슷하지만 개념적으로 다른 현상을 설명하도록 이끌어주어 그들이 단 하나의 오개념을 사용하게 될 것으로 예상했다.

이어진 분자 상호작용 교육에서 4개의 연구소 소속 학생들의 절반은 무작위로 고요한 물에 파란 염료 번짐에 관한 문제를 질문받았다. 두 실험 구역은 그 후 실험 집단이 되어 1개의 언어적 비유와 2개의 물리적 비유를 이용한 확산 개념에 관한 수업을 들었다. 남아 있는 두 구역은 통제 집단이 되어 물리적 비유를 제외하고 동일한 설명을 들었다. 이러한 처치를 한 모든 학생들은 염료 질문과 확산 질문을 반대 순서로 받게 되었다. 따라서 네 집단은 다음과 같다.

비유 집단 1(n=15) : 결합(분자 상호작용) 수업 → 염료 문제 → 1개의 언어적 추론과 2개의 물리적 추론을 활용한 확산 설명 → 염료 문제 → 확산 문제

비유 집단 2(n=17) : 결합 교육결합(분자 상호작용) 수업 → 1개의 언어적 추론과 2개의 물리적 추론을 활용한 확산 설명 → 확산 문제 → 염료 문제

통제 집단 1(n=23) : 결합(분자 상호작용) 수업 → 염료 문제 → 물리적 추론은 없고 1개의 언어적 추론을 활용한 확산 설명 → 염료 문제 → 확산 문제

통제 집단 2(n=22) : 결합(분자 상호작용) 수업 → 물리적 추론은 없고 1개의 언어적 추론을 활용한 확산 설명 → 확산 문제 → 염료 문제

2.4 결합(분자 상호작용) 수업

강의/시범 시기 동안 모든 학생은 파란 염료를 넣은 물과 기름 층이 있는 물병을 보게 된다. 그런 후 강의자는 병을 흔들어 물 층에는 퍼져 있지만 기름 층에는 퍼지지 않은 파란 염료를 가리킨다. 이러한 결과를 설명하기 위해 학생들은 물과 염료 분자들이 양극성 분자이지만(즉 양전하 또는 음전하를 부분적으로 포함), 기름 분자는 양극성 분자가 아니라서 염료는 물 분자와 결합하지만(분자 결합 형태) 기름 분자와는 결합하지 않는다는 것을 듣게 된다. 따라서 염료는 물에서는 확산되지만

기름에서는 확산되지 않고 남아 있다.

2.5 염료 문제

다음의 염료 문제(Westbrook & Marek, 1991)는 초기 결합 교육 이후에 확산 개념에 대한 교육 이전에 무작위로 추론 집단과 통제 집단의 학생들 50%에게 제공되었다.

> 큰 용기는 맑은 물로 가득 채워져 있다. 진한 파란색 염료 몇 방울을 물 표면에 떨어뜨린다. 염료는 물 전체로 번지기 시작한다. 마침내 용기 속에 있는 물은 투명했다가 옅은 파란 색으로 변화한다. 이 단락에서 왜 진한 파란색 염료가 번지며 물의 색깔을 옅은 파란색으로 바꾸는지에 관해 설명해보라. 가능하다면 상호작용하는 분자의 관점에서 설명해보라.

2.6 확산 수업

확산diffusion이라는 용어가 실험 시기 동안에 네 집단 모두에게 소개되었다. 동일한 교육자가 모든 시기를 가르쳤다. 첫 번째 학생은 소금물의 다양한 농도에 노출된 빨간 양파 세포 모양의 변화를 관찰했다. 그런 후 그들은 양파 세포벽의 축소 또는 팽창에 관한 대체 가설(설명)을 만들었다.

투석관이 달린 모델 세포를 만듦으로써 학생들은 세포 내·외의 분자 이동에 영향을 주는 요소를 관찰했고, 그들의 대체 가설을 테스트하기 위해 노력했다. 모델 세포들은 다양한 농도에서 서로 다른 크기의 분자들(전분, 포도당, 물)의 용액으로 채워져서 떠 있었다. 세포 내외부로의 분자 이동은 모델 세포의 무게 변화에 의해 측정되었다. 대체 가설과 실험 설계에 기초하여 학생들은 예상 결과를 만들었다. 그런 후 학생들은 그들의 가설을 테스트하기 위해 예상과 관찰된 무게 변화를 비교했다.

뒤이어 토의가 이루어지는 동안에 교육자는 분자가 이동되는 과정을 언급하기 위해 '확산'이라는 용어를 소개했다. 확산은 무작위로 이동하는 둘 혹은 그 이상의 분자 종류가 섞여서 발생되는 충돌 때문에 분자가 많이 집중되어 있는 곳에서 적게 집중된 곳으로의 이동으로 정의된다. 세포막을 통한 물 분자의 확산(삼투 현상이라고 알려진 확산의 특이한 경우)은 철사로 만든 우리$_{cage}$의 구멍을 통해 이동하는 멕시칸점핑빈$_{Mexican\ jumping\ bean}$에 비유되고 논의되었다. 공기를 통한 향수 분자의 이동이 또 다른 확산의 예로서 언급되었다. 따라서 모든 학생은 분자의 확산에 대하여 언어적 추론을 활용한 부분과 비슷한 예를 활용한 부분에 관하여 설명될 수 있는 두 가지의 현상을 제공받았다.

이때 두 추론 집단은 확산 과정에 대한 2개의 물리적 추론을 제공받았다. 첫 번째 추론에서 학생들은 2개의 층에 있는 항아리에 똑같은 양의 크고 작은 구슬을 넣고 뚜껑을 덮은 후 1분간 항아리를 흔들었다. 두 번째 추론을 위해 학생들은 큰 콩과 수수로 그 과정을 반복했다. 두 가지 추론에서 학생들은 아마도 양파와 모델 세포 시험에서 포함된 다른 크기의 분자와 마찬가지로 흔든 후 다른 크기의 물체가 항아리 전체에 섞인다는 것을 발견했다. 네 집단의 모든 교육 시간은 3시간이었다. 통제 집단에서 물리적 추론에 사용되지 않은 시간을 추가 실험에서 사용했다.

2.7 확산 문제

확산이라는 용어의 개념에 대한 이해 정도를 평가하기 위하여 모든 학생은 다음에 제시한 확산 문제에 대하여 확산 교육 7일 이내에 답하도록 했다.

확산이라는 용어의 의미란 무엇인지 예를 들어 설명하라.

염료 문제 또한 마찬가지로 이 시간에 제공되었다.

2.8 채점

염료 문제에 대한 초기 검사 및 재검사뿐만 아니라 확산 문제에 대한 응답은 다음에 제시한 범주들(Westbrook & Marek, 1991)로 분류했다.

1. 빈칸 또는 적절하지 않은 표현이나 설명 없이 주어진 용어의 사용(예 : "물을 제거하면 세포는 작아진다.", "다시 물을 넣으면 세포는 정상 크기로 돌아갈 것이다.", "파란 염료의 분자는 물 전체에 퍼진다. 이것이 물이 파란색으로 변화한 원인이다.", "염료는 물을 통하여 확산되었다.")

2. 오개념 : 확산 개념과 관련이 없는 다양한 개념에 기초한 설명(예 : "두 물질의 분자는 서로 통과할 수 있을 정도로 작고 하전되지 않고 극성이 있다.", "진한 파란색 염료의 분자는 극성이 있고 투명한 물에 넣으면 번져서 옅은 파란색을 만들게 된다.", "그 염료는 물 분자들 사이로 들어갈 수 있다.")

3. 부분적으로 정확한 개념과 오개념 : 다른 원인과/또는 비분자 수준의 물체와 결합되었지만 확산 과정의 일부 개념(예 : "확산 ― 고농도 영역에서 저농도 영역으로의 유기체의 이동", "이 과정은 확산의 한 유형이다. 진한 파란색 염료는 물속에서 번져가고 물 분자와 접합한다. 파란색 염료 분자는 용기 속 파란색 분자와 물 분자의 비율이 동일해질 때까지 골고루 물에 확산된다.")

4. 서술적 개념 : 분자에 대한 언급이 없는 확산 과정의 일부 개념(예 : "확산은 고농도 영역에서 저농도 영역으로의 물질의 이동이다.", "염료는 한 곳에 집중되지 않고, 물을 통해 확산될 것이다. 마찬가지로 방 한쪽 구석에서 향수를 뿌린다면 방 전체가 향수 냄새로 가득할 것이다.")

5. 부분적인 이론적 개념 : 고농도에서 저농도로의 분자 이동에 대한 일부 개념(예 : "확산 ― 고농도에서 저농도로의 분자 이동", "검푸른 염료 분자의 무작위적 이동이다. 염료가 균등하게 널리 퍼지기까지 분자는 물을 통해 지속적으로 이동한다.", "색은 염료 분자가 물 분자를 통하여 무작위적으로 퍼지기 때문에 비교적 밝은 파란색으로 보인다. 이는 큰 구슬과 작은 구슬을 흔드는 것과 같은 원리이다.")

6. 완벽한 이론적 개념 : 분자는 무작위적으로 움직이는 분자들끼리의 충돌로 인하여 고농도에서 저농도로의 이동이 생김(예 : "확산은 물이 파란색으로 변화하도록 한다. 분자는 서로서로 확산함으로써 무작위로 번져가기 때문에 더 농도가 진해지고 고농도에서 저농도로 이동한다. 농도가 완전히 동일할 때까지 계속된다. 따라서 더 밝은 색이다.", "방에 들어갈 때 향수 냄새처럼 기체 및 액체는 고농도에서 저농도로 무작위적으로 이동한다. 다른 제약이 없을 경우 농도가 동일하게 될 때까지 확산은 지속된다. 이러한 무작위 이동은 분자가 서로서로 확산됨으로써 분자가 섞일 때 발생한다.")

4명의 평가자들은 독립적으로 위의 기준과 예제를 이용하여 각 응답을 기록했다. 평가자들은 교육에 참여한 적이 없고, 따라서 연구대상자의 신원에 대한 사전 지식은 없었다. 게다가 응답의 점수가 매겨지는 순서는 집단의 회원에 대해 무작위로 순서화되었다.

평가자 간 일치도는 염료 문제가 70%, 확산 문제가 71%였다. 평가자 간의 의견 차이는 평가자들 간의 논의를 통해 해결했다.

3. 결과 및 논의

3.1 추론 기술(발달 단계)

과학적 추론 교실 검사의 평균 점수는 6.5, 표준편차는 2.2, 11명의 학생(15%)은 0~4의 점수를 얻었으며 추론자들 중 3수준으로 분류되었다. 48명의 학생(65%)은 5~8의 점수를 얻었고 과도기적 추론자로 분류되었으며, 15명의 학생(20%)은 9~12의 점수를 얻었고 4수준 추론자로 분류되었다.

3.2 시험-재시험 그리고 순서 효과

최초의 염료 문제를 본 학생들의 염료 문제 점수와 보지 않은 사람들 간의 비교는 염료 문제와 확산 문제에서 특별한 차이를 보이지 않았다. 즉 최초의 염료 문제를 보는 것은 확산 교육에 뒤따르는 질문들에 특별한 영향을 주지 않았다. 염료 문제 또는 확산 문제에 있어서 처음에 염료 문제와 처음에 확산 문제에 대답한 학생들과의 비교는 큰 차이를 보이지 않았다.

3.3 복합 집단의 응답

〈표 1〉에서 보는 바와 같이 결합된 유추와 통제 집단에 대한 각 분류에서의 질문에 대한 응답 숫자와 백분율이 제시되어 있다. 처음의 염료 문제를 본 35명의 학생 중 33명(94%)은 첫 번째 범주(빈칸이거나 적절하지 않은 표현을 사용하거나 설명이 없는 용어의 사용)나 두 번째 범주(오개념)에 속하는 대답을 했다. 이 수준의 대답은 웨스트 브룩과 마레크(Westbrook & Marek, 1991)가 얻은 대학생 표본의 61% 정도가 이해를

표 1. 각각의 범주로 분류된 학생들의 응답수와 백분율

응답 범주	질문					
	염료 이전		염료 이후		확산 이후	
	n	%	n	%	n	%
1. 빈칸, 부적절한 답변	2	6	2	3	3	4
2. 오개념	31	88	29	39	10	13
3. 부분적인 이해, 오개념	1	3	17	23	21	28
4. 서술적 개념	1	3	9	12	19	26
5. 부분적인 이론적 개념	–	–	13	18	16	22
6. 완벽한 이론적 개념	–	–	4	5	5	7

제대로 못했다는 결과보다도 떨어진다. 현재 표본의 상대적으로 낮은 성취는 대부분의 학생들을 두 번째 범주와 함께 '오개념'과의 결합에 응답하도록 자극하려는 결합(분자 상호작용) 수업의 효과를 반영한다고 할 수 있다(다음 내용 참조).

확산 교육에 따른 염료 문제에 응답한 42%는 첫 번째 또는 두 번째 범주로 분류되었다. 학생들의 나머지 58%는 염료의 퍼짐을 설명하기 위한 확산에 대해 어느 정도 정확한 개념을 상기시켰다. 하지만 오직 4명의 학생(5%)이 확산에 대한 완벽한 이론적인 개념을 상기시켰다(범주 6).

확산 문제에 대한 응답은 범주 1과 범주 2에서는 상대적으로 낮게 나타났고(17%), 범주 3에서 6까지는 상대적으로 높게 나타났다. 이것은 확산 교육을 따라가면서 학생들 중 일부는 확산의 개념을 설명해보라고 했을 때 제대로 설명할 수 있을 정도로 이해했지만, 확산의 개념을 파란 염료의 퍼짐(염료 문제)에 대한 이유를 설명할 만큼 상기하지는 못했다. 그보다는 오히려 많은 사람들은 계속 화학적 결합 또는 분자 분해와 같은 다른 설명들을 상기했다.

3.4 염료 질문의 응답에 대한 결합과 확산 수업의 영향

〈표 2〉는 학생들이 염료 퍼짐을 설명하기 위해 만들어진 대안적 추론들(또는 대안적 추론들의 조합)의 종류를 분류한 처음과 재검사한 염료 질문들에 대한 답변을 나열하고 있다. 몇몇 학생들은 하나 이상의 추론들은 생성해냈기 때문에 생성된 대안

표 2. 확산 교육 이전과 이후의 염료 문제에 대한 응답

대안적 가설(무엇이 염료를 퍼지도록 했는가?)	언급한 횟수	
	이전	이후
확산, 충돌, 높은 농도에서 낮은 농도	2	43
염료와 물의 결합, 새로운 분자 생성, 극성 분자	24	20
염료 분자의 분해(break up), 분리(break off), 분해(break down)	7	9
염료 분자들이 더 크기 때문에 퍼짐	0	1
더 넓은 공간이 확산의 원인	0	1
분자들이 움직이고 싶어 하고 노력하기 때문에 움직임	4	9
염료 분자들이 용해성 때문에 녹음	1	3
엔트로피와 동역학 때문에	5	4
염료와 물 분자들이 같은 무게를 갖고 있기 때문에	1	1
염료가 물 분자 속으로 들어가 공간을 채움	1	3
처음에는 같은 비율로 움직이지 않다가 나중에 움직임	0	1
염료 분자가 팽창함	0	1
염료 분자가 물 분자의 자리를 차지함	1	1
물 분자가 분해되어 이동하고 염료와 재결합함	0	1
물 분자가 염료 분자의 세포막으로 침투함	0	1
염료 분자가 유사 분열을 함	1	0
염료가 물 분자와 상호작용함	0	4
삼투작용이 일어남	0	3
염료가 작아서 세포막의 구멍 사이로 들어감	0	2
염료가 물을 흡수함	2	1
물의 결합이 분해되고 염료와 재결합함	1	0
물이 염료 분자들을 분해시킴	0	1

적 추론들의 숫자가 학생들의 수보다 많음을 명시하라.

표에서 보는 바와 같이 확산의 과정과 비교해봤을 때 오직 2/50(4%) 정도의 추론들이 처음 검사(결합 수업보다는 나중이지만 확산 수업보다는 먼저)에서 생성되었다는 것을 알 수 있다. 가장 빈도수가 높은 추론(24/50=48%)은 어떤 종류의 결합이 염료와 물 분자 사이에서 일어났다는 것이다. 그러므로 결합 교육은 학생들에게 분자

학생들에게 파란 염료의 물에서의 확산을 설명하려는 시도해볼 때 분자적 대립과

결합에 대한 개념을 적용하는 것을 상기시키는 데 성공적이었다고 볼 수 있다. 다음으로 가장 빈번한 추론은 염료 분자들이 떨어져 올라가거나 떨어져 나가거나 또는 떨어져 내려간다는 것이었다(7/50=14%).

확산 교육에 따른 염료 문제에 대한 대답들은 확산과 관련된 가설들이 상대적으로 높은 비율을 보였다(43/111=39%). 그러나 아직도 상당한 비율이 확산과 관련된 가설이었다. 또다시 가장 빈번한 대안들은 어떠한 종류의 결합이 일어나거나 염료 분자들이 분해된다는 것이었다(9/111=8%). 염료 분자들이 '그들이 원해서' 또는 '시도를 해서' 움직였다는 의인관적인 가설 또한 아홉 번 제시되었다(8%).

3.5 추론 집단과 통제 집단의 비교

처음의 염료 문제를 본 추론 집단과 통제 집단 학생들의 평균 점수는 각각 2.00과 2.04였다. 이 차이는 통계학적으로 그다지 중요하지 않다($F_{1,35}=0.08$, $p=0.78$). 염료 문제 평균에 대한 각 집단의 재검사 점수는 3.25와 3.04였다. 이 차이 또한 통계적으로 그다지 중요하지 않다($F_{1,75}=0.43$, $p=0.51$). 각각 집단에 대한 확산 문제의 평균 효과 측정 시험 점수는 4.09와 3.31이었다. 이 차이가 추론 집단의 더 나은 수행

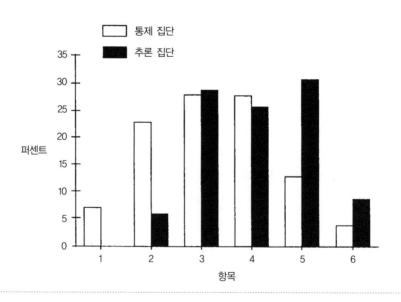

그림 1. 추론 집단과 통제 집단이 확산 문제에 대하여 각 항목에 응답한 비율

력을 보여주기 때문에 통계적으로 중요했다($F_{1,75}=7.78$, $p=0.007$).

〈그림 1〉은 실험 집단과 통제 집단이 확산 문제 여섯 항목에 응답한 비율을 나타낸다. 가장 분명한 집단 간 차이는 양 극단에서 관찰할 수 있다. 맨 왼쪽을 보면 항목 1과 항목 2에서 추론 집단은 6%, 통제 집단은 29%의 응답률을 보였다. 맨 오른쪽에서는 항목 5과 항목 6에서 추론 집단은 40%, 통제 집단은 겨우 17%의 응답률을 보였다.

3.6 추론 기술 및 염료와 확산 문제에 대한 수행

〈표 3〉은 3수준, 과도기 수준(중간 수준/3수준과 4수준 사이)와 4수준 학생들(실험 집단과 통제 집단이 섞임)의 문제에 대한 평균 성적과 표준편차를 나타낸 것이다. 표에서 보는 바와 같이 3문제에서 모두 4수준 학생들의 평균 성적이 중간 단계의 학생보다 높다. 이와 유사하게 중간 수준 학생들의 평균 성적이 3수준 학생들보다 높다. 그러나 집단 간 차이는 염료 문제에 대한 재시험($F_{2,71}=3.64$, $p=0.03$)에 있어서만 통계적으로 유의미한 차이가 있는 것으로 나타났다($p < 0.05$).

염료 문제를 첫 번째로 풀었을 때의 수행 결과와 추론 기술이 유의미한 관련성을 가지지 않는다는 사실은 웨스트브룩과 마레크(1991)의 연구 결과와 유사하게 나타났지만, 로슨과 베저(1990)의 연구 결과와는 일치하지 않는다. 로슨과 베저는 3수준의 대학생들은 4수준의 학생들보다 생물학적 오해, 예를 들어 창조설, 정향진화설, 영혼$_{soul}$, 반환원주의, 활력론, 목적론에 대한 믿음을 많이 가지고 있는 경향이 있었다.

표 3. 3수준, 과도기 수준, 4수준 학생들의 평균값과 표준편차

질문/시간	추론 기술 수준						F 비	확률
	3수준		과도기 수준		4수준			
	평균 성적	표준편차	평균 성적	표준편차	평균 성적	표준편차		
염료/전	1.86	0.38	2.00	0.31	2.33	0.82	2.02	0.15
염료/후	2.45	0.93	3.15	1.33	3.81	1.38	3.64	0.03
확산/후	3.45	1.04	3.66	1.32	3.88	1.26	0.37	0.69

　왜 추론 기술이 염료 문제의 재시험에 대한 수행 결과와는 유의미한 관련을 가지면서 다른 두 문제에 대해서는 그렇지 않을까? 첫째로, 염료 문제 재시험의 경우와 확산 문제를 고려해보자. 염료 문제 재시험은 확산 문제보다 지적으로 훨씬 부담이 크다. 왜냐하면 확산 문제에 대한 높은 수준의 답은 대체적으로 암기에 의해 이루어졌을 수 있다. 암기는 추론을 필요로 하지 않는 지적 활동이다. 반면에 염료 문제 재시험에 대한 높은 수준의 답은 학생들에게 확산의 과정에 대한 설명을 요구할 뿐 아니라 현상(물에 파란색 염료가 퍼지는 것)에 그것을 적용하여 설명까지 요구했다. 추론 기술 가설에 의하면 염료가 퍼지는 현상을 설명하기 위해서 확산의 개념을 잘 이용하는 것은, 특히 2개의 대립되는 개념 설명(분자 결합과 확산)이 분명하게 주어졌을 때 결합 가설bonding hypothesis을 분명히 거절하기 위해서 가설-예측적인 추론 기술을 사용하며 동시에 보다 적절한 확산 가설을 받아들일 것을 요구한다. 그러므로 부담이 덜 되는 확산 문제보다 염료 문제의 재시험에서 추론 기술이 관련성이 보다 높다는 사실은 추론 기술 가설을 뒷받침해준다.

　추론 기술이 첫 번째로 염료 문제를 풀었을 때보다 염료 문제의 재시험에서 더욱 관련성이 높다는 사실 역시도 추론 기술 이론을 뒷받침하고 있다. 이는 첫 번째로 염료 문제를 풀었을 때(결합 설명만이 이어짐)보다 재시험(결합과 확산 설명이 이어짐)을 볼 때 학생들의 사고에 대립 가설들이 존재할 가능성이 높기 때문이다. 학생들이 첫 번째로 염료 문제를 풀 때 염료가 퍼지는 현상을 설명하도록 요구하면 대부분의 학생들은 자신이 설명을 한 뒤에 교사가 분자 극성과 결합에 대해서 설명해줄 것이며, 이 설명이 그 상황에 접목시킬 수 있을 것이라는 믿음이 있다는 사실에는 의심할 여지가 없을 것이다(여기서 상황은 분자의 극성과 결합에 대한 개념이 처음 설명되는 상황과 유사하다).

　이러한 가정을 뒷받침하여 다음과 같은 학생의 반응에 대해서 생각해보자. "저는 이게 저번 학기에 이미 이야기했다는 건 잘 알아요. 그런데 이 반응을 설명하기 위해서 사용해야 하는 정확한 단어가 기억나지 않아요…. 아마 염료 분자는 각각의 수소 분자에 모여 들겠죠.", "아마 제가 이 과정에 대한 명칭을 기억하길 기대하셨을지도 모르지만… 전 기억하지 못해요. 그렇지만 그 과정을 설명할 수는 있어요. 파란색 염료와 물은 둘 다 같은 성분을 가지고 있기 때문에 서로 섞일 수 있

표 4. 오개념으로부터 확산 개념의 활용까지 변화한 정도

| 변화 정도 | 추론 기술 수준 | | | | | |
| | 3수준 | | 과도기 수준 | | 4수준 | |
	n	%	n	%	n	%
변화 없음	6	100	11	52	2	40
일부 개념 변화 및 오개념	0	0	6	29	1	29
정확한 개념으로 변화	0	0	4	19	1	40

어요. 파란색 염료는 물에 고르게 퍼지게 되죠. 만약 파란색 염료가 기름 성분이 있다면 염료는 퍼지지 않을 거예요."

추론 기술 가설에 대한 보다 심화된 연구에서 우리는 학생들 가운데 첫 번째로 염료 문제를 풀었을 때 2수준(오개념)에 반응했던 학생들만 고려해보았다. 이를 통해서 이들(2수준에 반응했던 학생들) 가운데 염료 문제의 재시험에서 확산 설명을 (정확한 개념으로) 바꾼 학생들을 살펴보고자 했다. 추론 기술 가설에 따르면 4수준 학생들이 과도기 단계 학생들보다 확산 설명의 사용에서 변화가 나타날 가능성이 높아야 하며, 과도기 수준 학생들은 3수준 학생들보다 변화가 나타날 가능성이 높아야 한다고 예측한다. 이와 관련된 데이터는 〈표 4〉에 제시했다.

비록 학생들의 수치는 적으나 〈표 4〉에서 나타나는 결과는 본질적으로 예측한 바와 같다. 3수준의 6명의 학생 가운데 그 어느 누구도 오개념에서 정확한 확산 설명으로 바꾸지 않았다(0%, 여기서 오개념이란 첫 번째로 염료 문제를 풀 때, 확산 설명을 제외한 나머지 모든 것을 지칭한다). 이와 비교해서 과도기 수준의 21명의 학생 가운데 4명의 학생(19%), 4수준 학생 5명 가운데 2명의 학생(40%)에게 변화가 나타났다. 이러한 변화 측면에서 3수준 학생들은 별다른 개선을 보이지 않았다. 중간 수준 학생들은 평균적으로 0.82범주를 향상했으며, 4수준 학생들은 평균적으로 1.33범주를 향상했다. 마지막으로 첫 번째 시험을 보고 재시험을 보았을 때(첫 번째 시험과 재시험 사이에서) 적어도 한 범주(항목)에서 향상을 보였던 학생들의 비율을 감안해보면, 3수준 학생들은 0%의 향상을 보였다(적어도 한 항목에서 향상을 나타난 학생들

이 없다). 이와 비교해서 과도기 수준의 학생들은 48%, 4수준 학생들은 67%의 향상을 보였다.

4. 결론 및 교육적 함의

가설-예측적 추론 기술은 이론적으로 개념의 변화와 관련이 있다. 왜냐하면 그런 종류의 변화는 아마도 대안적 개념이 존재할 때 생기고 반드시 완성되어 적용해야 할 개념이라고 고려되는 결정일 때 일어나기 때문이다. 개념적 변화는 누군가 처음으로 잔잔한 물에 염료가 서서히 퍼지는 것과 같은 특정 현상을 설명하기 위하여 부적절하거나 불완전한 개념들(예 : 분자의 양극성과 결합)을 적용하고, 그 후에 똑같은 현상에 대하여 더 적절한 개념(확산)을 적용할 때 발생되어 왔다. 이와 유사하게 한 아동이 흡입의 개념을 이용하여 탄산음료가 빨대를 통해서 빨려 올라오는 것을 설명하고, 나중에는 굳이 흡입의 개념을 활용하지 않고도 빨대의 내부와 외부에 있는 탄산음료의 표면에 대한 기압차에 근거하여 설명할 때 개념적 변화가 일어난다.

현재 연구의 결과는 물리적 추론이 새로운 이론적 개념들의 본질을 명확하게 함으로써 개념의 변화를 돕는다는 가설을 지지하지만, 그러한 새로운 개념의 성공적 적용은 보다 높은 수준의 가설-예측성 추론 기술과 관련이 있다. 대학에서 배우는 유전학적인 설명에 따르면 베이커와 로슨(Baker & Lawson, 2001)은 이론적 개념을 가르치는 데 도움이 되는 추론을 발견했고, 그러한 성공적인 적용은 추론 기술과 관련이 있었다. 과학 교육의 목적이 학생들로 하여금 이론적 개념을 새로운 상황에 성공적으로 적용할 수 있도록 하는 것임을 고려해볼 때 현재의 결과는 교육이 학생들의 개념 습득을 도울 수 있을 뿐만 아니라 그러한 개념들이 성공적으로 적용되었는지 적용되지 않았는지에 있어서 상황을 평가하기 위한 보다 높은 수준의 가설-예측적 추론을 활용함으로써 그들의 발달 기술을 도울 수 있도록 설계되어야만 한다는 사실을 시사한다.

불완전한 결합 설명의 활용에서부터 더 완전한 확산 설명의 활용까지 '사고방식을 변화시키는' 현재의 연구에서 이러한 대안적 설명들이 이 연구의 교육적 단계 동안에 결코 명확하게 대조되거나 증명되지 않았다는 것을 고려할 때, 4수준의 학생들이 50%가 되지 않고, 과도기의 학생들과 3수준의 학생들이 15%도 되지 않는다는 사실은 그리 놀랄 만한 일은 아니다. 로슨, 에이브러햄, 레너(Lawson, Abraham & Renner, 1989)에 의해 검토된 다수의 숙고할 만한 증거는, 특히 대학생들 사이에서 그러한 발달을 이끌어내는 데 효과적인 방법인 교실/실험실 환경에서 대안적 가설을 명쾌하게 만들어내고 테스트하는 것을 암시하기 때문에 추론 기술의 발달 측면에서 이것은 불행한 일이라고 할 수 있다.

제7장과 제8장에서 논의된 연구는 또한 4수준의 학생들의 완벽한 성과에 대한 설명으로 부족할지 모른다. 그 연구는 아마도 지적 발달의 다섯 번째 단계가 있고, 그 다섯 번째 단계의 추론이 이론적 개념의 성공적 구성과 적용에 도움을 줄 수 있다는 것을 시사한다. 따라서 현재의 연구에서 아마도 4수준으로 분류된 학생들 중 일부는 5단계 추론 기술(성취 학생 집단)에 도달했고, 또 다른 4수준의 학생들은 아직 5단계 추론 기술에 도달하지 못했을 것이다(미성취 학생 집단).

대학생 시기의 지적 발달 :
5단계가 존재하는가

1. 도입

문제해결에 관한 수년간의 연구를 검토한 후에 퍼킨스와 살로몬(Perkins & Salomon, 1989)은 비록 숙련된 수행 능력이 상황 맥락적인 방법으로 발현되지만 그럼에도 불구하고 일반적인 인지 능력(마음의 습관)은 존재한다고 결론을 내렸다. 이 일반적인 인지 능력(기량)은 주로 인과적 지식 주장을 검증할 수 있는 반례를 찾아보는 전략으로 드러난다. 비록 퍼킨스와 살로몬은 그러한 전략을 철학자들의 사고 도구라고 하였지만 과학자들은 그러한 전략이 원인이 되는 가설을 생성하고 검증을 하는 것이 과학적인 방법의 핵심이라고 인식하였다(Baker & Allen, 1997; Burmester, 1952; Carey, 1998; Chamberlain 1965; Lawson, 1995; Lewis, 1988; Moore, 1993; Platt, 1964 참조). 본질적으로 이 방법은 일반적으로 적용될 수 있는 일련의 질문들을 포함하고 있는데, 이 질문들은 반드시 어떤 특정한 인과적 주장에 대해 사실 또는 거짓이라는 확고한 판단을 내리기 이전에 제기되어야 하며 납득이 가도록 답을 얻을 수 있어야 한다. 그 일련의 질문은 다음과 같다.

1. 이 특정 상황에서 가장 중심적인 인과적 질문은 무엇인가?
2. 제안된 원인뿐만 아니라 어떤 대안적인 원인(즉 설명/가설/이론)이 가능한가?
3. 각각의 가능성이 어떻게 실험될 수 있는가?
4. 각각의 가능성과 그것에 대해 제안된 실험에 어떤 구체적인 예측이 있을 수 있는가?
5. 그 증거(정황, 상관관계, 실험적 증거 중 어떤 것이든)가 한번에 종합되었을 때 어떻게 그 예측들과 대응될 수 있는가?
6. 어떤 결과를 이끌어낼 수 있는가?

물론 이 질문들과 연관된 추론 패턴의 발달은 발달심리학과 과학 교육 내에서 아주 오랜 연구의 주제가 되어 왔다(복습을 위해 Lawson, 1985와 Lawson, 1992a 참조, 과학 교육 내에서 더 최근의 연구를 위한 예는 Cavallo, 1996; Germann, 1994; Germann & Aram 1996; Hurst & Milkent 1996; Johnson & Lawson 1998; Keys, 1994; Kuhn, 1989; Lawson, 1992b; Lawson & Thompson, 1988; Lawson & Worsnop, 1992; Noh & Scharman, 1997; Shayer & Adey, 1993; Westbrook & Rogers, 1994; Wong, 1993; Zohar, Weinberger & Tamir, 1994 참조). 그런 연구의 일반적인 결론은 추론 패턴(정확한 특성은 아직 결정되지 않음)은 최소한 몇몇 학생들에 있어서 사춘기에 걸쳐서 발달되고, 과학을 하고 과학적인 개념을 구축하는 능력에 있어서 중요한 역할을 한다는 것이다. 연구에서는 또한 비록 어렵지만 가르침의 결과로 추론 능력의 향상이 가능하며 이 능력은 전반적으로 유용하다는 것을 입증하고 있다. 셰이어와 아데이(Shayer & Adey, 1993)는 이것의 극적인 증거를 발견했는데, 이들은 형식적 조작 사고를 향상시키기 위해 기획된 2년 동안의 과학 프로그램이 끝나고 나서 3년 후에 영국 국가시험에서 과학뿐만 아니라 수학과 영어에서도 긍정적인 효과가 나타난 것을 발견했다.

결과적으로 우리 전공의 입문자들을 위한 비전공의 생물학 강좌 생물의 세계The Living World의 목표 중 하나는 실험이나 현장 활동 동안에 학생들이 앞에서 제시되었던 질문들을 제기하고 대답하도록 함으로써 학생들의 일반적 원인 가설 검증 능력이 발달하도록 돕는 것이다. 추가적으로 그 수업은 지난 연구를 하는 동안에 그 질문들이 생물학자들에 의하여 어떻게 제기되었고 대답되었는지를 설명해주는 몇몇의 실제 에피소드를 강연한다. 다시 말해서 그 수업은 퍼킨스와 살로몬이 '정도'high road라고 말하는 일반적인 인지 능력을 가르치려고 시도한다. 그리고 다양한 영역 특수적 상황에 대해 질문하고 답하는 능력에 있어서 신중하고 주의하는 추상적 개념을 장려한다고 말한다.

최근 학기 동안에 〈표 1〉에 제시된 퀴즈들은 어떤 학생들이 일반적인 원인 가설 검증 능력을 획득하는지 평가하기 위해 시행되었다. 퀴즈는 학생들이 실험 파트에서 주어진 연구의 인과 가설을 만들고 검증하면서 시행되었다. 각각의 퀴즈가 인과 가설을 검증하는 것에 대해 동일한 질문을 한다는 것에 주목하라.

더 구체적으로 각각의 퀴즈는 학생들이 얼마나 가설−예측적인 추론들을 만들어 내고 증거를 통해 인과 가설들을 부정할 수 있는지를 평가하기 위한 것이었다. 예를 들어 진자 퀴즈(인헬더와 피아제의 대표적인 진자 실험 후에 패턴화된 퀴즈)에 대해서 무게 가설의 부정으로 이끄는 다음의 주장과 증거를 생각해보자.

> 만약… 운동 속도에서 차이는 진자에 달려 있는 무게에서의 차이에 의해 발생한다면, (무게 가설)
> 그리고… 두 진자의 무게가 다르다면 다른 가능한 원인들은 계속 있다고 보고, (제안된 실험)
> 그러면… 진자 운동 속도는 달라야만 한다. (예측)
> 그러나… 제안된 실험이 실제로 실행되었고 그 운동 속도는 다르지 않다고 가정해 본다. (관찰된 결과)
> 그러므로… 우리는 운동 속도에 있어서의 차이가 무게 차이에 의해 발생된 것이 아니라고 결론지을 것이다. 즉 무게 가설은 아마 잘못된 것이다. (결론)

중요한 것은 이 퀴즈들이 제시된 순서대로 수행되었다는 것이다. 이것은 만약 학생들이 실제로 학기 중에 일반적 원인 가설 검증 능력을 얻는다면 퀴즈를 풀 때마다 점수가 향상되어야 한다는 것을 의미한다. 결과적으로 우리는 대부분의 학생들이 진자 퀴즈에서 94%로 성공적으로 답했으나, 거저리 퀴즈에서는 성공률이 82%로 떨어졌다는 것에 대해서 놀랐다. A산 퀴즈에서는 점수가 심지어 57%까지 떨어졌고 삼투 퀴즈에서는 18%까지 형편없이 떨어졌다. 점수가 예상치 못하게 떨

표 1. 퀴즈

진자 퀴즈

끝에 추가 있고 흔들리는 줄을 진자라고 부른다. 진자를 빠르거나 느리게 움직이게 하는 것은 무엇일까?

가설 1. 줄의 끝에 매달려 있는 추 무게의 변화가 운동 속도에서의 차이를 일으킬 것이다. 즉 무게가 가벼울수록 운동은 더 빨라진다.

가설 2. 줄 길이의 변화가 운동 속도에서의 차이를 일으킬 것이다. 즉 줄이 짧을수록 운동은 더 빨라진다.

어떻게 이 가설을 검증할 것인가? 1. 실험을 설명하라. 2. 어떤 결과가 예측되는가?(그 가설이 옳다는 가정하에) 3. 만약 가설 1이 잘못되었다면 어떤 결과가 나타날까? 4. 만약 가설 2가 잘못되었다면 어떤 결과가 나타날까?

거저리 퀴즈

한 학생이 최근에 거저리의 행동을 관찰하기 위해서 네모 상자 안에 거저리 몇 마리를 넣어두었다. 그리고 그 학생은 거저리들이 상자의 오른쪽 끝으로 모여드는 경향이 있다는 것을 알았다. 또한 상자는 오른쪽 구석에 잎이 조금 있었고, 그 구석은 더 어두웠다는 것을 알아냈다. 학생은 무엇이 거저리들을 오른쪽 끝으로 모이게 만들었는지 궁금했다.

가설 1. 거저리는 오른쪽 구석에 잎이 있었기 때문에 그쪽으로 갔다.

가설 2. 거저리는 오른쪽 끝이 왼쪽 끝보다 더 어두웠기 때문에 그쪽으로 갔다.

어떻게 이 가설을 검증할 것인가? 1. 실험을 설명하라. 2. 어떤 결과가 예측되는가?(그 가설이 옳다는 가정하에) 3. 만약 가설 1이 잘못되었다면 어떤 결과가 나타날까? 4. 만약 가설 2가 잘못되었다면 어떤 결과가 나타날까?

A산 퀴즈

최근 'A'산의 생물에 관한 조사에서 남쪽 경사면보다 북쪽 경사면에 더 많은 풀이 있다는 것을 밝혀냈다. 인과적 질문에 대한 응답으로 "왜 북쪽 경사면에 더 많은 풀이 있을까?"라는 질문에 한 학생은 다음의 가설을 세웠다.

가설 1. 남쪽 경사면 흙에 수분이 부족하여 풀이 자라지 못하는 것이다(즉 북쪽은 태양의 건조한 광선에 그늘이 더 잘 진다).

가설 2. 태양빛은 그 자체로 남쪽 경사면에 있는 좋은 풀들이 성장하기에 너무 강하다(즉 매우 강렬한 광선이 풀의 광합성 능력에 지장을 준다).

어떻게 이 가설을 검증할 것인가? 1. 실험을 설명하라. 2. 어떤 결과가 예측되는가?(그 가설이 옳다는 가정하에) 3. 만약 가설 1이 잘못되었다면 어떤 결과가 나타날까? 4. 만약 가설 2가 잘못되었다면 어떤 결과가 나타날까?

삼투 퀴즈

붉은 양파 세포의 아주 얇은 조각이 소금물에 담겨지면 각각 세포의 붉은 부분은 줄어들기 시작한다. 무엇이 붉은 부분을 줄어들게 만들까?

가설 1. 소금 이온(즉 Na^+과 Cl^-)은 세포벽과 세포막 사이의 공간으로 들어가고 세포막을 밀고 나아간다.

가설 2. 물 분자(즉 H_2O)가 채워지고 소금 이온의 인력 때문에 물 분자는 세포를 떠난다.

질문. 당신은 이 가설을 검증하기 위해서 투석 튜브와 무게달기 측량 장치와 물, 증류수, 포도당과 같은 용액으로 만들어진 모델 세포를 어떻게 사용하겠는가?

어떻게 이 가설을 검증할 것인가? 1. 실험을 설명하라. 2. 어떤 결과가 예측되는가?(그 가설이 옳다는 가정하에) 3. 만약 가설 1이 잘못되었다면 어떤 결과가 나타날까? 4. 만약 가설 2가 잘못되었다면 어떤 결과가 나타날까?

(주 : 이 가설들은 검증되면 입증될 수 있다는 점에서 과학적으로 타당하도록 의도된 것은 아니다. 오히려 퀴즈의 의도는 학생들의 경험적인 상태와는 관계없이 가설의 검증들을 고안해낼 수 있는지를 알아내는 것이다.)

어진 원인은 무엇일까?

현재 연구에 의해 검증된 연구 가설은 학생들이 성공적으로 원인 가설을 세우고 검증하는(서술하는 것과는 반대로) 정도(제3장 참조)가 원인 가설 검증 능력 중 두 가지의 보통 수준을 가지고 있는지 없는지에 달렸다는 것이다. 첫 번째 수준은 잠정적인 원인 요소들을 직접 관찰하고/느끼고/측정할 수 있는 상황에서 가설을 검증하는 것을 포함한다(예 : 길거나 짧은 줄, 진자의 무거운 추나 가벼운 추, 냄새나는 잎의 수와 상자의 끝에 밝거나 어두운 부분). 그렇지만 두 번째 수준은 Na^+, Cl^- 이온과 대전된 물 분자와 같이 잠정적인 원인 요소들이 관찰 불가능한(즉 상상의/추상적인/이론적인) 상황에서 인과 가설을 검증하는 것을 포함한다. 따라서 성공적인 가설 검증의 수행은 문제에서 가설의 추상성이 어느 정도인지에 달려 있다.

관찰 가능하거나, 관찰 가능하지 않은 원인 요소들 사이의 이 차이를 명확히 하기 위해서 물의 특성을 생각해보자. 학생들은 물을 바로 관찰할 수 있다. 상온에서 물은 깨끗한 액체로 보인다. 그러므로 이 명백한 액체의 존재 또는 부재가 거저리의 행동에 영향을 줄지도 모른다는 것을 상상하는 것은 어렵지 않다. 다시 말해 학생들은 거저리들이 상자 오른쪽 끝에 깨끗한 액체(물이라고 불리는) 때문에 그쪽으로 이동했을지도 모른다는 가설을 이해(즉 완전히 이해하여 묘사하는)하는 데 거의 어려움을 느끼지 않을 것이다. 반면에 삼투 퀴즈에서 물은 더 이상 단순히 깨끗한 액체로 여겨지지 않는다. 대신에 대전된 물 분자를 구성하는 것으로 여겨진다. 물론 학생들은 각각의 물 분자가 정말로 두 수소 원자와 하나의 산소 원자로 구성되어 있는지, 아닌지를 알기 위해서 또는 이는 더욱 아니겠지만 각각 대전되어 있는지, 아닌지를 알아보기 위해서 각각의 물 분자들을 볼 수는 없다. 따라서 보이지 않는 Na^+과 Cl^- 이온들은 보이지 않는 대전된 물 분자들로 이끌리기 때문에 세포를 떠난다는 가설을 완전히 이해하여 묘사하기에는 더욱 어려울 것이다.

  관찰이 가능하지 않은 존재들에 대해 설명하고 추론하는 것이 어려워지는 이유는 그들의 가설을 검증하기 위해 필요한 주장이 더 복잡해지기 때문이다. 예를 들어 붉은 양파 세포가 소금물에 담겼을 때 찌그러지는 이유는 물 분자가 세포에서 빠져나가기 때문이라는 가설을 세웠다고 가정해보자. 더 나아가 이 가설이 Na^+과 Cl^- 이온들이 양파의 세포막을 밀어내기 때문에(표 1 참조) 세포들이 더 작게 보인다는 주장과 대립되었다고 가정해보자. 세포막과 비슷한 특성이 있다고 가정되는 투석 봉지를 사용하여 이 대안들을 검증하는 데 사용할 수 있다.

> 만약… 세포들이 관찰 가능하지 않은 Na^+과 Cl^- 이온들이 세포막을 밀어내기 때문에 줄어든다면, (이온-밀기 가설)
> 그리고… 증류된 물로 찬 투석 봉지 무게를 재고 소금물에 몇 분 동안 담근 후에 다시 무게를 재면, (제안된 실험)
> 그러면… 그 봉지는 소금물 안에서는 반드시 더 작게 보여야 하지만 무게가 줄어서는 안 된다. (예측) 측정 가능한 무게가 있는 물 분자는 그 봉지에서 빠져나가면 안 되기 때문에 봉지의 무게가 줄어서는 안 된다. (이론적인 근거)
> 그러나… 봉지의 무게가 줄었다는 것을 발견했다고 가정하자. (관찰된 결과)
> 그러므로… 우리는 이온의 밀기 가설이 잘못되었다고 결론지을 것이다. (결론)

이 주장이 진자 운동이 빠르고 느린지에 대한 인과 가설을 검증하기 위해 사용된 것과 같은 패턴을 따르더라도 이것은 이론적인 근거 또한 포함하고 있다. 이론적인 근거는 가설과 제안된 실험을 예측과 연결하는 데 필요하다. 다시 말해 이론적인 근거는 왜 그 예측을 따르는지를 설명하기 위해 필요하다. 진자 상황에서는 이러한 이론적인 근거가 필요하지 않다. 왜냐하면 그 상황에서는 가설의 원인과 실험의 독립 변수가 같은 것(즉 줄에 매달린 추의 양)이기 때문이다. 따라서 더욱 명백히 예측이 뒤를 잇는 것이다.

따라서 이 논쟁에서는 성공적인 원인 가설 검증이 질적으로 다른 두 가지 수준에서 수행될 수 있다는 개념이 내재되어 있다. 하나는 관찰 가능한 원인 요소를 포함하는 가설을 검증하는 것이고, 더 능숙해질 경우 관찰이 불가능한 이론적 원인을 포함하는 원인 가설을 검증하는 것이다. 다시 말해 학생들은 일반적으로 관찰 가능한 물질들에 대한 가설을 입증하는 것에 먼저 능숙해진다(피아제의 형식적 조작기라고 불리는 4단계와 비교할 만한 것으로 보이는 능력. 예 : Inhelder & Piaget, 1958). 그러고 나서야 필요한 발달 조건이 주어지면 관찰 가능하지 않은 물질들에 대한 인과 가설을 검증하는 것에도 능숙해지게 된다. 그러므로 형식적 5단계의 발달이 제안된다.

여기서 중요한 것으로 현재의 발달론적 관점은 서술적 지식을 필요로 하지만 성공적인 5단계 가설 검증을 하는 데 불충분한 상태라고 본다. 예상대로 몇몇 가설 검증 상황은 양극단의 사이로 빠지는 인과적인 주장을 포함하고 있는 것으로 나타난다. 예를 들어 A산 퀴즈에서 남쪽 경사면에 풀이 부족한 상황을 설명하는 상급의 두 번째 가설은 쉽게 관찰 가능한 요소인 매우 강한 햇빛을 포함하고 있지만, 이산화탄소 분자, 광자, 전자, 기타 등의 종류와 같은 관찰 가능하지 않은 존재들을 이론상에서 포함하고 있는, 명백히 관찰 가능하지 않은 과정인 광합성을 하는 풀의 능력 또한 포함하고 있다.

관찰 가능한 것들과 가능하지 않은 것들에 차이가 주어지면 더욱 강력한 전자현미경의 발명과 같은 기술적인 발전이 원자와 분자와 같은 개념 상태에 어떤 영향력을 끼치는지 궁금해할지도 모른다. 예를 들어, 현재 아마도 각각의 원자를 보여주는 사진이 존재한다는 사실은 이론적인 것에서부터 서술적인 원자의 개념 상태를 낮출까? 나는 그렇게 생각하지 않는다. 주로 사진에서는 단지 작고 둥근 공처럼 보이는 이미지만 나타내기 때문이다. 따라서 여전히 사람들은 실제로 원자를 보지 않는다. 다시 말해 사진이 실제로 원자들을 보여주는지 아닌지를 결정하는 것은 설명(이해)의 문제이지 관찰의 문제가 아니라는 것이다.

요약하면 대학 생활 동안의 지적 발달 패턴에 대한 윌리엄 페리의 연구(Perry, 1970)뿐만 아니라 피아제의 형식적 단계(예 : Arlin, 1975; Commons, Richards & Armon, 1984; Epstein, 1986; Kramer, 1983; Hudspeth & Pribrum, 1990; Thatcher, 1991; Thatcher, Walker Guidice, 1987; Riegel, 1973)를 넘어 발달적인 진전을 추구해왔던 다른 발달 기초의 연구자들의 연구와 같이 현재 가설은 서술적인 지식의 차이 면에서뿐만 아니라 정보를 처리하고 대안 가설을 검증하고 질적으로 더욱 강력한 방법으로 이론적인 개념들을 구상하는 데 필요한 전반적인 추론 능력 면에서의 대학생들의 인지를 이해하려고 시도한다.

2. 연구 방법

2.1 표본

(과학 비전공자인) 아직 졸업하지 않은 667명으로 구성된 학생 표본은 최근 가을 학기 동안에 남서부의 주요 대학에서 가르치는 **생물의 세계**라는 수업에 등록하였다. 그들은 15.8세부터 47.1세까지 다양했다(평균 연령 19.64세, 표준편차 3.02).

2.2 실험 설계

이 연구의 가설을 검증하는 첫 번째 단계는 학생들로부터 관찰 가능한 원인 요소로 구성된 대체 가설 검증 능력을 평가하는 항목을 포함한 과학적 추론 평가의 타당한 기준을 선정하는 것이었다. 이를 위해서 로슨의 과학적 추론 검사가 선정되었다(Lawson, 1978). 원래의 검사는 관찰할 수 없는 존재들을 포함하고 있는 상황에서 학생들의 가설 검증 능력을 분명하게 평가하는 항목을 포함하지 않기 때문에 새롭게 촛불 연소 항목과 적혈구 항목을 추가했다. 따라서 각각의 새로운 항목은 원래의 검사에 의해 평가될 때보다 더욱더 발전적인 고급의 추론 능력을 요한다.

이 수정된 검사는 가을학기에 **생물의 세계**에 신청했던 학생들에게 시행되었다. 수정된 검사의 점수는 짐작건대 두 종류 모두의 인과 가설을 검증하는 능력을 반영하여 4개의 발달 수준으로 학생들의 대답을 분류하였다(즉 3수준=관찰 가능한 원인 요소들을 포함하고 있는 가설을 검증할 수 없는 학생들, 하위 4수준=관찰 가능한 원인 요소들을 포함하고 있는 가설들을 일관되게 검증할 수 있는 학생들, 상위 4수준=관찰 가능한 요소 물질들을 포함한 가설들을 지속적으로 검증할 수 있는 학생들, 5수준=관찰할 수 없는 원인 요소를 포함하고 있는 가설들을 검증할 수 있는 학생들). 1수준과 2수준은 각각 감각운동기와 전조작기에 해당한다. 모든 학생들은 적어도 3단계의 추론 능력을 얻었다고 가정했기 때문에 1단계와 2단계의 사고는 평가되지 않았다.

　수업을 진행하고, 학생의 검사 점수가 기록되었다. 또한 수정된 검사는 학기 말에 시행되었는데, 검사-재검사 신뢰도를 평가하고 학기 동안 학생들의 추론 능력 향상도를 측정하였다. 학기 초와 학기 말에 평가된 추론 능력이 수업 성적에 대해 더 나은 예측 변수인지를 확인하기 위함이었다.

　다음으로는 전이 문제가 고안되었는데, 이는 이론적으로 5단계의 가설 검증 능력에서 요구되는 것으로 학기 말에 시행되었다. 이 문제는 수업에서 의논되거나 탐구되지 않았기 때문에 전이 문제로 간주되었다. 더욱 구체적으로 말하자면 이 문제에는 움직이는 차량이 갑자기 멈출 때 왜 풍선이 앞 또는 뒤로 움직이는지에 대한 가설을 검증하는 것을 포함하고 있었다. 전이 문제를 풀기 위해 필요한 서술적 지식을 평가하는 오지선다형 문제 또한 고안되어 시행되었다. 그 결과 5단계 추론 능력이 그 전이 문제를 해결하기에 충분하다면 추론 능력 자체만으로 성공을 예측해야만 한다. 다른 한편으로 서술적 지식이 충분하다면 그것 자체로는 성공을 예언해야만 한다. 마지막으로 5단계 추론 능력과 서술적 지식 두 가지 모두가 필요하다면 두 가지 모두 성공을 예측해야만 한다.

　수업에서 관찰 가능하고 관찰 가능하지 않은 인과물질 두 가지 모두를 포함하고 있는 많은 생물학적·생화학적 이론을 소개했기 때문에 더욱 일반적인 예측 또한 향상되었다. 만약 그 수정된 추론 검사가 가설 검증 능력의 일반적인 수준들의 타당한 기준이라면 3수준 학생들의 시험 점수는 4수준 학생들의 점수보다 현저하게 낮아야만 한다. 그리고 4수준 학생들의 시험 점수는 5수준 학생들의 점수보다 현저하게 낮아야만 한다. 이 예측은 원인 가설 검증 능력이 이론 개념 구성에 있어서 역할을 한다는 가정에 기반을 두고 있다. 본질적으로 시험의 항목들이 직접적으로 인과 가설 검증 능력을 평가하지 않더라도 그러한 능력은 그런 개념들을 구성하고 기억하는 데 기여한다는 주장이 제기되었다. 왜냐하면 학생들은 반드시 과학적 개념에 의해 수정되거나 대체되어야만 하는 선택적 개념(가설)을 알고 오지, 백지 상태로 배우러 오지는 않기 때문이다. 따라서 개념 구성은 빈번히 가설-예측성 추론 능력을 끌어온다. 반면에 만약 수정된 검사 점수에 따라 5수준까지의 분류가 추론에 있어서 전반적인 향상이 아니라 대신에 새로운 두 가지 시험 항목(즉, 촛불 연소와 적혈구 항목)에 성공적으로 답하는 것이 요구되는 영역 특수적 서술 지식의 습득을 나타낸다면, 4수준과 5수준의 학생들은 동등하게 잘 수행해야만 한다. 다음의 주장은 어떻게 대안 가설들이 검증되는지를 요약한 것이다.

> 만약… 발달에 기반하여 원인 가설 검증 능력에서 2개의 일반적인 수준의 존재한다면, 즉 4수준 능력은 관찰 가능한 원인 요소를 포함하고, 5수준 능력은 관찰 가능하지 않은 원인 요소를 포함한다면, (5단계 가설)
>
> 그리고… 대학생들 표본이 추론 능력 검사에 따라 4수준 또는 5수준으로 분류되고 나서 5단계 가설 검증 능력을 요구하는 전이 문제를 풀도록 한다면,
>
> 그러면… 5수준으로 분류된 학생들은 문제를 푸는 반면 4수준으로 분류된 학생들은 문제를 풀지 못해야만 한다.

더 나아가,

> 만약… 그 5단계 가설이 맞는다면, (5단계 가설)
>
> 그리고… 4수준 또는 5수준으로 분류된 학생들이 몇몇 이론적인 개념이 소개되는 생물학 수업의 대상이고, 학생들이 그러한 개념들을 어느 정도 이해했는지 알기 위해 시험을 본다면,
>
> 그러면… 4수준 학생들은 5수준 학생들보다 현저하게 낮은 이해도를 보여야만 한다.

반면에,

> 만약… 두 수준의 다른 원인 가설 검증 능력이 존재하지 않고 대신에 추론 능력 검사에서 학생들의 점수 차이가 구체적 서술적 지식 문제에서의 차이를 반영하지 않는다면, (서술적 지식 가설)
>
> 그리고… 전이 문제의 해결을 위해 요구되는 서술적 지식이 평가된다면,
>
> 그러면… 4수준과 5수준의 학생들은 전이 문제에서 동등하게 잘 수행해야만 한다. 전이 문제 점수의 차이는 서술적 지식의 차이와 상관관계를 보여야만 한다. 그리

고 4수준과 5수준의 학생들은 생물학 수업에서 소개된 이론적 개념에 대해 비슷한 이해도를 보여야만 한다.

2.3 수업

생물의 세계 수업은 3주에 한 번, 50분의 수업(교수에 의해 진행)과 일주일에 한 번, 두 시간의 실습(각각 졸업생 보조 교사들이 강의)으로 해서 15주 동안 매주 하는 것으로 구성되어 있다. 제시된 순서에 따라 수업 주제는 진화와 자연선택론, 동물행동이론, 다양한 생리 이론, 고전과 분자유전학의 이론, 광합성과 세포 호흡 이론들을 포함하고 있다. 주제에 대해 더욱 자세히 논했고, 부가적으로 생물학적·비생물학적 맥락을 적용시켰다. 따라서 그 수업은 순환학습을 적용하였다(Eakin & Karplus, 1976; Karplus, 1977; Lawson, Abraham & Renner, 1989; Renner & Marek, 1990).

2.4 예측 변수

추론 능력 수준. 가설-예측적 추론 능력(즉 발달적 수준)은 원인 가설 검증(변수의 인식과 통제, 상호 관계의 추론, 확률추론, 비례적 추론, 조합추론)과 관련된 추론 패턴을 기반으로 한 13개 항목의 필기시험에 의해 평가되었다. 언급되었다시피 그 시험은 로슨의 과학적 추론 검사의 수정된 버전이었다. 원인 가설 시험에 대하여 원래 시험은 가설의 원인 요소가 거의 대부분 관찰 가능한 항목을 포함하고 있다. 예를 들어 두 항목은 위에 언급된 진자 과제의 상황에서 가설을 검증하는 것을 포함하고, 다른 항목은 빨간 불빛과 파란 불빛에 반응하는 초파리를 포함하는 항목이며, 또하나는 버튼을 누르는 것에 대한 전구의 반응을 포함하고 있다.

일반적인 추론 능력을 평가하는 것으로서 원본 검사의 타당성은 몇몇 연구에 의해 확립되었다(예 : Lawson, 1978; 1979; 1980a; 1980b; 1982; 1983; 1987; 1990; 1992; 1995; Lawson & Weser, 1990; Lawson, Baker, DiDonato, Verdi & Johnson, 1993). 피아제의 많은 원본 과제들처럼 항목에 대한 점수의 차이가 영역 특수적 지식의 유무가 아닌 추론 능력의 차이 때문인 것을 입증하는 것은 검사의 타당성 확립에서 중요한 일이다. 다시 말해 항목들은 오직 학생들이 가지고 있을 만한 것으로 추정되는 특정 지식만을 요구해야 한다는 것이다. 요컨대 그 연구들은 이 가정을 지지해왔다. 진자 과제는 이 점의 아주 좋은 예이다. 왜냐하면 모든 학생들은 아마도 줄과 추가 무엇인지 알고 '앞뒤로 흔들린다'라는 말이 무엇을 의미하는지 알고 있기 때문이다.

현재 연구에서 사용되는 수정된 검사는 원래의 11개 항목에 5단계의 추론 능력을 요구하기 위해 가설이 세워진 두 항목을 포함하고 있다. 왜냐하면 각각의 항목에서는 학생들이 관찰할 수 없는 존재(즉 CO_2 분자를 용해시키고 Na^+과 Cl^- 이온을 밀거나 당기는 것)를 포함하고 있는 원인 가설을 부정하는 가설-예측적 추론을 사용하는 것을 요구하기 때문이다. 물론 그 과제들은 단지 특정 서술적 지식을 가지고 있는지 없는지만 측정하는 것이라는 주장에 맞서서 타당성을 검증하는 것은 이 연구의 아주 중요한 부분이다. 그 항목들 중 하나는 물 안에 놓여 있는 불을 붙인 양초 위에 실린더를 뒤집어놓은 후에 실린더 안에 물이 차오르는 것이다. 다른 항목은 적혈구를 소금물에 담갔을 때 외관의 변화를 포함하고 있다. 이 두 항목은 다음과 같이 나타난다.

촛불 연소. 〈그림 1〉의 왼쪽 그림에는 유리컵과 냄비의 물 안에 작은 점토로 고정해서 세운 불을 붙인 양초가 있다. 유리컵을 물 안에 있는 양초 위로 뒤집어서 엎으면 촛불은 빠르게 꺼지고 물이 유리컵 안으로 급격하게 차오른다(오른쪽 그림 참조).

이 관찰은 흥미로운 의문을 제기한다. 물은 왜 유리컵 안으로 빠르게 차오를까? 여기 가능한 설명이 있다. 불꽃은 공기의 산소를 이산화탄소로 전환시킨다. 왜냐하면 산소는 물에서 매우 빠르게 용해되지 않지만 이산화탄소는 빠르게 용해되고, 새롭게 형성된 이산화탄소는 유리컵 안의 기압을 낮추며 물속에서 빠르게 용해되기 때문이다. 따라서 유리컵의 바깥쪽의 상대적으로 더 높은 기압은 물을 유리컵 안쪽으로 밀어 넣는다. (1) 앞에 언급된 도구와 함께 몇 개의 성냥과 드라이아이스

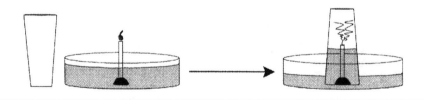

그림 1. 촛불 연소

확대된 적혈구   소금물을 넣은 후

그림 2. 적혈구 세포

(드라이아이스는 얼린 이산화탄소이다)를 가지고 있다고 가정해보자. 도구들을 이용해서 이 진술을 시험해볼 방법을 설명해보라. (2) 실험의 어떤 결과는 이 설명이 잘못되었다는 것을 나타내는가?

적혈구. 한 학생이 슬라이드 위에 혈액 한 방울을 떨어뜨리고는 현미경으로 관찰하였다. 〈그림 2〉에서 볼 수 있듯이 확대된 적혈구는 작은 둥근 공처럼 보인다. 혈액에 소금물을 몇 방울 떨어뜨린 후에 그 학생은 세포들이 밑에 나타난 것처럼 더 작아졌다는 것을 알아차렸다.

이 관찰은 흥미로운 의문을 제기한다. 적혈구는 왜 작아질까? 여기 두 가지의 가능한 진술이 있다.

Ⅰ: 소금 이온(Na^+과 Cl^-)이 세포막을 밀어서 세포막이 더 작게 보이게 만드는 것이다.

Ⅱ: 물 분자는 소금 이온에게 끌려져 물 분자가 움직여 빠져나가고 작은 세포들이 남은 것이다.

비커, 약간의 소금물, 매우 정확한 저울 장치, 약간의 물이 차 있는 비닐봉지를 가지고 있다고 가정해보자. 그 비닐은 바로 적혈구 세포막처럼 똑같이 행동한다고 가정해보자. (1) 두 설명을 검증하기 위해 이 재료들을 사용하는 실험을 설명해보라. (2) 어떤 실험 결과가 설명 Ⅰ이 잘못되었다는 것을 나타내는가? (3) 어떤 실험 결과가 설명 Ⅱ가 잘못되었다는 것을 나타내는가?

채점. 모든 검사 항목은 학생들에게 질문에 답하거나 예측하도록 하였으며 또한 그들이 답을 어떻게 얻었는지, 양적인 문제의 경우 어떻게 계산했는지를 작성하도록 요구했다. 만약 답이 맞았고 적절한 설명과 계산이 있다면 맞았다고 판단했다(1점). 촛불 연소 항목에서 정확한 점수를 얻기 위해서 학생들은 적절한 실험을 고안하고 어떤 실험 결과가 그 진술이 잘못됐다는 것을 나타내는지를 설명해야 한다. 적혈구 항목에서는 각각의 설명이 충분히 설명되어 잘못된 것을 보일 경우 각각의 진술당 1점을 주어 2점을 얻는 것이 가능했다.

검사 항목들의 특징과 각각 항목의 유형 수를 기반으로 하여 0~3점은 3단계로 분류된다(즉 학생들은 관찰 가능한 원인 요소를 포함하고 있는 가설을 검증하지 못한다). 4~6점은 하위 4수준으로 분류되었다(즉 학생들은 관찰 가능한 원인 요소를 포함하고 있는 가설을 일관되게 검증하지 못한다). 7~10점은 상위 4수준으로 분류된다(즉 학생들은 지속적으로 관찰 가능한 원인 요소를 포함하는 가설을 검증할 수 있다). 그리고 11~13점은 5수준으로 분류된다(즉 학생들은 관찰 가능하지 않은 존재를 포함하고 있는 원인 가설을 검증할 수 있다). 학생들의 학기 말의 검사 점수와 학기 초에 검사 점수를 비교하여 0.65의 검사-재검사 신뢰성 계수를 얻었다.

서술적 지식. 서술적 지식은 학기 말에 시행한 다음의 선다형으로 평가되었던 풍선 이동 문제와 관련이 있다. 학기 동안에는 이 지식을 소개하려는 어떤 체계적인 시도도 하지 않았다.

---

1. 다음 중 어떤 물체가 가장 큰 운동량을 가질까? (가속도)
   a. 차도에 주차되어 있는 소형 트럭
   b. 시간당 60마일을 달리고 있는 소형 트럭 (정답)
   c. 시간당 70마일을 움직이는 농구공
   d. 탁자에 놓여 있는 농구공

2. 공기는 _____로 이루어져 있다.
   a. 빈 공간
   b. 정지된 아주 작은 분자
   c. 움직이며 충돌하는 아주 작은 분자 (정답)

3. 공기는 _____.
   a. 무게를 가지고 있다. (정답)
   b. 무게가 없다.

4. 공기가 차 있는 풍선은 바닥으로 떨어질 것이다. 왜냐하면 _____.
   a. 바닥은 그것의 '타고난' 공간이기 때문이다.

b. 정전기가 풍선을 아래로 당길 것이다.
c. 주위의 공기보다 풍선이 더 무겁기 때문이다. (정답)
d. 주위의 공기보다 풍선이 더 가볍기 때문이다.

5. 헬륨이 차 있는 풍선은 공기 중으로 뜰 것이다. 왜냐하면 _____.
a. 그것의 '타고난' 공간은 상부이기 때문이다.
b. 정전기가 그것을 위에 있도록 잡아줄 것이기 때문이다.
c. 주위의 공기보다 풍선이 더 무겁기 때문이다.
d. 주위의 공기보다 풍선이 더 가볍기 때문이다. (정답)

채점. 각각의 문제는 맞으면 1점, 틀리면 0점으로 0~5점이 총점수가 된다.

2.5 종속 변수

풍선 이동 문제. 마지막 실험 기간 동안에 학생들은 비디오를 시청했다. 비디오는 움직이는 차량의 천정에 달린 줄에 걸려 있는 고무풍선의 옆모습을 보여주었다. 또한 떠 있는 풍선은 줄에 의해 차량의 뒷자리에 달려 있었다. 차량이 갑작스럽게 멈추면 매달려 있는 풍선은 흔들려 앞으로 움직였고, 떠 있는 풍선은 뒤로 움직였다. 이것을 비디오에서 본 후 학생들은 다음을 읽고 대답을 작성했다.

비디오에서 볼 수 있듯이 차량이 멈추었을 때 매달려 있는 풍선은 앞으로 갔고 떠 있는 풍선은 뒤로 갔다. 이 관찰은 다음과 같은 흥미로운 의문을 제기한다. 왜 매달려 있는 풍선은 떠 있는 풍선이 뒤로 갈 때 앞으로 갔을까? 여기 가능한 설명이 있다. 매달려 있는 풍선은 상대적으로 무겁다. 그래서 차량이 멈추었을 때 가속도가 풍선을 앞으로 옮겼다. 공기보다 가볍고 가속도를 덜 가지고 있는 떠 있는 풍선은 뒤로 갔다. 왜냐하면 차량이 멈추었을 때 차량 안의 더 무거운 공기 분자가 앞쪽으로 돌진하여 앞에 쌓였기 때문이다. 따라서 앞쪽에 쌓인 공기 분자는 풍선의 뒤쪽에 있는 상대적으로 더 적은 공기 분자보다 풍선의 앞쪽을 더욱 세게 밀었다. 따라서 풍선은 뒤로 밀려났다.

비디오에서 본 것과 똑같은 2개의 풍선과 바퀴 위의 큰 밀폐된 용기, 진공펌프 (펌프는 밀폐된 공간의 공기를 빼낼 수 있다)를 가지고 있다고 가정해보자. (1) 이 재료들을 사용하여 가능한 설명을 검증해볼 실험을 설명해보라. (2) 어떤 실험의 결과가 그 설명이 잘못되었다는 것을 나타낼 것인가?

채점. 맞으면 1점, 틀리면 0점을 얻는다. 정답은 다음의 실험과 주장을 반드시 포함해야만 한다는 기준하에 모든 응답들이 평가되었다. 먼저 두 풍선이 차량 안에 고정되었던 것처럼 용기 안에 두 풍선을 고정해야 한다. 다음으로 용기에서 공기를 빼내기 위해 펌프를 사용해야 한다. 그리고 그 용기를 움직이게 하고 재빠르게 멈춰라. 만약 풍선이 차량에서 했던 것처럼(즉 매달려 있는 풍선은 앞으로, 뒤에 가만히 있을 떠 있는 풍선은 뒤로) 움직인다면 그 설명은 잘못된 것이다. 이 실험과 주장은 명시적으로 가설-예측적인 형식을 따르지 않는다. 그럼에도 불구하고 그 형식은 사용되었다. 즉,

> 만약… 비디오에서 본 차량이 멈추었을 때 공기 분자가 앞으로 쌓여서 풍선을 뒤로 밀었기 때문에 공기보다 더 가벼운 풍선이 뒤로 갔다면, (분자 밀기 가설)
> 그리고… 설명된 실험을 수행한다면,
> 그러면… 공기보다 더 가벼운 풍선은 뒤로 움직여서는 안 된다. 공기보다 더 가벼운 풍선은 공기 분자가 용기 안에 남아 있지 않아 풍선을 뒤로 밀 수 없기 때문에 뒤로 움직여서는 안 된다. (이론적 해석)
> 그러나… 제안된 실험을 수행하고 공기보다 더 가벼운 풍선이 여전히 뒤로 움직인다고 가정해보자.
> 그러므로… 우리는 그 설명이 잘못되었다고 결론지을 것이다.

100명의 학생의 응답자 중 임의의 한 부분 집합과의 평정자/채점자 간 일치도는 91%였다.

시험. 앞선 수업의 교수가 쓴 3개의 시험은 학기 중에 시행되었다. 각각의 시험은 26~40개의 선다형 문제를 포함하고 있었다. 시험은 기계로 채점이 되어 각각의 시험은 가능한 총점수 300점을 100점으로 환산하였다. 〈표 2〉는 시험 항목의 예시를 포함하고 있다. 이 항목들은 진화, 자연 도태, 연소, 에너지 전달, 번식 방법과 같은 이론적 개념 체계의 이해를 평가한다.

표 2. 시험 문제 예시

---

1. 다음 중 다윈의 자연 도태 이론의 요소가 아닌 것은?

   a. 자손은 부모를 닮는 경향이 있다.
   b. 환경은 생존과 번식을 제한한다.
   c. 번식의 성공을 향상시키는 유전적 형질을 가진 개체는 그 형질이 부족한 개체보다 더 많은 자손을 남긴다.
   d. 개체군 내에서 개체들 사이에서 형질의 많은 변이가 관찰될 수 있다.
   e. 이 중에 답이 없음 (정답)

2. 많은 곤충 종의 보호색은 _____의 좋은 예이다.

   a. 남아 있는 특성
   b. 획득 형질
   c. 한 단계 진화
   d. 적응 (정답)
   e. 종 분화

3. 서식지에서 다음 중 어떤 생물이 제일 적을까?

   a. 초식 곤충
   b. 식물
   c. 곰팡이류
   d. 독수리 (정답)
   e. 흰개미

4. 과학자들은 지난 100년 동안 대기 중 CO_2 집중적인 증가가 _____ 때문에 일어났다고 결론내렸다.

   a. 빛의 세기 감소로 인한 식물의 광합성 비율 감소
   b. 화산 가스 분출량의 증가
   c. 장기 저장 공간(화석연료, 숲) 속 탄소의 유통 (정답)
   d. 오염된 땅에서 박테리아 성장의 증가
   e. 유기체 분자로부터 방출된 CO_2의 대기 화학 반응

5. 다음 중 밀도 독립적 개체군 제한 요인의 좋은 예는?

   a. 전염병
   b. 전쟁과 전투
   c. 영양실조
   d. 치사 수준으로 떨어진 온도 (정답)

6. 완두콩 식물에서 보라색 대립 유전자는 하얀색 대립 유전자에 비해 우성이다. 보라색 꽃을 가진 동형접합의 완두콩 식물을 하얀색 꽃의 식물과 교배한다. 자손이 하얀색 꽃을

가질 확률은 몇 퍼센트인가?

   a. 0% (정답)

   b. 25%

   c. 50%

   d. 75%

   e. 100%

7. 각각의 종은 번식 능력이 매우 다양하다. 몇몇은 자손이 거의 없지만 몇몇은 굉장히 많은 자손을 가지고 있다. 다음 중 어떤 종이 매우 경쟁적인 조건에서 더 잘 살아남을 것이라고 예상하는가?

   a. 작은 알을 낳는 종은 더 많은 자손을 생산할 수 있어서 최소한 몇몇은 살아남을 것이다.

   b. 작은 알을 낳는 종은 알을 낳는 데 에너지를 덜 소비해서 부모의 생존 시간이 더 많다.

   c. 큰 알을 낳는 종은 새끼들이 경쟁할 수 있도록 더 크고 건강하게 태어나 삶을 시작할 것이다. (정답)

   d. 큰 알을 낳는 종의 부모는 알을 낳는 데 시간을 덜 낭비해서 배우자를 지킬 시간을 더 많이 확보할 수 있을 것이다.

3. 결과

3.1 추론 능력과 서술적 지식의 성과

〈그림 3〉의 a와 b는 학기 초와 그리고 학기 말에 또다시 시행된 가설 검증 능력 시험에서의 학생 점수를 보여준다. 예비 시험의 점수를 기반으로 하여 66명의 학생(11%)은 3수준으로, 198명의 학생(34%)은 하위 4수준으로, 268명의 학생(46%)은 상위 4수준으로, 그리고 52명의 학생(9%)은 5수준으로 분류하였다. 이후의 시험에서 점수는 상당히 향상되었고(종속적 T검정=29.6, df=513, p<0.001) 다음과 같이 분류하였다. 같은 산정기준에 의하면 후의 시험에서 각 수준의 학생 수와 퍼센트는 12명의 학생(2%)은 3수준, 71명의 학생(11%)은 하위 4수준, 288명의 학생(43%)은 상위 4수준, 296명의 학생(44%)은 5수준이었다.

서술적 지식 점수는 중간 정도로 높았다. 354명의 학생(53%)은 5개의 모든 문제에서 바르게 답했다. 221명의 학생(33%)은 4개의 문제에 바르게 답하였고, 68명의 학생(10%)은 3개의 문제에 바르게 답하였으며, 13명의 학생(2%)은 2문제에 바르게

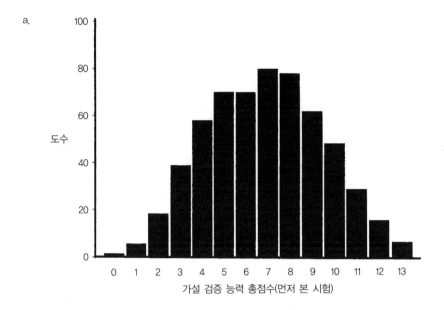

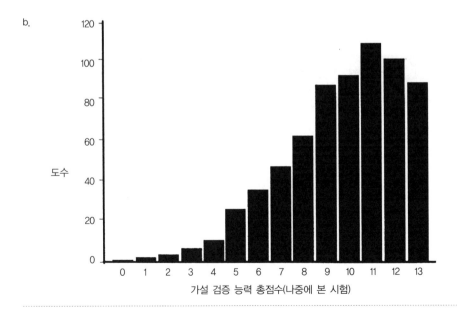

그림 3. 학기의 시작(먼저 본 시험) 그리고 끝에(나중에 본 시험) 본 추론 능력 검사에 대한 총점수의 도수

답하였고, 8명의 학생(1%)은 한 문제에 바르게 답하였다. 3명의 학생들(<1%)은 한 문제도 바르게 답하지 못하였다. 다음은 각각의 문제에 바르게 답한 학생들의 비율로 문제 1은 72%, 문제 2는 95%, 문제 3은 75%, 문제 4는 95%, 문제 5는 97%였다. 세 시험에서 전체 평균 점수는 212점, 표준편차는 66.3이었다. 이것은 71%의 성공률을 나타낸다. 풍선 이동 문제에서 바르게 답한 학생들은 57%였다.

3.2 연구 변수에서의 급간상관

〈표 3〉은 피어슨 연구 변인들 중에서 적률상관계수를 보여준다. 모든 계수들(p<.01)은 전과 후의 가설 검증 능력 측정 사이에 가장 높은 계수인 0.65로 상당하다. 두 번째로 가장 높은 계수는 후의 가설 검증 능력 검사와 학기 시험이다(0.52). 가장 낮은 계수는 서술적 지식과 풍선 이동 문제에서의 차이이다(0.13).

3.3 풍선 이동 문제에 대한 점수 예측하기

풍선 이동 문제에서 점수의 예측 변수로 사용된 추론 능력 수준(후에 본 시험)과 서

표 3. 피어슨 연구 변수 중 적률 상관계수

	학기 초에 본 추론 능력 검사 점수	학기 말에 본 추론 능력 검사 점수	서술적 지식 점수	3개의 학기 시험에 대한 총점	풍선 이동 문제에 대한 점수
학기 초에 본 추론 능력 검사 점수	1.00	–	–	–	–
학기 말에 본 추론 능력 검사 점수	0.65	1.00	–	–	–
서술적 지식 점수	0.25	0.31	1.00	–	–
3개의 학기 시험에 대한 총점	0.36	0.52	0.26	1.00	–
풍선 이동 문제에 대한 점수	0.15	0.21	0.13	0.18	1.00

주 : 모든 ps. < 0.01

술적 지식 점수(0~5점)의 변량 분석은 상당히 유의미한 효과($F_{8,657}$=5.47, $p<0.001$)를 나타냈고, 추론 능력 수준에 대한 유의미한 효과($F_{3,663}$=8.25, $p<0.001$)와 서술적 지식에 대한 유의미한 효과($F_{5,661}$=2.35, $p<0.05$)를 보였다.

단계식 다중회귀분석은 어떤 예측 변수(서술적 지식 또는 추론 능력 수준 중)가 풍선 이동 문제 점수에 대한 더 나은 예측 변수인지를 결정하기 위해 시행되었다. 분석은 서술적 지식이 아니라 추론 능력 수준이 유의미하게 상당한 변량을 설명한다는 것을 보여준다. 그렇지만 서술적 지식 평가에서 점수의 범위는 3개 또는 더 많은 항목에 바르게 답했던 667명의 학생(96%) 중 643명으로 제한되었다. 서술적 지식 또한 범위가 더 컸더라면 상당한 예측 변수가 될 수 있었을 것이다.

〈표 4〉는 추론 능력 수준, 서술적 지식, 풍선 이동 문제의 점수 사이의 관계를 더 자세히 보여준다. 〈표 4〉에서 볼 수 있듯이 풍선 이동 문제에서의 성공이 추론 능력 수준과 함께 지속적으로 향상되었다(즉 세로줄의 합한 퍼센트는 3수준에서는 17%의 성공률, 하위 4수준에서는 33%의 성공률, 상위 4수준에서는 57%의 성공률, 5수준에서는 65%의 성공률). 이 퍼센트는 〈그림 4〉에서 그래프로 보여준다. 가로줄로 합한 퍼센트가 제일 우측 세로줄에 있는 퍼센트이고, 〈그림 5〉는 서술적 지식이 풍선 이동 문제에서 성공의 예측만큼 좋지 않다는 것을 의미한다. 비록 각각의 가로줄의 33%, 50%, 15%, 43%, 59%, 47%가 서술적 지식의 양 증가와 함께 지속적으로 증가

표 4. 추론 능력 나중에 본 시험, 서술적 지식, 풍선 이동 문제의 점수 관계 — 비율과 정확도(%)

서술적 지식*	추론 능력 수준				가로 합
	3수준	하위 4수준	상위 5수준	5수준	
0	0/1(0%)*	—	1/2(50%)	—	1/3(33%)
1	—	1/2(50%)	2/5(40%)	1/1(100%)	4/8(50%)
2	—	0/2(0%)	1/10(10%)	1/1(100%)	2/13(15%)
3	0/2(0%)	6/20(30%)	13/29(45%)	10/17(59%)	29/68(43%)
4	1/7(14%)	6/18(33%)	80/120(67%)	43/76(57%)	130/221(59%)
5	1/2(50%)	11/29(34%)	67/122(55%)	136/201(68%)	215/454(61%)
세로 합	2/12(17%)	24/71(34%)	164/288(57%)	191/296(65%)	—

*서술적 지식과 추론 능력 수준에 풍선 이동 시험에 바르게 응답한 학생들의 비율과 퍼센트

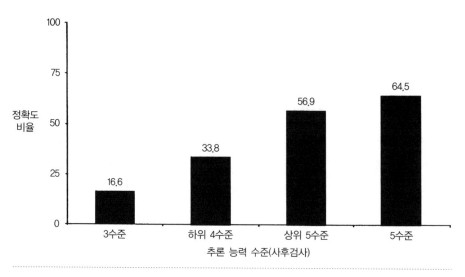

그림 4. 추론 능력 수준(사전검사)과 시험 총점수로 평가된 수업 성적의 관계

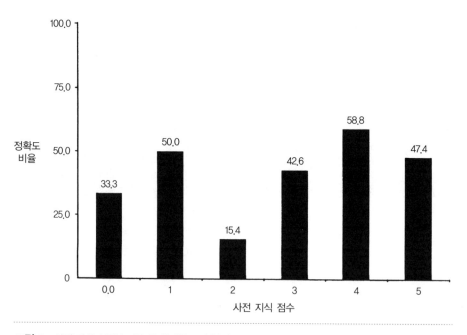

그림 5. 사전 지식과 풍선 이동 문제(정확도 비율)의 관계

하지 않아도, 오로지 24명의 학생만이 가장 낮은 3개의 범주로 떨어졌기 때문에 이러한 퍼센트는 대표적인 것이 아닐지도 모른다.

3.4 수업 시험 성적 예측하기

〈그림 6〉과 〈그림 7〉은 추론 능력 수준(사전검사와 사후검사로 평가되었듯이)과 학기 성적(3개의 시험에서의 총점수로 결정) 사이의 관계를 보여준다. 보다시피 추론 능력 수준과 시험 성적의 차이의 예측된 관계가 발견되었다(사전 가설 검증 능력 검사 : $F_{3,583}=2.20$, $p<0.001$, 사후 가설 검증 능력 검사 : $F_{3,666}=2.26$, $p<0.001$) 사전 검사와 이후의 검사에서 모두 시행되었던 터키의 사후 검증 검사$_{\text{Tukey's post hoc test}}$는 모든 짝을 이룬 집단의 평균 점수가 확연이 다르다는 것을 보여주었다($p<0.05$).

　비록 이 연구의 주된 목적은 원인 가설 검증 능력의 발달을 어떻게 촉진하는지에 대한 가설을 검증하는 것이 아니었을지라도 사전보다 사후검사 점수가 향상된 가능한 원인(그림 3의 a와 b)은 언급할 만한 가치가 있다. 먼저 사전검사에서 사후검사의 작은 향상은 시험-재시험 효과인 것으로 밝혀졌다(예 : Lawson, Nordland & DeVito, 1974).

4. 논의

A산 퀴즈와 삼투 퀴즈(표1)와 같은 퀴즈를 통해 여기서 발견한 것처럼 원인 가설 검증 능력이 발달되는 것은 쉽지 않다. 이는 시험-재시험 효과에 의한 것이 아님을 알 수 있다. 아마 향상 원인의 가장 타당한 이유는 학생들이 실제로 대체 원인 가설을 검증하는 것에 더욱 능숙하게 되었다는 것이다. 이 향상은 교수들과 조교들이 거의 강연마다 의식적으로 원인 가설 검증이 주된 주제가 되도록 함께 노력을 했기 때문에 일어난 것이다. 또한 이전의 '추론 능력을 학습시키는 것이 가능한지'에 대한 연구에서, 학생들이 관찰 가능하지 않은 존재들로 가설을 검증하는 것을 시도하기에 앞서 관찰 가능하고 익숙한 상황의 가설을 검증할 기회가 반복적으로 주어졌을 때 능력이 최고로 발달된다는 결과를 보여주었기 때문에, 실험과 수업은

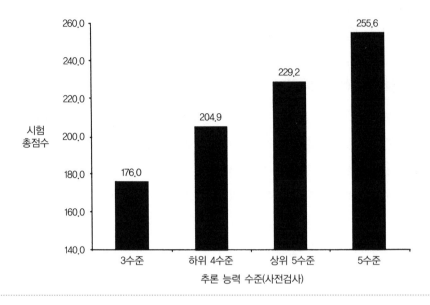

그림 6. 추론 능력 수준(사전검사)과 시험 총점수로 평가된 수업 성적 관계

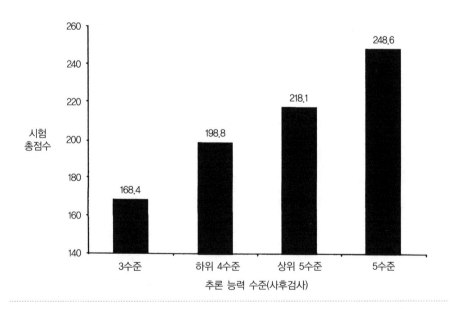

그림 7. 추론 능력 수준(사후검사)과 시험 총점수로 평가된 수업 성적 관계

이 과정을 따랐다.

예를 들어 웨스트브룩과 로저스(Westbrook & Rogers, 1994)는 학생들에게 대체 가설을 만들고 검증하도록 하였는데, 6주 동안의 즉시 관찰 가능한 변수로 이루어진 9개의 단원(예 : 지렛대, 도르래, 빗면과 같은 간단한 장치들에 대한 단원)은 4수준의 추론 능력을 향상시키는 데 성공적이었다는 것을 발견하게 되었다. 또한 셰이어와 아데이(1993)는 생각하는 과학 프로그램(Thinking Science Program; Adey, Shayer & Yates, 1989)을 통해서 학생들의 영국의 국가시험에서의 과학과 수학의 성취도뿐만 아니라 영어 성취도를 향상시키는 데 성공적이었다는 것을 발견했다. 생각하는 과학 프로그램은 음조피리, 쇼핑 가방, 공 튀기기와 같은 관찰 가능한 상황에서 가설을 먼저 검증하고, 화학물질들을 용해하고 태우는 것과 같은 관찰 가능하지 않은 상황에서 원인 가설을 검증함으로써 과학적인 추론 패턴을 발달시키도록 고안되었다. 요컨대 분명히 이 수업의 이와 같은 노력이 많은 학생들의 성과를 올리는 데 기여하는 것 같다.

그 연구의 중심 작업 가설의 첫 번째 검증은 풍선 이동 문제에서 학생들의 수행을 평가하는데, 이는 다소 모호하다. 만약 5단계의 추론 능력만으로 이동 문제를 풀기에 충분하다면 추론 능력은 그것만으로 성공을 예측해야만 한다고 했던 주장을 기억해보라. 서술적 지식이 충분하다면 그것만으로도 성공을 예측해야만 한다. 끝으로 만약 5단계의 추론 능력과 서술적 지식 두 가지 모두가 필요하다면 두 가지 모두 성공을 예측해야만 한다. 단계식 다중회귀분석의 결과에 근거해볼 때 서술적 지식이 아니라 가설 검증 능력이 풍선 이동 문제(표 4, 그림 4~5 참조)에서의 점수 차이를 확실히 설명하는 것 같다. 5수준 학생들은 사실상 덜 능숙한 또래들보다 더욱 성공적이었다. 그러나 〈표 4〉에서 5수준 학생들 중 오직 65%만 성공적으로 답했다는 것을 명심하라. 누군가는 5수준 학생들 중 다른 35%는 왜 성공하지 못했는지 궁금해할지도 모른다. 분명한 것은 그들의 실패가 어떤 특정한 서술적 지식이 부족해서 발생한 것이 아니라 이미 말했듯이 가설 검증 능력이 일관적으로 유지된 상태에서도 서술적 지식이 문제의 성공을 잘 예측하지 못했기 때문이다. 만약 5수준 능력 자체만으로도 충분하고 정말로 일반적이라면 성공률은 더 높았어야 한다. 그러나 100%의 성공을 예상하지는 말아야 한다. 왜냐하면 이론상으로 심지어 일반적으로 5수준 가설(즉 사실상 일어나지 않을지도 모르는 구체적인 예측을 허용하는 시험 상황을 상상해보라)을 어떻게 검증하는지 아는 몇몇의 사람에게도 각각의 가설 검증 상황은 다르다. 따라서 구체적인 5단계 가설을 어떻게 검증하는지를 결정하는 것은 창의적인 요소가 필요하다. 다시 말해서 누군가가 원인 가설을 검증하기 위해서는 무엇이 수행될 필요가 있는지를 전반적으로 이해하고 있다 할지라도, 어떤 한 상황에서, 특히 제한된 시간이 주어지면 그렇게 해낼 좋은 방법을 생각해낼 수 없을지도 모른다. 그러한 예로, 생리학자인 오토 뢰비는 자신의 화학 전달 가설을 검증할 방법을 생각해내기 전에 17년 동안이나 고심했었다(Koestler, 1964 p. 205 참조). 이 설명은 퍼킨스와 살로몬(1989, p. 19)이 일반적 인지 기술은 존재하지만 상황에 맞는 방식으로 기능한다는 그들의 주장과 일치하는 것처럼 보인다.

또한 3수준 학생의 17%, 하위 4수준 학생의 34%, 그리고 상위 4수준 학생의 57%는 풍선 이동 문제에 성공적으로 응답했다는 것에 주목하라. 만약 5수준 가설 검증 능력이 정말로 필요하다면 이 학생들 중 누구도 성공적이지 않았어야 했다. 아마도 이 학생들의 예상치 못한 성공은 문제에 포함되어 있는 지나치게 암시적인 힌트(즉 차량의 밀폐된 공간과 밀폐된 용기에서 공기를 빼낼 수 있는 펌프를 이용하여 설명을 검증해보라)로 인한 것이라고 최소한 부분적으로 설명할 수 있다.

예상했듯이 5수준 학생들은 학기 시험(표 3, 그림 6~7 참조)에서 4수준 학생들보다 훨씬 더 잘 수행하였다. 그러므로 관찰 가능하지 않은 존재들을 포함하고 있는 원인 가설을 검증하는 데 사용되는 능력이 존재하고 수업 수행(즉 이론적인 개념을 이해하는 것과 그러한 개념들에 대한 시험 항목에 정확하게 답을 하는 것)에 있어 전반적으로 유용하다는 가설을 지지하는 증거가 발견되었다. 다시 말해 만약 새로운 시험 항목(촛불 연소 항목과 적혈구 항목)의 성공이 오직 그 항목들에 대한 특정 서술적 지식만을 요구했더라면 5수준으로 분류된 학생들은 다른 영역 지식에서의 개념 이해를 확인하는 시험에서 4수준으로 분류된 학생들보다 훨씬 더 성공적이지 않았을 것이다.

5. 결론 및 교육적 함의

지금의 결과는 전형적인 피아제 기반 측정에 의해 형식적 단계 추론으로 평가되는 것을 넘어서는 보편적인 원인 가설 검증 능력이 존재하고, 그것은 관찰 가능하지 않은 존재에 대한 원인 가설을 검증하기 위해 사용된다는 가설을 지지한다. 5단계(형식적 단계 추론 이후)의 능력은 풍선 이동 문제와 넓은 범위의 이론적인 주제들을 포함하고 있는 시험에서 성공한 학생들이 사용하는 것으로 나타났다. 그러나 4단계와 5단계의 가설-예측적 추론 사이의 차이는 아직 완전히 명백하게 나타나지 않았으며, 창의적 요소와 앞으로 밝혀질 그 이상의 더 많은 요인들이 새로운 상황에서 그러한 가설 검증 능력이 어느 정도 사용될지 안 될지를 결정하는 것에 중요한 역할을 할 수 있다(예 : 자신감, 내적인 통제성, 감성 지능. Goleman이 정의, 1995).

증거들을 통해서 서술적 지식을 가지고 있는 것만으로는 이러한 이론적 수준에서 가설 검증 수행을 성공적으로 해내기에 부족하다는 것을 알 수 있다. 이것이 서술적 지식이 5단계의 수행에 있어서 중요하지 않다는 것을 말하는 것은 아니다. 많은 학생들은 하나 또는 그 이상의 서술적 지식의 핵심 개념(즉 진자, 가스의 상대 밀도, 가스의 분자의 특성)이 부족함에도 불구하고 풍선 이동 문제에서 풍선 2개가 움직이는 원인에 대한 가설을 성공적으로 검증하였다.

비록 추후의 연구는 더 많은 상황에서(예 : 제10장에서 과학 본성의 오개념을 부정하는 것에서 5단계 추론의 역할을 살펴볼 것이다) 가설 검증 능력의 역할을 살펴볼 필요가 있고, 학생들이 그러한 능력을 언제 사용하는지를 결정하는 데 역할을 하는 추가적인 요소를 알아볼 필요가 있을지라도, 대학 수준의 과학 지도에서 5단계의 가설 검증 능력에 중점을 두는 것은 매우 효과적이다. 특히 실험이나 수업에서 관찰 가능하고 익숙한 것부터 관찰 가능하지 않고 익숙하지 않은 것으로 차례로 옮겨갈 때 특히 더 효과적이다. 우리의 현재 실험과 수업의 순서가 상대적으로 효과적인 것처럼 보이지만 많은 학생들은 여전히 5단계의 가설을 검증하는 것을 계속해서 어려워하고 있다. 서술적 · 인과적 질문, 가설과 예측, 증거(즉 관찰된 결과)와 결론 사이에서 계속 혼란스러워한다. 추가적인 연구를 통해서 이러한 끈질긴 문제들을 해결하기 위한 교육과정을 만들어낼 최선의 방법을 밝혀낼 필요가 있다.

과학적 개념에는
어떤 종류가 있는가

1. 도입

노스롭(Northrop, 1947), 로손, 에이브러햄, 레너(Lawson, Abraham & Renner, 1989)는 일반적으로 세 가지 의미의 근원과 세 가지 개념 범주를 제안했다(즉 특정 용어나 문장을 연결하는 인지적 구성). 직접적인 수준에서 의미$_{meaning}$는 즉각적·감각적으로 입력되는 것으로, 색깔 개념(초록, 빨강, 파랑 등)이나 외부 상태 개념(뜨거움, 추움, 날카로움, 무딤), 내적 상태 개념(배고픔, 갈증, 피곤함 등)을 말한다. 그러므로 첫 번째 개념 범주는 이해적 개념$_{apprehension\ concept}$으로 정의된다. 두 번째 범주는 크다, 무겁다, 휴식, 달리기, 테이블, 의자와 같은 용어가 가지는 의미의 근원으로 생각될 수 있는데, 용어의 의미는 물체, 사건, 물체나 사건들 간의 비교를 통해 정의 내리지만 그러한 의미는 바로 인식되지 않는다. 노스롭(1947)에 따르면 "지각되는 물체는 바로 이해되는 요인이 아니다. 즉각적으로 파악하여 가정하기보다는 비판적인 이해를 통한 연역적인 결과를 통해 이해하고 검증되는 것이다"(p. 93). 다시 말해 '테이블', '의자'와 같은 사물과 '달리기', '휴식'과 같은 사건, '더 크다', '더 무겁다'와 같은 관계는 머릿속에서 구성된 것이라는 의미이다. 그러나 우리는 가정의 존재를 뒷받침하기 위해 너무나 많은 증거를 모으기 때문에 이러한 사실을 바라보는 시각을 잃게 되었다. 이러한 이유로 두 번째 종류로 **서술적 개념**descriptive concept으로 불리는 범주가 정의되었다. 서술적 개념을 이해하기 위해서는 주변 환경에서 맞닥뜨리는 현상의 순서를 머릿속으로 나열해야 한다. 즉 설명에 의한 개념은 우리의 경험을 정돈되게 나열하고 묘사할 수 있도록 한다(제3장 참조).

세 번째 개념의 유형은 로슨(1989)에 의해 설명된 것인데, 가정과 검증test에 의해 정의된다. 그러나 이 유형은 서술적 개념과 달리 정의하는 속성이 간접적으로만 검증 가능하다는 점에서 차이가 있다. 이 개념은 주로 원인을 필요로 하는 사건을 설명하는 데 사용되지만 우발적인 요인에 대한 것은 인식할 수 없다. 천사, 귀신 등이 이 유형에 속한다. 과학에서의 일반적인 예로는 광자, 전자, 원자, 분자, 유전자 등이 있다. 이것을 **이론적 개념**theoretical concept이라고 한다. 이론적 개념의 존재 이유는 인간이 자신의 세계를 만들어간다는 기본 가정에서 찾을 수 있다. 사건은 원인 없이 일어나지 않는다. 그러므로 사건은 인식하지만 인식된 사물이나 사건의 발생 과정은 인식할 수 없다고 해도 사건이 원인도 없이 자발적으로 일어났다고 할 수 없다. 대신 유추를 통해(제5~6장 참조) 우리가 인지할 수 있는 인과적 관점에서 사건을 설명하기 위해 눈에 보이지 않는 물체와의 상호작용을 만들어낸다. 이론적 개념은 상상할 수 있고, 설명되지 않는 것을 설명하는 기능을 가지고 있기 때문에 그들이 일부가 되는 이론의 관점에서 요구되는 어떤 특성이든 가질 수 있다. 따라서 이론에 의한 개념은 이미 알고 있는 특정 이론에 기초한 유추로부터 의미를 도출한다(Lawson, 1958; Lewis, 1980, 1988; Norhrop, 1947; Suppes, 1968).

발달 이론에 의하면 서술적 · 이론적 개념 구성은 지적 발달과 관계가 있는데, 구성 과정이 절차적이고 작동적 지식 구성(즉 추론 패턴)뿐만 아니라 선행된 서술적 지식 구성에 부분적으로 의존하기 때문이다. 절차적 구성의 발달은 연령에 따라 순차적으로 일어난다(Anderson, 1980; Fosnot, 1996; Inhelder & Piaget, 1958; Karplus, 1977; Kuhn, 1989; Lawson, 1995; Piaget & Inhelder, 1969; von Glaserfeld, 1995). 왜냐하면 절차적 구성의 발달은 성장(예 : Epstein, 1986; Hudspeth & Pribram, 1990; Thatcher, Walker, & Guidice, 1987)뿐만 아니라 경험(사회적 · 물리적 경험)과 개인의 자기규제 기작에 의존하기 때문이다. 따라서 지적 발달이 일어나는 동안 이해적 개념이 먼저 생기고, 아동기 동안 형성된 서술적 개념은 청소년기와 성인기 동안 형성되는 이론적 개념 형성에 뒤따른다. 물론 이 순서는 아이들이 종종 유령, 산타클로스, 요정을 믿지 않게 되는 것을 의미하지는 않는다. 아이들은 그런 믿음을 가질수 있지만 그러한 믿음은 어떤 대안이나 증거를 고려함에 따라 구성된 것이라기보다는 일반적으로 어른들의 말에 의해 구성된다. 마찬가지로 어른도 새로운 분야에서 개념을 구성하려고 할 때 이론에 의한 개념이 형성되기 전에 부분적으로나마서술적 개념의 형성이 선행되어야 한다. 예를 들어 그레고어 멘델은 자손이 부모와닮는다는 경향을 알게 되었고 왜 그런지 궁금했다. 멘델의 경우 관찰 가능한 완두콩 부모와 자손의 '표현형'을 설명한 뒤에 관찰할 수 없는 '유전자형'의 성질과 작용에 대한 자신의 이론을 구성하였다. 여기서 표현형이라는 서술적 개념이 먼저이고, 유전자형이라는 이론적 개념이 두 번째 구성되었다. 다시 말해 관찰에 의해 설명되는 몇 가지 퍼즐 조각(예 : 왜 자손은 부모를 닮을까?)을 가지기 전까지는 이론적으로 독립된 것(예 : 유전자)으로 설명하지 않는다.

개념 구성 이론과 지적 발달을 통해 어떤 연령의 학생이든지 절차적 지식 구성(가설−예측적 추론 패턴) 정도가 다양하다면 서술적·이론적 개념을 가르치는 과학수업에서 배움을 얻는 정도가 다양할 것이라고 예측할 수 있다. 이 예측은 이전의몇몇 연구에서 확인되었다(예 : Cavallo, 1996; Germann, 1994; Johnson & Lawson, 1998; Kwon & Lawson, 2000; Lawson & Renner, 1975; Lawson & Thompson, 1988; Lawson & Weser, 1990; Renner & Marek, 1990; Shayer & Adey, 1993).

이 이론이 연구의 어떤 분야에서든 서론과 연구 가설을 검증하는 것에 앞서서서술적 기반이 선행되어야 함을 암시한다는 것에 주목하라. 그러나 이는 학생들의고차원적 추론 능력이 발달될 때까지 인과적 문항(Metz, 1995 참조)을 피해야 함을의미하지는 않는다. 이는 오히려 대안적이고 이론적인 가능성을 생성하고 검증하는 과정이 더 고차원적 추론 능력 발달로 이끈다는 관점이다. 하지만 불행히도 이론적 개념 도입은 보통 이런 방향으로 이뤄지지 않고 오히려 대부분의 교과서들이'사실'이라고 소개하므로 학생들은 더 높은 수준의 추론 능력을 발전시킬 기회를얻지 못한다. 따라서 학생들은 과학이 어떻게 작용하는지 이해할 기회도 제공받지못한다.

2. 제4의 개념 : 가설적 개념

처음부터 이 연구의 목적은 이해적 개념, 서술적 개념, 이론적 개념과 더불어 제4의 개념인 '가설'이 존재함을 검증하기 위함이었다. 제4의 개념은 이론적 개념처럼 관찰표본이 부족하다. 그러나 이론적 개념과 다르게 제4의 개념은 관찰로부터 의미가 전달되기는 하지만, 관찰을 하기에 충분한 시간 프레임이 가능한 정도까지 시간이 필요하다. 그런 개념은 서술적 개념보다 더 추상적이지만 이론적 개념보다는 덜 추상적이다. 결과적으로 개념 구성의 관점에서 중간 정도의 난이도intermediate difficulty가 되어야 할 것이다. 말 그대로 가설적이라는 단어는 제4의 개념을 제안하기 위해 선택되었다.

더 구체적으로 용어를 설명한다면 대학교 생물 입문 과정을 보면 환경 요인, 먹이 사슬, 개체군, 야행성, 육식 동물, 자극, 반응은 쉽게 관찰되기 때문에 서술적 개념으로 분류된다. 더 나아가 종, 제한 요인, 화석, 진화, 수렴진화, 자연선택, 인위선택 등은 오랜 시간이 주어지면 관찰 가능한 것이기 때문에 가설에 의한 개념으로 분류한다. 그리고 삼투, 연소, 기압, 유전자, 분자, 광합성, 생물지질화학적 순환 등은 시간에 관계없이 절대 관찰할 수 없기 때문에 이것을 이론적 개념으로 분류할 수 있다.

이 분류 체계는 더 강력한 현미경과 망원경이 3영역 이론을 2영역 이론으로 바꿀 수 있을 때의 헤레(Harre, 1986)가 제안한 2영역과 3영역의 구분 이론을 고려하지 않았다. 즉 헤레는 실험 기구가 충분히 강력하여 이전에는 관찰 불가했던 것들을 관찰가능하게 만들었을 때, 3영역 이론/개념은 2영역 이론/개념이 될 수 있다고 설명한다. 그러나 나는 한번 개념이 이론적으로 분류되면(헤레의 3영역), 이것을 2영역으로 후에 다시 분류하는 것은 적절하지 않다고 생각한다. 왜냐하면 기구 해상도와 상관없이 중요 인지적 쟁점은 관찰이 아니라 해석에 달려 있기 때문이다. 예를 들어 강력한 전자 현미경이 이제 미세한 공 모양의 물체에 초점을 맞출 수 있다는 사실은 그 공 모양 물체를 원자로 해석하든 아니든, 또는 아마도 단지 매우 작은 공 모양 분자로 해석하든 아니든, 관찰 능력이 아니라 개인의 이론적 관점에 의존하기 때문이다. 게다가 원자라는 단어의 의미는 얼마나 가깝게 관찰했는지로부터 결정되는 것이 아니다. 대신에 그 의미는 유추와 원자-분자 이론의 가정으로부터 지속적으로 결정된다.

요약하자면 제안된 개념 분류 체계에 따르면 '서술적 개념'은 의미가 경험에서 오기 때문에 개념을 구성하는 것이 가장 쉽다. '가설적 개념'은 의미가 과거 또는 미래의 사건을 상상해야 하기 때문에 개념을 구성하는 것이 어려움이 중간 정도이다. 그리고 '이론적 개념'은 의미를 관찰할 시간이 많이 주어진다 해도 관찰로부터 유도될 수 없기 때문에 개념을 구성하는 것이 가장 어렵다. 따라서 이 가설을 통해 학생의 설명적·가설적·이론적 개념에 의한 특정 지식을 평가할 경우 학생들은 이론적 개념의 지식보다 서술적 개념의 지식을 더 많이 설명할 수 있을 것을 예상할 수 있다. 마찬가지로 이론적 개념의 지식보다 가설적 개념의 지식을 훨씬 더 많이 설명해야 한다. 이러한 예상은 〈그림 1〉의 그래프에서 보여준다. 〈그림 1〉의 그래프는 2개의 범주(설명적이고 이론적인) 내에서 소개된 용어인 대안적인 가설에 기반한 예측이다.

더 나아가 또 하나의 예상을 할 수 있다. 개념 구성이 추론 능력의 한 부분에 의존할 것이라고 가정했기 때문에 발달 수준이 다른 학생은 세 가지 종류의 개념으로 지도를 받을 경우 그들의 능력 안에서 특정 개념의 지식을 설명하는 능력이 달라질 것으로 예상할 수 있다. 다시 말해서 덜 발달된 추론 능력을 지닌 학생은 더

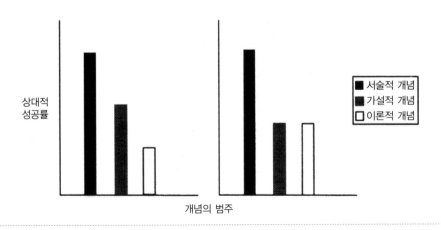

그림 1. 왼쪽 그래프는 세 가지 범주(즉 설명적, 가설적, 이론적) 내에서 도입된 개념의 가설에 기반한 결과를 나타내고, 오른쪽 그래프는 두 가지 범주(설명적, 이론적) 내에서 도입된 개념의 가설에 기반한 결과를 나타낸다.

발달된 추론 능력을 가진 학생보다 자신의 지식을 설명하지 못할 것이다. 짐작건대 지적 발달 과정은 (1) 3수준 — 서술적 수준으로서 피아제의 구체적 조작기와 유사하고, (2) 4수준 — 발달된 수준으로서 피아제의 형식적 조작기와 유사한데, 가설적인 인과 요인이 관찰 가능할 때만 인과적 가설을 다룰 수 있다. (3) 5수준 — 더욱 발달된 수준으로 눈에 보이지 않는 이론 전체를 검증할 수 있다. 결론적으로 서술적 수준(3수준)의 학생들은 서술적 개념의 지식은 설명할 것으로 예상되지만, 가설적 또는 이론적 개념 지식을 설명할 수 없다(서술적 개념 가능/이론적·가설적 개념 불가) 더 나아가 4수준의 학생은 서술적·가설적 개념 지식을 나타낼 수 있지만 이론적 개념은 할 수 없다. 5수준의 학생은 세 가지 범주의 개념에 속한 지식들을 모두 설명할 수 있다. 이 예상은 〈그림 2〉에서 볼 수 있다. 그러나 낮은 발달 수준의 학생도 더 발달된 개념 지식의 일부를 입증할 수 있는데, 다음에 설명된 바와 같이 개념 평가 척도는 블룸(Bloom, 1956)의 지적 수준에서 작성된 질문으로 구성되어 있기 때문에 이 수준은 블룸에 의해 정의된 것만을 반드시 요구하지는 않는다. 이 연구 설계의 이유를 다음과 같이 요약할 수 있다.

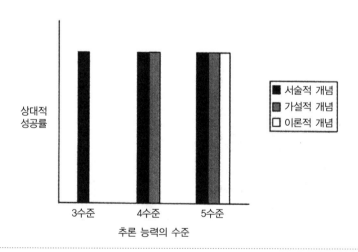

그림 2. 추론 능력의 수준과 세 가지 범주 내에서 분류된 개념 지식 간의 관계를 나타내는 그래프. 예상 결과는 각각의 발달 수준과 관련된 추론 패턴은 개념을 이해하는 데 필요하다. 마찬가지로 개념 지식과 연관되어 있을 것이다.

만일… 추상성이 증가하는 순서로 과학적 개념이 세 가지 유형으로 존재한다면,
[즉 서술적, 가설적, 이론적(발달 순서 가설)]

그리고… 3, 4, 5수준으로 분류된 대학생들을 대상으로 생물 수업을 통해 세 가지
유형의 개념에 따라 가르치고, 그 개념의 지식을 평가한다면,

그러면… (1) 학생들은 이론적 개념보다는 가설적 개념과 서술적 개념의 지식을 훨
씬 더 많이 설명할 수 있을 것이다. (2) 3수준의 학생들은 서술적 개념 지식을 설명
할 수 있을 것이다. (3) 4수준의 학생들은 서술적 개념 지식과 가설적 개념 지식을
설명할 수 있을 것이다. (4) 5수준의 학생들은 세 가지 유형의 개념 지식을 모두 설
명할 수 있을 것이다.

3. 연구 방법

3.1 연구대상

생물의 세계 수업을 듣는 비과학 전공자 대학생 663명을 대상으로 하며 이 학생들
의 연령층은 17.1~54.2세(평균 연령 20.3세, 표준편차 3.7)이다.

3.2 연구 설계

학생들의 추론 능력 수준(즉 발달 수준)을 측정하도록 고안된 검사는 정기적으로 예
정된 실험 기간 내에 학기 첫째 주에 실시하였다. 같은 검사를 한 학기 마지막 주에
정기적으로 예정된 실험 기간 내에 수준별 기말고사의 일환으로 다시 실시하였다.
해당 검사는 105개의 참/거짓 질문으로, 도입 부분에 포함했던 21개의 개념 지식
을 측정하도록 고안하였다.

이 발달된 연구자 분류 체계 유용성을 확인하기 위해 10명의 예비 생물학 교사
(생물학 전공자, 졸업반생, 졸업생)으로 전문가 집단을 구성하였으며, 이들은 부록에
나타나는 개념 유형의 정의를 읽었다.[1] 그리고 개인적으로 각 생물학적 개념을 제

---

1 역자 주 : 분류 체계 유용성 확인을 위해 사전에 각 개념들의 정의에 대해 읽고 토론하게 하여 그들
   이 알고 있던 정의와 일치하게 하였다.

시된 정의를 바탕으로 서술적, 중간적 혹은 이론적 개념으로 분류하도록 하였다. 그리고 나서 전문가 집단 전체가 만나 각 개념 분류를 토론하고 합의하도록 하였다. 전문가 집단의 합의 범위는 그들의 분류뿐만 아니라 연구자의 분류까지 비교하면서 결정하도록 하였다.

3.3 검사 도구

추론 능력 수준. 추론 능력 수준(발달 수준)도 제7장에서 설명했던 가설 검증과 관련된 추론 패턴을 기반으로 집단 실시 검사로 평가했다. 동일하게 13개 항목으로 되어 있으며 자유 서술 형식이 아니라 객관식 응답으로 제공했다. 따라서 이 검사는

---

1. 이 재료들을 사용하면서 가능한 설명을 어떻게 검증할 수 있는가?

    a. 물을 CO_2로 포화시키고 실험을 다시 수행하여 물이 올라간 양을 기록한다.

    b. 산소가 소모되었기 때문에 물이 올라간다. 따라서 산소 감소로 인한 물의 상승을 보여주기 위해 정확히 동일한 방법으로 실험을 다시 수행한다.

    c. 촛불의 개수만 달리한 대조실험을 수행하여 차이가 있는지 본다.

    d. 흡입으로 인해 물이 올라갈 수도 있다. 따라서 끝이 열린 실린더에 풍선을 달고 실린더를 타는 양초 위에 덮는다.

    e. 실험을 다시 수행한다. 모든 독립 변수들이 동일하도록 확실히 통제한다. 그리고 물이 올라간 양을 조심스럽게 측정한다.

2. (앞서 언급된) 실험의 어떤 결과가 설명이 잘못되었다는 것을 보여주는가?

    a. 이전보다 물이 더 높이 상승한다.

    b. 이전과 동일한 양만큼 물이 상승한다.

    c. 이전보다 물이 더 적게 상승한다.

    d. 풍선이 부푼다.

    e. 풍선이 찌그러진다.

2개의 적혈구에 대한 문항은 다음과 같다.

1. 실험의 어떤 결과가 설명 1이 잘못되었다는 것을 가장 잘 보여주는가?

    a. 봉지 무게의 감소

    b. 봉지 무게가 동일함

    c. 봉지가 더 작아짐

2. 실험의 어떤 결과가 설명 2가 잘못되었다는 것을 가장 잘 보여주는가?
  a. 봉지 무게의 감소
  b. 봉지 무게가 동일함
  c. 봉지가 더 작아짐

26개의 객관식 항목의 합계로 구성된다. 예를 들어, 2개의 촛불 연소/2개의 적혈구에 대한 문항을 객관식 선택형으로 제시하였다.

채점. 26개 문항(13개 쌍으로 구성된 문항)으로 1개 문항에 1점을 부여한다.

0~8점은 3수준(이 수준의 학생은 관찰할 수 있는 인과관계를 포함한 가설을 검증할 수 없음)이고, 9~14점은 하위 4수준(이 수준의 학생은 관찰할 수 있는 인과관계를 포함한 가설을 일관성은 없지만 검증할 수 있음)이며, 15~20점은 상위 4수준(이 수준의 학생들은 일관되게 관찰할 수 있는 인과관계를 포함한 가설을 일관성 있게 검증할 수 있음)이다. 그리고 21~26점은 5수준(이 수준의 학생들은 관찰할 수 없는 것을 포함한 가설도 검증할 수 있음)이다. 학기말에 검사를 실시한 결과 0.81의 크론바흐 알파 신뢰도 계수의 유의 수준을 보였다.

개념 지식. 각 21개의 개념과 관련하여 지식을 평가하도록 다섯 가지 진술을 구성하였다. 이것의 의도는 더 높은 수준의 평가에 의해 요구되는 추론 패턴이 아니라 각 개념과 관련된 지식을 평가하는 것이었다[예 : 분석, 적용, 증거, 통합과 같은 더 높은 수준(Bloom, 1956)]. 더 나아가 블룸은 이해를 가장 낮은 수준으로 여겼으나 이해 수준과 더 높은 수준의 문제들에 답할 때 각 용어에 대해 학생들이 알고 있는 것과 일반적인 추론 능력을 혼동할 수 있기 때문에, 이를 피하기 위해 질문을 이해 수준에서 작성하지 않았다.

검사가 시행되는 동안 학생들은 각 진술을 읽고 거짓과 참을 결정하여 답안지에 표시한다. 각 진술들은 〈표 1〉에서 제시한 육식 동물, 개체군, 제한 요소, 자연선택, 유전자와 삼투 현상이라는 용어와 관련된 지식을 평가한다. 크론바흐 알파로 나타난 신뢰도는 0.70이다. 신뢰도가 다소 낮은 이유는 참/거짓 방식의 문항 특성상 확신 없는 대답이 각 문항의 정답률에 큰 영향을 줄 수 있기 때문으로 짐작할 수 있다.

표 1. 설명적 개념, 가설적 개념, 이론적 개념 질문의 예

설명적 개념 질문

육식 동물

- 다른 동물을 먹는 동물이다. (참)
- 동물과 식물 모두를 먹는 동물이다. (거짓)
- 생태계에서 생산자로 분류된다. (거짓)
- 반드시 털을 가지고 있다. (거짓)
- 땅에서만 산다. (거짓)

생물학적 개체군

- 특정 장소에서 같은 종류의 생물들이 서식하고 생식하는 것을 나타낸다. (참)
- 생물 군집의 구성 요소로 생물과 무생물을 나타낸다. (거짓)
- 시간이 흐르면서 개체 수가 증가할 수 있다. (참)
- 시간이 흐르면서 개체 수가 감소할 수 있다. (참)
- 항상 다양한 형질을 가진 개체가 있다. (참)

가설적 개념 질문

제한 요소

- 개체군 크기가 증가함에 따라 중요성이 증가할 수 있다. (참)
- 개체군 크기와 관계없이 전체 개체군이 파괴될 수 있다. (참)
- 개체군의 번식 가능성을 억제한다. (참)
- 생물과 무생물이 환경에 영향을 줄 수 있다. (참)
- 개체군의 크기를 제한하는 환경의 비생물학적 측면을 고려할 수 있다. (참)

자연선택설에 따르면 종은 다음과 같은 조건을 만났을 때 시간을 거슬러 변한다.

- 더 유리한 형질의 개체가 덜 유리한 형질을 가진 것보다 더 많은 자손을 낳는다. (참)
- 환경 요소가 개체군 성장에 한계점으로 작용한다. (참)
- 기후 조건은 기간을 거슬러 변한다. (거짓)
- 개체의 일생 동안 새로 생긴(얻은) 형질이 자손에게 전달된다. (거짓)
- 유리한 형질은 유전된다. (참)

이론적 개념 질문

유전학에 따르면,

- 유전자쌍은 접합자 형성 시 독립적으로 분리된다. (거짓)
- 난자와 정자가 만들어지는 동안 유전자는 무작위로 조합된다. (거짓)
- 유전자는 염색체 안에 있다. (참)
- 개체는 적어도 관찰 가능한 형질의 유전자 한 쌍을 가진다. (참)
- 한 쌍의 유전자는 다른 유전자의 발현을 지배할 수 있다. (참)

삼투압
- 생체막을 통해서만 일어난다. (거짓)
- 증류수로 채워진 투석 봉지가 포도당 용액으로 대치될 때 일어난다. (참)
- 온도에 영향을 받지 않는다. (거짓)
- 이온이나 분자의 무작위적인 충돌을 포함한다. (참)

4. 결과

4.1 개념 분류 체계 사용에 관한 찬성/반대

부록에는 연구자의 개념 발달 분류 체계와 10명의 전문가 집단이 각 생물 개념의 분류에 동의했다는 내용이 있다. 간단히 말하면 연구자와 전문가 집단은 (연구자에 의해 분류되었던) 이론적 개념 7개 모두와 서술적 개념 7개 모두에 대해 전적으로 동의했다. 2개의 가설적 개념/중간 개념(예 : 진화 개념과 수렴진화 개념)에서 완전한 동의가 이루어졌다. 그러나 의견의 차이는 중간 개념(가설적 개념)으로서 연구자에 의해 분류되었던 나머지 다섯 가지 개념에 있었다. 자연선택설 개념에는 단지 약간의 차이가 있었다(즉 전문가 집단 10명 중 9명이 중간 개념으로 분류하였다). 화석 개념(즉 전문가 집단 10명 중 7명이 중간 개념으로 분류하였다)과 제안 요소 개념에는 보통의 차이가 있었다(즉, 전문가 집단 10명 중 6명이 중간쯤으로 개념을 분류하였다). 단지 전문가 집단 10명중 2명만이 인위선택 개념을 중간 개념으로 분류하였고, 3명은 서술적으로, 1명은 이론적으로, 4명은 서술적 개념과 중간의 범주 사이에서 결정하지 못했다. 흥미로운 점은 10명의 전문가 집단이 연구자와 동일하지 않게 종의 개념을 서술적 개념으로 분류하였다는 것이다.

4.2 학생의 추론 능력 수준

학기 초에 실시한 추론 능력 평가 점수는 3~24점(평균 14.25, 표준편차 4.6)으로 다양했다. 학기 말에 실시한 점수는 2~25점(평균 18.24, 표준편차 4.54)이었다. 독립표본 T-검정 결과($t=14.99$, $p<0.001$), 유의미하게 다르다는 것을 보여준다(그림 5 참조).

〈표 2〉는 연구자가 정의한 세 가지 개념의 범주별로 묶은 21개 개념의 평균 점수를 나타낸 것이다. 표에서 볼 수 있듯이 서술적 개념은 평균 점수 3.78점(먹이사슬)에서부터 4.85점(환경 요인)까지 분포하고, 가설적 개념은 평균 점수 3.40점(자연선택)에서부터 4.58점(화석)까지 분포하며, 이론적 개념은 평균 점수 2.79점(연소)에서부터 4.16점(생물지구화학적 순환)까지 분포하였다.

〈그림 3〉은 길포드 방정식에 의해 세 가지 개념 범주 내에서 전반적인 학생의 수행 능력을 보여준다(Guilford, 1936). 길포드 방정식은 답을 맞힐 수 있는 기회가 요

표 2. 서술적 개념, 가설적 개념, 이론적 개념을 묻는 질문에 대한 학생의 성취도

개념	평균	표준편차
서술적 개념		
환경 요인	4.85	0.44
먹이 사슬	4.12	0.92
개체군	3.78	0.91
야행성	3.88	1.02
육식 동물	4.41	0.70
자극	4.01	1.01
군집	4.39	0.74
가설적 개념		
종	3.96	0.87
제한 요인	4.07	0.93
화석	4.58	0.62
인위선택	3.46	0.94
진화	3.10	0.82
수렴진화	3.87	0.92
자연선택	3.40	1.03
이론적 개념		
삼투	3.22	1.21
연소	2.79	0.96
기압	2.83	1.19
유전자	3.700	0.93
분자	3.86	0.96
광합성	2.88	1.00
생물지질화학적 순환	4.16	0.92

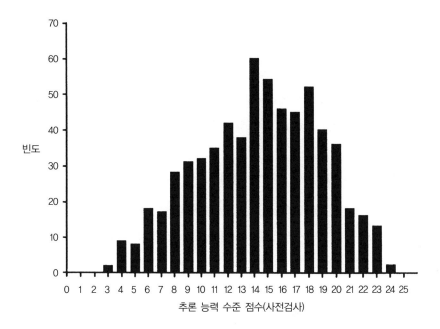

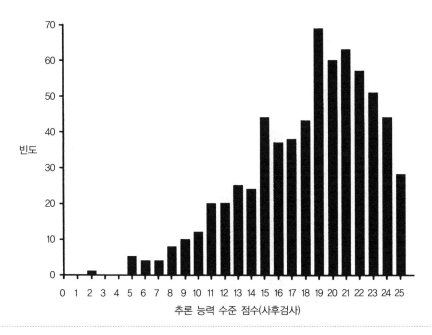

그림 3. 추론 능력 수준을 검사한 결과로 분포도 왼쪽 그래프는 학기 초, 오른쪽 그래프는 학기 말에 실시한 그래프이다.

인이 될 때 문항 난이도를 결정하기 위해 사용된다(즉 참/거짓과 같은 질문은 한 번의 선택으로 정답을 맞출 확률이 50%이다). 결과적으로 답을 맞힐 수 있는 기회 요인을 제거한 후에 서술적, 가설적, 이론적 개념을 수행하면 각각 81.1%, 614.%, 46.5%로 밝혀졌다. 반복 측정과 다변량 분석 결과 통계적으로 유의미한 차이점이 보였다($F_{2,642}=921.0$, $p<0.001$). 짝비교 또한 통계적으로 중요하게 나타났다($p<0.001$).

4.3 추론 능력 수준과 개념 문항의 관계

〈그림 4〉는 추론 능력의 수준(학기 말에 측정)과 답을 맞힐 수 있는 기회를 제거한 세 가지 범주의 개념 문항 풀이 사이의 관계를 보여준다. 그림은 추론 능력과 세 가지 개념 범주를 묻는 문항에 대한 점수 간의 관계를 명백하게 보여준다. 반복 측정과 다변량 분석 결과, 통계적으로 유의미한 차이점을 보였다($F_{3,633}=63.01$, $p<0.001$). 짝비교 또한 통계적으로 중요하게 나타났다($p<0.001$).

〈그림 5〉는 각각 4개의 추론 능력 수준에 대한 학생들의 점수가 가설적 개념 문항보다 서술적 개념 문항에서 더 높은 것으로 드러났다. 또 다시 반복 측정과 다변량 분석 결과, 이러한 성과 차이가 통계적으로 유의미한 것으로 나타났다(3수준 학

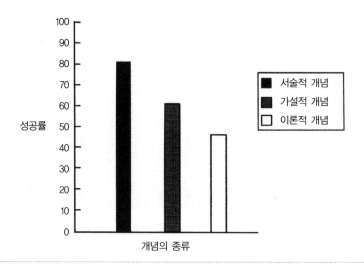

그림 4. 답을 맞힐 수 있는 기회를 제거한 후 서술적·가설적·이론적 개념에 대한 문항을 푼 학생. 〈그림 1〉과 비교

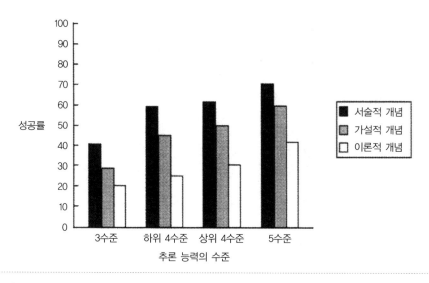

그림 5. 답을 맞힐 수 있는 기회를 제거한 후 각 지적 발달 단계에 맞게 서술적·가설적·이론적 개념 문항을 학생이 수행한 결과. 〈그림 2〉와 비교

생 : $F_{2,16}$=12.77, p<0.001, 하위 4수준 학생 : $F_{2,106}$=139.06, p<0.001, 상위 4수준 학생은 $F_{2,278}$=364.92, p<0.001, 5수준 학생 : $F_{2,229}$=423.36, p<0.001). 짝비교 또한 3단계 학생들에 대해서 가설적 개념과 이론적 개념 문항 간의 유의미하지 않은 것을 제외하고(p=0.168) 모두 통계적으로 중요하게 나타났다(p<0.001).

5. 논의

전문가 집단 10명과 연구자들이 21개 개념 유형 중 16개에서 완벽히 일치했다는 결과는 분류 체계가 일관되고 명확하게 기술적 개념과 이론적 개념을 분류하는 데 사용될 수 있음을 의미한다. 5개의 의견 불일치는 전부 연구자들에 의한 분류된 개념 중 중간/가설적 개념 수준에서 나타났으며, 서술적 또는 중간 개념 중에서 어떤 것으로 분류되어야 하는지 여부에 대해 관심을 가졌다. 돌이켜 생각해보면 이러한 차이는 불가피한 관찰을 하기 위해 흔히 기회와 인내심을 가진 사람이 되는 것처럼 그리 놀라운 결과는 아니다. 따라서 관찰 기간이 불가피하게 일반적인 인간의 수명보다 훨씬 넘으면 의견 일치(동의)에 쉽게 도달했을 것이다(예 : 진화, 자연 도태). 반면에 한 사람의 생애 동안에 관찰이 이루어질 때(예 : 인위 도태, 제한 인자) 의견 불일치는 보다 더 많았을 것이다. 연구자들이 중간 개념으로 분류하였을 때 전문가 집단 구성원의 모두가 종 개념을 서술적 개념으로 분류하였다는 것은 연구자들이 이 개념을 잘못 분류했을 수도 있다는 것을 의미한다.

개념 분류 체계는 학생들이 이론적 개념보다 서술적 개념에 대해 확실히 더 많은 지식을 설명할 것이라는 예측으로 연결된다. 마찬가지로 그들은 이론적 개념보다 가설적 개념에 대해 확실히 더 많은 지식을 설명할 것이다(그림 1 참조). 〈그림 4〉에서 보여주고 있는 관찰 결과는 본질적으로 예상과 동일하다. 그러므로 이 결과는 세 가지 과학적 개념이 존재하다는 가설을 뒷받침한다. 중요한 것은 제시된 가설적, 이론적 개념 사이의 구별 관점에서 학생들의 두 가지 개념 범주 수행의 짝비교 또한 통계적으로 중요한 의미를 가진다($p<0.001$)는 것이다. 이 결과는 제시된 개념 분류 체계의 타당성을 더욱 지지해준다.

개념 구성이 부분적으로 가설-예측적 추론 능력에 의해 결정된다고 짐작되기 때문에 각기 다른 추론 능력을 가진 학생들이 세 가지 개념 범주에 대한 질문에 각기 다른 수행을 할 것으로 예상할 수 있다. 좀 더 정확하게 말하면 3수준 학생들은 서술적 개념의 지식을 설명했지만, 가설적 또는 이론적 개념에는 그렇지 못한 것으로 예상되었다. 나아가 4수준 학생들은 서술적 · 가설적 개념 지식을 보였지만 이론적 개념에는 그렇지 못한 것으로 예상되었다. 마지막으로 5수준 학생들은 모든 세 가지 개념에 대하여 지식을 설명할 것으로 예상되었다. 이러한 예상들은 〈그림 2〉에서 볼 수 있다. 예상된 결과와 관찰된 결과를 비교한 〈그림 5〉는 더 숙련된 추론 능력을 지닌 학생일수록 덜 숙련된 추론 능력을 지닌 학생들보다 확실히 더 낮다는 점에서 이 가설을 뒷받침한다.

하지만 실제 관련성은 예상처럼 명백하지는 않았다. 그 예로 3수준 학생들의 수행 결과를 보자. 이 학생들은 4수준와 5수준 학생들만큼 서술적 개념에 대하여 잘 알 것이라고 예상했으나 실제로 그들은 그렇지 못하였다. 57%, 62%, 71%의 성공률을 보인 상위 수준 학생들과 비교하여 단 41%만이 서술적 개념에 대하여 성공했다. 더 나아가 그들은 예상 외로 가설적 문항에서는 27%, 이론적 문항에서는 20%의 성공률을 보였는데, 짐작건대 이 두 가지는 그들의 지적 수준보다 훨씬 높은 것들이다. 이와 비슷한 상황이 다른 발달 수준의 학생들에게서도 나타날 수 있다. 즉 그들은 몇몇 개념을 묻는 질문에서 이전에 보여주던 것만큼 성공적으로 답하지 못했다. 반면 다른 학생들은 이전에 보여주던 것보다 더 성공적으로 답하였다.

예상으로부터 이것을 어떻게 설명할 수 있을까? 돌이켜보면 한 개념 범주에 대한 지식을 평가하기 위한 질문을 만드는 것에서 발생하는 어려움이 부분적으로라도 이 문제의 원인이 될 수 있다. 예를 들어, 육식 동물에 대한 서술적 개념에 대한 지식을 측정하기 위해 고안된 문항(진술문) 세트를 생각해보면(표 1), 세 번째 진술문에서 생태학적 생산자들을 언급한 것에 주목하자. 즉 육식 동물에 대한 지식 이외에 이 진술문이 사실인지 거짓인지 구별하는 것 또한 생태학적 생산자들에 대한 지식이 필요하다. 한 생물이 광합성을 할 수 있다면 생산자이다. 광합성은 이론적 개념으로 분류되었던 것을 기억해야 한다. 따라서 육식 동물이라는 서술적 개념에 대한 지식 평가는 아마도 정답 이외의 선택지에서 더 추상적인 광합성 개념의 지식을 필요로 한다는 점 때문에 혼동되었을 수도 있다. 개념 검사지를 구성하는 동안 이러한 문제를 피하기 위해 혼신의 노력을 기울였다. 하지만 나중에서야 그 문제를 완전히 피하지 못했다는 것이 드러났다. 그 결과 개념 문항 몇 개는 아마도 실제보다 더 어려워 예상한 것보다 낮은 수행 결과를 초래했다.

관련된 문제는 개념은 독립적이지(분리되지) 않는다는 심리적 사실로부터 기인된 것일 수도 있다(예 : Ausubel, 1963; Ausubel, Novak & Hanesian 1978; Wandersee, Mintzes & Novak, 1994). 오히려 개념은 복잡한 개념적 시스템 속에 존재하며, 시스템 속에서 다른 서술적, 가설적, 이론적 개념의 구성에 의해서 서술적 개념의 지식과 이해는 '심화된다.' 예를 들어, 3수준의 학생들은 아마도 적당한 경험으로부터 먹이사슬의 의미를 구성할 수 있을 것이다. 4수준의 학생들은 제한 요소를 가설적 개념으로 의미를 구성할 있다. 이 과정에서 그 지식은 이해되어 먹이사슬 개념은 심화될 것이다. 이와 유사하게 5수준의 학생들은 원자, 분자, 광합성과 같은 개념을 이론적 개념 지식으로 구성할 수 있고, 먹이사슬과 제한 요소의 개념을 재고하지만, 이번에는 더욱 정밀하게 되어 더욱더 심화된다(예 : '먹이사슬은 식물로부터 시작되는데 왜냐하면 이들은 광자 에너지를 사용하여 환경의 비유기체적 분자로부터 유기적 '먹이' 분자로 합성할 수 있기 때문이다.', '먹이사슬은 길이가 제한되어 있는데 왜냐하면 각 영양 단계로 들어오는 에너지의 약 90%가 다음 영양 단계로 들어가기 이전에 열로서 '잃어버리기' 때문이다.').

만일 위의 논의가 개념 구성의 정확한 관점이라면, 아마도 우리는 더욱 높은 수준의 추론을 하는 학생들이 세 가지 개념 문항에서 더 낮은 수준의 추론을 하는 학생들보다 더 나은 결과를 나타낸 이유를 설명할 수 있을 것이다. 그러나 왜 3수준의 몇몇 학생들이 가설적·이론적 개념에서 성공하였을까? 아마도 가장 합리적인 설명은 다음과 같을 것이다. 이러한 학생들은 개념의 '깊이' 이해는 부족함에도 불구하고, 성공을 이끄는 약간의 지식 '조각'이 있었을 것이다. 예를 들어 유전자의 이론적 개념 지식을 평가하도록 고안된 진술문 세트를 생각해볼 수 있다(표 1). 알고 보니 학생의 수행 능력은 세 번째, 네 번째, 다섯 번째 진술문과 높은 연관성이 있다(72%, 78%, 90% 성공률을 보였다). 이것은 학생들의 발달 수준에 관계없이 유전자에 대한 '사실'로서 지식을 가지고 있음을 시사한다. 이것과 유사하게 엽록소 분자와 관련된 광합성 문항의 정답률이 82%였고, 태양 에너지에 의해 이산화탄소와 물이 결합하여 포도당과 산소를 만들어진다는 의미의 광합성 관련 문항 정답률은 76%였다.

이것이 뜻하는 것은 이해가 '전부 이해하거나 또는 전혀 이해하지 못하거나'를 의미하는 것이 아니다. 오히려 이해라는 것은 특정 지식의 '조각'이 축적됨으로써 시작되고, 그런 다음에 추론 능력의 발달과 함께 이전에 잘못 알고 있었던 개념을 버리거나 더 잘 이해한다. 불행히도 현재의 결론은 5단계 추론 능력 발달을 제안하고, 미래의 교육 과정이 지속적으로 지적 발달을 증진하지 않는 한 학생들의 이론적 개념 체계의 이해(지식)가 극소수에 한정될 것이라고 제안한다.

6. 결론 및 교육적 함의

이 연구의 결과는 일반적인 범주로 의미 있게 분류되는 과학적인 개념이 3개가 아니라 4개라는 가설을 뒷받침한다. 게다가 앞에서 정의한 이해에 의한 서술적·이론적 개념과 더불어 새로운 분류인 가설적 개념도 정의하였다. 가설적 개념은 이론적으로 관찰을 통해 의미를 끌어낼 수 있다고 정의된다. 만일 필요한 관찰이 될 수 있을 만큼 충분히 시간이 주어진다면 말이다. 그러나 실제로는 그러한 관찰이 불가능하기 때문에 그 의미는 과거나 미래의 사건, 상황을 상상함으로써 이끌어낸다. 그러므로 가설적 개념은 지식 습득과 이해의 측면에서 중간 정도의 난이도이다.

또한 이 연구의 결과는 대학생 시기 동안 지적 발달이 완성되지 않는다는 가설을 뒷받침한다. 오히려 적어도 몇몇 학생들은 다른 사람들에 의해 이전에 제시했던 '이후의 형식적' 사고(지적) 발달이 일어난다는 의견을 뒷받침한다(예 : Arlin, 1975; Castro & Fernandez, 1987; Commons & Miller, 1997; Commons, Richards & Armon, 1984; Commons, Trudeau, Stein, Richards & Krause, 1998; Perry, 1970; Perry, Donovan, Kelsey, Peterson, Statkiewicz & Allen, 1986; Welfel & Davison, 1986; Yan & Arlin, 1998). 몇 학생의 관점과 일치된 증거로 아마도 1/3보다 적게(그림5 참조) 가설 전체를 관찰할 수 없을 때 가설 검증과 연관된 추론 능력이 발달하였다. 이전 연구에서 볼 수 있듯이 그런 가설-예측성 추론 능력은 과학적 개념의 지식 습득을 돕기 위해 나타난다.

흥미롭게도 가설적 개념의 새로운 부류에 대한 결론은 약 100년 전 철학자인 C. S. 퍼스Peirce에 의해 나타났다. 물론 퍼스는 일생(1893~1914) 동안 1930년대에 발표된 자신의 논문들이 1940~1950년대에 매우 큰 관심을 받게 됐다는 것을 몰랐다. 굿지(Goudge, 1950)에 따르면 퍼스는 가설의 세 가지 유형이 있다고 믿었다고 한다. 첫 번째 유형은 관찰할 수 없는 사실이다. 예를 들어, 유리창이 깨졌고 근처에 야구공이 있다면 야구공이 날아와서 유리창을 깼다는 가설을 세울 것이다. 퍼스의 두 번째 유형은 관찰할 수 없지만 관찰할 수 있는 물리적인 가능성이 있는 사실이다. 예를 들어, 화석이 발견되었다면 화석이 물고기의 것인지, 얼마나 오래되었는지 말할 수 있다. 이 현상을 설명하기 위해서 우리는 바다가 한때 육지 위로 밀려왔을 것이라고 말한다(Gould, 1950, p. 196). 이러한 가설 유형과 관련된 개념을 가설적 개념이라고 부른다. 마지막으로 퍼스의 세 번째 유형은 실제로도, 이론적으로도 관찰이 불가능한 가설이다. 굿지는 예로 분자, 전자, 에테르를 들었다. 명백하게 이것들은 우리가 이론적 개념이라고 부르는 것들이다.

대부분은 아닐지라도 과학 과목의 교수 요강을 채우는 개념들은 의미는 분명해

보이는 가설적·이론적 성질의 것들이다. 고등 과정과 대학의 과학과 교사들은 새로운 용어나 개념을 지도하는 데 관심을 갖는 것이 아니라 자신의 끊임없는 지적 발달과 함께 학생의 추론 능력을 발달시키는 것에 관심을 가져야만 한다. 그러기 위해서는 도입하려는 개념의 종류에 면밀한 분석뿐만 아니라 순서 및 도입 수단에도 관심을 가져야 한다. 이는 생물학 입문 과정에서 이 모든 생물과 관련된 많은 서술적·가설적 개념을 공부하기 전에 화학(예 : 원자 및 분자 구조)과 관련된 이론적 개념과 과정을 시작하는 전통적인 방식을 뒤바꾸는 것을 의미한다(예 : Hepper, Hammon, Kass-Simon & Kruger, 1990). 명백히 입문 생물학 과정의 재구성은 서술적 개념과 함께 시작하여 가설적 개념, 이론적 개념 순이다. 그러한 변화는 학생의 이해를 더욱 도울 뿐만 아니라 지적 발달을 증진할 것이고, 과학에서 대학생들이 이탈하는 광범위한 문제를 해결하는 데 도움을 줄 것이다(예 : Rigdon & Tobias, 1991; Seymour & Hewitt, 1997; Sorensen, 1999).

7. 부록

7.1 개념 유형

사람들은 세상이 어떻게 돌아가는지에 대한 생각을 한다. 이러한 생각들을 개념이라고 부른다. 생각이나 개념은 용어나 문장으로 사용하고 최소 3개의 유형으로 분류할 수 있다.

7.2 이론적 개념

육안으로 헬륨 원자를 본적이 있는가? 어느 누구도 육안으로 원자와 같이 매우 작은 물질을 본 사람은 없다. 그런데 우리는 어떻게 원자의 존재를 알 수 있을까? 이는 감각 기관만으로는 알 수 없다. 대신에 아주 오래전에 원자가 존재할 것이라는 주장이 제기되었고, 원자의 존재를 반박할 수 없는 간접적인 수많은 증거를 확인하였다. 그럼에도 불구하고 최근 매우 강력한 전자 현미경으로 약간 둥근 공(원자?)과 같은 것을 찍지만, 육안으로 확인한 사람은 아무도 없다. 그러므로 원자의 개념은 이론적 개념으로 분류된다. 이론적 개념이란 직접적인 감각(감각 기관으로 직접 관찰한)에서부터 얻은 개념이 아니라 생각에서 출발하여 이론으로 세워진 개념이다. 그 밖에 이론적 개념에는 광자, 전자, 쿼크와 같은, 눈으로 볼 수 있지만 매우 작은 물체와 원자나 분자의 상호작용으로 일어나는 어떤 과정[예 : 확산, 산화, 해당 작용(당분해), 혐기성 호흡]을 포함한다. 이론적 개념의 자체나 과정은 직접적으로 관찰할 수 없기 때문에 이해하는 데 상대적으로 어려움이 있다.

7.3 서술적 개념

의자를 실제로 관찰하기 위해 직접적인 감각들을 사용한 적이 있는가? 물론 대답은 '그렇다'일 것이다. 당신은 당장 의자에 앉아볼 수 있다. 2개의 의자는 모든 면에서 동일할 수 없다. 그리고 어떤 것은 다른 것과 매우 차이가 존재할 수 있다(예 : 아이의 높은 의자와 등받이 의자). 그럼에도 불구하고 모든 의자는 의자로 그것들을 인지할 수 있는 관찰 가능한 특징적인 모양들을 공유한다. 그래서 의자는 직접적으로 관찰할 수 있고, 의자가 무엇인지 모르는 누군가에게 설명할 수 있다. 그러므로 의자는 물체를 직접 관찰하여 의미를 전달할 수 있다. 이러한 것을 **서술적 개념**이라고 한다. 우리는 직접적으로 관찰 가능한 사건과 상황으로 서술적 개념을 형성한다. 서술적 개념의 또 다른 예로는 먹다, 자다, 때리다, 울다, 자동차, 보트, 식탁, 가구, 옆쪽, 아래, 둘레, 더 짧고, 더 무겁다 등이 있다. 서술적 개념으로 분류한 가구라는 용어를 주목해보면 우리는 오히려 가구 각각의 객체인 의자, 소파, 테이블은 볼 수 있지만 가구 자체라는 것은 볼 수 없다. 다만 가구라고 불리는 물체들을 아우르는 것들을 보는 것이다. 그럼에도 불구하고 가구의 개념을 분류한 것은 우리가 '가구'를 지칭할 때 각각의 물체를 떠올리기 때문이다. 서술적 개념 자체나 과정은 직접적인 관찰을 기초로 하기 때문에 서술적 개념을 이해하는 것은 수월하다.

7.4 중간 개념

개념의 범주에는 **중간** 개념이라는 것이 있다. 공룡은 어디에서부터 온 것인가? 6,500만 년 전에 죽은 것을 알고 있는가? 애리조나 북부의 그랜드캐니언이 어떻게 만들어졌는지 알고 있는가? 버려진 조지아의 농지에서 생태 천이가 어떻게 발생하는지, 포식자-피식자 개체 수가 왜 주기적인 증감을 보이는지 알고 있는가? 물론 공룡이 어떻게 발생했고 죽었는지, 그랜드캐니언이 어떻게 만들어졌는지는 아무도 보지 못했을 것이다. 사람이 이 사건을 직접 관찰한다는 것은 불가능하다. 물론 생태 천이, 포식자-피식자 개체군의 변화도 마찬가지일 것이다. 이런 사건은 일반적으로 정상적인 사람이 경험할 수 있는 범위를 넘어서는 것이다. 따라서 이러한 종류의 관찰이 불가능한 것은 이론적인 개념과 근본적으로 다른 방법으로 제한되어 있다. 여기서의 제한점은 감각의 문제가 아니라 필요한 관찰을 할 수 있는 시간이나 짧은 수명이 문제이다. 다시 말해 우리는 결코 크기가 작은 원자를 눈으로 관찰할 수 없지만 적절한 시기에, 충분히 오랜 기간 동안 존재한다면 공룡의 발생, 그랜드캐니언의 생성, 천이의 발생 등을 관찰할 수 있을지도 모른다. 그러므로 정상의 범위를 넘어서, 또는 어쩌면 불가능할지도 모르는 사건에 대한 생각이나 개념은 중간 개념을 형성한다. 추가적으로 지질학적인 개념인 판구조론, 섭입대, 조산 운동과 종분화 등의 개념이 있다. 중간 개념의 자체 또는 과정은 직접적인 관찰이 안 되는 것이 아니라 관찰 가능한 충분한 시간이 정상 범위를 넘어서 주어진다면 직접적인 관찰 가능하기 때문에 중간 개념을 이해하는 데는 중간 정도의 어려움이 있다.

7.5 개념 분류 연습

주어진 용어와 문장들은 정의를 포함하고 있다. 이들을 다음에 주어진 세 가지의 개념의 정의에 따라 분류해보라. 어떻게 정의되느냐에 따라서 용어/문장의 분류는 달라질 수 있으니 정의에 주의를 기울이자.

1. 환경 요인 : 생물을 둘러싸고 있는 환경 중에서 생물의 성장이나 발달에 영향을 미치는 관찰 가능한 요인(예 : 흙의 양, 다른 생물의 숫자와 종류). (연구자들은 서술적인 개념으로 분류하였고, 전문가 집단 10명 중 10명이 서술적 개념이라고 분류)
2. 분자 : 둘 혹은 더 많은 원자들이 결합한 입자. (연구자들은 이론적 개념으로 분류하였고, 전문가 집단 10명 중 10명이 이론적 개념이라고 분류)

3. 먹이사슬 : 식물에서 시작하여 동물들의 연속적인 수준으로 이어지는 일련의 먹이관계(예 : 풀은 쥐에 의해 먹히고, 쥐는 뱀에 의해 먹히며, 뱀은 매에 의해 먹힌다). (연구자들은 서술적 개념으로 분류하였고, 전문가 집단 10명 중 10명이 서술적 개념으로 분류)

4. 인위선택 : 특정 형질을 가진 자손을 생산하기 위한 목적으로 몇 세대 동안 생물을 선택적으로 기르는 것. (연구자들은 중간 개념으로 분류하였고, 전문가 집단 10명 중 3명은 서술적 개념으로, 2명은 중간 개념으로, 1명은 이론적 개념으로, 4명은 서술적 개념과 중간 개념 사이에서 결정하지 못함)

5. 기압 : 보이지 않는 기체 분자가 표면과 충돌하면서 표면에 가해지는 힘으로서 힘의 크기는 충돌 횟수, 기체의 분자량, 속도에 의해 결정된다. (연구자들은 이론적 개념으로 분류하였고, 전문가 집단 10명 중 10명이 이론적 개념으로 분류)

6. 연소 : 비교적 복잡한 분자가 빠르게 분해되고 산화(즉 O_2 분자의 첨가)되는 것으로서, 대부분 열 에너지와 빛 에너지가 발생한다. (연구자들은 이론적 개념이라고 분류하였고, 전문가 집단 10명 중 10명이 이론적 개념이라고 분류)

7. 수렴진화 : 서로 관련이 없으나 비슷한 선택압으로 인해서 둘 혹은 그 이상의 생물 군집에서 비슷한 형질이 독립적으로 진화하는 것. (연구자들은 중간 개념이라고 분류하였고, 전문가 집단 10명 중 10명이 중간 개념으로 분류)

8. 야행성 : 밤에 활동하는 동물의 한 종류. (연구자들은 서술적 개념으로 분류하였고, 전문가 집단 10명 중 10명이 서술적 개념으로 분류)

9. 종 : 다른 위치에서 살고 있으나 충분히 많은 형질들을 공유하여, 서로 이동하여 만나 짝을 이룬다면 생식 가능한 자손을 생성할 수 있는 생물들의 집합이다. 즉 생식 가능한 자손은 짝짓기를 하고 또한 그들의 자손을 생산할 수 있다. (연구자들은 중간 개념으로 분류하였고, 전문가 집단 10명 중 10명이 서술적 개념으로 분류)

10. 삼투 : 선택적 투과성의 막을 통과하여 물(H_2O) 분자가 확산되는 것으로, 상대적으로 물 분자가 높은 농도인 지역에서 낮은 농도인 지역으로 확산된다. (연구자들은 이론적 개념으로 분류하였고, 전문가 집단 10명 중 10명이 이론적 개념으로 분류)

11. 제한 요인 : 특정 지역에서 군집이 서식하는 것을 막거나 군집의 크기를 제한하는 일정 환경 요인. (연구자들은 중간 개념으로 분류하였고, 전문가 집단 10명 중 2명은 서술적 개념으로, 6명은 중간 개념으로, 2명은 서술적 개념과 중간 개념 사이에서 결정하지 못함)

12. 개체군 : 특정 지역에 함께 서식하고 있는 같은 종의 생물들의 무리. (연구자들은 서술적 개념으로 분류하였고, 전문가 집단 10명 중 10명이 서술적 개념으로 분류)

13. 생물지질화학적 순환 : 생태계의 생물체와 비생물체를 거쳐서 탄소(C), 산소(O_2), 질소(N_2), 인(주로 인산염 PO_4^- 형태로 존재), 물(H_2O)과 같은 원자와 분자들이 순환하는 경로. (연구자들은 이론적 개념으로 분류하였고, 전문가 집단 10명 중 10명이 이론적 개념으로 분류)

14. 군집 : 특정 지역에 상호작용하면서 서식하고 있는 모든 생물체. (연구자들은 서술적 개념으로 분류하였고, 전문가 집단 10명 중 10명이 서술적 개념으로 분류)

15. 진화 : 과거의 몇 종들은 멸종된 반면 다른 종들은 변화하여 오늘날 종들을 낳은 오랜 과정. (연구자들은 중간 개념으로 분류하였고, 전문가 집단 10명 중 10명이 중간 개념으로 분류)

16. 자연선택 : 특정 환경에 서식하기에 더 적합한 생물들이 생존하여 그들의 유용한 형질이 다음 세대로 이어지는 진화적 과정으로서 자연선택은 진화적 변화를 일으키는 중요한 과정 중 하나이다. (연구자들은 중간 개념으로 분류하였고, 전문가 집단 10명 중 9명이 중간 개념, 1명은 중간 개념과 이론적 개념 중 결정하지 못함)

17. 외부자극 : 섬광이나 찌르기와 같이 생물이 어떤 방법으로 반응하도록 유발시키는 것. (연구자들은 서술적 개념으로 분류하였고, 전문가 집단 10명 중 10명이 서술적 개념으로 분류)

18. 유전자 : 염색체 속의 DNA 뉴클레오티드 분자들의 순서로 이루어진 기본적인 유전 단위. (연구자들은 이론적 개념으로 분류하였고, 전문가 집단 10명 중 10명이 이론적 개념으로 분류)

19. 광합성 : 녹색 식물의 엽록소 분자에 의해서 빛 에너지를 포획하여 CO_2와 H_2O 분자들을 결합시켜 포도당(예 : $C_6H_{12}O_6$) 분자를 생성하는 데 사용하는

과정. (연구자들은 이론적 개념으로 분류하였고, 전문가 집단 10명 중 10명이 이론적 개념으로 분류)

20. 육식 동물 : 주로 고기를 먹는 동물. (연구자들은 서술적 개념으로 분류하였고, 전문가 집단 10명 중 10명이 서술적 개념으로 분류)

21. 화석 : 한때 서식했던 생물이 오랜 기간 동안 화석화 과정을 거쳐 암석 속에 보존되어 남은 것(예 : 암석과 같은 물질에 의해 생물 사체가 교체됨). (연구자들은 중간 개념으로 분류하였고, 전문가 집단 10명 중 1명은 서술적 개념, 7명은 중간 개념으로 분류하였으며, 2명은 서술적 개념과 중간 개념 사이에서 결정하지 못함)

과학적 발견의
정신적 모형과 신경학적 모형

1. 도입

제1장과 제2장에서 학습은 심리학적 수준에서 자기규제에 관한 이해 가능한 구성적 과정임을 논했다. 나아가 자기규제는 내부적으로 발생된 적응적 공명이라 부르는 자발적 과정인 근본적 신경망으로서 이해될 수 있다. 이 적응적 공명은 입력 값과 예상의 궁극적 적합 그리고 더욱 적응적인 정신 구조에 의해 만들어진다. 과학적 발견이 비슷한 모형들을 사용한다면 이해될 수 있을까? 이 질문에 답하기 위하여 우리는 어떤 발견의 상황과 발견의 과정에서 과학자가 생각한 것에 대한 아주 세밀한 설명이 있는 발견을 찾을 필요가 있을 것이다. 쉽게 예상되듯이 이런 세밀한 설명을 찾는 것은 수월하지 않다. 결과적으로 최근 여름휴가 동안에 오래된 책을 정독하던 중에 나는 그러한 설명을 발견하고는 몹시 흥분했다. 갈릴레오 갈릴레이가 1610년에 남긴 이 기록은 그가 어떻게 목성의 위성을 발견했는가에 관한 것이다. 이 장의 목적은 갈릴레오가 그 발견 과정에서 무엇을 했는지와 여러 단서를 종합적으로 짜맞추기 위한 추론의 시도에 관하여 논의하는 것이다. 그다음에 우리는 갈릴레오의 추론을 이용하여 자기규제 및 이전 장들에서 도입한 신경학적

모형을 만들 것이다. 그리고 나서 우리는 '논리'와 과학적 방법 및 과학 교수에 관한 모형들의 시사점에 대하여 탐구할 것이다.

2. 갈릴레오의 발견

1610년 저서 항성의 전령_{Sidereal Messenger}에서 갈릴레오 갈릴레이는 자신이 새로 고안한 더 강력해진 망원경을 이용해 천체를 관찰하고 기록했다. 이 기록에서 갈릴레오는 목성을 선회하는, 그 이전에 발견되지 않은 4개의 '위성'을 발견했다고 주장하고 있다. 그는 "나는 세상의 시작으로부터 우리가 사는 이 순간까지 한 번도 목격된 적 없는 4개의 위성을 발견하고 관찰한 일을 공개하고, 이 기록을 출판한다."(Galilei, 1610, 번역 및 재간행 Shapley, Rapport & Wright, 1954, p. 59)고 기록하였다.

현대의 많은 과학 논문들과 달리 갈릴레오의 기록은 자신이 발견한 과정의 여러 단계를 연대순으로 밝혔다는 점에서 놀랍다. 그러므로 이것은 중요한 과학적 대발견에 관련된 추론에 대한 이해를 얻을 수 있는 보기 드문 기회를 제공한다. 갈릴레오의 핵심적 관찰은 1610년 1월 7일, 8일, 10일, 11일 한밤중에 일어났다. 그 후에 갈릴레오가 한 일은 관찰을 해석할 때 어떻게 추론을 통하여 불완전성들을 보완하는 시도를 했는지 그 개요를 차근차근 단계적으로 기록한 것이다.

1월 7일 이전

갈릴레오의 기록은 새로 개발한 더 강력해진 망원경에 대한 설명으로 시작한다.

> 노력과 경비를 아끼지 않고 투자한 결과, 마침내 나는 물체를 거의 천 배나 확대해서 볼 수 있을 만큼 뛰어난 장치를 만드는 데 성공했다…. (p. 58)

그리하여 갈릴레오는 이전에 결코 볼 수 없었던 자연을 관찰할 수 있는 장치를 보유했다. 당연히 그는 이 망원경을 천체를 탐구하는 데 사용했다. 다시 그의 말을 보자.

> 그러나 나는 이것을 지상의 물체에 사용하는 것에 대해 고려하지 않고 천체의 관

찰을 진행했다. 그리고 무엇보다도 달을 마치 지구 반지름의 거의 2배 거리에 있는 것처럼 보게 되었다. 달을 본 후에 나는 다른 천체에 있는 항성들과 행성들을 자주 관찰했는데, 이는 극도의 환희를 주었다…. (p. 59)

그 시대에는 별을 항성이라 불렀는데, 사람들은 항성이 '천구'에 박혀 있다고 생각했기 때문이다. 이 생각은 고대 그리스의 아리스토텔레스의 이론에도 있었다고 상정한다(예 : Holton & Roller, 1958, p. 107).

1월 7일

최초의 탐구에서 갈릴레오는 1월 7일에 언급할 가치가 있다고 스스로 간주한 새로운 관찰을 했다. 그의 표현은 다음과 같다.

올해 1610년 1월 7일, 밤이 시작되고 나서 한 시간이 지날 즈음에 망원경을 조정하여 성운을 바라보던 중, 시야 안으로 목성이 들어왔다. 내가 갖고 있던 다른 망원경보다 더 강력한 망원 성능 덕분에 나는 그 전에 한 번도 알아차리지 못한 정황을 깨닫게 되었다. 즉 작지만 매우 밝은 3개의 별이 행성에 가깝게 있었던 것이다. 비록 나는 그 별들이 여러 항성 중 하나일 것이라고 믿고 있지만 이 별들은 비상한 궁금증을 갖게 했다. 왜냐하면 이 별들이 황도에 평행하게, 정확히 직선상에 놓인 것으로 보였으며, 같은 크기로 보이는 다른 별들보다 밝게 보였기 때문이다. 그들 서로 간의, 그리고 목성과의 상대적 위치는 다음과 같다. (p. 59)

(동) * * O * (서)

1월 8일

다음 날 밤 갈릴레오는 두 번째 관찰을 기록했다.

… 1월 8일, 나는 아주 다른 상태를 발견했다. 왜냐하면 3개의 작은 별이 목성으로부터 모두 서쪽 방향에 있었고, 어제 밤에 비해 서로 가깝게 있었으며, 그 별들 간의 간격은 일정했는데, 다음의 그림과 같다.

(동) O * * * (서)

이때까지 나는 별들 간의 근사거리에 대해 전혀 주의를 기울이지 않았지만 이 뜻밖의 관찰은 나를 흥분시켰다. 어떻게 전날에는 두 별의 서편에 있던 목성이 하루 만에 이미 언급한 세 별의 동편에서 발견되었냐는 것이다. 즉각 나는 행성의 움직임이 천체학자들의 계산과는 다르게 움직이는 것이 아닌가, 그래서 스스로 별들 사이를 움직여 지나친 것이 아닌가 하고 생각했다. (pp. 59-60)

1월 9일

그래서 나는 다음 날 밤이 오기를 눈 빠지게 기다렸다. 하지만 하늘의 모든 방향이 구름으로 덮여 있어 나의 바람은 실망으로 바뀌었다. (p. 60)

1월 10일

하지만 1월 10일, 별들은 목성과 비교하여 다음과 같은 상대 위치에서 관찰되었다. 세 번째 별은 목성에 가려진 것으로 생각된다.

(동)　　　*　* O　　　(서)

이 현상을 목격했을 때 이러한 위치 변화가 절대로 목성의 변화가 아니라는 것을 알았다. 또한 내가 목격한 별들이, 다른 별이 아닌 같은 별들이었다는 것을 알았다. 왜냐하면 황도대의 엄청나게 먼 거리상에 있는 이 별들의 앞이나 뒤에 다른 어떤 별도 없었기 때문이다. 의구심이 놀라움으로 바뀌면서 내가 관찰한 이 별들 간의 위치 변화가 목성 때문이 아니라 나의 관심을 끌게 된 별들 때문이라는 것을 발견하게 되었다. 그러므로 이 별들에 대한 더욱 상세한 관찰과 관심 그리고 정확성이 필요하다는 생각을 하게 되었다. (p. 60)

1월 11일

계속해서 1월 11일에 나는 다음과 같은 별들의 배치를 관찰했다.

(동)　　　*　*　　　O　　　(서)

설명을 하자면 목성을 기준으로 동편에 2개의 별만이 관찰되었는데, 가까운 별과 목성 간의 거리는 이 별과 제일 동편에 있는 별 간의 거리의 3배 정도였다. 그런데 가장 동편의 별은 다른 별에 비해 크기가 거의 2배였다. 반면 전날 밤의 관찰에서 본 별들의 크기는 거의 같았다. 그러므로 나는 즉각적인 결론을 내렸는데, 금성과 목성이 태양 둘레를 회전하는 것처럼 3개의 별이 목성의 주변을 회전한다는 것이다. (p. 60)

1월 12일과 그 이후

> ··· 상세한 내용이 잇따른 많은 관찰들을 근거로 햇빛처럼 명료하게 설명되었다.
> 이 관찰들은 3개가 아닌 4개의 불규칙한 별들이 목성 주위에서 변화를 일으키고
> 있음을 확실히 보여주었다. ··· 이것이 내가 최근에 최초로 발견한 4개의 메디치가
> 행성[1]에 관한 관찰의 기록이다. (pp. 60-61)

3. 갈릴레오의 추론

가설의 근거가 되는 배경 지식

이제 우리는 갈릴레오의 추론 방식에서 숨겨진 면을 보충하기 위하여 갈릴레오의
기록의 분석으로 돌아가보겠다. 갈릴레오가 동원했던 초기의 밑천은 무엇이었는
지 고려하는 것으로 시작해보자. 이것은 다시 말해 갈릴레오의 배경 지식(즉 서술
적 지식)은 무엇인가를 알아보자는 것이다. 짐작건대 이 서술적 지식은 가설을 세울
필요가 있을 때 재료로 작용할 것이다. 그 시대의 상식에 근거하여 갈릴레오의 천
체에 관한 지식이 다음의 세 가지 범주에 속한다고 간주하면 무리가 없을 것이다.

1. 대상, 즉 항성은 천구의 외측에 박혀 있으므로 움직일 수 없다.
2. 천구 내에 있는 행성과 함께 있는 대상은 태양 주위를 회전한다(예 : 지구, 금
   성, 목성).
3. 대상, 즉 위성들은 태양 주위를 회전하는 행성의 주위를 회전한다(예 : 지구의 달).[2]

---

1 역자 주 : 갈릴레오가 발견한 목성의 4개의 위성에 부여한 명칭

2 나는 어떻게 갈릴레오가 이 서술적 지식을 습득했는지 설명하려 하지 않을 것이다. 단지 1월 7일 이
  전에 그 지식을 알게 된 것으로 추측할 뿐이다. 하지만 이 서술적 지식의 습득에 있어서 귀납법이
  사용되었다고 생각할 근거는 없다. 나중에 다루겠지만 정신적 과정으로서 귀납법은 존재하지 않는
  다는 논쟁으로 발전된다. 개인적 견해를 말하자면 심리학자에게 있어서 귀납법은 화학에서의 플로
  지스톤 설이나 생물학에서의 생기론, 물리학의 감압 같은 것이다. 플로지스톤, 생기론, 감압이라 부
  르는 힘을 뽑아내기 같은 것은 존재하지 않으며, 귀납법 또한 존재하지 않는 것이 거의 확실하다.
  이 책의 주 내용은 실제로 사고와 학습이 가설-예측성 형태로 이루어진다는 것이다. 만일 갈릴레오
  가 이 서술적 지식을 어떻게 습득했는지 우리가 알아낸다면 그것은 가설-예측성 유형이었다는 결
  론을 얻게 될 것이라고 나는 믿는다.

짐작건대 천체의 대상에 대한 이 범주들은 관찰한 사실들이 '동화'_{同化}되어 이해되는 '정신적 모형'으로 작동할 것이다(Grossberg, 1982; Johnson-Laird, 1983; Piaget, 1985 참조). 다시 말해 새로운 대상들을 보게 되면 그것들은 이들 중 하나의 범주로 동화될 것이다. 또한 만일 새로운 물체가 포함되어야 할 범주가 불확실하다면 이 범주는 가설로서, 즉 새로운 물체들이 속하게 되는 범주로 작용하게 된다(Gregory, 1970 참조). 즉,

> 관찰 내용 : 3개의 새로운 물체를 보았다.
> 의문 : 그것들은 무엇인가?
> 대안적 가설 : '그것들은 항성일 수 있다.', '그것들은 행성일 수 있다.',
> '그것들은 위성일 수 있다.'

이러한 범주들을 대안적 가설로 사용하는 과정에 대해 새로운 관찰이 이전의 관찰과 유사하거나 또는 유추적인 것으로 간주하는 유추적 추론 또는 유추적 전이(제5장 참조)로 언급한 바 있다. 동화와 가설 설정 과정은 상당 부분이 잠재의식적 수준에서 벌어지는 것임을 주목할 필요가 있다. 또한 많은 경우에 유추적 전이는 갈릴레오의 사례에서 보는 것보다 많은 통찰을 필요로 한다. 왜냐하면 유추적 범주와 대상이 되는 현상 간의 거리가 더 크기 때문이다. 예를 들어 다윈이 인위선택을 자연선택의 유추로 사용한 것이나 케쿨레가 꼬리를 문 뱀을 벤젠고리의 유추로 사용한 것이 그러한 것이다.

1월 7일 갈릴레오의 추론

갈릴레오는 1월 7일 관찰에 관해 회상하며 이렇게 언급했다. "내가 갖고 있던 다른 망원경들보다 더 강력한 망원 성능 덕분에, 나는 그 전에 한 번도 알아차리지 못한 정황을 깨닫게 되었다. 즉 작지만 매우 밝은 3개의 별들이 행성에 가깝게 있었던 것이다." 이 진술은 중요한데, 갈릴레오의 새로운 관찰이 즉시 그의 항성 범주(앞에 설명한)에 의해 동화되고 있는 것을 나타내기 때문이다. 그러나 갈릴레오는 계속적인 사고를 함으로써 자신이 실제로 항성을 관찰하고 있는지에 대한 몇 가지의 의문을 갖기 시작했다. 다음의 진술이 이것을 보여준다.

> … 비록 나는 그 별들이 여러 항성 중 하나일 것이라고 믿고 있지만, 이 별들은 비
> 상한 궁금증을 갖게 했다. 왜냐하면 이 별들이 황도에 평행하게, 정확히 직선상에
> 놓인 것으로 보였으며, 같은 크기로 보이는 다른 별들보다 밝게 보였기 때문이다.
> (p. 59)

이 관찰은 갈릴레오에게 왜 그렇게 의문을 갖게 했을까? 무엇이 갈릴레오로 하
여금 커져가는 의문을 생각하도록 했을까? 물론 우리로서는 갈릴레오의 마음속에
무슨 생각이 있었는지 알 방법이 없다. 그러나 다음 문장을 보면 그는 추론을 하고
있는 것 같다.

> 만약… 3개의 물체가 항성이라면, (항성 가설)
> 그리고… 그들의 크기, 밝기, 위치들을 서로 간에, 또 다른 가까이 있는 별들과 비
> 교하면, (계획된 실험)
> 그러면… 다른 항성들의 경우에서와 같이 크기, 밝기, 위치의 차이는 무작위적이
> 어야 한다. (예측)
> 그러나… 그들은 정확히 일직선상에 배열된 것처럼 보이며 황도에 평행하고 다른
> 별들에 비해 밝게 보인다. (관찰된 결과)
> 그러므로… 항성 가설은 뒷받침되지 않는다. 또는 갈릴레오의 표현처럼 "이 별들
> 에 대한 의문은 더욱 커졌다." (결론)

그러므로 갈릴레오의 추론 방식은 다음과 같이 생각할 수 있다. 우선 어떤 새로
운 관찰이 있었고, 다음으로 초기의 가설(그들은 항성이다)이 만들어졌다. 그리고 나
서 초기의 가설에 대한 가설-예측성 추론이 따라왔다. 즉 만약… 그들이 항성이라
면, 그래서… 이런저런 점을 본다면, 그러면… 이런저런 점이 나타나야 할 것이다.
그러나… 이런저런 점이 나타나지 않았다. 그러므로… 내 초기 가설은 의심스럽다.

1월 8일 갈릴레오의 추론

그다음 날 밤 갈릴레오는 두 번째 관찰을 했다. 다시 그의 표현을 보자.

> … 1월 8일, 나는 아주 다른 상태를 발견했다. 3개의 작은 별들이 목성으로부터 모
> 두 서쪽 방향에 있었고 어제 밤에 비해 서로 가깝게 있었으며 그 별들 간의 간격은
> 일정했는데, 다음의 그림과 같다. (pp. 59-60)

(동)　　　O　*　*　*　　　(서)

이 새로운 관찰은 갈릴레오를 어리둥절하게 만들었고, 또 다른 의문을 품게 했다. 다시 갈릴레오의 표현을 보자.

> 이때까지 나는 별들 간의 근사거리에 대해 전혀 주의를 기울이지 않았지만 이 뜻밖의 관찰은 나를 흥분시켰다. 어떻게 전날에는 두 별의 서편에 있던 목성이 하루 만에 이미 언급한 세 별의 동편에서 발견되었냐는 것이다. (p. 60)

이 관찰은 왜 갈릴레오를 어리둥절하게 했을까? 기본적으로 혼란스러운 관찰의 내용은 별들이 이제는 서로 더 가까워졌고 모두 목성의 서쪽에 놓여 있다는 것인데, 그래도 별들은 여전히 일직선상에 있다. 나는 이 관찰이 혼란스러웠던 이유가 항성 가설을 기초로 했을 때 기대되거나 예측되는 것이 아니었기 때문이라고 생각한다. 즉 예측은 별들 간의 상대 위치는 같고 목성의 다른 편으로 가로질러 갈 수 없다는 것이고, 관찰된 사실은 별들은 전날 밤에 비해 서로 더 가까워졌고, 이제 모두 목성의 서쪽에 있다는 것이다. 갈릴레오는 계속해서 기록했다.

> 즉각 나는 행성의 움직임이 천체학자들의 계산과는 다르게 움직이는 것이 아닌가, 그래서 스스로 별들 사이를 움직여 지나친 것이 아닌가 하고 생각했다. (p. 60)

이 진술을 보면 갈릴레오는 아직 항성 가설을 기각하고 있지 않은 것을 보여준다. 그 대신 항성 가설을 유효하게 유지시키기 위한 임시적인 특별 가설을 만들고 있다. 다른 표현으로 하면 갈릴레오는 아마도 천체학자들이 착오를 일으켰을 수 있다고 생각했다. 그는 어쩌면 이 지역의 별들과 비교하여 목성이 어떻게 운행할 것인지에 대한 천체학자들의 측정에 오류가 있다고 생각했을 수 있다. 어떻게 갈릴레오가 '천체학자의 실수 가설'을 시험했을까? 다음을 보자.

> 만약… 천체학자들이 실수했다면, (천체학자의 실수 가설)
> 그래서… 다음 날 밤에 관찰을 했을 때, (계획된 시험)
> 그러면… 목성은 별들에 상대적으로 동편으로 운행을 계속할 것이다. 그리고 물체들은 다음과 같이 배열되어야 한다.

(동)　　　O　　　*　*　*　　　(서)

물론 우리는 실제로 갈릴레오가 어떻게 추론을 했는지 알 수 없지만, 만일 위와 같이 추론을 하고 있었다면 그는 틀림없이 다음 날 관찰을 통해 비교하고 싶은 매우 명확한 예측을 갖고 있을 것이다.

1월 9일과 10일 갈릴레오의 추론

갈릴레오는 계속해서 진술했다.

> 그래서 나는 다음 날 밤이 오기를 눈 빠지게 기다렸다. 하지만 하늘의 모든 방향이 구름으로 덮여 있어 나의 바람은 실망으로 바뀌었다. 하지만 1월 10일, 별들은 목성과 비교하여 다음과 같은 상대 위치에서 관찰되었다. 세 번째 별은 목성에 가려진 것으로 생각되었다. (p. 60)

$$\text{(동)} \qquad * \quad * \quad O \qquad \text{(서)}$$

이 관찰로부터 천체학자들의 실수 가설은 어떤 결론을 도출할 수 있을까? 다음의 논의를 고려해보자.

> 만약… 천체학자들이 실수를 했다면, (천체학자의 실수 가설)
> 그래서… 다음 날 관찰을 하면, (계획된 시험)
> 그러면… 목성은 별들에 상대적으로 동편으로 운행을 계속할 것이다. 그리고 물체들은 다음과 같이 배열되어야 한다.

$$\text{(동)} \quad O \qquad\qquad * \quad * \quad * \quad \text{(서) (예측)}$$

> 그러나… 물체들은 예측한 대로 보이지 않았다. 그 대신 다음과 같이 보였다.

$$\text{(동)} \qquad\qquad * \quad * \quad O \qquad \text{(서) (관찰된 결과)}$$

> 그러므로… 천체학자들의 실수 가설은 뒷받침되지 않는다. (결론)

갈릴레오가 기록한 결론으로 돌아가보자. 갈릴레오는 이렇게 진술했다.

> 이 현상을 목격했을 때 이러한 위치 변화가 절대로 목성의 변화가 아니라는 것을 알았다. 또한 내가 목격한 별들이, 다른 별이 아닌 같은 별들이었다는 것을 알았다. 왜냐하면 황도대의 엄청나게 먼 거리상에 있는 이 별들의 앞이나 뒤에 다른 어떤 별도 없기 때문이다. 의구심이 놀라움으로 바뀌면서 내가 관찰한 이 별들 간

의 위치 변화가 목성 때문이 아니라 나의 관심을 끌게 된 별들 때문이라는 것을 발견하게 되었다. (p. 60)

그러므로 갈릴레오는 천체학자들의 계산에 실수가 있지 않다고 결론짓는다(즉 천체학자들의 실수 가설은 기각되어야 한다). 달리 말하면 위치의 변화는 목성 운행의 결과가 아니다. 그 별들의 움직임 때문이다.

1월 11일과 그 이후 갈릴레오의 추론

천체학자들의 실수 가설이 기각되었으므로 갈릴레오는 이 혼란스러운 관찰 결과에 대한 다른 설명을 만들어야 했다. 올바른 설명을 언제 만들었는지는 확실하지 않지만, 뒤따른 관찰과 이에 대한 진술을 보면 그가 새로운 설명을 도출하는 데 오래 걸리지 않았음을 확실히 보여준다.

> 계속해서 1월 11일에 나는 다음과 같은 별들의 배치를 관찰했다.
>
> (동)　　＊　＊　　　Ｏ　　(서)
>
> 설명을 하자면 목성을 기준으로 동편에 2개의 별들만이 관찰되었는데, 가까운 별과 목성 간의 거리는 이 별과 제일 동편에 있는 별 간의 거리의 3배 정도였다. 그런데 가장 동편의 별은 다른 별에 비해 크기가 거의 2배였다. 반면 전날 밤의 관찰에서 본 별들의 크기는 거의 같았다. 그러므로 나는 즉각적인 결론을 내렸는데, 금성과 목성이 태양 둘레를 회전하는 것처럼 3개의 별이 목성의 주변을 회전한다는 것이다. (p. 60)

갈릴레오의 진술은 물체가 목성을 공전하는 것을 금성이나 목성이 태양을 공전하거나 달이 지구를 공전하는 현상과 닮은꼴인 상황으로 '개념화'했음을 명확히 보여준다. 그러므로 그는 항성 가설을 기각했고 물체가 목성을 공전한다는 대안을 취했다. 어떻게 갈릴레오는 이러한 결론에 도달했을까? 다음을 보자.

> 만약… 물체들이 목성을 공전한다면, (아마도 그의 선행 지식 즉 위성 범주에서 비롯된 위성 가설)
> 그리고… 내가 여러 밤 동안 물체를 관찰하면, (계획된 실험)

그러면… 어떤 밤에는 별들은 목성의 동편에 나타날 것이고, 어떤 밤에는 서편에 나타날 것이다. 더욱이 그들은 목성의 양편에 직선상으로 나타날 것이다. (예측)

그리고… 별들이 보이는 정확한 모습은 이러하다. (관찰된 결과)

그러므로… 위성 가설은 뒷받침된다. (결론)

갈릴레오는 다음과 같이 진술한 바 있다.

… 상세한 내용이 잇따른 많은 관찰들을 근거로 햇빛처럼 명료하게 설명되었다. 이 관찰들은 3개가 아닌 4개의 불규칙한 별들이 목성 주위에서 변화를 일으키고 있음을 확실히 보여주었다. … 이것이 내가 최근에 최초로 발견한 4개의 메디치가 행성에 관한 관찰의 기록이다. (pp. 60-61)

4. 과학적 발견에 관여된 추론 모형

4.1 가설-예측성 과학으로서 갈릴레오의 추론

갈릴레오 추론의 특성 및 더 일반적으로 과학적 발견에 수반되는 추론에 대해 우리가 논의 중인 가설은 그 핵심에 만약/그러면/그러므로의 패턴을 갖는다는 것이다. 이미 살펴본 것처럼 그 패턴은 순차적으로 (1) 예기치 않은 관찰을 경험, (2) 가벼운 의문점을 만들기, (3) 하나 또는 그 이상의 가설을 세우기, (4) 가설과 가상의 시험을 통해 예상되는 결과/예측을 만들기, (5) 실제로 관찰을 하고, 그 관찰 결과와 예측을 비교하기, (6) 처음의 가설이 뒷받침되었는지, 그렇지 않은지를 판단할 정도의 결론을 도출하기를 수반한다. 이 가설-예측성 추론 패턴은 〈그림 1〉처럼 네모칸을 사용하여 모형화될 수 있다.

4.2 피아제의 자기규제 이론 내 갈릴레오의 추론

제1장에서 제시한 바와 같이 피아제는 동화와 순응_{accommodation}의 두 과정으로 이루어진 자기규제 측면에서 인지를 묘사하고 있다. 갈릴레오의 가설-예측성 추론은 피아제의 이론과 잘 어울린다. 피아제 학파의 표현을 빌리자면 갈릴레오는 초기에 그의 관찰들을 항성 도식을 이용하여 동화했다(즉 "나는 … 3개의 작은 별들이 … 행성

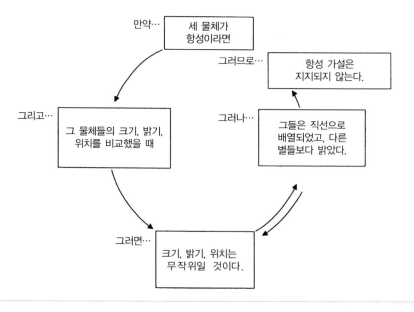

그림 1. 목성의 위성을 발견하는 과정에서 갈릴레오가 사용한 가설−예측성 추론의 한 회로

근처에 있다는 것을 알았다."). 이 동화는 그가 취했던 항성 가설을 시험하자 얼마 못가 그의 생각을 약간 불평형하게 했다(즉 "하지만 이 별들은 비상한 궁금증을 갖게 했다."). 불평형이 발생한 이유는 새로운 별들의 어떤 특징이 전형적인 별들과 달랐기 때문이다(즉 그들은 직선상에 놓여 있으며 서로 간에 같은 거리에 있다). 후속 관찰들 역시 항성 도식의 발상에서 나온 예측과는 일치하지 않게 되자 불평형이 점점 커져갔다(즉 "어떻게 하루 전에는 앞에 언급한 2개의 별들 서편에 있던 목성이 다음 날 이 별들 모두의 동쪽에서 발견될 수 있는가?"). 그러나 갈릴레오의 불평형은 오래 가지 않았다. 급조한 천문학자들의 실수 가설을 버린 후, 갈릴레오는 항성 가설을 완전히 버렸다. 이 가설을 폐기함으로써 갈릴레오는 유력한 증거로 뒷받침되는 위성 가설이라는 새로운 가설을 만들 수 있었다. 위성 가설의 생성과 시험을 통해 갈릴레오는 그의 모든 관찰 결과를 모순 없이 동화시킬 수 있었다. 그리하여 안정성은 회복되었다.

4.3 신경망 이론으로 본 갈릴레오의 추론

우리는 피아제의 자기규제, 동화, 순응의 일반적 개념에서 더 나아가 갈릴레오의 추론을 생각해볼 수 있다. 제2장에서 나는 그로스버그의 뇌를 이루는 뉴런들의 연속적인 판_slab_ 사이에서 일어나는 활성으로 완결되는 정보 처리에 관한 신경망 이론을 소개했다. 그로스버그의 이론이 피아제의 이론과 상반되지 않다는 사실을 밝혀둔다. 그보다는 피아제의 이론을 풍부하게 해준다. 신경망 이론(그림 2에 부분적으로 나타나 있다)은 갈릴레오의 마음속에 어떠한 신경학적 변화가 일어나고 있는지를 이해하는 데 유용할 수 있다.

〈그림 2〉는 뇌에서 2개의 연속적 뉴런판($F^{(1)}$과 $F^{(2)}$)들을 묘사하고 있다. 이 이론에 따르면 감각 입력 $X_{(t)}$(즉 1월 7일 밤, 목성 주위의 3개의 물체로부터 온 빛)는 $F^{(1)}$판의 전기적 활성 패턴을 자극하고, 비특이적 지향 각성(OA)을 억제하는 신호를 보낸다. $F^{(1)}$의 전기적 패턴 X_1은 이제 주위의 뉴런판 $F^{(2)}$의 또 다른 전기적 패턴 X_2를 자극

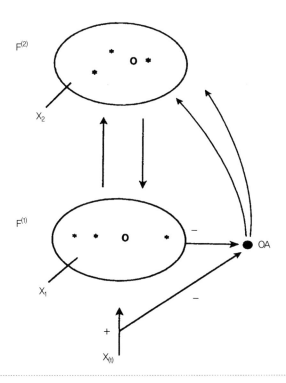

그림 2. 대뇌 뉴런의 연속적 판상의 활성 패턴의 일치/불일치 그로스버그 모형. 입력 $X_{(t)}$(즉 목성 부근의 3개의 점)는 $F^{(1)}$판의 활성 패턴을 흥분시키고 지향 각성(OA)을 억제한다. $F^{(1)}$ 판의 패턴은 $F^{(2)}$판의 패턴을 흥분시키는데, 이것은 다시 $F^{(1)}$으로 피드백된다. 불일치(즉 예측과 일치되지 않는 관찰)는 $F^{(1)}$판의 활성을 소멸시키고 OA의 억제를 제거한다. OA는 입력과 일치하는 다른 패턴(즉 다른 가설)을 탐색하도록 해방된다.

하며, 이 자극은 $F^{(1)}$으로 피드백 신호를 보낸다. 갈릴레오의 최초 관찰들의 경우 $F^{(2)}$의 패턴은 그가 가졌던 항성 범주에 해당하며, 처음에는 $F^{(1)}$의 패턴과 잘 일치된다. 그러므로 신경학적으로나 개념적으로 모든 것은 순조로웠다.

그러나 기록된 바와 같이 갈릴레오의 계속적인 생각은 부분적인 불일치를 맞이한다(즉 그의 항성 가설은 항성들이 일직선상에 배열되거나 서로 간에 동일 간격을 나타낼 수 없다는 것을 내포한다). 이러한 부분적 불일치는 갈릴레오를 '적잖이 어리둥절하게' 만들었다. 신경학적으로 말하자면 어떤 불일치(즉 예측과 일치되지 않는 새로운 관찰 결과)가 $F^{(1)}$에서의 활성을 소멸시키고 OA의 억제를 차단한 것이다. OA는 이제 풀려나 입력과 일치되는 다른 패턴(즉 새로운 가설)을 탐색할 수 있다. 달리 표현하자면 갈릴레오의 계속적인 관찰과 사고에 의해 $F^{(1)}$과 $F^{(2)}$의 패턴들 간의 불일치가 너무 커진 나머지 $F^{(1)}$의 활성을 소멸시켰다. 그러므로 지향 각성의 억제는 차단되었다. 지향 각성은 이제 $F^{(2)}$를 흥분시킬 수 있도록 해방되어 $F^{(1)}$에서 입력된 정보와 일치될 수 있는 새로운 활성의 패턴을 탐색하게 된다. 개념화의 수준에서 보면 갈릴레오의 마음은 이제 폐기된 항성 가설을 대체할 수 있는 대안적 가설들(즉 행성 가설, 위성 가설)을 자유롭게 탐색할 수 있게 되었다. 일단 $F^{(1)}$에서의 입력에 잘 일치되는 $F^{(2)}$에서의 활성 패턴이 발견되면 지향 각성은 차단되며, 갈릴레오의 탐색은 완결된다. 그는 목성을 공전하는 4개의 새로운 위성을 발견한 것이다.

4.4 러바인-프루에트 모형과 코슬린-쾨니히 모형에서의 갈릴레오의 추론

제3장에서 소개한 러바인-프루에트 모형도 가설의 시험과 관련되는 과정을 설명하는 것으로 볼 수 있다. 〈그림 3〉은 이 맥락에서 어떻게 사용되는지를 제시한다. 이 모형은 F_1이라고 명명되는 특성 교점feature node을 포함한다는 것을 상기하라. 갈릴레오의 사례에서 이 교점들은 입력 특성(즉 반짝이는 점의 수, 점의 크기, 그들의 위치)을 암호화한다. 입력 정보들은 범주(즉 항성, 행성, 위성) 속에 지정되고 F_2 교점으로 암호화된다. 다시 한 번 이 범주들은 대안 가설로 활용된다. 이 모형은 또한 습관과 편향의 교점Habits and Biases node을 포함한다. 습관의 교점은 이전에 행한 범주화가 얼마나 잘 맞았는지, 아니면 틀렸는지를 검출한다. 편향의 교점은 습관의 교점

에서의 활성과 강화에 의한 영향을 받는다. 신경망의 기능에 대한 상세한 설명이
러바인과 프루에트(1989)의 연구에 기술되어 있다. 우리가 논의 중인 문제에서 중
요한 점은 정보의 처리가 기초 서술적 개념 구성이거나, 단순한 가설 검증이거나,
또는 목성의 발견이거나에 관계없이 기본적으로 새로운 입력이 취합되고 연상기
억장치 안에 이미 존재하고 있는 범주들과 일치성을 시험하는 작동기억에 의한 가
설–예측성 과정이라는 것이다.

제2장에서 이미 소개한 바 있는 코슬린과 쾨니히의 뇌 기능 모형은 물체를 시각
적으로 인식하는 능력을 갖는 데 〈그림 4〉에 제시한 6개의 주 영역의 개입이 필요
하다고 주장한다. 코슬린과 쾨니히의 뇌 기관의 작동 묘사는 망원경을 통해 보이

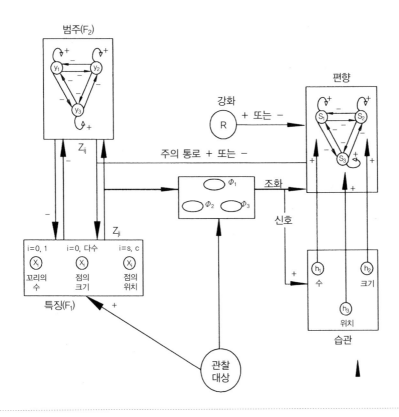

그림 3. 러바인과 프루에트의 특징, 범주, 편향, 습관의 교점들을 포함하는 신경활성 모형. 특징의 교점들은
관찰되는 특징의 입력(예를 들어 수, 크기, 위치 등)을 부호화 한다. 범주의 교점들은 입력 정보에 부합되는
기존 지식의 범주들(예를 들어 항성 범주, 행성 범주, 위성 범주)을 나타낸다. 습관과 편향의 교점들은 과거에
있었던 판단의 실적을 점검하며 후속적 판단에 영향을 준다.

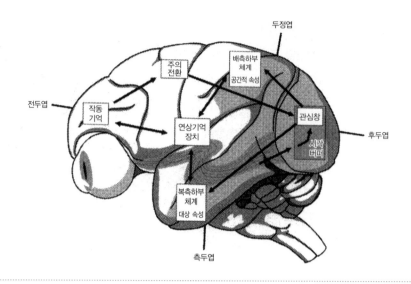

그림 4. 코슬린과 쾨니히의 여섯 가지의 하위체계로 이루어진 시각계 모형. 정보가 하나의 하위체계에서 다른 하위체계로 전달되는 순서가 표시되어 있다. 하위체계들은 시각장에서 감지된 것에 관하여 가설을 만들고 시험한다.

는 먼 광점이 아니라 아주 짧은 시간 동안 시각장에 나타난 비교적 복잡한 물체를 인식하는 데 관한 것이다. 그럼에도 이 뇌 기관 작동에서의 가설-예측성 본성에 관하여 제2장에서 명확히 설명하였다. 우리가 갈릴레오의 사례에 동일한 원리를 적용시키는 데 필요한 것은 가설이 시험되도록 예측과 부합되었거나 그렇지 않았던 관찰들이 일어났던 시간을 연장하는 것뿐이다.

4.5 입력을 활성화시키거나 억제시키는 데 사용되는 작동기억

작동기억은 측면 전전두엽 피질에서 관장한다. 그러나 최근의 연구 결과들은 작동기억을 어느 하나의 특정 전전두엽 영역으로 지정하기 어렵다는 것을 말해준다. 그보다 이 장소는 처리되는 정보의 종류에 따라 결정되는 것 같다. 작동기억은 뇌의 다른 영역으로 뻗어나가는 많은 연결들을 이용하여 정신작용을 조직화하는 동안 생생한 묘사가 가능하게 하는 데 핵심적 역할을 한다(Friedman & Goldman-Rakic, 1994; Fuster, 1989). 배들리(Baddeley, 1995)에 따르면 적어도 성인의 경우에 시각-공각 보조기억장치, 실행 중심, 음운 고리의 최소 3개의 요소로 이루어진 것으로 보인다. 배들리의 모형에서 시각-공각 보조기억장치는 물체와 그 특성의 묘사를 활성화시키는 반면 음운 고리는 언어적 표현에 의해 동일한 작용을 한다. 스미스와 조니치(Smith & Joniches, 1994)와 파울레수와 동료들(Paulesu et al., 1993)은 자신들의 연구를 통해 우반구와 좌반구에서의 보조기억장치와 고리의 특이성이 있음을 제안한다. 작동기억은 처리 중에 있는 정보를 유지시켜주는 일시적인 연결망으로 생각할 수 있다. 그러나 우리가 확인했듯이 추론을 하는 동안 우리는 과제와 연관된 정보에 주의를 기울이고 과제에 대해 비연관적 정보들은 억제해야 한다. 결과적으로 작동기억은 단지 주의를 할당하고 일시적으로 기록하는 것 이상의 역할을 한다. 작동기억은 자신의 목적에 대하여 연관성을 갖는 정보를 능동적으로 선택하고, 비연관적인 정보는 능동적으로 억제한다.

갈릴레오의 추론 그리고 코슬린-쾨니히 모형과 관련하여 〈그림 5〉에서는 가설-예측성 추론의 하나의 순환주기를 관점으로 한 작동기억의 내용을 보여준다. 그림에서 볼 수 있듯이 위성 가설을 만들고 시험하기 위한 가설-예측성 추론을 사용하기 위하여 갈릴레오는 가설과 예측되는 결과에 주의를 할당하는 것뿐 아니라 그가

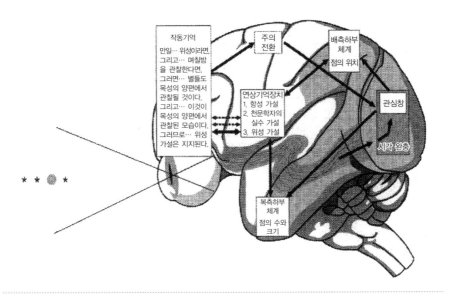

그림 5. 갈릴레오가 위성 가설을 시험하는 동안의 작동기억의 내용. 연상기억장치에 기록된 이전의 가설들이 설정되고, 결과가 예측되고, 관련되는 증거들을 부각시키며 시험되는 동안(실선 화살표) 어떻게 억제되는지(점선 화살표) 주목하라.

처음에 세웠던 항성 가설, 천문학자의 실수 가설을 억제해야만 했다.

5. 과학적 방법이 있는가

갈릴레오의 추론에 관해 진행 중인 분석에서 얻은 핵심적인 결론은 목성의 위성 발견이 여러 주기의 가설-예측성 추론 과정으로 이루어졌다는 것이다. 그리고 여기 소개한 신경 모형들을 기초로 볼 때 갈릴레오의 추론은 가설-예측적으로 잘 짜여진 것 같다. 왜냐하면 사람의 뇌는 가설-예측형으로 만들어진 고정배선형 처리입력장치와 같기 때문이다.

〈표 1〉에서 볼 수 있는 갈릴레오가 목성의 위성을 발견하는 과정에서 보인 가설-예측성 추론 패턴은 다른 과학자들의 발견에서도 찾아볼 수 있다. 우리는 이 가설-예측성 패턴을 제1장에서 논의한 불이 붙지 않은 바비큐 시나리오와 다른 장의 여러 예에서 보았음을 기억할 것이다. 이것들을 요약하면 가설-예측성 추론에는 다음과 같은 7개의 요소가 결부되는데, 이 요소들은 전전두엽에서 작동기억에 협동적으로 작용하는 것으로 여겨진다.

1. 초기의 난해한 관찰(예 : 목성 부근에 3개의 새로운 광점이 관찰되었다.)
2. 인과적 의문 생성(예 : 이 광점들은 무엇인가? 광점들이 생긴 이유는 무엇인가?)
3. 유추에 의한 하나 이상의 가설 생성하기(예 : 광점들은 항성이다. 이전의 천문학자들이 실수를 했다. 광점들은 목성을 공전하는 위성이다). 유추 전이 또는 유비추론類比推論은 과거에 하나 이상의 유사 맥락에서 효과적으로 적용되었던 아이디어를 차용하고, 이것을 현재의 맥락에 대하여 가능성 있는 해결책/가설/추측으로 활용하는 것이다.
4. 논쟁과 실험을 위하여 고려 중인 그 가설이 올바르다는 가정. 이 가정은 가설의 실험이 하나 이상의 예측을 생성할 수 있는 적절한 조건에서 고안되기 위해 필요하다.
5. 고안된 실험을 실행하기. 이 시험은 예측된 결과가 실제 실험의 관찰과 비교

표 1. 가설−예측성 추론으로 간주할 수 있는 중요한 과학적 발견의 예

혈액은 어떻게 전신으로 흐르는가?(Marcello Malpighi, 1661)

만약… 혈액이 가는 혈관들을 통해 동맥으로부터 정맥으로 이동한다면, (윌리엄 하비 William Harvey의 순환 가설) 그리고… 동맥과 정맥 간의 영역을 아주 세밀히 조사한다면, (계획된 실험) 그러면… 모세혈관으로 예측되는 두 혈관을 연결하는, 가는 혈관들이 관찰되어야 한다. (예측된 결과) 그리고… 하비가 죽은 지 14년만인 1661년에 말피기는 그 부위를 현미경으로 관찰했고, 결국 예측되었던 모세혈관을 발견했다. (관찰된 결과) 그러므로… 하비가 주장한 순환 가설의 핵심적 내용은 타당하다. (결론)

물질은 보이지 않는 원자로 이루어졌나?(John Dalton, 1810)

만약… 물질이 특정 질량을 가지는 보이지 않는 입자(원자)로 이루어졌으며, 특이한 방법으로 원자들 간에 서로 조합된다면, (원자−분자 가설) 그리고… 조합된 원자들은 각자 분해될 수 있을 것이다. (계획된 실험) 그러면… 분해된 각 원자 종류들의 질량은 간단한 정수비를 가질 것이다. (예측) 그리고… 기체를 이용한 돌턴의 실험과 계산으로부터 기체를 이룬 각 원자 종류의 질량비는 간단한 정수비로 드러났다. (관찰된 결과) 그러므로… 원자−분자 가설은 타당하다. (결론)

무엇이 오늘날 생물종의 다양성을 만들었는가?(Charles Lyell, 1854)

만약… 생물이 시간의 흐름 속에서 변화되었다면, (진화설) 그리고… 과거에 살았던 생물의 종류를 화석으로부터 조사하면, (계획된 실험) 그러면… 상층부의 새로운 지층은 하층부의 오래된 지층보다 현대의 생물종의 화석을 더 많이 포함하고 있을 것이다. (예측) 그러면… 4개의 서로 다른 암석층으로부터 조개의 화석을 비교했을 때 라이엘은 현대의 조개종이 발견되는 비율은 오래된 암석층으로부터 새로운 암석층의 순으로 3%, 17%, 42%, 그리고 최종적으로 96%로 나타났다. (관찰된 결과) 그러므로… 진화론의 타당성이 발견되었다. (결론)

형질은 어떻게 부모에서 자식으로 전달되는가?(Gregor Mendel, 1866)

만약… 씨앗의 색과 모양을 정하는 유전자는 화분과 난자가 만들어지는 과정에서 독립적으로 분리되고, 수분 과정에서 무작위적으로 조합된다면, (멘델의 법칙에서 주장된 독립 분리와 무작위적 조합설) 그리고… YyRr 유전형질을 가지는 제2세대 식물이 다른 YyRr 형질을 갖는 식물과 수분되거나 또는 자가수분 되면, (계획된 실험), 그러면… 제3세대에서는 네 가지 종류의 씨앗이 얻어져야 하며, 그것은 노란색−둥근 모양, 노란색−주름진 모양, 초록색−둥근모양, 초록색−주름진 모양의 비율이 9:3:3:1로 나타나게 될 것이다. (예측) 그리고… 멘델은 교배 실험을 실시하고 556개의 씨앗의 형질을 분석했다. 이 가운데 315개는 노란색−둥근 모양, 101개는 노란색−주름진 모양, 108개는 초록색−둥근 모양, 32개는 초록색−주름진 모양으로 나타났다. (관찰된 결과) 이 수치는 예측된 9:3:3:1에 매우 근접한 비율이다. 그러므로… 가설의 타당성이 입증되었다. (결론)

원자의 내부에는 무엇이 있는가?(Ernest Rutherford, 1907)

만약… 원자가 유동적인 구체로 이루어졌으며 몇 개의 작은 고체 전자가 이 구체 위에 전자가 부유하는 구조라면, (톰슨의 이론) 그리고… 뒷면에 사진 감광판을 위치시킨 금속박막을 향해 알파입자 방출기를 조준하여 알파입자[3]를 조사시킬 수 있다. (계획된 실험) 그러면… 대부분의 알파입자는 금속박막의 원자의 유체 부분을 통과하여 감광판에 조사되므로 감광된 알파선의 직경은 알파입자 방출기의 초기 방출 직경보다 크게 증가하지 않을 것이다. (예측) 그러면… 러더포드는 알파입자가 금속박막을 똑바로 통과한 것을 관찰했으나, 통과한 알파선의 직경이 다소 넓어진 (혹은 흩어진) 것을 발견했다. 더욱이 입자들 중 일부는 정반대 방향으로 반사되었다. 그러므로… 톰슨의 이론으로부터 새롭게 발견된 타당성은 원자가 가지는 대부분의 질량은 아주 작은 원자핵에 집중되어 있다는 점이다.

되 수 있는 형식으로 실행되어야 한다.

6. 예측된 결과와 관찰된 결과를 비교하기. 이 비교는 우리가 결론을 내리는 것을 가능하게 한다. 둘 사이의 조화는 가설이 타당하나 증명되지는 않았음을 의미한다. 반면 부조화는 가설, 시험, 또는 두 가지 모두에 어떤 문제가 있음을 의미한다. 예측과 관찰의 결과에서 조화를 발견하는 것은 문제에 관한 가설이 타당하나 증명된 것은 아니다. 왜냐하면 하나 혹은 그 이상 진술되지 않았거나, 혹은 고려되지 않은 상이한 가설도 그 실험 조건에서 동일한 예측을 생성시킬 수 있기 때문이다(예 : Hempel, 1966; Salmon, 1995). 비슷하게 부조화도 어떤 가설을 완전히 부정하거나 변조할 수 있도록 하지는 않는다. 이는 예측한 결과와 관찰 결과 간의 불일치가 둘 중 하나, 즉 잘못된 가설 혹은 잘못된 시험에서 비롯될 수 있기 때문이다. 결과적으로 타당해 보이는 가설을 폐기하기에 앞서 시험에서의 오류는 없는지 확신이 선행되어야 한다. 그 누구도 시험이 완벽하다고 확신할 수 없으므로 우리는 가설을 부정할 때 확신을 가질 수는 없다. 우리는 가설-예측성 추론과 명제 논리의 표준 규칙에 관해 논의할 때 이 점에 관하여 다시 다룰 것이다.

---

3 역자 주 : 알파입자alpha-particle는 방사성 동위원소로부터 방출되는 입자의 일종으로, 헬륨(He)의 원자핵(He^{2+})과 같다. 알파입자는 양성자 2개, 중성자 2개로 이루어져 있어 양의 전하를 갖는다. 알파입자를 방출하는 과정에서 동위원소는 질량의 유실과 함께 양성자 2개, 중성자 2개가 감소된 결과 원자번호가 2 감소한 원소로 변화된다.

7. 과정의 반복. 추론의 과정은 가설이 생성되고, 시험되고, 타당하다고 여겨질 때까지 여러 차례 재시행되어야 한다.

이 목록은 과학 활동이 단지 반사적인 자동 반응이나 제식 훈련과 같은 일련의 규칙을 적용하는 것을 의미하는 것은 절대 아니다. 반대로 사람들은 무엇을 해야 하는지 알고 있으면서도 실행에 실패하는 것이다. 제5장에서 언급한 것처럼 유추적 추론_{analogical reasoning}을 사용하는 것은 어느 정도는 배경이 되는 서술적 지식에 의존적인 창의적인 활동이다. 물론 가설을 만드는 것에 대한 묘사에 있어서 창의성과 유추적 추론을 언급하는 것이 왜 어떤 과학자(또는 과학도)는 효과적인 가설을 만들어내는 반면 다른 이들은 그렇지 않은지를 설명하지는 않는다. 이 과정을 더 잘 이해하기 위해서는 앞으로 많은 연구가 필요하다. 마찬가지로 어떻게 효과적인 예측이 만들어지게 되는지를 이해하려면 많은 연구의 수행이 필요하다. 위에 말한 유추에 관한 연구뿐 아니라 과학적 발견에 관한 인지 연구에서의 또 다른 유력한 흐름들로는 던바(Dunbar, 1993), 클라 페이, 던바(Klahr, Fay & Dunbar, 1993), 와그만(Wagman, 2000)등의 연구를 들 수 있다.

더 나아가 과학적 발견이 근본적으로 가설-예측적 속성을 가진다는 결론은 과학자들이 자신들의 추론에 내포된 근본적인 가설-예측적 속성을 인식하고 있다는 의미를 내포하는 것도 아니다. 실로 사례에서처럼 갈릴레오는 자신의 추론 과정에 대해 거의 의식하지 못하고 있다. 그는 단지 자신이 관찰한 것을 설명하려고 노력하고 있었다. 그러나 갈릴레오 시대 이후로 과학자들과 철학자들은 과학적 발견에 이르게 되는 추론의 패턴에 대하여 점점 더 의식하게 되었다. 실제로 비교적 최근의 많은 과학 보고서들은 가설 설정과 검증을 당당히 핵심에 위치시킨다(예 : Baker & Allen, 1977; Carey, 1998; Chamberlain, 1965; Giere, 1997; Hempel, 1966; Lewis, 1988; Medawar, 1969; Moore, 1993; Platt, 1964; Popper, 1965). 그러나 이 저자들은 과학적 발견을 가설-예측성이 아닌 가설-연역성으로 일반적으로 말하고 있다.

나는 '가설-예측적'이란 표현을 사용했는데, 그 이유는 '연역적'이란 표현이 때로는 연역적 논리의 암기 활용을 포함하기 때문이다. 다시 말해 A>B이고 B>C라면 A>C라는 결론이 연역적으로 뒤따르게 되는 것과 같은 것이다. 나의 관점에서 보면 과학적 예측들이 전제로부터 이렇게 '자동적'으로 또는 '논리적'으로 만들 어지는 경우는 드물다. 반대로 가설의 생성처럼 합리적인 예측을 생성하는 것에는 통찰력과 창의력 같은 요소들도 역시 동원된다(예 : Lawson, 1999; Lawson, 2000). 그 러므로 '가설-예측적'이라는 문구는 추론 과정에서 실제로 벌어지고 있는 현상을 더 잘 묘사하는 듯하다.

예측의 생성에서 창의적 사고를 요구하는 결정적 예를 오토 뢰비의 연구에서 찾 아볼 수 있다. 뢰비는 여러 해 동안 신경 충동이 뉴런에서 근육으로 화학적으로 전 달되는지에 대해 의혹을 갖고 있었다. 그러나 그는 자신의 화학적 신경전달 가설 을 검증할 방법을 고안해내지 못하고 있었다. 결국 1920년 어느 밤 예측을 완벽하 게 검증할 수 있는 방법을 고안하고 실험하는 꿈을 꾸었다. 다음 날 아침 깨어나자 마자 그는 곧바로 실험실로 달려가 그 실험을 진행했다. 기쁘게도 관찰된 결과는 예측한 그대로였다. 이것은 그의 화학적 신경전달 가설을 뒷받침하는 결과였고, 그가 노벨상을 수상하게 된 결정적 단서가 되었다(Koestler, 1964 참조).

마지막으로 과학적 발견을 가설-예측적으로 특징짓는다고 해서, 유효한 가설 을 충족하는 모든 관찰 결과들이 가설이 만들어진 후에 이루어진다는 것을 의미하 는 것은 아니다. 실제로 간혹 가설이 설정된 후에 그에 따른 관찰 결과들이 그 가 설을 지지하거나 혹은 그 반대이다. 예를 들어, 1940년대 어윈 샤가프가 제의했 던 DNA 염기의 상대량에 대한 규칙(즉 아데닌과 티민의 양이 같고, 구아닌과 사이토 신의 양이 같다)은 이러한 고전적 사례가 된다. 샤가프 규칙의 이유나 설명은 1953년 봄, 젊은 과학자였던 제임스 왓슨이 DNA의 구조를 알아내기 위해 핵염기의 판지 모형을 여러 방법으로 맞추며 궁리하던 때까지는 이해되지 않았는데, 이제야 2개 의 수소결합에 의해 결합된 아데닌-티민 쌍이 3개의 수소결합으로 결합된 구아닌- 사이토신 쌍의 구조와 같은 모양을 갖는다는 것을 알아내면서 이해하게 되었다. 이것은 왓슨이 새롭고도 진보된 이중나선 DNA 모형을 만드는 것을 가능하게 한 핵심적인 퍼즐 조각(즉 그에게 새롭고 진보된 가설을 세우게 한 퍼즐 조각)이었다. 그 후 에 가설-예측적 유형의 추론을 통해 왓슨은 마침내 샤가프의 규칙을 설명할 수 있 게 되었는데, 그 이유는 자신의 새로운 모형/가설에 의해 예측이 가능했기 때문이 다. 다시 말하면 다음과 같다.

만약… DNA의 구조가 아데닌-티민이 항상 쌍을 이루고 구아닌-사이토신이 항상 쌍을 이루는 이중나선 구조라면, (왓슨의 이중나선 가설은 1953년 봄에 만들어졌다.)

그리고… 1940년대에 샤가프가 했던 것처럼 DNA에 포함된 핵염기들의 상대양을 분석한다면,

그러면… 아데닌의 양은 티민의 양과 일치해야 하고, 구아닌의 양은 사이토신의 양과 일치해야 한다. (1953년 왓슨에 의해 도출된 예측)

또는 왓슨이 기록한 것처럼 "샤가프의 규칙은 갑자기 DNA의 이중나선 구조의 당연한 귀결로서 명확하게 느껴졌다"(Watson, 1968, p. 125).

이렇게 이중나선 가설에 의해 샤가프의 규칙은 예측되었다. 왓슨은 다른 '당연한 귀결'도 뒤따른다는 것을 지적했다. 그것들 중 한 가지에 대해 그가 한 말을 보자.

이보다도 더 흥분시키는 것은 이런 이중나선 형태가 대략적인 '비슷한 것끼리 짝짓기'라는 생각보다 복제 과정의 전략에 대하여 훨씬 더 만족스러운 아이디어를 생각하게 하기 때문이다. 아데닌-티민, 구아닌-사이토신은 항상 쌍을 이룬다는 것은 두 DNA 가닥이 서로 상보적이라는 것을 의미한다. 하나의 DNA 가닥의 염기서열이 주어지면 파트너가 되는 다른 가닥의 염기서열은 자동적으로 결정된다. 그러므로 하나의 가닥이 상보적인 서열을 갖는 가닥의 합성 시 주형template 역할을 어떻게 하는지를 시각화하는 것은 개념적으로 아주 수월했다. (p. 125)

그리하여 이중나선 가설로부터 제안된 'DNA의 복제 전략'은 두 가닥이 풀리고 각 가닥이 새로운 상보적 가닥들의 합성을 위한 주형의 역할을 한다는 것이다. 아마 알고 있겠지만 이 제안의 당연한 귀결로서 1958년 메셀슨과 스탈의 고전적 실험이 이루어졌다. 이 실험은 다음과 같은 기본적 가설-예측성 유형으로 요약될 수 있다.

만약… DNA가 낡은 가닥에 새 가닥을 추가하는 방식으로 복제된다면, (이중나선 가설)

그리고… N^{14} DNA, N^{15} DNA, 그리고 혼성 박테리아로부터 얻은 DNA를 원심분리하면, (계획된 실험)

그러면… 세 종류의 서로 다른 DNA 밴드(띠)가 나타나게 될 것이며, 중간 밴드는 정확히 다른 두 밴드의 중간에 위치할 것이다. (예측) 중간 밴드가 정확히 다른 두

표 2. 가설-예측성 과학의 단계

1. 난해한 관찰 결과를 인식하기
2. 제기된 문제점의 중심 인과 문제를 확인하고 규정하기
3. 문헌과 자신의 지식하여 최대한으로 가능한 설명을 탐색하기
4. 가능한 설명들(대안적 가설/이론)을 타당한 순서로 나열하기
5. 타당한 순서에 따라 대안적 가설을 어떻게 실험할 것인지 구상하기
6. 계획한 실험의 예상 결과를 가능한 명확하게 명시하기
7. 계획된 실험을 실행하고 관찰된 결과를 기록하기
8. 예상 결과와 관찰된 결과를 비교하기
9. 처음 설명의 상대적 타당성과 모순성에 대한 결론을 도출하기

밴드의 중간에 위치하는 이유는 가설에 따라 그것이 한 가닥의 N^{14} DNA와 한 가닥의 N^{15} DNA로 이루어져 있으므로 아래 밴드와 위 밴드의 질량의 절반에 해당할 것이기 때문이다. (이론적 추론)

그리고… 결과는 예측과 일치했다. (관찰된 결과)

그러므로… 이중나선 가설은 타당하다. (결론)

〈표 2〉는 가설-예측적 활동으로서의 과학의 기본 요소를 열거하고 있다. 이들 요소를 이해한 극소수의 과학자들에게 이것은 강력한 수단이 되었다. 실로 그 과학자들에게 이 요소들은 진정한 과학적 방법이 되었다(예 : Chamberlain, 1965; Feynman, 1965; Platt, 1964).

6. 귀납 유도는 과학의 대안적 방법으로서 자격이 있는가

과학을 하는 다른 방법이 존재할까? 분명히 많은 과거의 학자들은 그렇게 생각했고, 지금도 그렇게 생각하는 사람들이 있다. 갈릴레오 시대의 유력한 도전자로 여겨진 것은 1605년과 1620년에 두 권으로 처음 출판된 프랜시스 베이컨Francis Bacon의 귀납법(Bacon, 1900, 개정판)이다. 베이컨의 귀납 방식은 특정 사실로부터 일반 결론을 추론하는 하나의 과정으로 묘사된다. 만약 예를 들어, 당신이 초록색 사과를 맛보고 시다는 사실을 알았다고 하자. 또 다른 초록 사과들을 먹고서도 역시 신맛을 느꼈다. 당신이 이들 특정 관찰로부터 "모든 초록 사과는 시다."라는 일반 결론을

도출할 때 귀납이 작동하고 있다고 볼 수 있다.

확실히 이런 '열거'식 귀납은 〈표 1〉과 〈표 2〉에서 확인한 패턴과는 잘 맞지 않는다. 다른 사람들은 이런 종류의 귀납 추론이 과학에서는 처음의 관찰이나 전제에서 의미적 정보를 증가시키는 여하한 사고 과정이라고 간단히 정의된, 더 일반적인 귀납의 종류와는 대조적으로 가치가 적다고 주장했는데(Johnson-Laird, 1993, p. 60; Holland, Holyoak, Nisbet & Thagard, 1986, 특히 11장; Bisanz, Bisanz & Korpan, 1994), 그 이유는 세상은 너무 복잡하므로 가설이나 이론, 관찰을 하도록 하는 예측 없이 행해진 관찰들은 과학적인 가치에 이르지 못한다는 것이었다.

> 잠시 숙고한 후에 가설이 없이 수집된 데이터는 과학적 가치가 적거나 아니면 없다는 것을 알게 되었다. 예를 들어, 어떤 사람이 어느 날 과학자가 되기로 결심하고 과학의 방법에 관한 서적들을 읽고서 데이터를 수집하기로 했다. 무엇부터 시작할 것인가? 자기 방에 있는 모든 물건들의 목록을 만들고 크기를 재고 무게를 측정하는 것부터 할까? 명백히 그 방에는 자기의 나머지 인생 전체를 분주하게 만들 만큼의 충분한 데이터가 있을 것이다. (Schick & Vaugh, 1995, p. 191)

> 관찰은 언제나 선별적인 것이다. 그것은 선택된 대상, 뚜렷한 목표, 관심사, 관점, 문제점을 필요로 한다. (Popper, 1965, p. 46)

> 모든 관찰이 쓸모가 있으려면 어떤 관점에 대해 찬성하거나 반대하거나 둘 중 하나의 입장을 취해야 한다는 것을 아무도 보지 못한다는 사실은 얼마나 이상한 일인가. (Charles Darwin, Schick & Vaugh, 1995, p. 191 재인용)

> 결론적으로 진행 중인 연구의 사실들 간 연결에 대한 자료 수집에서 선행 가설에 좌우되지 않고 수집되어야 한다는 금언은 자멸적이며, 올바른 과학적 탐구일 수도 없다. 반대로 잠정적 가설들은 과학적 조사의 방향을 설정하는 데 필요하다. (Hempel, 1966, p. 13)

> 귀납 이론은 여러 관찰들 중 특별히 어떤 관찰을 할지를 결정하는 데 대한 형식적인 선호를 지지하지 않는다. 선호되거나 동기를 주는 이론은 적절한 분량의 과학적 방법 안에 포함되어야 한다. 우리는 소가 자연이란 넓은 초원을 보듯이 대충 훑어봐서는 안 된다. (Medawar, 1969, p. 29)

귀납적 과학으로서의 과학에 대한 베이컨주의 개념이 현대 과학의 유형과 무관하

거나 심지어 상반되기도 한다는 사실은 달라지지 않았다. (Malherbe, 1996, p. 75)

기계적인 유도나 추론을 통해 경험적 데이터로부터 가설 또는 이론을 만드는 데 일반적으로 적용할 수 있는 '귀납의 규칙' 같은 것은 없다. 데이터로부터 이론으로의 전이는 창의적 상상력을 필요로 한다. 과학적 가설과 이론은 관찰된 사실로부터 유도되는 것이 아니라 사실을 설명하기 위해 지어내는 것이다. (Hempel, 1965, p. 15)

귀납, 또는 많은 관찰에 기초한 추론이라는 것은 근거 없는 믿음에 불과하다. 그것은 심리학적이지도, 일상생활의 사실도, 과학적 과정의 한 유형도 아니다. (Popper, 1965, p. 53)

귀납적 논리 체계는 존재하지 않는다. (Musgrave, 1999, p. 395)

이러한 인용구에서 표현되고 있는 관점에 기초하면 베이컨 자신도 과학을 수행할 때 계산적 귀납을 사용하지 않았다는 것은 놀라운 일은 아니다. 제번스(Jevons, 1969)에 따르면 열의 성질을 밝히기 위한 베이컨의 연구에서 그는 열이 발열체로부터 작은 입자들이 이동하며 발생하는 것이라는 놀랍도록 정확한 결론을 내놓았다. 그러나 그는 이 결론을 귀납법이 아닌 가설-예측성 추론을 사용하여 얻어냈다. 이에 대해 제번스는 다음과 같이 덧붙였다.

이것은 마술사가 자기 자신에 대해 행하는 대단한 눈속임 같은 것이다. 그렇다고 해서 '진정한 귀납법'에 대한 신념을 반쯤 배신했다고 그를 지나치게 비난해서는 안 될 것이다. 결국 다른 많은 사람들도 그의 달변에 넋이 나가버렸거나 적어도 형태의 동일성에 의해 속아 넘어간 것이다. 그리고 이들 가운데는 대가들도 포함되어 있다. (p. 71)

명백하게 우리는 과학적 방법론으로서의 베이컨주의 귀납법을 매장시킬 수 있다. 포퍼Popper나 머스그레이브Musgrave의 주장을 받아들이면 이런 인지 과정은 심지어 존재하지도 않는다. 다시 말해 사람들은 직관적으로 이러한 귀납 과정이 작동할 것이라고 강하게 추정할 수 있으나, 면밀하게 검토해보면 사람의 정신작용이 단지 이렇게 작동하고 있지 않다는 것을 발견하게 된다. 오히려 사람의 정신은 여러 개의 본보기를 기다리며 참고 있는 대신 지금 관찰되고 있는 것에 대한 아이디어를 생성해버린다. 실제로 사람 중에 이렇게 느린 정보 처리 과정을 사용하는 사람이 존재했을까? 아마도 자연선택은 그런 사람과 그의 느릿느릿한 귀납적 유전자를 빠른 정보 처리 방법을 갖지 않으면 탈출할 수 없는 포식자를 이용해 도태시켰을 것이다.

6.1 조합 분석은 가능성 있는 대안인가

어쩌면 당신은 간혹 조합 분석combinatorial analysis이라고 언급되기도 하는 연구 접근법에 대해 친숙하게 알고 있을 수도 있다. 이는 화학자들이 질병에 치료 효능이 있는 화합물을 발견하려 할 때 자주 사용하는 방법이다. 이 방법은 기본적으로 화합물 복합체들을 수없이 변형시키거나 화합물들의 다양한 조합을 기계적으로 생성하는 방법으로, 반복적인 수행에 의해 궁극적으로 목적한 기능을 갖는 변형된 화합물이나 조합을 얻게 되는 것이다.

이 접근법은 1900년대 초의 파울 에를리히의 매독 치료제 개발을 위한 고전적 연구(De Kruif, 1926)에서 나타났다. 1907년 비소가 독성을 가진다는 것을 알았던 에를리히는 병원체는 죽이지만 사람은 죽이지 않는 비소를 함유하는 아톡실 화합물을 얻기 위해 고난의 화학적 변형 연구를 시작했다. 각각의 변형된 화합물들은 트리파노소마를 감염시킨 쥐에 주입되었다. 마침내 1909년, 606번째 실험에서 에를리히는 트리파노소마를 죽이지만 쥐를 죽이지는 않는 변형 화합물을 찾아내었다.

606번 화합물을 매독감염 환자에게 주사했을 때 스피로헤타는 사멸되었고 환자는 목숨을 건졌다(매독은 성병의 일종으로 스피로헤타에 의해 발병한다). 이리하여 에를리히는 매독 치료제를 발견하게 되었다. 에를리히의 접근법은 과학적 방법의 대안이 될 수 있을까? 606종의 각 화합물을 질병치료의 무작위적 시도로서 간주한다면 대안으로 받아들일 수 있을 것 같다. 분명 에를리히의 접근법은 가설, 이론, 예측보다는 시도와 시행착오 그리고 행운에 더 많이 의존한다. 그러나 에를리히가 발견한 화합물 606번을 면밀히 보면 이것이 가설에 의하여 찾아진 것임을 알 수 있다.

1880년대 동안 에를리히는 생체시료 염색시약의 사용에 매료되어 있었다. 초기에 그는 염색시약을 보존 처리된 시료에 사용했다. 그러나 1880년대 말경 그는 이 시약을 살아 있는 동물에 주입하기 시작했다. 메틸렌블루 시약을 토끼의 귀에 주사했을 때 그는 시약이 토끼의 온몸을 순환하다가 오직 신경말단만을 염색한다는 사실을 발견했다. 이 관찰로 에를리히는 대담한 예측이 포함된 혁신적인 가설을 세우게 되었다. 그의 관념 속에는 생체조직이란 그가 사용한 염색시약과 마찬가지로 수많은 화합물들의 복합체에 불과한 것이었다. 또한 화학 반응들은 매우 특이적이라는 믿음도 가지고 있었다. 예를 들어 화합물 A는 화합물 B와 반응할 수 있지만, 화합물 C, D, E와는 반응하지 않는다. 메틸렌블루가 다른 것은 말고 오직 신경말단만을 염색한다는 사실로부터 미생물에 감염된 동물에 화합물을 주사하면 화합물이 오직 미생물을 공격하여 사멸시킬 수 있을 것이라는 예측을 하게 된 것이다. 그러므로 에를리히의 힘들고 긴 연구를 이끌었던 추론은 가설-예측성이라고 간주할 수 있다.

> 만약⋯ 살아 있는 조직들은 화합물들로 이루어져 있으며, 화학 반응들은 선별적이라면, (선별적 화학 반응 가설)
> 그리고⋯ 생체조직과 반응하여 파괴시키는 비소계 화합물을 규칙적으로 변형시키고 그것들을 미생물에 감염된 동물에 주사하면, (계획된 실험)
> 그러면⋯ 미생물과 반응하고 파괴하지만 동물을 죽이지는 않는 변형된 화합물을 결국 발견할 수 있을 것이다. (예측)
> 그리고⋯ 바로 그러한 작용을 하는 화합물 606번이 발견되었다. (관찰된 결과)
> 그러므로⋯ 선별적 화학 반응 가설은 타당하다. (결론)

이렇게 재조명해보면 화합물의 변형 그리고/또는 조합을 통해 원하는 효과를 만들어내는 화학자들의 접근법은 갈릴레오가 활용한 통찰력이 더 풍부한 가설-예측성 추론과 비교할 때, 정도에서 차이는 보이지만 다른 종류는 아닌 것이다.

6.2 다수의 과학적 방법이 존재하는가

조합 분석법을 가설-예측성 과학의 진정한 대안에서 제외시키고 베이컨주의 귀납법은 아예 방법론에서 제외시키고 나면, 가설-예측성 과학만이 우리에게 남은 유일한 과학 실행의 방법인가? 가설-예측성 추론이 모든 과학적 발견에서 작동하는 것일까? 과학적 방법에 대한 이러한 특이관점을 폄하하는 사람들이 없는 것은 아니다. 예를 들어 엘핀, 글레난과 레이쉬(Elfin, Glennan & Reisch, 1999)는 자주 언급되 곤 하는 다수의 과학적 방법이 존재한다는 관점에 호응했다(Botton & Brown, 1998; Kimball, 1967; Lederman, 1983; Lederman, Wade & Bell, 1998; McComas, 1996; McComas, Almazroa & Clough, 1998). 유감스럽게도 이 저자들은 그 다른 방법이 어떤 것인지 확 인해주지는 않았다.

놀라(Nola, 1999)는 과학적 방법의 여러 가지 대안에 대하여 언급했고 그것들을 선별하는 것의 어려움에 관해 논의했다. 놀라는 과학적 방법의 대안적 이론들 간 에 선별을 하려면 대안들을 시험하기 위한 특별한 과학적 방법의 채용이 필요하기 때문에 그것이 불가능할 수 있다고 주장하는 듯하다. 그리고 놀라의 관점에서 보 면 사람들은 올바른 실험 방법이 어느 것인지 알기 전에는 어떤 실험 방법을 사용 할지 결정할 수 없는 것이다. 이 역설은 마치 외계外界가 실제로 존재하는지를 확인 하려고 애쓰는 것과 유사하게 보인다. 다른 저술에서(Lawson, 2000) 나는 우리가 외 계가 존재하는지, 아닌지를 확실히 알 수 없다는 주장을 한 바 있다. 하지만 이것 은 실질적 결과와 무관한데, 왜냐하면 가장 단순한 행동에도 그것이 실제로 존재 한다는 가정이 필요하고, 그에 따라 행동하기 때문이다. 만일 그 후속 행동이 성공 적이라면 우리는 그 행동을 지속할 뿐만 아니라 처음에 세웠던 외계가 존재한다는 가설이 옳다는 증거를 얻게 된다. 우리가 가진 증거가 여전히 빈약하다는 사실에 관심 따위는 없다.

이와 같은 것을 과학적 방법에 대한 대안적 이론의 시험에 대해 말할 수 있다. 유추논법으로 하면 어떤 과학적 방법이 옳은지 확실히 알 수 없을 수도 있다. 하지 만 그것은 중요하지 않다. 우리는 하나씩 옳다는 가정하에 실행에 옮기고 결과를 알아본다. 예를 들어, 지금 논의하고 있는 과학적 방법에서의 가설-예측성 이론을 시험하기 위해 우리는 우선 이러한 과정으로 과학이 행해졌다고 가정하고 몇 가지 의 예상되는 결과를 만들어본다(예 : 모든 중요한 과학적 발견에서 과학자가 만든 추론 을 분석해보면 발견 과정에서 대안적 설명을 생성하고 시험했음이 나타난다). 그다음, 우 리의 예측과 증거를 비교해본다. 예측과 증거가 잘 일치된다면 가설은 타당한 것 이 된다. 짐작건대 이러한 접근은 우리로 하여금 갈릴레오와 다른 많은 과학들이 어떻게 발견에 성공했는지 이해하는 데 도움을 준다는 점에서 '효과적'이다.

우리가 베이컨주의 과학적 방법 이론을 취한다면 베이컨의 이론을 시험하기 위해 그의 방법론을 사용해야만 한다. 결과적으로 작동 중인 과학의 여러 예를 관찰해야 하고 진정한 과학적 방법이 예들로부터 출현하기를 기대하며 나머지는 계수적 귀납법에 넘겨줄 수밖에 없다. 이것이 어찌 작동하겠는가? 갈릴레오의 목성의 위성 연구 사례에서 시작한다고 가정해보자. 갈릴레오의 기록을 계수적 귀납의 증거로 평가할 것인가? 그리하는 것이 타당하게 느껴질 수 있다. 그러나 베이컨의 규칙에 따르면 우리는 그렇게 할 수 없다. 왜냐하면 우리는 귀납이 옳다는 가설을 우선 생성하게 되며, 그리고 나서 귀납 가설을 이용하여 기록에 무엇이 쓰여져야 할지에 대한 예측을 만들게 되기 때문이다. 다시 말해서 우리는 가설-예측적 방법을 사용하게 될 것이기 때문이다! 제번스(1969)는 베이컨 스스로도 자신의 연구에서 가설-예측적 방법을 사용했다는 흥미로운 주장을 한다. 간단히 말하자면 우리는 과학적 방법에서 베이컨의 귀납법은 작동하지 않는다는 것을 발견하게 된다. 그러므로 이러한 증거들로 볼 때 이 대안적 이론은 폐기될 수 있다. 과학적 방법에 관한 다른 이론들도 이와 비슷한 문제에 놓이게 된다.

7. 가설 - 예측성 추론의 '논리'와 과학적 발견

앞에서 언급한 바처럼 과학적 발견과 연관된 가설-예측성 추론은 엄밀한 의미에서 증명과 반증으로 귀결되지 않는다. 그러므로 사람들은 이것이 어떻게 **부정논법**이나 **긍정논법** 같은 조건부 논리conditional logic의 기본규칙과 관련을 갖게 되는지 의아할 것이다. 제1장에서 소개한 '불이 붙지 않은 바비큐'의 사례에 이러한 규칙이 어떻게 적용되는지 보자. 다시 상기하도록 노력해보자. 나는 방금 집에 도착했고, 아내는 내게 우리 집 뒷마당의 바비큐가 잘 익고 있는지 확인해달라고 요청했다. 확인하는 중에 나는 바비큐의 불이 꺼져 있는 것을 발견했다. 이 발견은 즉각 그 이유에 대한 탐색과 두 가지 가설을 만들고 시험하도록 유발시켰는데, 한 가지는 바람 가설이었으며 다른 것은 비어 있는 가스통 가설이었다. 부정논법의 표준 조건 논리는 다음과 같다. p는 q이다. 그런데 q가 아니다, 그러므로 p가 아니다. 바람 가설을 시험하는 맥락에서는 다음과 같은 과정을 따르게 된다.

> 만약… 바람 때문에 불이 꺼졌다면, (p)
> 그리고… 불 붙은 성냥을 점화구에 가져다 대면,
> 그러면… 바비큐는 다시 불이 붙어야 한다. (q)
> 그러나… 바비큐에는 불이 다시 붙지 않았다. (q가 아니다.)
> 그러므로… 바람이 불을 끈 것이 아니다. (p가 아니다.)

하지만 앞서 지적한 것처럼 관찰된 결과가 예상했던 결과와 맞지 않는 것은 잘못된 가설 때문이 아닐 수도 있다. 잘못 실행한 시험이 원인이 되는 일이 많다. 결과적으로 더 적절한 부정논법의 활용은 다음과 같은 것이다.

> 만약… 바람 때문에 불이 꺼졌다면, (p)
> 그리고… 불붙은 성냥을 점화구에 가져다 대면,
> 그러면… 실험에 아무런 문제가 없다면 바비큐에 다시 불이 붙어야 한다. (q)
> 그러나… 바비큐에는 불이 다시 붙지 않았다. (q가 아니다.)
> 그러므로… 시험 과정에서 아무런 문제가 없었다면 바람이 불을 끈 것이 아님이 거의 확실하다.

다음으로 긍정논법의 조건 논리를 고려해보자. 이것은 "p는 q이다. 그런데 p이다. 그러므로 q이다."와 같다. 흥미롭게도 이 논리는 바비큐 사례에서는 적용되지 않는다.

> 만약… 바람 때문에 불이 꺼졌다면, (p)
> 그리고… 불붙은 성냥을 점화구에 가져다 대면,
> 그러면… 바비큐는 다시 불이 붙어야 한다. (q)
> 그리고… 바람이 불어 불을 껐다. (p)
> 그러므로… 바비큐에 다시 불이 붙어야 한다. (q)

명백히 이 논법은 앞뒤가 맞지 않는다. 가설–예측성 추론의 핵심은 생각을 시험하는 데 있다. 반면 긍정논법의 핵심은 '논리적' 예상을 생성하는 데 있는 것 같다. 이번에도 다시 표준적 논리 규칙은 가설–예측성 추론의 필수 요소의 포착에 실패하고 있는 듯하다. 후건 긍정affirming the consequent으로 알려진 논리적 오류가 긍정논법에 비해서는 더 잘 작동되는 것은 흥미롭다(Hempel, 1966, pp. 6-7 참조). 후건 긍정은 다음과 같다. "p는 q이다. 그런데 q이다. 그러므로 p이다." 불이 꺼진 바비큐의 예시에 적용해보면 다음과 같다.

> 만약… 가스통이 비어 있다면, (p)
> 그래서… 가스통을 들어올렸다.
> 그러면… 가스통은 가벼워야 한다. (q)
> 그리고… 가스통은 가볍다. (q)
> 그러므로… 가스통을 비어 있다. (p)

앞서 언급한 것처럼 이러한 결론 도출은 논리적 오류를 나타낸다. 그 결론은 또한 가스통이 다른 이유(시험되고 배제되지 않은 대안적 가설이 존재하므로) 때문에 가벼울 수도 있으므로 '불합리'하다. 예를 들어, 가스통은 가볍지만 약간의 가스가 아직 들어 있을 수도 있다. 아마도 바비큐 불이 꺼진 실제 원인일 빈 가스통 때문임을 확신하기 전에 내가 가스게이지를 확인하고 그것이 비어 있음을 알게 된 이유가 이것일 것이다. 그 결과로써 이런 종류의 데이터들로부터 도출될 수 있는 더 합리적인 결론은 처음의 가설이 타당하다는 것이나 그것이 옳은지 확신할 수는 없다는 것이다.

다음은 수정되어야 할 것들의 요약이다.

부정논법에 대하여,

> 만약… p라면,
> 그리고… 계획된 실험을 했다.
> 그러면… 아마도 q이다. (실험에 아무런 잘못이 없다고 가정할 때)
> 그러나… q가 아니다.
> 그러므로… 아마도 p가 아니다. (가설 p가 타당하지 않음을 의미하나 틀렸음을 입증한 것은 아니다.)

이제는 후건긍정에 대하여,

> 만약… p라면,
> 그리고… 계획된 실험을 했다.
> 그러면… 아마도 q이다. (시험에 아무런 잘못이 없다고 가정할 때)

그리고… q이다.

그러므로… p일 가능성이 있다. (가설이 타당함을 의미하나 다른 가설들로도 같은 예측을 할 수 있는지 여부를 증명한 것은 아니다.)

결과적으로 부정화법, 긍정화법의 규칙들은 가설-예측성 추론의 핵심을 완벽하게 포착하지 못한다. 그러나 이것은 사람들이 비합리적임을 의미하지는 않는다. 달리 말하면 우리의 뇌는 반드시 이런 조건 논리의 규칙에 따라 추론하지는 않는 것으로 보인다. 그러나 이것은 나쁜 현상이라고만 볼 것은 아니다. 왜냐하면 이 규칙들도 반드시 합리적이지는 않기 때문이다!

8. 결론 및 교육적 함의

궁극적인 확인이 가능한 과학적 방법들이 얼마나 많은지에 관계없이 이 분석을 통해 우리는 과학적 발견들이 비록 전부는 아닐지라도 대부분에 있어서 근본적으로 가설-예측성 추론에 의한 것임을 제안한다. 많은 중·고등학생과 대학생들이 비교적 가벼운 맥락(4~5수준)의 가설-예측성 태도에서 장애를 보이고 있음을 제시하고, 이 어려움들이 단지 문제해결, 가설적 과학 개념과 이론적 과학 개념에 대한 이해의 어려움뿐 아니라 과학과 수학의 본질에 대한 이해 곤란의 원인이 된다는 것을 발견한 몇 개의 연구들을 고려할 때, 학생들에게 가설-예측성 추론을 지도하는 것의 중요성에 대한 더 많은 강조가 요구된다(예 : Cavallo, 1996; Germann, 1994; Germann & Aram, 1996; Hurst & Milkent 1996; Johnson & Lawson, 1998; Keys, 1994; Kuhn, 1989; Lawson, 1992a; 1992b; Lawson, 1999; Lawson & Thompson, 1988; Lawson & Worsnop, 1992; Noh & Scharmann, 1997; Shayer & Adey, 1993; Westbrook & Rogers, 1994; Wong, 1993; Zohar, Weinberger & Tamir, 1994).

확실히 학생들에게 1610년 1월 7일 갈릴레오와 동일한 관찰을 하도록 하는 천문학 수업으로 시작할 수 있을 것이다. 그러면 학생들은 대안적 가설들과 예측들을 생성하며 이 관찰들을 설명할 수 있게 될 것이다. 예상된 결과와 관찰 결과의 비교를 통해 도출되는 대안적 가설들을 시험하는 학생들의 브레인스토밍이 뒤따를 것이다. 실제로 난해한 관찰 결과로 귀결되는 다양한 학생들의 탐구 속에서 어떤 일반적 학습 유형이 만들어질 수도 있다. 이들 난해한 관찰 결과들은 즉흥적인 질문과 임시적 대안 가설의 생성을 이끌게 될 것이다. 그러면 학생들은 이러한 대안 가설을 예상과 관찰의 분명한 결과 비교를 통해 실험하려는 도전을 느끼게 될 것이다. 비록 이 책에서 공개적으로 옹호하고 있는 가설-예측성 학습 유형이 꼭 새롭다는 것은 아니며(예 : Science Curriculum Improvement Study에 의해 개발된 순환학습법, Karplus & Thier, 1967; Lawson, 1967; Lawson, Abraham& Renner, 1989 참조), 이러한 요소들이 강하게 반영된 몇 종류의 과학 교육과정 교재들이 존재한다. 그러므로 교육과정 개발자들이 할 일은 이러한 요소들이 강하게 드러나는 교과들을 더 많이 설계하는 것이다.

결론적으로 이 장에서는 인간의 추론과 과학적 발견을 순환적인 가설-예측성 추론이라는 관점에서 묘사하고 있으며, 이 추론은 작동기억이 연상기억장치로부터 유래한 가설에 접속하고 시험되도록 유지시켜 예측과 그에 따른 증거를 활발히 탐색하는 활동을 담는다. 대개의 경우 대부분의 사람에서 추론의 순환들은 의식적 자각 없이 일어난다. 그리고 무엇보다 확실한 것은 이 장에서 논의한 만약/그러면/그러므로의 흐름과 달리 이 순환들은 대개 불규칙적·발작적으로 일어난다. 성공적인 가설-예측성 추론은 반드시 논리적이라고 할 수는 없으나, 그럼에도 불구하고 합리적이며 만약/그러면/그러므로의 패턴을 따른다. 이는 아마도 뇌가 이런 방식으로 정보를 처리하도록 하드웨어적으로 고정배선이 제어되고 있기 때문인 것 같다.

성공적 추론을 하기 위해서는 이미 폐기한 가설이나 무관한 정보를 억제하는 것도 필요하다. 그러나 전두엽의 미성숙이나 손상, 적절한 물리적·사회적 경험의 부족과 같이 다양한 조건 때문에 인간의 추론은 항상 성공적이지는 않다. 높은 수준에서는 시험해야 할 유력한 가설이 하나도 없거나, 더 자주 일어나는 상황으로 애지중지하는 가설을 너무 일찍 수용해버리던가 또는 유리한 점이 거의 없거나, 아주 적은 가설 때문에 실패가 일어나기도 한다. 이렇게 되면 대안 가설이나 잠재적으로 유관한 증거, 또는 문제해결이라는 측면에서 대안적인 문제해결 전략을 고려하지 못하게 된다. 즉 문제해결에 관한 서적들에서 고착fixation 또는 기능적 고착functional fixedness으로 칭하는 보존 상태perseveration condition가 된다(예 : Dominowski &

Dallob, 1995).

에인절(Angell, 1996)은 집단적 추론의 실패의 고전적 예를 보고했다. 이 예에서 배심원들은 원고가 제기한 "유방 보형물이 결합조직 질환을 유발했다."는 주장(가설)에 의거하여 거액의 배상금 지불을 판결했다. 놀랍게도 이 판결은 가설을 시험할 어떠한 과학적 증거도 수집되지 못한 채 이루어졌다. 실제로, 결국 증거가 수집되었을 때, 가설이 예상과 맞지 않는다는 것이 밝혀졌다. 예를 들어, 한 연구에서 가설은 보형물을 삽입한 여성에서 그렇지 않은 비교군 여성에 비해 높은 비율로 질병이 발생한다는 예상을 하게 했다. 그러나 실제 증명에서 두 집단에서 질병의 빈도는 정확히 같다는 것이 입증되었다(Gabriel et al., 1994).

이와 같은 예는 많은 성인들이 가설-예측성 추론의 위력과 중요성을 이해하지 못하고 있다는 것을 보여준다(즉 그들은 자신이 애지중지하는 가설을 시험대 위에 올려놓을 필요성을 알지 못하고, 대안적 가설들을 만들거나 고려하지 못하며, 예측을 생성할 필요성을 이해하지 못하고, 가설과 예측을 혼동하며, 증거를 어떻게 수집하고 올바르게 분석할지 이해하지 못하고, 결과와 결론을 혼동한다). 또한 이 예는 추론을 전개하거나 그렇지 않을 때의 감정의 중요성을 보여준다. 이것은 이 장에서 다룰 주제는 아니지만, 대단히 중요한 것임은 분명하다(Damasio, 1994; LeDoux, 1996). 명백한 것은 모든 학생들이 가설-예측성 추론을 개발하고 잘 활용할 수 있도록 하는 교육 프로그램을 설계하고 실시하는 것은 앞으로 충족시켜야 할 교육적 도전이라는 것이다.

10

예비교사들이 지닌 과학의 본성에 대한 오개념 제거하기

1. 도입

과거에서 최근에 이르기까지 과학 교육과정의 개혁에 대한 요구는 창조적 및 비판적 탐구 과정으로 과학을 교육해야 한다는 것이다. 과학 탐구를 가르치는 것은 학생들이 과학적 추론 능력을 발달시키고, 과학 개념을 구성하고, 과학의 본성 Nature of Science, NOS에 대한 이해를 구성하는 것을 도와주는 가장 좋은 방법이다(예 : AAAS, 1928, 1989, 1990; Education Policies Commission, 1961, 1966; NSF, 1996; NRC, 1995; NSSE, 1960).

그러므로 예비교사들에게 과학 탐구를 가르치는 방법을 교육하는 것은 여러 해 동안 내가 가르쳐온 고학년 대상 교수학습 방법에 대한 수업의 중심 목표이다. 수료했든 그렇지 않든 간에 교수학습 방법 강좌를 수강하는 생물학 전공 학부생과 대부분의 예비교사들(즉 학부생)은 처음에는 몇 가지 NOS 오개념을 가지고 있다. 이들이 가지고 있는 NOS 오개념은 맥코마스(McComas, 1996)가 제시한 것과 거의 유사하다(예 : 가설은 법칙이 될 이론이다. 실험은 과학적 지식의 원리가 되는 길이다. 가설은 증명하거나 반증될 수 있다).

다행스럽게 학생들이 이러한 NOS 오개념을 극복할 수 있도록 도와주려는 나의 시도는 일부 성공을 거두었다. 이러한 성공적인 사례들은 다른 연구자에 의해서도 보고된 바 있다(McComas, Clough, & Almazroa, 1998; Abd-El-Khalick, 1999 참조). 그러나 보통의 경우 일부 학생들은 NOS 오개념의 극복에 대한 실질적인 성취를 이루었지만, 다른 학생들은 그렇지 못하였다. 중요한 것은, 이전의 연구들이 NOS 오개념 극복에 관련된 학생 변인을 가려내지 못한 것이다(예 : Billeh & Hasan, 1975; Carey & Stauss, 1969; Carey & Stauss, 1970; Lavach, 1969; Olstad, 1969; Sharmann, 1988a; Sharmann, 1988b). 그래서 NOS에 대한 수업이 제공되었을 때 어떤 사람들은 실질적으로 NOS 오개념의 극복이 이루어졌는데 다른 사람들은 그렇지 못한 이유는 여전히 알지 못한다.

따라서 이 장의 연구는 학생들에게 NOS 오개념을 극복하는 수업을 제공하였을 때 오개념을 극복하는 능력은 관찰 불가능한 이론적 가설을 검증하는 학생들의 추론 능력(제 7~8장에서 제안한 5단계 가설-예측적 추론 능력)에 달렸다는 가설을 발전시키고 검증하고자 한다.

2. 이론적 배경

이론적으로 원인이 되는 가설의 검증은 정성적으로 서로 다른 두 가지 수준에서 고려될 수 있다. 1차적 수준의 원인 가설(즉 관찰 가능한 원인 인자를 포함하는 가설)을 검증하는 추론 능력의 발달은 2차적 수준의 원인 가설(즉 광양자, 중력, 유전인자, 연소, N방사선, 광합성, DNA 복제 등과 같이 관찰 불가능한 이론적 속성을 포함하는 가설)을 검증하는 추론 능력의 발달을 위한 전제 조건으로 보여진다. 청소년기 동안 일부 학생들은 피아제의 형식적 조작 사고에 해당하는 추론 패턴을 사용하여 1차적 수준의 원인 가설을 검증할 수 있는 능력을 먼저 발달시킨다(예 : Inhelder & Piaget, 1958). 예를 들어 심리학적인 문학의 포괄적인 논평 후에 모슈만(Moshman, 1998, p. 972)은 심리학적 문헌을 종합한 후 다음과 같이 결론을 내렸다. "사실 형식적 또는 가설-연역적 추론(즉 의식적으로 인식된 가설적 전제에서 의도적인 연역의 과정)은 청소년기와 성인기의 사고에서는 중요한 역할을 수행하지만, 11~12세 이전에는 거 볼 수 없다는 피아제가 1924년에 주장한 제안을 강력히 지지하는 증거가 있다." 인지발달의 필요한 조건이 제공된다면(즉 물리적 및 사회적 경험, 신경학적 성숙 , 자기규제), 다수의 학생들은 후기 형식적 추론 또는 5단계 추론 능력으로 발달한다. 현대 과학은 본질적으로 과학자들이 보이지 않는 이론적 존재와 과정의 타당성을 제안하고 검증하는 활동이 필수적이기에(제9장 참조), 5단계 추론 능력이 부족한 사람은 과학의 추상적 특성을 받아들이고 NOS 오개념을 극복하는 능력이 부족하게 된다.

더 구체적으로, 현재의 이론은 5단계 추론 능력을 갖춘 사람이 이론적 과학(즉 5단계 추론)의 여러 사례를 추론한 다음, 이것을 다시 일반적인 NOS 요소에 동화되는 사례에 반영하여 사전 오개념을 거부하는 방법으로 추론하는 반성적 사고 과정을 통하여 NOS에 대한 이해를 발달시킨다. 결론적으로, 만일 학생들이 이러한 사례와 대안적인 NOS 오개념/개념(예 : 이론이 잘 지지된 가설이라는 것 대 이론은 지지되는 양에 관계없이 관련 현상의 광범위한 범위의 설명이라는 것)을 추론하는 데 필요한 5단계 추론 능력이 부족한 경우, 그들은 사전 오개념을 거부할 수 없으며, 실질적인 NOS 오개념 극복에 실패한다. 물론 일부 덜 추상적인 NOS 요소는 5단계 능력 없이 이해될 수 있다(예 : 과학자들이 자연을 관찰하고, 결과를 수집하고, 보고서를 작성하는 것). 그러나 현재의 가설은 관찰 불가능한 이론적 속성과 과정에 대한 대안적 지식의 주장을 만들어내고 검증하는 과정으로서 과학을 이해한다는 가설이며, 누구든지 이것을 이해하기 위해서는 미리 발달된 5단계 추론 능력을 갖추고 있다는 것이다.

이 연구 작업 가설이 검증되는 방법적 논리는 다음과 같이 요약될 수 있다.

> 만약… 5단계 추론 능력의 사전 발달이 NOS 오개념을 거부하고 NOS 이해를 달성하는 데 필수적이라면, (5단계 가설)
>
> 그리고… 인지발달 수준이 다양한(예 : 인지발달 3, 4, 5수준) 예비교사들의 한 집단에게 (1) NOS 사전검사를 실시하였고, (2) NOS 기본 요소와 사례가 분명하게 다루어진 탐구적 수업을 받도록 하였고, (3) NOS 사후검사를 실시하면, (계획된 실험)
>
> 그러면… 5단계 추론 능력을 가진 학생은 반드시 그 수업을 받아들이고, 사전

NOS 오개념을 거부해야 하며, 그러한 추론 능력이 부족한 학생들보다 NOS 성취
도가 의미 있게 높다는 것을 보여주어야 한다. (예측)

다른 한편으로는,

만약… 5단계 추론 능력이 존재하지 않는다면, (즉 4단계 이상의 발달적 우수성이
나타나지 않는다면),
그러면… 측정된 추론 능력의 수준은 NOS 성취도와 상관이 없어야 한다. (예측)

3. 연구 방법

3.1 연구대상

연구대상은 미국의 한 남서부 종합 대학에서 '생물 교수학습 방법론'이라는 중등
학교 예비생물교사를 위한 수업에 등록한 대학생 고학년 23명(남자 9명, 여자 13명,
평균 26.5세, 표준편차 6.4년)이다. 23명 모두는 생물학 전공과정을 수료했거나 거의
수료 직전이다. 생물학 전공과정의 수료는 생물학에서 총 40학점과 화학, 물리, 지
질, 수학, 과학사에서 총 22학점의 이수를 요구한다.

3.2 연구 설계

이 연구의 작업 가설을 검증하는 첫 과정은 학생들의 추론 능력이 4단계인지 5단
계인지 측정하는 검사를 실시하는 것이다. 이 검사는 그 수업의 학기 시작일에 실
시되었다. NOS의 이해도에 대한 리커트형 설문이 그때 실시되었다(다음 내용 참
조). 이 수업에서는 과학의 이론적인 본성을 설명하고자 계획된 여러 차례의 탐구
수업을 포함한 수업이 실시되었다. 그런 다음 NOS 설문은 수업의 학기말 시험의
한 부분으로서 학기의 마지막에 재실시 되었다. 학기 중에 강사는 NOS 설문에서
옳은 답이 무엇인지 학생에게 전혀 밝히지 않았다. 학생들은 학기 마지막에 설문
이 재실시 될 것이라는 것도 듣지 못했다. 따라서 학생들은 강사의 대답을 기억할
수가 없었다. 그러므로 사후 설문에서 학생들의 대답은 강사의 대답이 아니라 그

들의 NOS에 대한 믿음이 반영되었다고 가정할 수 있다. 그럼에도 불구하고 다음의 설명처럼 강사는 구체적인 탐구 수업의 상황에서 여러 차례 NOS 요소를 분명하게 다루었고, 반복적으로 수업의 목표는 NOS에 대한 이해를 구성하는 것임을 분명히 하였다.

3.3 검사 도구

추론 능력 수준 검사. 추론 능력 수준(즉 인지발달 수준)은 제7장에 논의된 연구에 설명되고 사용된 지필 검사를 사용하여 측정되었다. 검사는 가설 검증과 관련된 추론 양식(즉 변인의 동정과 통제, 상관추론, 확률추론, 비례추론, 그리고 조합추론)과 관찰 가능한 것과 관찰 불가능한 원인 요소를 갖는 문항을 기반으로 한 검사이다. 검사 점수로 학생들을 4개의 수준 중 하나의 수준으로 분류하였다. 3수준은 관찰 가능한 원인 요소를 포함하는 가설을 검증하지 못하는 학생들, 하위 4수준은 관찰 가능한 원인 요소를 포함하는 가설을 일관되게 검증하지 못하는 학생들, 상위 4수준은 관찰 가능한 원인 요소를 포함하는 가설을 일관되게 검증할 수 있는 학생들, 5수준은 관찰 불가능한 원인 요소를 포함하는 가설을 검증할 수 있는 학생들이다.

연구대상자 집단의 반분신뢰도 계수는 0.66이었다. 이 수치는 상대적으로 작은 수의 문항과 작은 집단 크기(n=23)로 합리적이라고 볼 수 있다. 제8장에서 논의된 이 검사의 선택형 24문항 버전에서는 663명의 생물학 학부생들에게 0.81의 크론바흐 알파 신뢰도를 얻었다.

NOS 오개념 검사. NOS 오개념은 〈표 1〉에 제시된 13문항 리커트형 설문지를 사용하여 측정하였다. 이 13문항은 가설, 예측, 이론, 법칙, 증명, 진실, 사실, 결론 등과 같은 용어의 의미에 초점을 두었다. 표에 제시된 응답과 가까운 정도에 따라서 각 항목에 대해 0~4점 부여하여 NOS 이해도를 산출하였다. 그러므로 총NOS 이해도 점수는 0에서 52에 이르기까지 다양할 수 있다. 퍼센트 점수도 각 학생에 대해서 계산하였다. 이렇게 해서 정답에 동의 또는 강한 동의(반대 또는 강한 반대)를 가진 응답을 점수 부여에 사용하였다. 예를 들어, 문항 3의 진술인 "가설은 특정 조건에서 관찰될 것 같은 학습된 추측이다."에 '그렇지 않다' 응답을 선택한 학생은 3점을 부여받았고, '전혀 그렇지 않다' 응답을 선택한 학생은 4점을 부여받았다.
모든 13문항에 4점을 받은 학생은 최대 52점을 받았다(즉 100%).

표 1. 교수학습 방법론 수업 후 NOS에 대한 학생들의 이해도 측정용 리커트형 문항과 선호된 응답의 타당성

당신의 현재 생각을 잘 반영하는 점수를 답하라.
(1 = 전혀 그렇지 않다, 2 = 그렇지 않다, 3 = 모르겠다, 4 = 그렇다, 5 = 매우 그렇다)

1. 과학의 중심 목표는 자연 현상을 설명하는 것이다.

(자연 현상에 대한 정확한 설명을 얻는 것은 과학에서 중요한 역할을 수행하지만, 설명은 중심 목표로 제안되는 것이다. 다른 말로, 핵심 과학은 자연 현상의 원인을 설명 또는 이해하려는 시도이다. 무슨 일이 일어나고 있는지를 아는 것으로는 충분하지 않다. 과학자들은 그런 일이 일어난 이유를 알기를 원한다. 선호된 응답 = 5.)

2. 과학적 설명은 자연에 대한 통제된 관찰에서 만들어진다.

[처음에 읽을 때 이 진술은 정확한 것 같다. 그러나 생각해보면 이 진술은 오해를 유발한다. 왜냐하면 과학적 설명(즉 가설/이론)은 비유적 추론에 의한 창의적 과정을 사용하여 최초로 만들어지기 때문이다. 일단 비유적 추론으로 설명이 도출되면, 통제된 실험은 이러한 설명을 검증하는 데 사용될 수 있다. 선호된 응답 = 1]

3. 가설은 특정 조건하에서 관찰된 어떤 것에 대한 학습된 추측이다.

(교수학습 강좌의 상황에서 가설은 수수께끼 같은 현상에 대한 잠정적인 설명, 즉 제안된 원인으로 정의된다. 우리는 분명히 수수께끼 현상을 관찰할 수 있지만, 대체로 그 현상의 원인을 관찰할 수는 없다. 예를 들어, 물이 담긴 수조에서 불이 타고 있는 양초에 유리 실린더를 거꾸로 덮으면 실린더 안의 물이 상승한다. 이 현상은 관찰할 수 있는 수수께끼 같은 현상이다. 그러나 물이 상승하는 이유는 관찰할 수 없다. 아마도 그 이유는 실린더에서 탈출하는 고온의 공기 분자와 상대적으로 더 높은 밀도의 외부 공기 및 컵 외부의 물 표면을 누르는 외부 공기의 압력이 원인이지만 이것을 관찰할 수는 없다. 선호된 응답 = 1)

4. 결론은 위의 3번 진술에서 관찰된 결과의 진술이다.

(이 수업에서 결론은 검증된 가설이나 이론에 대한 상대적 지지 또는 지지의 부족과 관련된 진술로 정의되었다. 예를 들어, 거꾸로 덮은 실린더 안에서 물이 상승하는 것은 연소에 의해 만들어진 CO_2가 원래 있던 O_2보다 물에 더 빨리 녹아서 그런 현상이 일어났다는 가설을 누군가 제안했다고 가정하자. 이 가설을 시험하기 위하여 두 수조에서 물의 상승 양을 비교할 수 있었다. 하나의 수조는 일반 물을 담고 있는 반면에 다른 수조는 CO_2가 포화된 물이 담겨 있다. 이 가설은 일반 물을 담고 있는 수조에서 실린더 안의 물이 더 높이 상승한다는 예측을 이끌어낸다. 왜냐하면 이 수조의 물에는 CO_2가 많이 녹지만, CO_2가 포화 상태로 녹아 있는 다른 수조의 물에는 CO_2의 용해가 '방해'되기 때문이다. 실험에서 우리는 두 수조의 실린더 물이 같은 높이로 상승하는 것을 발견한다. 이

러한 결과는 처음 가설을 지지하지 않는다. 따라서 결론은 CO_2 용해 가설은 지지되지 않는다. 다시 말해서 우리는 수수께끼 같은 현상을 관찰하고 실험 결과를 관찰하지만 가설과 결론은 관찰하지 못한다. 선호된 응답=1)

5. 가설/이론은 의심의 여지없는 사실이라도 입증할 수 없다.

(어떤 두 가설 또는 이론의 주장이 동일한 예측 결과를 유도할 수 있기 때문에, 예측 결과의 최종적인 관찰은 가설 또는 이론적 주장이 옳다라는 것을 밝히지는 못한다. 이러한 이유로, 지지 증거는 가설 이론이 정확한지를 증명할 수 없다. 선호된 응답=5)

6. 가설/이론은 의심의 여지없이 입증할 수 있다.

[모순되는 증거는 잘못된 가설/이론 또는 틀린 검증으로 인해 발생할 수 있다(예: 모든 다른 모든 변수들이 일정하게 유지되지 않는 경우). 더 나아가 다른 모든 변수를 일정하게 유지하는 것은 확실하게 가능하지 않기 때문에 모순되는 증거는 가설/이론을 반증할 수 없다. 선호된 응답=1]

7. 과학적이려면 가설은 검증 가능해야 한다.

(문항 8에서 논의된 것처럼 가설 검증은 예측의 생성 및 예측된 결과와 관찰된 결과의 비교가 필요하다. 이들이 잘 일치하면 가설이 지지된다. 그러나 예측된 결과와 관찰된 결과 사이의 불일치는 가설을 부정하고 가설의 기각을 가져올 수 있다. 신의 권능 같은 초자연적인 힘을 기반으로 한 설명은 과학의 범위를 벗어난다고 할 수 있다. 초자연적 현상이 너무 강력하여 무엇이든 가능하고 모든 것을 예측할 수 있다는 식의 설명은 검증할 수 없게 된다. 그런 설명에서는 예측과 상반되는 관찰이란 없기 때문에 모든 것을 예측하는 설명은 검증할 수 없게 된다. 선호된 응답=5)

8. 검증 가능하려면 가설은 예측을 이끌어내야 한다.

[가설 검증은 예측의 생성 및 예측된 결과와 관찰된 결과의 비교가 필요하다. 예측은 통제된 실험에서 만들어지는 가장 전형적인 것이 될 수 있다. 예를 들어, 만약… 거꾸로 덮은 실린더 안에서 물이 상승하는 것이 산소가 소비되는 것 때문이라면, (가설) 그리고… 다른 모든 변인이 일정하게 유지되는 동안 1, 2, 3개 양초로 물이 상승하고, (통제되고 계획된 계획) 그러면… 양초의 수와 상관없이 물이 상승한 높이는 같아야 한다. (예측) 예측은 정황 증거를 포함할 수 있다. 예를 들면 다음과 같다. 만약… O. J. 심슨은 니콜 브라운 심슨을 죽였다면, (가설) 그리고… O. J. 심슨의 포드 브롱코 차량에서 발견된 혈액 샘플을 니콜의 혈액 샘플과 비교한다. (계획된 실험) 그러면… 두 혈액 샘플은 일치해야 한다. (예측) 또 예측은 상관 증거를 포함할 수 있다. 다른 예는 다음과 같다. 만약 유방 보형물이 결합조직 질환을 일으킨다면, (가설) 그리고… 보형물을 한 여성의 샘플에서 결합조직 질환의 발생빈도와 보형물을 하지 않은 여성의 샘플에서 결합조직 질환의 발생빈도를 비교한다. (계획된 실험) 그러면… 질환의 발병률은 보형물을 하지 않은 집단에 비해 보형물을 한 집단에서 더 높아야 한다. (예측) 서술(즉 가설을 일반화하기)도 검증을 위한 예측을 필요로 한다. 예를 들어, "모든 백조는 흰색이다."라는 서술적 가설을 생성한다고 가정하자. 이 가설을 검증하는 것은 다음과 같은 추론과 결과 예측을 필요로

한다. 만약… 모든 백조는 흰색이다, 그리고… 몇 마리의 백조를 추가로 관찰한다. (계획된 실험) 그러면… 추가로 관찰하는 백조는 모두 흰색이어야 한다. (예측) 따라서 검증될 가설의 유형과 수집될 증거의 유형에 관계없이 가설 검증은 하나 이상의 예측 생성을 요구한다. 선호된 응답=5]

9. 지지를 얻은 가설은 이론이 된다.

(가설처럼 이론도 자연에 대한 설명이다. 가설은 특정 관찰이나 밀접하게 관련된 관찰 덩어리를 설명하려고 시도한다. 이론은 관련된 관찰의 광범위한 범위를 설명하려고 시도한다. 이런 이유로 이론은 가설보다 더 일반적인 더 복잡하고 더 추상적으로 되려는 경향이 있다. 따라서 가설은 얻어진 지지의 양에 관계없이 이론이 되지 못한다. 선호된 응답=1)

10. 지지를 얻은 이론은 법칙이 된다.

[검증되고 받아들여진 일반화(즉 법칙)는 구분 가능한 패턴의 조건 안에서 자연을 설명한다(예 : F=MA, 더 많은 양초는 더 많은 물의 상승을 일으킨다, 동쪽에서 일출이 일어나고 서쪽에서 일몰이 일어난다). 설명(가설과 이론 모두)은 이러한 일반화 패턴에 대한 이유를 제시하려고 시도한다. 설명을 얻을 수 있는 지지의 양에 관계없이 그 설명은 서술이 되지 않는다. 따라서 이론은 법칙이 되지 않는다. 선호된 응답=1]

11. 진리는 반복된 지지 관찰을 거친 증명으로 얻을 수 있다.

(문항 5와 6에서 언급한 바와 같이 증명과 반증이 불가능하다. 따라서 궁극적 의미에서 진리의 획득은 지지된 관찰의 횟수와 관계없이 얻기 불가능하다. 선호된 응답=1)

12. 과학의 중심 목표는 자연에 대한 사실을 발견하는 것이다.

[문항 1에서 언급한 바와 같이 과학의 중심 목표는 사실을 발견하는 것이 아니라 자연 현상을 설명하는 것이다. 증명과 반증이 불가능하므로, '사실'(즉 확신)의 발견도 가능하지 않다. 선호된 응답=1]

13. 단지 이론으로 된 과학적 진술은 거의 가치가 없다.

[과학적 이론(즉 관련된 현상에 대한 광범위한 범위의 설명)은 상당한 가치가 있다. 검증되지 않은 이론은 연구를 안내한다. 검증되고 받아들여진 이론은 개념적인 일관성을 제공하고 유용한 응용으로 이어질 수 있다. 선호된 응답=1]

3.4 NOS 수업 : 교수학습 방법 강좌

교수학습 방법론 강좌는 대학의 교사 양성 프로그램의 일부이다. 일반적으로 예비 교사는 교육실습 전 학기에 이 수업을 이수한다. 이 수업은 탐구 방법을 강조하기 때문에 전통적 강의나 실험 수업이 아니다. 그렇지만 이 수업에서는 실험이 초기 탐구를 자극하는 데 사용되며, 이어서 관련 용어들의 도입과 해설로 이어지며, 마지막으로 적용/확장 활동으로 연결되게 된다. 부연하면 이 수업은 순환학습 교수법을 사용한다(예 : Biological Science Curriculum Studies, 1992; Karplus, 1974; Karplus & Thier, 1967; Kral, 1997; Lawson, Abraham, & Renner, 1989; Marek & Cavallo, 1997; Science Curriculum Improvement Study, 1970).

이 수업의 전반부는 〈표 2〉에 제시된 NOS 요소들의 교육이라는 명확한 목표를 갖고 설계되었다. 이 NOS 요소들은 제9장에 소개된 과학적 방법에 대한 이론에 바탕을 두고 있다. 후반부 과정 동안에는 학생들이 탐구학습의 설계와 전달에 이러한 NOS에 대한 이해를 적용하도록 한다. 이 수업은 일련의 탐구들과 함께 시작하는데, 여기서 학생들은 관찰 불가능한 속성이나 과정들을 포함하는 가설/이론을 생성하고 검증하게 된다. 이런 의미에서 이 수업은 과학 활동을 통해서 NOS를 교육하고자 한다. 그러한 과학 활동 동안 과학적인 탐구의 과학사적 사례와 NOS 주요 요소들이 명확하게 논의되어서, 학습의 초점이 NOS 요소에 계속 집중되도록 한다(즉 구체적인 과학적 질문, 가설/이론, 이에 대한 검증과 결론에 집중되도록 한다).

표 2. 교수학습 방법론 강좌에서 소개되고 논의된 NOS 요소

1. 과학은 인과적 의문을 제기하고 답하는 것을 통해 본성을 설명하고자 하는 인간 활동이다. 과학은 과학적 방법에 이제까지 획득된 설명과 서술을 더하여 구성된다.

2. 과학 활동의 기본은 대안적 설명들을 생성하고 검증하는 것이다. 때로는 유추라 불리는 창의적 사고 과정이 이러한 설명을 생성하기 위해 이용된다. 처음에 생성한 몇 가지 대안은 편견을 감소시킨다. 왜냐하면 이런 다양한 대안들이 특정한 설명으로 과도하게 편향될 가능성을 낮추도록 만들기 때문이다. 잠정적인 설명은 만약/그러면/그러므로 추론 과정으로 검증된다. 검증은 제안된 설명이 참이라는 가정으로 시작하며, 하나 혹은 다수의 예측을 도출하게 해주는 몇가지 검증 조건을 고안하는 것으로 전개된다. 그런 다음, 자료(관찰된 결과)를 수집하고 예측과 비교한다. 예측과 결과의 일치는 설명에 대한 지지 증거가 되지만, 이 둘의 상충은 설명을 기각하도록 유도한다.

3. 제안된 일반화(즉 서술적 가설)와 제안된 설명은 둘 모두 **만약/그러면/그러므로** 추론을 사용하여 검증된다. 그러나 (때로 법칙이라 불리는) 승인된 일반화는 구분이 가능한 패턴들의 측면에서 과학의 본성을 설명하지만(예 : 더 많은 양초의 사용이 더 많은 물의 상승을 일으킨다, 해는 동쪽에서 뜨고 서쪽으로 진다), 반면 설명(가설과 이론)은 그러한 패턴들이 일어나게 만든 원인으로 제공된다.

4. 사람들은 원인을 찾기 위해 과학 활동을 수행한다. 기초 연구는 사람들은 그들의 호기심을 충족하기 위해 사물이나 사건의 원인을 알고자 하는 것이며, 응용 연구는 이렇게 알아낸 새로운 지식을 실제적인 활용에 적용하는 것이다.

5. 가설처럼 이론은 본성에 대한 설명이다. 가설은 특정 관찰 혹은 좁은 범위 내의 관련된 관찰을 설명하려고 시도하지만, 이론은 광범위하게 관련된 관찰을 설명하고자 한다. 그러므로 이론이 더 일반적이고 더 복잡하거 더 추상적인 경향이 있다.

6. 가설 검증처럼 이론 검증도 만약/그러면/그러므로 추론을 사용한다. 그러나 훨씬 복잡하기 때문에 이론은 전체가 검증되는 일이 거의 없다. 오히려 구성 요소별로 검증되는 경우가 더 흔하다. 나아가 이론은 훨씬 추상적이어서 이론 검증은 종종 이론적 논리를 포함해야 한다. 따라서 이론 검증은 관찰 가능한 실험적 조작(독립 변인)을 추상적인 관찰 불가능한(즉 이론적인) 인과 요인에 연결해야 한다.

7. 반박된 이론을 기각하지 않고 옹호하여 수정하는 방향으로 결정할 때 이론 검증은 더 복잡해질 수 있다. 이러한 이론 수정은 기본 구성 요소의 변화 혹은 새로운 구성 요소의 추가를 가져올 수 있다. 수정은 이론을 증거에 일치하는 이론으로 계속 유지하기 위한 조치이다. 그럼에도 불구하고 이론이 계속되는 반박에 부딪히면 일반적으로 이 이론은 논리적으로 반박되지 않는 대안이 존재할 때 이 대안으로 바뀐다.

8. 산소와 이산화탄소 같은 속성은 잃어버린 보물을 발견하는 것과 같은 유사한 방법으로 발견되었다는 것처럼 말하는 것이 일반적인 관행이라 할지라도 이러한 관행은 잘못된 것이다. 대신 생명력과 연소처럼 산소와 이산화탄소의 속성은 실체는 개념적 발명으로 이해되는 것이 더 타당하다. 물론 개념적 발명이란 것이 더 이상 의심의 여지없이 철저히 검증된 것일지라도 그렇다.

9. 어떤 2개의 가설 혹은 이론적 주장은 같은 예측 결과를 유도할 수 있기 때문에 그런 예측 결과의 관찰이 그 가설 혹은 이론적인 주장의 옳음을 이야기해주지는 못한다. 이러한 이유에서 지지하는 증거라 하더라도 가설 혹은 이론의 옳음을 증명할 수는 없다.

10. 반박 증거는 틀린 가설/이론 또는 검증의 실패로 인해 생길 수 있다(예 : 다른 모든 변인이 일정하게 유지되지 못한 경우). 나아가 다른 모든 변인을 사실상 일정하게 유지하는 것은 가능하지 않기 때문에 반박 증거는 가설 혹은 이론이 틀렸음을 증명할 수 없다.

11. 과학과 종교는 근본적으로 알아가는 방법이 다르다. 과학은 대체 가능한 설명을 만들도록 요구하며, 그런 다음 그 대안들을 검증하는 방법인 과학의 본성을 고려한다. 어느 정도 잠정성이 존재할 수밖에 없는 과학적 결론은 과학적 탐구 과정의 마지막에 드러난다. 한편 종교는 처음부터 믿음을 기반으로 하여 특별한 설명을 우리가 받아들이도록 요구한다. 종교적인 지식은 절대적이며 검증의 방법을 고려하지 않는다.

이런 관점에서 이 수업은 벨, 레더먼, 압둘칼리크(Bell, Lederman & Abd-El-Khalick, 1998)와 압둘칼리크(Abd-El-Khalick, 1999)에 의해 제시된 NOS 수업의 명료화 전략을 적용한다고 할 수 있다.

수업 사례. 어떻게 NOS 수업이 진행되는가에 대해 제대로 알기 위해 기체와 공기 Gases and Airs(Elementary Science Study, 1974; Peckham, 1993; Lawson, 1999)에 포함된 자료에 근거한 초기의 탐구 수업을 생각하라. 이 수업은 2개의 팀으로 나눠서 학생 활동을 시작했다. 각 팀은 불을 붙인 양초를 작은 점토 조각을 이용하여 물이 든 수조 안에 세워놓았다. 실린더를 물이 든 수조의 양초 위에 뒤집은 채로 덮었다. 잠시 뒤, 불이 꺼지면서 실린더 안에 물이 차올랐다. 이러한 수수께끼 같은 관찰 결과는 2개의 인과적 의문을 야기했다. 불이 왜 꺼졌는가? 그리고 물은 왜 차올랐는가? 학생들은 첫 번째 질문에 대해 촛불이 연소에 필요한 산소의 최소량이 남을 때까지 실린더 안의 산소량을 감소시켜서 결국 불꽃이 꺼진다고 답했다. 이러한 가정은 더 알아볼 필요가 없어서 수업은 몇 가지 설명이 종합적으로 생성되는 두 번째 질문으로 넘어가게 되었다.

일단 설명들이 생성되면 칠판에 목록을 나열하고, 강사는 그 목록에 어떤 라벨을 붙일지 질문한다. 다시 말해서 학생들의 의견에서 가능한 설명들의 목록을 무엇이라고 불러야 하는지 논의하게 한다. 짧은 토론 후에 학생들은 그것을 가설이라고 부르는 데 동의한다. 그러면 강사는 가설의 정의를 다음과 같이 제시한다. 가설은 설명하지 못하는 특정한 관찰에 대한 가능성 있는 설명이나 이유이다. 그런 다음 학생들이 그들의 가설이 어떻게 도출되었는지 생각해보도록 한다. 학생들은 현재 상황과 다소 유사하거나/비유되는 과거 경험으로부터 만들어냈다고 답을 하면 **유추적 추론**이라는 용어를 도입한다. 유추적 추론은 가설을 생성하는 창의적 탐구 과정이며, 과거의 유사한 상황에서 차용한 것을 현재 상황이 잠정적 원인 요소로 사용하는 인과적 속성과 과정으로 정의된다. 또 학생들에게 가설 생성은 인과적 의문을 유발하는 현상의 근접 관찰(즉 실린더 내 물의 상승)이 가설 생성 과정에 포함된다는 견해는 틀렸다고 명확하게 설명해준다. 즉 관찰은 인과적 질문을 유발하지만 관찰이 가설의 원자료는 아니며, 대신 가설은 사전 지식에서 나온다고 설명한다 (표 2의 2번 참조).

학생들에게 다음 과제가 하나 이상의 구체적인 예측 결과(즉 예측)를 얻게 해주는 만약/그러면/그러므로 추론을 사용하여 대안 가설(즉 설명)을 검증하는 것이라고 이야기해준다. 예를 들면, 다음의 가설-예측적 논쟁은 2개의 대안적 설명에서 다른 예측결과를 만들어낸다.

> 만약… 산소가 소모되어서 물이 빨아올려진다. (산소 소모 가설)
> 그리고… 1개, 2개, 3개의 촛불을 사용해서 상승된 물의 양을 측정한다면, (계획된 실험)
> 그러면… 상승된 물의 높이는 연소되는 양초 수에 상관없이 동일해야 한다. (예측) 실린더 안에 너무 많은 산소가 있기 때문에 이러한 결과가 예측된다. 그래서 더 많은 양초들은 산소를 더 빨리 태우게 된다. 그러나 더 많은 양초들이 더 많은 산소를 태우지는 않는다. (이론적 논리)

다른 한편으로는,

> 만약… 실린더 내 일부 공기가 가열, 팽창하여 일부 빠져나가고 남은 공기는 냉각되어 수축되기 때문에 물이 상승한다. (공기 팽창 탈출 가설)
> 그러면… 더 많은 촛불은 물을 더 많이 상승시킨다. 왜냐하면 더 많은 양초가 공기를 더 가열하고 그에 따라 탈출하는 공기의 양도 늘며, 잔여 공기가 냉각 및 수축하게 될 때 더 많은 물이 그 자리를 대신하게 된다. (예측)

일단 이러한 방식으로 도출된 기대되는 결과는 예측이라 불린다. 가설(즉 잠정적인 설명)과 예측(즉 가설과 계획된 실험에서 유도된 결과)의 차이를 명확하게 설명하기 위해 몇 개의 예시를 제시하였다.

언급한 것처럼 가설-예측적 추론 패턴을 가설 검증에 사용한 몇 번의 수업과 더불어 이 강좌는 〈표 2〉에 나열된 NOS 요소를 설명하기 위하여 과학사와 현대 과학으로부터 예시를 도입하였다. 예를 들면, 9번째 NOS 요소는 지지하는 증거가 가설 혹은 이론이 참이라는 것을 증명하지 못한다고 서술한다. 제9장에서 논의한 것처럼 과학은 지식이 진리임을 증명할 수 있다는 믿음은 틀렸다. 왜냐하면 과학은 만약/그리고/그러면 논쟁을 수립한 후 관찰된 결과를 예측과 비교하여 지식 주장(즉 가설/이론)을 검증하기 때문이다. 만약 예측되고 관찰된 결과가 서로 일치하면 증명이 아닌 지지$_{support}$가 이루어진다. 둘 혹은 그 이상의 지식 주장이 동일한 예측을 이끌어내기 때문에 증명은 가능하지 않다. 그리고 지식 주장은 인간 상상력의 산물이기에 무한대의 숫자로 나올 수 있다. 그러므로 하나의 주장에 대한 지지를 얻는 것은 그 주장을 증명하는 것이 아니며, 다른 가능한 주장을 배제하는 것이 된다.

　다음과 같은 예시들을 사용하여 학생들은 이런 관점을 형성하였다. 당신은 태양이 동쪽으로부터 서쪽으로 하늘을 가로지른다는 것을 알았다고 가정하고, 왜 그러는지에 대해 질문을 갖는다. 이 인과적 의문에 대한 대답에서 당신은 태양이 정지된 지구 궤도를 돌기 때문에 그렇다는 가설을 생성하였다. 어떻게 이 정지-지구 가설을 검증할까? 아래의 논쟁을 참고하라.

> 만약… 태양은 동에서 서쪽으로 하늘을 가로지른다. 왜냐하면 정지된 지구 궤도를 돌기 때문이다. (지구-정지 가설)
> 그리고… 우리는 한 지점에 있고, 다음 5일간 태양의 움직임을 표시한다. (계획된 실험)
> 그러면… 매일 태양은 동쪽에서 떠서 하늘을 가로지르고 서쪽으로 진다. (예측)
> 그리고… 물론 이후 5일간 관찰할 때 태양은 정확히 그렇게 움직인다. (관찰된 결과)
> 그러므로… 예측과 관찰된 결과는 일치한다. 그래서 지구-정지 가설은 지지되었다. 그러나 이것은 사실로 증명되지 않는다. 왜냐하면 다른 대안 가설이 같은 예측을 만들어내기 때문이다.

　예를 들면,

> 만약… 지구가 서쪽에서 동쪽으로 축을 중심으로 회전하는 동안 태양은 정지하고 있다. (지구-공전 가설)
> 그리고… 같은 실험을 실시한다. (계획된 실험)
> 그러면… 매일 태양은 동쪽에서 뜨고 하늘을 가로질러서 서쪽으로 진다. (예측)

이 예시들이 학생들이 어떻게 가설-예측적 논쟁들을 이해하고 사용하도록 요구하는지 주목하라. 그 외에도 검증되는 가설이 직접적으로 관찰할 수 없는 속성과 과정(즉 산소 분자의 연소와 회전하는 지구)들에 관한 것임을 주목하라. 기본적으로 가설과 예측의 차이를 이해하지 못하는 학생, 혹은 가설이 직접 관찰한 내용으로 만들어진다고 믿는 학생, 혹은 과학 지식에 대한 주장이 사실로 증명될 수 있다고 믿는 학생이 그러한 탐구 활동에 참여하는 것과 그런 예시를 제공하는 것으로만 이런 가설-예측적 논쟁을 이해할 수 있다고 확신할 수 있겠는가? 현재 가설에 의하면 그 대답은 '그렇다'이지만 그것은 그 학생이 사전에 발달된 5단계 추론 능력을 가지고 있을때로 국한된다. 그렇지 않으면 이 논쟁은 "쇠귀에 경 읽기"가 될 것이다. 다시 말해 현재 가설은 유사한 추상적 단계에 있는 〈표 2〉에 나열된 수많은 다른 NOS 요소들에 대한 이해를 위해서는 5단계 추론 능력이 필요하다.

4. 결과 및 논의

4.1 추론 능력 수준

추론 능력 측정 점수는 4~11의 범위에 있다(평균 8.05, 표준편차 2.2). 개별 점수에 근거하여 4명의 학생은 3수준으로 분류되었으며, 3명은 하위 4수준, 11명은 상위 4수준, 그리고 5명의 학생은 5수준으로 분류되었다.

4.2 사전 및 사후 NOS 점수

NOS 사전검사 점수는 18~35점이었다(평균 23.9, 표준편차 4.2). 사후검사는 24~50점이었다(평균 39.4, 표준편차 6.3). 종속적 T검정은 사후검사 점수가 사전검사 점수보다 유의미하게 높다는 것을 보여준다($T = 42.4$, $df = 22$, $p < 0.001$). 〈표 3〉은 사전과 사후 검사 응답에서 학생 반응의 비율을 보여준다. 이 표는 일부 NOS에 대한 오개념이 다수의 학생들에게 남아 있음을 보여준다. 예를 들어, 문항 3(가설은 특정 조건 하에서 관찰된 무엇에 대한 학습된 추측이다)은 사전검사와 비교해서 사후검사에서 현저하게 떨어졌다(95%에서 22%)는 것을 보여준다. 이러한 긍정적인 변화에도 불구하고 22%의 학생은 아직도 가설과 예측을 혼동했다. 다시 말해서 이 학생들은 가설이 아닌 예측은 특정 조건하에서 관찰된 무엇에 대한 학습된 추측이라는 것을 이해하지 못한 것으로 보였다. 유사하게 30%의 학생은 아직도 문항 6(가설/이론은 의심의 여지없이 입증할 수 있다)에 동의했다. 그리고 이 수업이 가설과 이론은 지지의 정도가 아닌 일반성, 복잡성, 추상성의 차이로 인해 구분 가능함을 보여주는 몇 개

표 3. NOS 설문에 대한 사전검사 및 사후검사 응답

문항 번호	사전검사 응답(%)*					극정적 응답의 백분율
	매우 그렇지 않다	그렇지 않다	잘 모르겠다	그렇다	매우 그렇다	
1	0	23	0	73	4	77
2	0	30	8	54	8	62
3	0	4	0	65	30	95
4	0	39	4	42	15	57
5	15	23	4	19	39	58
6	11	11	4	50	23	73
7	4	4	8	54	30	84
8	11	39	11	27	11	38
9	4	8	11	73	4	77
10	8	19	19	46	8	54
11	4	11	19	54	11	65
12	4	46	0	42	8	50
13	35	50	4	11	0	11

문항 번호	사전검사 응답(%)*					극정적 응답의 백분율
	매우 그렇지 않다	그렇지 않다	잘 모르겠다	그렇다	매우 그렇다	
1	22	17	0	30	30	60
2	17	48	0	35	0	35
3	35	43	0	9	13	22
4	36	45	0	14	4	18
5	0	4	0	9	87	96
6	52	17	0	26	4	30
7	4	9	0	30	56	86
8	9	17	0	39	35	74
9	22	43	0	22	13	35
10	61	17	0	13	9	22
11	39	48	0	13	0	13
12	57	26	0	17	0	17
13	61	22	4	4	9	13

* 그렇다, 매우 그렇다 응답의 합계

의 사례를 포함하고 있음에도 불구하고, 35%의 학생은 아직도 문항 9에 동의했다. 지지를 얻은 가설은 이론이 된다. 요약하면 비록 NOS 이해에서 학생들이 유의미한 성취를 하였지만, 여전히 다수의 학생들은 오개념을 갖고 있다.

4.3 추론 능력 수준과 NOS 사후검사의 성취도 간 관련성

〈그림 1〉은 각 추론 능력 수준별 학생들의 NOS 사전 및 사후 검사의 성공 비율을 보여준다. 제시된 대로 모든 4개 수준의 학생들은 사전검사에서 수행 정도가 좋지 않았다. 추론 능력 수준과 NOS 사전검사 성취도 사이에는 상관관계가 없음이 두드러진다. 그러나 사후검사 결과는 의미 있는 NOS 성취뿐만 아니라 추론 능력 수준과 NOS 성취도 사이에서 예측한 대로 양의 상관관계를 보여준다(즉, 3수준 30.8%, 하위 4수준 51.3%, 상위 4수준 68.8%, 5수준 83.1%). 이러한 집단 간 차이는 통계학적으로 유의미하다. 그러므로 이 결과는 5단계 추론 능력이 NOS 오개념 제거와 NOS 이해도를 증진한다는 가설을 지지한다. 또한 이 결과는 다수의 학생들에게서 피아제의 형식적 인지발달 단계를 넘어선, 보다 상위 단계의 추론 능력 발달이 일어난다는 견해를 지지해준다.

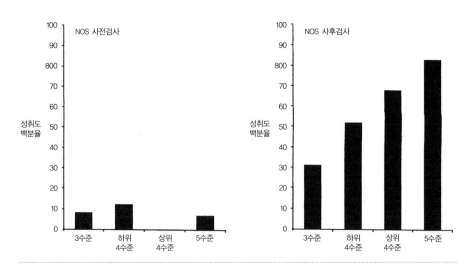

그림 1. 추론 능력의 각 수준별 예비교사들의 NOS 사전검사 및 사후검사 성취도 백분율

5. 결론 및 교육적 함의

교수학습 방법론 강좌를 수강하고 있는 예비 생물교사들은 NOS에서 몇 가지 오개념을 가지고 있었다. 이것은 ⑴ 비슷한 오개념을 갖고 있다는 것을 이전 연구들이 발견하였고(예 : Lederman, 1992; Lederman, Wade, & Bell, 1998; McComas, Clough & Almazora, 1998), ⑵ 생물교사들은 대체로 NOS를 이해하는 데 시간을 거의 할애하지 않는다는 것(개인적인 관찰), 그리고 ⑶ 많은 생물 교과서가 여러 가지 NOS 오개념을 포함하고 있음(예 : Gibbs & Lawson, 1992)을 볼 때 놀랄 일은 아니었다. 그러나 탐구를 강조하고 NOS를 가르칠 때 명료한 접근을 하는 현재의 교수학습 방법론 강좌는 사전과 사후 검사에서 현저한 NOS 성취도 향상을 보여주었다. 더 중요한 것은 NOS 성취도 향상의 정도는 가설−예측적 추론 능력에 대한 학생의 수준과 관련되어 있었다. 이러한 발견은 관찰 불가능한 이론적 속성을 포함한 대안적인 가설을 검증하는 데 필요한 능력인 5단계 추론 능력이 존재한다는 가설과, 이것의 존재가 NOS에 대한 이해를 얻도록 돕는다는 가설을 지지한다. 짐작건대 5단계 추론 능력은 논쟁과 대안적인 NOS 개념에 대한 증거를 통한 추론과 함께 증거를 바탕으로 모순되는 오개념을 기각하게 하는 추론을 함으로써 가능하게 해준다고 생각된다.

만약 미래의 연구들이 인지발달의 5단계의 존재뿐만 아니라 NOS 이해에 대한 획득/구성의 관점을 확실하게 유지한다면, NOS 이해를 향상시키는 것에 이어서 교사양성 프로그램(특히 과학과 수학 수업)에서 5단계 추론 능력을 발달시키는 데 많은 노력이 뒤따라야 한다. 만약 예비교사들이 5단계 추론 능력을 갖추지 않고 졸업한다면 그들은 창조적이고 비판적인 탐구 과정으로서의 현대 과학을 가르치는데 어려움을 발견할 것으로 보인다.

지식과 수업의 본질에 대한 함의

1. 도입

이전 장에서 가설-예측성 추론의 단계 측면에서 학습을 다루었다. 분명 유아의 감각운동 행동부터 과학자의 새로운 발견까지 모든 방식의 학습은 가설-예측적 방식에 따라 일어나는데, 이는 바로 두뇌가 정보를 처리하는 데 진화되어온 방식이기 때문이다. 피아제는 심리적 수준의 과정을 나타내기 위해 자기규제(평형)라는 표현을 사용했다. 스티븐 그로스버그와 그의 적응적 공명 이론 덕분에 이제 우리는 자기규제에 대한 신경학적 해석을 갖게 되었다. 그리고 그로스버그의 학습 방정식 덕분에 우리는 학생들이 자연을 탐색하고, 그들이 모르는 것을 발견하고, 결국에는 그들이 알고 있는 것과 연결하도록 하는(종종 비유를 사용) 교수 방식이 왜 동기를 더 유발시키고 쉽고 잘 이해되고 오래 지속되며 더 전이가 잘되게 만드는지 이해할 수 있다. 신경학적으로 말하자면 새로운 입력이 예측과 모순될 때(즉 적응적 공명이 발견되지 않을 때) 흥분되고, 내적으로 일치를 위한 검색이 시작된다. 요약하면 불평형은 동기를 유발한다. 게다가 새로운 입력이 결국 사전 학습으로부터 내적 신경 활동과 만났을 때(즉 시냅스전 뉴런과 시냅스후 뉴런이 모두 활동할 때) 이전 연결과 차례차례 연결되는 새로운 시냅스 연결이 만들어진다. 따라서 상호참조와 함께 정확한 서류함에 보관된 문서철이 선반에 무작위로 쌓인 것보다 더 쉽게 찾을 수 있고 더 잘 사용되는 것처럼, 새로 연결된 학습도 역시 그렇게 될 수 있다.

제5장에서 소개된 아웃스타 또한 수업에 매우 중요한 영향을 미친다. 재인할 때 아웃스타는 묶음(즉 개념 형성)을 담당한다. 우리가 확인한 바와 같이 뉴런은 '더 높은' 층에서 '더 낮은' 층으로 축색돌기를 보내는 아웃스타 형태를 지닌 뇌의 뚜렷한 층에 존재한다. 차례차례 '낮은' 층의 뉴런은 '더 낮은' 층으로 축색돌기를 보낸다. 따라서 인간은 우리가 가진 개념적 위계의 원인이 되는 동일 구조의 위계적 신경 구조를 가지고 있다. 다시 말해 개념을 저장하는 뉴런이 위계적으로 정렬되어 있기 때문에 우리는 위계적 시스템 속에서 개념 지식을 구성하고 저장한다 (Gazzaniga, Ivry & Mangun, 1998, pp. 167~169 참조).

아웃스타는 또한 만약/그리고/그러면 사고$_{\text{thinking}}$를 담당할지도 모른다. 이 가설에 대한 일반적인 근거는 다음과 같다. 과거의 가설-예측성 학습 때문에 당신은 이미 코끼리에 대한 개념을 묶어놓은 아웃스타층을 가지고 있다. 당신은 지금 크고 회색인 펄럭이는 귀를 보고 있다고 생각해보자. 이 입력으로부터 유발된 행동 패턴은 그 패턴이 코끼리를 집합적으로 설명하는 아웃스타 전체를 자극할 때까지 연속적으로 더 높은, 더 포괄적인 층의 뉴런을 자극한다. 따라서 크고 회색이며 펄럭이는 귀에 대한 관찰 덕분에, 당신의 '코끼리' 아웃스타는 활성화된다. 따라서 코끼리의 일부를 보고 있다고 의심하게 된다. 즉 당신의 생각은 무의식적으로 서술적 코끼리 가설을 생성해낸다. 그다음, 다른 코끼리의 특징(더 낮은 판에서)과 코끼리 아웃스타들과의 사전 연결 때문에 더 높은 판 코끼리 아웃스타의 활성은 호스 같은 코, 줄 같은 꼬리, 그루터기 같은 다리 등과 같은 낮은 판의 특징을 차례차례 활성화시킨다. 이러한 방식으로 코끼리 아웃스타의 활성은 다음의 만약/그리고/그러면 논쟁뿐만 아니라 특정한 예상을 가져온다.

> 만약… 내가 진짜 코끼리의 귀를 보고 있다면, (서술적 가설)
> 그리고… 나는 관심 가는 쪽으로 이동한다. (행동 실험)
> 그러면… 나는 호스 같은 코를 봐야 한다. (예측)

이런 예상이 더 낮은 판에서 활성화되었을 때 전전두엽 피질에 있는 작동기억은 관심 가는 방향으로 이동하고, 새로운 입력이 처리되도록 한다. 만약 새로운 입력이 예측과 일치한다면 당신은 코끼리 가설을 지지하게 된다.

그리고… 나는 호스 같은 코를 본다. (관찰된 결과)
그러므로… 나는 아마도 코끼리를 보고 있다. (결론)

제3장에 소개된 러바인-프루에트 모형 덕분에 우리는 왜 개념 변화가 매우 어려울 수 있는지에 대한 신경학적 해석을 가지게 되었다. 종종 개념 변화는 새로운 정신적 표상(즉 새로운 아웃스타 형성)을 구성하는 것을 포함하는 것뿐만이 아니라 이전에 획득된 신경 편향을 극복하는 것이 필요하다. 정신적인 수준에서 개념 변화는 '표상 능력'이라고 불리는 것뿐만 아니라 '억제 능력'을 포함한다. 따라서 개념 변화를 위해서 우리는 새로운 개념을 '표상'하고 오래된 오개념을 '억제'할 필요가 있다.

마지막으로 피아제가 주장한 것처럼 우리의 지적 발달이 부분적으로 신경학적 성숙에 의존하고 감각운동 학습이 언어적 학습에, 언어적 학습이 범주 학습에 앞서며, 범주 학습이 인과 학습에 앞서는 점에서 단계적이라는 것을 발견했다. 그러나 피아제와 달리 우리는 '단계 지연'이라고 불리는 것(즉 청소년과 어른이 그들 연령에서 제안된 기능보다 낮은 수준을 보이는 것)과 현대 과학을 수행하고 현재 개정 문서에 의해 지지된 조사 방법으로 과학을 가르치는 데 필수적인 5번째 단계의 존재에 대한 중요한 증거를 발견했다.

절차적 지식의 구조는 학습에서 결정적인 역할을 하고, 많은 학생들의 경험이 4번째와 5번째 단계의 추론 능력 발달을 일으키는 데 실패하기 때문에 교사들은 더 향상된 추론 능력의 발달을 일으키는 방법으로 과목을 선택하고 정렬하고 가르칠 필요가 있다. 추론 능력의 발달을 일으키는 수업의 견본을 제공하기 전에 단계 지연은 일어나지 않는다고 보증하고, 일반적으로 문헌에서 발견된 구성주의의 대안 중 일부를 위한 학습과 뇌 기능에 대한 현재 가설-연역적 설명의 함의를 고려하자.

2. 구성주의에 대한 대안적 유형에 대한 함의

최근의 논쟁은 지식 습득과 인식론의 대안적 구성주의 입장에 대한 상대적 가치에 중심을 둔다. 예를 들면, 교육에 대한 극단적 구성주의를 주장하는 스테이버(Staver, 1998)는 "구성주의에서 관찰, 물체, 사건, 자료, 법칙 그리고 이론은 관찰자와 독립적으로는 존재할 수 없다. 정당하고 확실한 자연 현상의 본성은 자연 그대로가 아닌 서술된 것을 설명하는 우리들의 특성을 말한다. … 구성주의는 독립적 실재에 대한 우선적 가정 없이 이러한 수행을 시작한다."(p. 503)고 말했다. 그리고 드라이버, 아소코, 리치, 모티머, 스콧(Driver, Asoko, Leach, Mortimer & Scott, 1994)은 구성주의의 사회적 측면을 다음에서 강조했다. "… 과학적 지식은 자연을 상징하는 것이고 사회적으로 협의된 것이다. 과학의 대상은 자연 현상이 아니고, 자연을 해석하는 과학적 공동체에 의해 진보된 개념이다"(p. 5). 마지막으로 포스놋(Fosnot, 1996)은 구성주의 이론을 "일시적인, 발달 중인, 비객관적인, 내적으로 구성된 그리고 사회적 문화적으로 매개된 지식을 설명하는 것"(p. ix)이라고 설명했다.

현실주의는 이러한 구성주의 관점에 대해 반대 입장을 취하고 있다. 황(Hwang, 1996)은 현실주의자들을 "… 세계는 존재하며 우리, 우리의 언어, 우리의 탐구 방법과 독립적으로 조직되어 있다."(p. 345)는 것을 믿는 사람으로 정의했다. 매튜스(Matthews, 1994)와 같이 구성주의에 대한 현실주의 비평가들은 다음과 같이 주장했다. "결함에도 불구하고 과학적 전통은 합리성, 비판적 사고, 객관성을 촉구했다. 그것은 개인적이거나 사회적 관심에 의해서가 아니라 세계가 어떠한지에 의해 판단된 생각을 가지는 것과 증거에 대한 관심을 심어주었다"(p. 2). 같은 맥락에서 오스본(Osborne, 1996)은 다음과 같이 결론지었다. "이것(사회적 구성주의)은 어떤 존재론적 실재와도 필연적으로 관련이 없는 표상을 다루고, 구성 과정으로서 과학의 묘사를 이끌어왔다. 그렇게 해서 구성주의자들은 세계에 제약을 부과하는 것이 인간의 사고가 아니라 인간의 사고에 제약을 부과하는 것이 세계라는 것을 망각해왔다"(pp. 76-77). 더 최근에 매튜스(1998)는 현실주의자와 구성주의자의 신념에서 몇몇 핵심적 차이점을 다음과 같이 요약했다.

현실주의자들은 과학이 우리의 경험에 관한 것이 아니라 실재에 관해 말하는 것을 목표로 한다. 즉 지식 주장은 개인적·사회적·국가적인 유용성에 의거하여 평가되는 것이 아니라 세계에 의거하여 평가된다는 것이다. 과학 방법론은 규범적이기에 좋고 나쁜 과학 사이에 차이가 발생한다. 과학은 개인적·내적 경험과 다른 존재라는 관점에서 객관적이다. 과학은 발달함에 있어 비인지적인 관심(정치, 종교, 성, 계층)의 영향을 확인하고 축소하려고 노력한다. 과학에서 의사 결정은 중심 인지 요소를 가지고 있으며, 단지 사회학적 고려사항 등으로 축소할 수 있는 것이 아니다. (p. 166)

이 책에서 제시된 뇌 기능과 학습의 가설-예측성 이론은 구성주의자와 현실주의자의 입장 사이의 논쟁에 대한 이론적 해답을 제시한다. 근본적 학습 패턴의 관점에서 지식 습득에 초점을 맞춘 현 입장은 이러한 논쟁을 해결하는 데 도움을 줄 것이다. 다시 말해 인간이 어떻게 지식을 습득하는지 이해하는 것은 우리에게 습득된 지식의 본성에 대해 알려준다.

2.1 외부 세계는 정말로 존재하는가

우선 가설이라는 용어가 광범위한 의미에서 정의되는 가설 생성과 실험 계획이 바로 학습임이 강조되어야 한다. 즉 그것이 특정한 사실이나 사건을 묘사하든, 일반적인 법칙 또는 다른 더 복잡한 인과적 명제를 나타내든지 간에 실험 중인 어떠한 진술이라도 학습하는 것이 된다. 중요하게도 이러한 모든 가설을 시험하기 위해 각 가설은 처음에는 사실로 받아들여져야 한다.[1] 이러한 방식이 퇴보적 방법으로 보일 수도 있다. 그러나 이전 예시에 따르면 이것이 바로 학습이 일어나는 방법이다. 중요하게도 가설은 영혼, 광자, 생명력, 플로지스톤과 같은 존재를 포함한다. 이는 우리가 이러한 존재들이 실재하고, 실험 상황이 상상되며, 예측이 그려질 수

---

1 다음에 논의된 것처럼(결론 참조) 나는 '귀무 가설'null hypothesis을 제시하는 초기 연구의 통계적 방식에 대해 말하려는 것이 아니다. 통계학자들의 귀무 가설은 가설이 아니다. 다소 그것은 예측에 해당하며, 더 정확하게는 귀무 예측이라 할 수 있다(즉 2개의 서로 다른 교수 처치 후 학생들의 수행에서 통계적 유의미한 차이는 발견될 수 없을 것이다). 나의 입장에서 볼 때 귀무 예측과 귀무 가설은 연구자가 연구를 수행하기에 혼란스럽게 하는 것이 아니라 한쪽에 덜 치우치도록 만들어주는 데 목적이 있는 것이다. 내 관점에서 한 방향에 덜 치우친 연구 방법은 대안적 가설을 가지고 연구를 시작하는 것이지(Chamberlain, 1965 참조) 혼란스러운 언어적 관습을 따라 하는 것이 아니다.

있음을 가정해야 함을 의미한다. 결국 우리는 그러한 존재들이 실재하지 않는다고 판단할지도 모른다. 하지만 이러한 **결론**에 도달하기 위해 우리는 처음에 그들이 존재함을 가정해야 한다.

이 점을 더 명확하게 하기 위해 간단하게 나덤-스팔란차니의 생명력의 존재에 대한 논쟁을 고려해보자. 당신이 기억하는 것처럼 1700년대 동안 존 니덤은 어느 누구보다 살아 있는 것은 특별한 생명력을 가진다고 믿었다. 게다가 이러한 힘이 죽은 물질에 들어간다면 자연스럽게 그것에 생명을 줄 것이라고 생각했다. 그러나 라차로 스팔란차니는 다르게 생각했다. 그럼에도 불구하고 니덤의 생명력 개념을 검증하기 위해서 스팔란차니는 생명력이 존재한다고 가정해야 해야 했고, 이와 같은 가설-예측성 방법으로 추론을 할 수 있었다.

> 만약… 생명력이 존재하고, 무생물에게 생명을 가져오도록 영향을 미치고, (생명력 가설)
>
> 그리고… 일부 병들은 몇 분 동안, 다른 것들은 1시간 동안 가열되고, 일부는 코르크마개로 막고, 다른 것들은 불로 밀폐된다면, (스팔란차니의 계획된 실험)
>
> 그러면… 며칠 후, 미생물이 병 속에서 발견되어야 한다. (예측)
>
> 생명력은 병을 가열한 시간이나 밀폐 방법에 관계없이 작용해야 하기 때문에 모든 병들은 미생물을 포함하고 있어야 한다. (이론적 근거)
>
> 그러나… 실험을 수행한 후 며칠이 지나서 코르크 마개로 막은 병은 모두 미생물로 가득 찼다. 단지 짧은 시간 동안 가열되어 밀폐된 병 또한 미생물을 포함했다. 그러나 1시간 동안 가열되고 밀봉된 병에서는 미생물이 발견되지 않았다. (관찰된 결과)
>
> 그러므로… 스팔란차니는 니덤의 생명력이 존재하지 않는다고 결론지었다. (결론)[2]

요점은 생명력, 주전원$_{epicycle}$, 중수, N선$_{N-ray}$과 같은 존재의 실재함을 검증 후 존재하지 않는다는 **결론**을 얻기 위해서는 실재한다고 가정되어야 한다는 것이다. 지식 습득 과정의 이러한 측면에 대한 인식은 그것이 우리에게 외부 세계의 존재와 비존재에 관한 논쟁을 없앨 수 있게 해주기 때문에 매우 중요하다. 요약하자면 논쟁은 외부 세계가 관찰자와 독립적으로 존재한다고 **결론**짓는 것에 의해 결정되지

---

2 물론 우리는 생명력 가설이 지지되지 않는다고 결론지었을 것이다.

않는다(현실주의자의 입장). 오히려 논쟁은 학습자들은 그것이 실제로 존재하건 그렇지 않건 간에 관계없이 외부 세계의 독립적 존재라는 것을 가정해야 하는 높은 수준에서 배우려는 자각에 의해 확보된다. 따라서 스테이버(1998, p. 503)에 의해 진보된 구성주의자의 입장 "… 구성주의자는 독립된 실제를 우선적으로 가정하지 않고 이러한 수행을 시작한다."에 반하여 높은 수준을 배우려면, 개인은 외부 세계가 존재한다(그리고 인식할 수 있는 것)는 것을 가정함으로써 시작해야 한다. 사실상 이러한 명제와 그것의 대안(즉 직접 관찰하지 않는 한 외부 세계는 존재하지 않는다)은 이미 생성되었고, 그들의 감각운동 단계에서 각 개별 아동들에 의해 검증되었다. 따라서 과학자로서 외부 세계가 존재한다는 최초의 가정을 만들지 못했다면 당신은 아무것에도 도달하지 못할 것이다. 설상가상으로 외부 세계의 독립적인 존재에 대한 가정을 거부한다면 당신에게 다르게 말하는 스스로의 감각운동 지식에도 불구하고, 다소 잘못된 결과를 경험할 수 있다. 예를 들어, 고속도로 중앙에서 다가오는 차를 응시하고 있던 당신이 가정을 만드는 데 실패했다고 가정해보자. 만약 그렇다면 당신은 결국 죽게 될 것이다. 비록 우리가 그것이 그러한지 확신할 수 없다 하다라도 다가오는 차가 존재한다는 것을 가정하는 것은 득이 된다.

하지만 만약 그/그녀가 외부 세계가 존재하고 인식할 수 있다고 가정한다면 과학자들은 어디에 도달할 수 있을까? 답은 절대 진리에서 가까운 어딘가에 드러나게 되지만(전에 언급한 이유에 따라) 극단적 사회적 구성주의자보다 외부 세계의 존재를 가정하는 실행 가능한 정신 표상을 발달시키기에 확실한 것은 우리를 믿는 것이다. 이것은 다른 사람들과 우리의 다양한 표상의 장점과 단점에 대하여 논의하는 우리의 능력에 추가하여, 우리가 우리들의 표상(즉 우리의 가설과 이론)을 검증할 수 있다는 것에 반하는 외부 세계가 존재한다는 가정을 가지고 있기 때문이다. 따라서 쟁점은 과학이 진보하는지, 그렇지 않은지에 이르는 것이다.[3] 대답은 '그렇다'이지만 진보는 결코 온 길을 되돌아가는 것 없이는 일어나지 않는다. 과학적인 진보에 대한 설득력 있는 증거는 전자로 작동하는 컴퓨터부터 폭발하는 화석 연료

---

3 여기에 사용된 진보라는 용어는 관찰에 더 필적한 예측을 만들어내는 지식을 구성하는 과학자의 능력(즉 정신 표상)으로 이해된다.

로 달리는 자동차와 비행기, 항생제 처방으로 매일 생명을 살리는 의사들, 지구 주위를 도는 위성과 달을 왕복하는 우주선은 물론이고, 우리 주변 어디에나 있다. 이러한 타당한 과학적 이론에 기초한 기술적 진보를 부정하는 것은 아무런 의미가 없다.

추가적 요점이 성립되어야 한다. 그것은 현재 학습 경험의 상황에서 직접적으로 '주어진' 것이 아니기 때문에, 개념 구성으로서 초기 정신 표상을 언급하는 것이 이치에 타당하다. 대신에 정신 표상은 장기기억 속에 저장된 과거의 경험으로부터 발췌되거나 기본적인 감각 입력에서 '구성'된 것 중 하나이다. 예를 들면, 전에 검토된 신경학적 연구(예 : Kosslyn & Koenig, 1995; Mishkin & Appenzeller, 1987)는 그것을 명확하게 하며, 적어도 시각 측면에서 복잡한 정신 표상은 직접적인 감각 입력으로부터 일어나지 않는다. 오히려 〈그림 1〉에 제시된 것처럼 시각 입력은 점진적으로 더 복잡한 정신적 '구성'을 낳는 2개의 분리된 통로를 따라 처리된다. 제시된 것처럼 망막으로부터 외측슬상체 경로로 도착한 시각 입력의 최초 처리는 선조피질에서 일어난다. 선조피질에 있는 개별 뉴런은 색점이나 모서리점과 같이 시야에 보이는 간단한 구성 요소들에 반응한다. 시각 처리는 하측두피질 쪽으로 뻗은 아래쪽 경로를 따라 계속된다. 경로를 따라 여러 개로 갈라지고, 모아지는 경로는 전체적인 모양과 색상과 같은 물체의 광범위한 속성들을 '구성'한다. 경로의 아래쪽

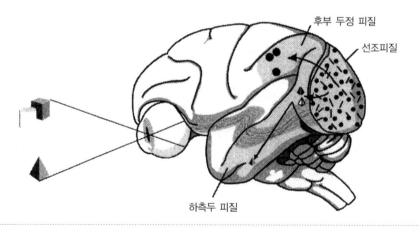

그림 1. 시각적 입력을 처리하고 시각적 세계를 구성하는 데 사용되는 신경 경로(Mishkin & Appenzeller, 1987)

끝 뉴런은 대상의 다양성과 시야의 광범위한 확장에 민감하게 반응한다. 이것은 그곳에 집중된 대상에 대한 정보를 충분히 처리한다는 것을 의미한다. 또한 〈그림 1〉에 제시된 것처럼 2개 혹은 더 많은 대상들 사이에서의 공간적 관계는 상측피질 경로를 따라 처리된다.

2.2 물리적 피드백의 탁월함에 대한 더 나은 생각

몇 년 전 〈그림 2〉에 제시된 과제를 수행할 때 13세 소년 2명이 논쟁하는 것을 우연히 듣게 되었다. 논쟁은 다음과 같았다. 첫 번째 소년이 "나는 납공이 가라앉을 때 물이 더 높게 올라갈 것이라고 생각해. 왜냐하면 그것이 알루미늄공보다 더 무거우니까."라고 말하자 두 번째 소년이 "아니야, 넌 틀렸어. 그것들은 같은 양의 물을 밀어 올릴 거야. 왜냐하면 두 공 모두 크기가 같으니까. 무게는 문제가 되지 않아."라고 말했다. 다시 첫 번째 소년은 "아니야. 무게는 문제가 돼. 내 동생은 나보다 더 무거운데, 동생이 욕조에 들어갔을 때 내가 들어갔을 때보다 물이 더 높게 올라갔어!"라고 이야기했다.

이 논쟁은 어떻게 해결될 수 있을까? 이 소년들 혹은 이 문제에 대해 누구라도 어떤 변수, 무게 또는 부피가 핵심이라는 것을 어떻게 배울 수 있을까? 사회적 협의의 정도가 충분하지 않은 것으로 보인다. 오히려 다음과 같이 많거나 적은 두 가지 간단한 실험을 수행하는 것이 필요하다.

> 만약… 올라가는 물의 양이 물체의 무게에 달려 있다면, (무게 가설)
> 그리고… 다른 무게를 가진, 하지만 같은 부피의 두 물체가 물속에 잠긴다면, (계획된 실험)
> 그러면… 더 무거운 물체가 더 많은 물을 상승하게 해야 한다. (예측)
> 그러나… 더 무거운 물체는 더 많은 물을 상승하게 하지 않았다. (결과)
> 그러므로… 무게 가설은 지지되지 않는다. (결론)

다른 한편,

> 만약… 올라가는 물의 양이 물체의 부피에 달려있다면, (부피 가설)
> 그리고… 다른 부피를 가진, 하지만 같은 무게의 두 물체가 물속에 잠긴다면, (계

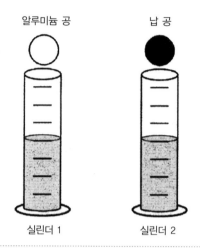

그림 2. 배수량 부피 과제

획된 실험)

그러면… 더 큰 물체는 더 많은 물을 상승하게 해야 한다. (예측)

그리고… 더 큰 물체는 더 많은 물을 상승하게 했다. (결과)

그러므로… 부피 가설은 지지된다. (결론)

따라서 물리적 피드백(즉 첫 번째 실험에서 물은 같은 양만큼 올라갔고, 두 번째에서는 더 높게 올라갔다)은 대안 지식 주장에 대한 논쟁을 해결하기 위한 첫 번째의 수단이다. 지식 습득에서 물리적 피드백의 탁월성은 사회적 구성주의와 상충된다. 라투르와 울가(Latour & Woolgar, 1979; 1986)에 따르면 사회적 구성주의에서의 성공은 다른 사람들로부터 '승낙을 얻어내는' 이론 제안자의 능력에 달려 있다(Slezak, 1994a; 1994b 참조). 사회적 상호작용이 유용하지 않을 것이라는 것을 말하는 것은 아니지만, 이것은 지식 습득의 주요 수단이 될 수 없다. 사실 가드너(Gardner, 1994)가 지적한 것처럼 새로운 지식의 습득은 일반적으로 명백히 비사회적 행동과 관련되어 있다. 매우 창의적인 7명의 사람에 대한 상세한 사례 연구에 기초하여 가드너는 다음과 같이 결론지었다 "… 가장 위대한 돌파구를 찾을 때 창의적인 사람들은 어떤 의미에서 매우 오랫동안 혼자 있게 되었다. 종종 그들은 다른 사람들로부터 물리적으로 멀리 떨어져 있었다"(p. 154). 창의성의 측정과 본성에 대한 수십 년간의 연구를 검토한 것에서 아이젱크(Eysenck, 1994)는 창의적인 사람들과 관련된 몇몇 특징의 목록을 작성할 때 싸움을 좋아함, 사교성의 부족, 심지어 노골적인 적대감과 같은 공통점을 지적했다. 언급한 것처럼 이것은 사회적 상호작용이 유용할 수 없다는 것을 주장하는 것이다. 그것은 많은 면에서 유용할 수 있다(예 : 문제를 공유하고 명확히 하는 데, 대안 가설을 내놓는 데, 가능한 실험 상황을 제안하는 데, 실행한 시험을 비판하는 데, 결과를 수집하고 분석하는 데). 그러나 결국 어떤 지식 · 주장을 받아들이거나 거절하는 최종적인 중재자는 물리적 세계로부터 받는 피드백이다.

3. 지적 발달 단계의 존재

언급한 것처럼 비록 반드시 불연속적인 단계가 아니고, 반드시 피아제에 의해 이론적으로 특징지어진 것이 아니라 할지라도 학습과 발달에 대한 현재의 관점은 발달 단계의 존재를 암시한다. 지적 발달 초기에 감지된 색, 선, 각 그리고 '분화되지 않은 전체'를 만들어내는 아동의 능력은 감각운동 피드백의 세계(즉 뚜껑을 들어 올리는 것을 통해 공이 드러나거나 드러나지 않는 것은 아니다, 젖병을 빨아들이는 것이 우유를 끌어올리거나 끌어올리지 않도록 하는 것은 아니다)에서 일치하거나 그렇지 않은 예측을 생성하는 그들의 능력 덕분에 제거되거나 유지되는 정신 표상을 제공한다. 이러한 실험이 상호작용하는 물체의 안정적인 세계를 만들고 나면 이러한 물체, 그들의 특징, 그리고 그들의 행동은 높은 단계에서 정신적 표상의 타당성을 검증하는 데 쓰일 수 있다. 다시 말하면 지적 발달은 그 안에서 한 단계의 결과물이 다음 단계로의 진보가 이루어지기 전에 충분히 준비되어 있어야 하는 과정이다. 왜냐하면 이전 구성이 다음의 고차원적 표상을 시험하는 데 사용되기 때문이다. 예를 들면, 존 돌턴은 관찰 불가능한 원자가 존재한다는 가설을 검증하기 위해 기체의 측정할 수 있는 무게에 관련하여 예측된 것과 관찰된 결과들을 비교했다. 그레고어 멘델은 관찰 불가능한 유전자(그것을 '인자'라고 지칭)가 존재한다는 가설을 실험하기 위해 관찰할 수 있는 완두콩의 특징의 비율과 관련하여 예측한 것과 관찰한 결과들을 비교했다. 그리고 우리가 확인한 것처럼 라차로 스팔란차니는 관찰 불가능한 생명력이 존재한다는 가설을 검증하기 위해 관찰 가능한 미생물의 증가와 관련된 예측과 관찰한 결과들을 비교했다. 이러한 수행된 실험들 중 어느 것도 과학자들이 그들의 초기 어린 시절 동안에 미리 상호작용하고 관찰 가능한 물체의 감각운동 세계를 구성한 것은 아니다. 이것에 대해 더 많은 것이 다음에 언급될 것이다.

가설-예측성 추론의 기본적인 형태는 출생 시에 존재한다. 추론 패턴은 인간이 아닌 것에서도 찾을 수 있기 때문에 우리는 이것을 확인할 수 있다. 예를 들면, 하우저(Hauser, 2000)는 붉은털원숭이를 통해 검증 실험을 수행했다. 우선 붉은털원숭이에게 가지(좋아하는 음식)를 보여주었다. 바로 앞에서 가지는 스크린 뒤에 놓여졌다. 두 번째 가지도 스크린 뒤에 놓여졌다. 그다음에 스크린이 들렸을 때 붉은털원숭이가 드러난 2개의 가지를 쳐다보는 시간의 길이를 측정했고, 약 1초 정도로 나타났다. 다음에 상황이 변화되었다. 처음 변화된 상황에서는 1개의 가지에 뒤이어 두 번째 가지도 칸막이 뒤에 놓여졌다. 그다음, 붉은털원숭이가 모르게 두 번째 가지를 제거했다. 이제 칸막이가 들려졌을 때 붉은털원숭이는 예상하지 못했던 1개만 남아 있는 가지를 약 3~4초 동안 쳐다보았다. 바라보는 시간의 동일한 증가는 세 번째 가지가 비밀리에 추가되고, 드러나게 되었을 때 발생했다. 따라서 붉은털원숭이는 2개의 가지를 보는 것에 대한 명확한 예측을 했고, 1개 또는 3개의 가지가 뜻밖에 나타났을 때 바라보는 시간의 증가를 통해 입증되는 현상에 혼란스러워했다. 첫 번째 뜻밖의 상황에서 붉은털원숭이의 가설-예측성 '추론'은 다음과 같이 요약될 수 있다.

> 만약… 하나의 가지가 칸막이 뒤에 놓이고,
> 그리고… 또 하나가 추가되었다면,
> 그러면… 칸막이 뒤에는 2개의 가지가 있을 것이다. (예상한 결과-예측)
> 그러나… 거기에는 단 1개의 가지가 있다. (예상치 못한 결과)
> 그러므로… 나는 혼란스럽고, 혼란스럽게 하는 상황을 더 오래 볼 필요가 있다.

인간에게서 이러한 가설-예측 패턴이 출생 시 주어지는 것이라고 하면 발달적 변화는 추론 패턴이 적용될 수 있는 맥락에서의 변화를 포함한다. 어떻게 이것이 일어나는지 일반적으로 피아제의 잘 알려진 단계와 대응하는 다소 자세한 단계의 측면에서 살펴보자(예 : Inhelder & Piaget, 1958; Piaget & Inhelder, 1969).

3.1 1단계 : 감각운동기(출생~약 18개월)

물론 인생의 처음 18개월 동안 아이들은 언어적 가설-예측성 주장을 만들지 못한다. 그럼에도 불구하고 붉은털원숭이와 같이 그들의 공공연한 행동은 전언어적 추론이 가설-예측성 패턴을 따라간다는 것을 나타낸다. 제2장에서 가설-예측성 패턴의 측면에서 시각과 청각의 양쪽 입력 처리에 관해서 논의했다. 또한 실험자가 유아의 시야에서 2개의 덮개 중 하나 아래에 공을 숨긴 피아제의 유명한 대상영속성 실험을 고려해보자. 다이아몬드(Diamond, 1990)는 5개월 정도 되는 어린 유아들이 비록 공이 눈에 보이지 않더라도 덮개 밑에 숨겨진 공에 손을 뻗는 것을 통해 이들이 공에 대한 정신적 표상을 보유하고 있음을 보여주었다. 게다가 이러한 행동은 유아들이 다음의 방법으로 추론 한다는 것을 나타낸다.

> 만약… 비록 내가 공을 더 이상 볼 수 없지만 여전히 공이 그것을 놓은 곳에 있다면, (경험적 표상)
> 그리고… 내가 그것이 숨겨진 덮개 아래에 손을 뻗는다면, (행동 실험)
> 그러면… 나는 공을 찾아야 한다. (예측)
> 그리고… 나는 공을 찾았다. (결과)
> 그러므로… 공이 놓인 곳에 여전히 있다는 나의 가설은 지지된다. (결론)

멜조프(Meltzoff, 1990)의 주장에 동의하는 입장에서 유아의 표상은 경험적이라고 불린다. 왜냐하면 그것은 경험적으로 겪은 사건이기 때문이다. 즉 유아는 실제로 덮개 아래에 숨겨진 공을 봤다. 제2장에서 우리는 또한 젖병에서 우유를 빨아들이려는 로랑의 시도에서 정보 처리의 이러한 패턴을 보았다.

> 만약… 내가 보고 있는 것이 내 젖병이라면, (경험적 표상)
> 그리고… 내가 그것을 들고 빤다면, (행동 실험)
> 그러면… 나는 우유를 빨아들여야 한다. (예측)
> 그러나… 나는 우유를 빨아들이지 못했다. 대신 나는 유리를 빨고 있다. (결과)
> 그러므로… 나의 초기 생각(즉 내가 보고 있는 것인 내 젖병이라는 가설) 또는 내가 행동 중 무언가가 잘못되었다. 나는 어떤 것이라고 말할 수 없다. 그래서 나는 좌절을 느낀다. (결론)

요컨대 이 단계 제1의 목표는 가설-예측적인 방법으로 처음에 그 세계에 대한 미분화된 표상을 만들고, 검사하는 것과 예측을 통해 감각운동적 피드백을 비교함으로써 상호작용하는 대상들에 대한 안정적인 세계를 구축하는 것이다.

3.2 2단계 : 전조작기 또는 '명목'기(약 18개월~7세)

2단계의 주요 성취는 1단계에서 구성된 물체, 사건, 상황을 명명하는 언어의 습득과 그것의 사용이다. 예를 들면, 4세와 5세의 두 어린이 사이의 대화(Gesell 1940, p. 55)를 고려하자.

> 4세 : 나는 본디오 빌라도가 나무라는 것을 알아.
> 5세 : 아니야. 본디오 빌라도는 나무가 절대 아니야.
> 4세 : 아니야. 그것은 나무야. 왜냐하면 "그는 본디오 빌라도 아래서 고통받았다."
> 고 들었어. 그러니까 그것은 나무가 틀림없어.
> 5세 : 아니야. 나는 본디오 빌라도가 사람이고 나무가 아니라는 것을 확신해.
> 4세 : 나는 그가 나무라는 것을 알아. 왜냐하면 그는 나무 아래서 고통받았어. 큰
> 나무.
> 5세 : 아니야. 그는 사람이야. 하지만 아주 큰 사람이야.

여기서 문제는 어떤 사물이 '본디오 빌라도'라는 단어로 불리는가이다. 아이들은 2개의 명칭(작명)상의 가설을 내놓았다. 첫 번째 명칭 가설은 '본디오 빌라도'라는 단어가 나무를 부르는 데 사용된다는 것을 주장한다. 두 번째 주장은 그 단어는 사람을 부르는 데 사용되는 것이라는 것이다. 첫 번째 가설에 찬성한 4세의 가설-연역적 주장은 이처럼 될 것이다.

> 만약… 본디오 빌라도가 나무를 위한 이름이라면, (나무 가설)
> 그리고… 우리가 '본디오 빌라도'라는 단어가 사용되는 상황을 알아본다면, (실험)
> 그러면… 우리는 사람들이 본디오 빌라도 아래서 고통받았다는 것을 찾을 것이다.
> (예측) [아마 어린이의 연상기억이 '아래(under)'라는 단어와 '나무'라는 단어를 연결하기 때문에 그들은 이러한 예측을 내놓는다.]
> 그리고… "그는 본디오 빌라도 아래에서 고통받는다."고 전해진다. (결과)
> 그러므로… 본디오 빌라도는 나무임이 틀림없다. (결론)

5세가 4세의 주장을 그의 의견 중 하나로 반박하지 않았다는 것에 주목하자. 그는 단지 본디오 빌라도는 나무가 아니라고 주장했다. 대신 그는 사람이다. 그럼에도 불구하고 5세는 본디오 빌라도는 아주 큰 사람이라는 것을 언급했다(명백히 그 아래서 고통받기에 충분하게 큰!).

3.3   3단계 : 구체적 조작기 또는 '범주적' 단계(7세~초기 청소년기)

2단계 동안 물체, 사건, 상황을 명명하는 언어의 습득은 어린이들이 가설-예측성 추론을 배열하고 분류하는 수준, 즉 변수와 눈에 보이지 않는 물체, 사건, 상황의 고차원의 등급/범주를 생성하는 것과 같은 새로운 수준에 적용할 수 있도록 해준다. 책상과 의자와 같은 2단계의 관찰 가능하고 명명된 물체들은 3단계의 가구와 같이 관찰 불가능한 범주가 된다.

제3장에서 보았던 Mellinark 과제를 포함한 일련의 분류 과제들은 6~14세 사이의 아이들에게 실시되었다. 주의 깊게 짜여진 수업은 학생들이 관련 있는 특징을 발견하는 데, 가설-예측성 추론을 어떻게 사용하는지를 가르치는 데 사용되었다. 예를 들면 다음과 같다.

> 만약… 작은 점이 생물, Mellinark를 만든다면, (서술적 가설)
> 그리고… 내가 두 번째 줄에서 Mellinark가 아닌 것을 모두 본다면, (계획된 실험)
> 그러면… 그들 중 작은 점을 가지고 있는 것은 없을 것이다. (예측)
> 그러나… 일부가 작은 점을 가지고 있다. (관찰된 결과)
> 그러므로… 작은 점은 핵심 특성이 아니다. 또는 최소한 유일한 핵심 특성이 아니다. (결론)

보고된 것처럼 6세는 이러한 종류의 주장을 내놓고 이해할 수 없다. 실질적으로 더 연령이 높은 어린이들 모두가 그런 것처럼 반면 7세의 절반은 이해가 가능하다. 언급한 것처럼 어린아이들의 실패는 아마도 필시 전두엽의 상대적으로 늦은 성숙과 관련이 있는 것으로 보인다. 현재의 위치는 3단계이다. 3단계는 7세에 시작하고, 어린이들의 환경(모든 것이 언어에 의해 중재되는)에서 물체, 사건, 상황을 배열하고 분류하는 가설-예측성 패턴의 사용을 포함한다. 이 단계에서 서술적 가설은

'점', '꼬리' 그리고 '곡선 면'과 같은 이전의 2단계에서의 구성과 예측을 비교함으로써 확인된다.

3.4   4단계 : 형식적 조작기 또는 '가설' 단계

대략 11~12세에 일부 청소년들은 범주적/서술적 가설보다 인과적 가설에 가설-예측성 주장을 응용하기 위해서 점점 더 언어를 사용할 수 있게 된다. 인과적 의문을 한 번 더 고려해보면 무엇이 진자가 흔들릴 때의 속도에서 차이를 야기하는가? 이 질문에 답하기 위해 개인은 대안적 인과 가설을 생성하고 실험해야 한다(Inhelder & Piaget, 1958 참조).

> 만약… 흔들리는 속도에서의 변화가 끝에 매달린 추의 무게에 의한 것이라면, (인과적 무게 가설)
> 그리고… 다른 가능한 원인들을 일정하게 유지하면서 무게를 변화시킨다면, (계획된 실험)
> 그러면… 진자의 흔들리는 속도는 변할 것이다. (예측)
> 그러나… 속도는 변하지 않는다. (관찰된 결과)
> 그러므로… 무게 가설은 지지되지 않는다. (결론)

분명히 추론 패턴은 이전의 3단계와 같다. 따라서 다시 4단계의 추론과 이전의 3단계의 추론 사이의 차이점은 패턴이 아니다. 대신 차이점은 패턴이 무엇에 적용될 수 있는가이다. 3단계 추론은 서술적 가설을 시험하는 것이다(서술적/일반화 가설). 4단계 추론은 인과적 가설을 시험하는 것이다. 앞에 4단계의 인과적 실험은 가능한 원인들을 조작하는 실험을 포함한다. 다시 말해서 제시된 원인은 무게의 양이고 실험의 독립 변수 또한 무게의 양이다. 중요하게도 무게의 차이는 감지될 수 있기 때문에 이 변수는 쉽게 조작될 수 있다.

3.5   5단계 : 후기 형식기 또는 '이론적' 단계(후기 청소년기와 초기 성인기)

제7장에서 소개된 촛불 연소 항목을 고려해보자. 당신이 기억하는 것처럼 그 상황에서 중요 인과적 의문은 "무엇이 물을 상승하게 했는가?"이다. 학생이 실린더 아

래 촛불이 산소를 소비했기 때문에 물이 상승했다는 설명을 했다고 가정하자. 따라서 그 결과 생긴 공간이 물을 '빨아올렸다.' 이 산소 소비 가설은 다음의 가설-예측성 주장을 사용하여 검증될 수 있다.

> 만약⋯ 불꽃이 산소를 이산화탄소로 바꾸기 때문에 물이 상승하고, 이산화탄소는 산소보다 더 물에 쉽게 녹기 때문에 부분적인 공간을 차지하고, 결국 물의 상승을 일으킨다면, (이산화탄소 용해 가설)
> 그리고⋯ 2개 용기(하나는 CO_2가 포화된 물 그리고 다른 것은 일반적인 물)에서 물의 상승 높이가 비교된다면, (계획된 실험)
> 그러면⋯ 일반적인 물이 있는 용기에서 물이 더 높게 올라갈 것이다. (예측)
> 다른 용기는 물에 있는 CO_2가 CO_2의 용해를 막아서 부분적인 공간이 생성되지 않을 것이고, 물이 높이 상승하지 않을 것이라는 결과가 예측된다. (이론적 설명/근거)
> 그러나⋯ 물은 양쪽 용기에서 똑같이 상승했다. (관찰된 결과)
> 그러므로⋯ 이산화탄소 용해 가설은 지지되지 않는다. (결론)

비록 형식면에서 이전의 추론 형태와 동일할지라도 이 주장은 최소 두 가지 중요한 점에서 다르다. 첫째, 여기에 제시된 원인은 보이지 않는다(즉 이론적). 4단계에서 제시된 원인은 관찰할 수 있었다. 둘째, 그것을 실험하기 위해 제안된 원인과 실험의 독립 변수들이 하나이고, 동일한 4단계의 추론과 달리 이것은 더 이상 그렇지 않다. 위의 실험에서 독립변수는 물속 이산화탄소의 양이지만, 제안된 원인은 보이지 않으며, 이론적인 부분 진공 상태가 아마도 이산화탄소 분자의 부족에 의해 생성되었다. 제안된 원인과 독립 변수는 같지 않기 때문에 근거(이론적 설명-근거)는 적합한 검증이 수행되도록 둘의 연결을 만들어내야 한다. 이러한 이유에서 후기 형식기 또는 이론적이라 불리는 5단계 추론이 4단계 추론보다 더 어렵다면 후기 청소년기까지 성취되는 것은 아니다(예 : 제7, 8, 10장).

3.6 지적 발달 단계는 왜 이러한가

이전 부분에 기초하여 우리는 왜 지적 발달 단계가 이러한지 이해할 수 있다. 예상되는 성숙의 제한뿐만이 아니라(제3~4장 참조) 각 단계 동안 개인은 오직 전 단계의 다음에 구성할 수 있는 새로운 것을 구성한다. 왜냐하면 전 단계의 산물이 그다음 단계의 가능한 구성(즉 가설)을 실험하는 데 사용되기 때문이다. 예를 들면, 우리가 물질은 보이지 않고 나뉘지 않은 원자라 불리는 입자로 구성되어 있다는 가설을 내놓았다고 가정해보자. 존 돌턴처럼 우리는 원자 가설을 시험하기 위해 아래와 같이 5단계 추론을 사용할 수 있다.

> 만약… 물질이 특정한 무게를 가지고 특정한 방법으로 다른 것과 결합하는 눈에 보이지 않는/나뉘지 않는 입자로 구성되어 있다면, (원자 가설)
> 그리고… 원자의 결합(즉 분자)이 그들의 부분으로 분해된다면, (계획된 시험)
> 그러면… 이러한 부분의 무게의 비가 간단한 정수비가 될 것이다. (예측)
> 그리고… 이러한 부분의 무게의 비는 간단한 정수비이다. (관찰된 결과)
> 그러므로… 원자 가설은 지지된다. (결론)

원자 가설을 시험하는 것은 우리가 예측한 것과 분해된 분자의 무게 비를 관찰한 것을 비교하는 것이 필요함에 주목하라. 당신이 아는 것처럼 비를 비교하는 것은 4단계의 구성인 비례 추론을 포함한다. 따라서 이 5단계 구성(즉 원자)는 전 4단계의 비율의 구성 없이는 발생할 수 없다.

이와 비슷하게 4단계 가설을 시험하는 것은 이전 3단계의 구성을 사용하는 것이 필요하다. 인헬더와 피아제의 막대 굽히기 과제를 고려해보라(Inhelder & Piaget 1958, Chapter 3). 막대 두께의 변화가 막대가 구부러지는 양의 변화를 일으킨다(즉 얇은 막대는 두꺼운 막대보다 더 잘 구부러질 것이다)는 4단계의 인과적 가설을 시험하기 위해 개인은 아래와 같이 추론할 것이다.

> 만약… 막대 구부러짐에서의 차이가 막대의 두께에 의한 것이라면, (두께 가설)
> 그리고… 같은 추가 오직 두께에 변화를 준 2개의 막대에 매달려 있다면, (계획된 시험)
> 그러면… 얇은 막대는 더 많이 구부러질 것이다. (예측)
> 그리고… 얇은 막대는 더 많이 구부러졌다. (관찰된 결과)
> 그러므로… 두께 가설은 지지된다. (결론)

따라서 이 4단계의 주장에서 인과적 두께 가설을 시험하기 위해(개인은 즉시 두께의 차이를 관찰하고 느낄 수 있다) 우리는 2개의 막대 중 어느 것이 더 많이 구부러지고 덜 구부러지는지를 결정해야 한다. 다시 말해 우리는 '휘어짐의 거리'라고 부를 수 있는 이미 3단계에서 구성된 '거리' 변수가 필요하다. 그래서 4단계 가설을 시험하기 위해, 우리는 전의 3단계 구성(즉 거리/길이의 보존)을 사용한다. 마찬가지로 3단계의 서술적 가설을 시험하는 것은 2단계의 대상-단어 구성의 사용을 요구하고, 2단계의 언어적 가설을 시험하는 것은 1단계의 대상 구성의 사용을 필요로 한다.

4. 지적 발달은 어떻게 일어나는가

절차적 지식은 어떻게 발달하는가? 물론 우리는 이 질문에 일반적으로 지적 발달이 자기규제를 통해 일어난다는 피아제에 동의함으로써 답해왔다. 즉 가설-예측성 추론의 주기에 참여하고 과정의 결과물뿐만이 아니라 그것의 과정 또한 내면화(즉 묶음, 아웃스타 형성하기)하는 '내재화'에 의한 것이다. 이것은 무엇이 이 내재화를 일으키는지에 대한 의문을 불러일으킨다. 피아제에 따르면 그가 반성적 추상이라고 부르는 과정이 포함된다. 반성적 추상은 자발적인 행동부터 행동을 안내하는 명시적 · 언어적으로 중재적인 규칙의 사용까지 발달한다. 반성적 추상은 피험자(대상)가 첫 번째로 자신의 행동을 되돌아보고, 이후에 다른 사람과의 논쟁을 뒤돌아보도록 유도될 때 일어난다. 따라서 반성적 추상의 원인은 물리적 환경과 본디오 빌라도가 나무라고 믿었던 4세의 경우처럼 다른 사람들의 언어적 환경에 의한 모순이다. 반성적 추상의 결과는 사람이 선언적 지식을 얻고 또한 그 지식을 습득하는 데 사용되는 절차의 사용을 깨닫는 것과 능숙해지는 것이다(즉 선언적 지식은 아웃스타를 통해서 묶여지고, 절차적 지식도 그렇게 된다).

지적 발달의 이 관점은 왜 '단계 지연'이 발생하는지, 즉 왜 일부 학생들이 4단계와 아마도 5단계 추론 능력의 발달에 실패하는지를 명확히 하는 데 도움을 준다. 예를 들면, 몇 년 전에 2개의 동일한 섬이 태평양에 있었다고 가정해보자. 각각은 1만 명의 섬사람들이 살고 있고 외부 세계와 단절되어 있으며 전능한 왕에 의해 통치된다. 질문이 발생할 때마다 섬사람들은 왕에게 대답을 물었다. 각 왕은 대답을 제공했다. 그리고 왕이 말하는 것은 무엇이든지 사실로 여겼다. 그러나 어느 날 외국 배가 어느 한 섬에 도착했다. 시간이 지나고 활발한 무역관계가 그 섬과 몇몇의 외국 사이에 성립되었다. 중요한 것은 그 배는 새로운 물건들만 가져온 것이 아니라 새로운 생각을 가져다주었다. 이러한 생각은 섬 전체의 사람들에게 퍼져나갔다. 이러한 새로운 생각들의 일부는 이전에 왕이 전한 '사실'들과 모순되었다. 곧 섬사람들은 어떤 생각이 실제로 옳은 것인지 궁금해했다. 그리고 더 중요하게 그들은 그들이 어떻게 말하는지 궁금해하기 시작했다. 결국 격변이 일어났고 왕은 타도되었으며 사람들에 의한 정부 운영으로 대체되었다.

수십 년 후, 인류학자가 섬 문화를 연구하기 위하여 섬에 도착했다. 연구의 한 부분으로서 인류학자는 섬의 10대와 성인들에게 추론 검사를 실시했다. 곧 인류학자는 다른 섬을 발견했다. 인류학자는 여전히 전능하고, 진실을 내놓는 왕에 의해 통치되는 그 섬을 발견한 첫 번째 '아웃스타'였다. 인류학자는 또한 이 섬에 10대와 성인들에게 추론 검사를 실시했다. 여기서 문제는 다음과 같다. 당신은 어느 섬의 사람들이 추론 검사에서 더 나았을 것이라고 생각하는가? 어떤 사람들이 4단계 이상, 아마도 5단계의 추론자였을까? 그 이유는 무엇인가?

나는 당신이 첫 번째 섬 주민들의 추론 능력이 더 나을 것이라는 것에 동의하길 바란다. 피아제는 상급 추론의 발달이 "의문을 생성하고 증명하려고 하는 다른 사람들과의 만났을 때 생겨나는 사고의 충격"의 결과로서 발생한다는 것을 1928년에 언급했을 때 동의한 것으로 보인다(Piaget, 1962, p. 204). 피아제는 다음과 같이 진술했다.

> 다른 사람의 생각을 공유하고 성공적으로 우리의 의견을 전달하는 것에 대한 사회적 욕구는 검증에 대한 우리의 욕구의 근본을 이룬다. 따라서 논쟁은 검증의 중추이다. 논리적 추론은 우리가 우리 자신과 하고 있는 논쟁이다. 그리고 내적으로 실제 논쟁의 특성을 일으킨다. (p. 204)

다시 말해서 개인의 생각과 의사 결정을 안내하는 내적인 논쟁을 사용하는 능력에 대한 증가하는 의식은 다른 사람들과의 같은 종류의 논쟁에 참여하려는 시도의 결과로서 발생한다. 이 논쟁에서 권위나 감정에 대립되는 것으로서 근거와 증거에 기초하여 대안적 가설이 제안되고 받아들여지거나 거절된다. 확실히 만약 대안적 생각이 존재하지 않는다면 외부적 논쟁은 계속해서 일어나지 않을 것이고, 논쟁의 패턴의 내재화는 일어나지 않는다.

이 입장은 말을 사회적으로 발생한 것으로 보고 오직 시간의 흐름에 따라 결국 내재화된, 자기 주도적인 사고로 귀결되는 자기주도성을 갖게 된다고 본 비고츠키 (Vygotsky, 1962)의 입장과 일치하는 것으로 보인다. 비슷하게 루리아(Luria, 1961)는 행동을 조절하는 언어의 점진적 분화가 4단계로 일어난다고 제안했다. 첫째, 어린 이들은 언어의 뜻을 배운다. 둘째, 언어는 행동을 활성화하는 데 도움을 줄 수 있다. 그러나 그것을 제한하지 않는다. 셋째, 언어는 외부의 자원으로부터 의사소통을 거쳐 촉진 또는 억제를 통해 행동을 통제할 수 있다. 넷째, 언어의 내재화는 스스로 지시를 통해서 자기규제 기능을 도울 수 있다.

4.1 통제된 실험의 절차를 발달시키기

어떻게 수업이 절차적 지식의 발달을 일으키는지 이해하기 위하여, 통제된 실험의 과정을 고려해보자. 어린 아이들은 사전검사가 '공정'하거나 '불공정'할 때, 관련된 변수들이 익숙할 때 결정하는 것에 약간의 어려움을 겪는다(Wollman, 1977). 그러나 그들은 공격의 일반적인 계획이나 시간에 앞서 '공정한 비교'를 준비할 때와 익숙하지 않은 상황에서 사용할 일반적인 전략이 부족하다. 다시 말하면 실험이 수행된 후에 그들은 그것이 공정했는지 아니었는지 말할 수 있다. 그러나 그들은 행동의 일반적인 안내자로서 그들의 직관을 사용할 수 없다.

직관적인 이해는 어디서 오는가? 아마도 어린이들이 비교를 하고 이러한 비교의 타당성을 평가하려는 시도를 했던 상황에서 온다. 예를 들면, 2명의 어린이가 달리기 경주를 하고 있다고 가정해보자. 경주가 끝났을 때 한 어린이가 졌다. 친구는 테니스 신발을 신은 반면 자신은 일반 신발을 신었다는 사실에 패배의 책임을 돌렸다. 그래서 이 경주가 '공정'하지 않다고 주장했다. 다시 말해서 직관은 진술의 사실이나 거짓에 대한 논쟁에서 온다(예 : "나는 너보다 더 빨리 달릴 수 있다.", "아니야, 너는 할 수 없어. 나는 너보다 빨리 달릴 수 있어.") 핵심은 이것이다. 이와 같은 환경적인 만남에서 어린이들은 변수의 통제, 개연성, 비율 등을 포함하는 절차의 직관적 이해를 발달시킨다. 그러나 이러한 직관은 아직 내적으로 중재된 학습과 문제해결 과정으로 변형되어야 한다. 변수를 통제하는 것에 대하여 어떻게 이것이 일어날 수 있는지 논의해보자. 논의는 일반적으로 처음으로 변수를 통제할 수 없는 9세와 13세 어린이들을 대상으로 한 실험(Lawson & Wollman, 1976)에 기초한다. 4시간 반의 개별적인 훈련 기간 후에 이 같은 학생들은 대부분의 상황에서 서슴없이 확실히 변수를 체계적으로 통제하는 능력을 드러냈다. 게다가 이러한 절차를 사용하는 일반적인 능력의 증거로서 그들의 능력은 조작과 지필평가의 새로운 과제로 이동했다.

과정 1. 첫 번째 기간은 어린이에게 훈련의 의도와 형식을 소개하는 것으로 시작된다. 어린이들은 '공정한 시험'을 수행하는 방법을 배우기 위해 몇몇의 재료가 사용될 것이라는 것을 듣는다. 3개의 테니스 공(2개는 비교적 탄력적이고 1개는 상당히 탄력적이지 않다), 2개의 마분지 정사각형 조각, 2개의 기포 고무 정사각형 조각 그리고 탁자 하나와 같이 재료는 익숙한 것이다. 어린이에게 첫 번째 문제는 어떤 공이 가장 탄력적인지를 찾는 것이라고 말한다. 찾기 위해서 어린이들은 실험자에게 무엇을 해야 하는지 가르칠 것이고, 실험자는 지시를 수행할 것이다.

비록 각 기간이 다소 다양하지만 각각의 어린이는 실험자에게 어떤 공이 더 높이 튀는지 보기 위해 두 공을 떨어뜨리라고 말함으로써 시작한다(그러면 튀는 높이는 종속 변수가 된다). 실험자는 2개의 공을 떨어뜨리지만 서로 다른 높이에서 떨어뜨린다(통제되지 않은 실험). 어린이는 이렇게 말하면서 반응한다. "이것은 공정하지 않아. 같은 높이에서 그것들을 떨어뜨려." 다음 시도에서 높이는 같아지지만 1개의 공은 바닥을 치는 동안 다른 1개는 탁자의 위를 치게 떨어뜨렸다(다시 통제되지 않은 실험). 이 과정 이후에 새로운 통제되지 않은 변수들이 계속적으로 생긴다(1개의 공 돌리기, 1개의 공 밀기, 1개의 공이 마분지나 기포 고무를 치게 하기). 그다음에 어린이들은 언어적 규칙이 주어진다(즉 만약 차이를 만들 수 있는 모든 요소, 물론 공 자체의 차이는 제외하고 변수들이 양쪽 공 모두 같을 때 시험은 '공정'하다). 그리고 이러한 요소들이 다른 각 시험은 '불공정한 시험'이라고 불린다. 이 언어적 규칙에 대한 다음의 설명, 몇몇의 추가적인 예시가 설명되고 논의되었다. 첫 번째 기간의 전체적인 의도는 각 어린이들이 자신의 실험 절차를 만들고, 모순되게 만드는 데 있었다. 아마도 모순은 학생들이 절차의 부적당함을 돌아보게 했을 것이다. 언어적 규칙은 그들이 초기 이해를 획득할 수 있는 상황에서 소개되었다.

시작할 때 실질적으로 모든 어린이들은 공정함에 대한 직관적인 감각을 드러냈고, "그것들을 같은 높이에서 떨어뜨려라.", "그것들 모두 바닥을 치게 해라.", "1개만 돌리지 말아라." 등과 같이 말하면서 반응했다. 또한 다음의 각 실험에서 그들은 공정하거나 불공정함에 따라 실험을 수락하거나 거절할 수 있었다. 그러나 중요하게 누구도 실험 자체 전에 공정한 실험을 수행하는 일반적인 과정을 말하지 않았다(즉 공정한 실험을 하기 위해 실험될 1개의 요소만 제외하고 모든 요소들을 같게 유지하라). 대부분의 잘 표현하는 학생들조차도 실험자들에게 두 공에 대해 '모든 것을 같게' 하라고 말함으로써 반응하지 않았다. 특정한 요소들을 언급하지 않고 자신의 수업을 요약하라고 요구했을 때조차 그들은 무슨 말을 해야 할지 몰라 했다. 이 현상은 어떤 것이 사실이라는 것을 '아는', 하지만 그것을 말로 표현할 수는 없는 상태의 경험과 매우 같아 보인다. 아마도 언어적으로 표현될 수 있고 개인의 사고를 감시하는 데 적용될 수 있는 교차점에 대한 직관적 이해의 확장은 '발달'의 본질을 구성한다(즉 관련된 아웃스타의 구성).

과정 2. 두 번째 기간은 어린이에게 훈련의 의도를 생각나게 하고 새로운 재료를 알려주는 것으로 시작된다. 새로운 재료는 다양한 크기, 모양 그리고 재료의 6개의 금속 막대이다(Inhelder & Piaget, 1958). 이것들은 탁자 위에 놓여 있고 어린이는 가능 많은 방법으로 그것들을 분류하도록 요구된다. 이것은 크기, 모양, 그리고 재료의 종류를 형성하는 능력을 결정하게 하고, 막대의 이러한 차이점들이 주목할 만하다는 것을 확실히 하기 위해 수행됐다. 막대는 정지된 나무 받침 위에 놓여졌다. 그리고 구부러지는 양(종속 변수)에 영향을 줄 수 있는 모든 요소들(변수들)이 논의되었다. 어린이는 막대의 길이, 굵기, 모양, 재료, 막대에 달려 있는 추의 양이 구부러지는 정도에 영향을 미치는지를 알아보는 '공정한 실험'을 수행하도록 요구된다. 어린이는 실험을 수행할 때마다 질문을 받게 되었다. 이것은 공정한 실험인가? 이것이 왜 공정한가? 오직 이 막대가 더 얇기 때문에 저것보다 더 잘 구부러진다고 확신할 수 있는가? 막대가 더 구부러지는 것에 대한 다른 이유(통제되지 않은 변수)가 있는가? 이러한 질문과 다른 것들은 어린이의 관심을 모든 관련된 변수들에 초점을 맞추는 데, 애매한 실험을 알아보는 데, 그리고 실험될 것을 제외한 '모든 요소들을 같게' 유지하는 과정의 필요성을 이해하는 데 사용된다. 다수의 예시와 반례가 상세히 논의되었다. 통제된 실험의 절차는 물론 첫 번째의 것과 동일하다. 그러나 사용된 재료와 상황은 다르다.

과정 3. 어린이는 헬리콥터새(Science Curriculum Improvement Study, 1970)라고 불리는 장치로 실험할 것이 요구받는다. 헬리콥터새는 기둥을 고정하는 맨 아래 부분과 기둥을 붙이는 팔로 구성되어 있다. 감긴 고무줄에 의해 추진되거나 밀릴 때 팔은 헬리콥터의 회전자처럼 돈다. 금속 추는 팔을 따라 다양한 위치에 놓일 수 있다. 어린이는 간단히 헬리콥터새가 어떻게 작동되는지 보고, 팔이 멈추기 전에 도는 시간에 영향을 주는 모든 요인들을 찾아내도록 요구받았다. 변수는 고무 밴드가 감긴 횟수, 고무 밴드의 수, 팔에 놓은 추의 수, 추의 위치, 팔과 기둥을 얼마나 단단하게 고정시켰는지, 맨 아래 부분의 각도 등이었다.

후속 탐구에서 어린이는 언급된 독립 변수들이 실제로 차이를 만든다는 것을 보여주는 '공정한 실험'을 수행하도록 요구받았다. 다시 실험이 수행될 때마다 어린이들은 자신의 행동을 되돌아보게 하는 질문을 받았다(예 : 이것은 공정한 실험인가? 이것이 왜 공정한가? 이것은 요인이 실제로 차이를 만든다는 것을 보여주는가? 왜 팔의 회전이 더 많은가? 많은 다른 요소들은 일정하게 유지되었는가?).

이 기간의 일반적인 의도는 두 번째, 네 번째, 마지막 기간의 것과 비슷하다. 질문의 기초가 되는 전략은 모든 기간에서 동일하다. 상징적인 기호(언어가 사용된)는 변함없이 남아 있다. 심상에서의 변화는 첫 번째 익숙한 재료를 사용하고 나서 친숙하지 않은 재료들을 사용함으로써 획득되었다. 어린이들에게는 다양한 과제가 주어졌고 그것들을 수행하기 위해 자신의 절차를 선택하도록 허락되었다. 실수를 했을 때 어린이들은 과정을 다시 돌아보고 바로잡도록 격려받았다.

과정 4. 물리적인 재료는 글로 표현된 문제로 대체되었다. 글로 표현된 문제는 구체적인 것과는 거리가 멀고 추상적인 쪽으로의 추가적인 단계를 나타낸다. 작성된 문제에 대한 어린이들의 이해와 관련된 철저한 질문들이 이전 기간에 수행된 것처럼 요청되었다. 어느 정도 하는 것에 의해 학습하는 것은 논의에 의한 학습으로 대체되었다(언어로만). 다음의 두 문제가 제시되었고 상세히 논의되었다.

필기 문제 1. 식물의 다양한 부분 50조각을 빛의 색깔과 온도가 다른 상황에 같은 크기의 봉인된 항아리 50개에 넣었다. 실험을 시작할 때 각각의 항아리는 이산화탄소 250단위가 함유되어 있었다. 실험의 마지막에 각 항아리의 이산화탄소의 양은 〈표 1〉에 제시되어 있다. 만약 온도가 이산화탄소를 사용하는 양에 차이를 만든다는 것을 찾아내기 위해 공정한 비교를 하려면 어떤 2개의 항아리를 선택할 것인가?

필기 문제 2. 실험자는 빛과 수분에 대한 거저리(밀웜)의 반응을 실험하고 싶어 한다. 이것을 하기 위해 그는 〈그림 1〉에 보이는 4개의 상자를 준비했다. 빛 자원으로 램프를 사용했고 수분을 위해 상자 안에 물에 적신 종이 조각을 넣었다. 각 상자의 가운데에 20마리의 거저리를 놓았다. 하루가 지난 후 그는 상자의 다른 끝에 득실거리는 거저리의 수를 세기 위해 돌아왔다(그림 3 참조).

다음 결과는 거저리가 어떤 것에 반응한 것을 보여주는가? (반응은 어느 방향으로 또는 어느 것에서 멀리 이동하는 것을 의미한다.)

    a. 빛 그러나 수분은 아님
    a. 수분 그러나 빛은 아님
    c. 빛과 수분 모두
    d. 빛과 수분 모두 아님

결과. 네 훈련 기간은 확실히 규칙의 의미를 내재화한 학생들로 귀결되었다. "특정한 원인을 확인하기 위해서 다른 가능한 원인들이 일정하게 유지되는 동안 그것은 홀로 변화되어야 한다." 중요하게 그들은 새로운 상황에서 통제된 실험을 설계하고 수행하기 위해 규칙을 사용할 수 있다. 따라서 결과는 다음의 가설을 지지한

표1. 실험 조건과 결과

항아리	식물 종류	식물의 부분	빛의 색	온도 (℃)	CO_2^*
1	버드나무	잎	청색	10	200
2	단풍나무	잎	자색	23	50
3	버드나무	뿌리	적색1	8	300
4	단풍나무	줄기	적색	23	400
5	버드나무	잎	청색	23	150

* 이 열은 실험의 마지막에 항아리에 있는 CO_2의 cm를 나타낸다.

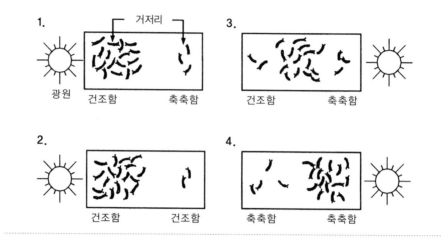

그림 3. 거저리 문제

다. 유용한 언어적 규칙의 형태로 그들 스스로 나타나는 직관을 위해서, 지적 발달
이 일어나도록 하기 위해서 어린이들은 다음이 필요하다. (1) 해결을 위해 특정한
절차를 요구하는 문제의 다양성, (2) 한 것이나 하지 않은 것에 더 주의를 기울이게
하는 절차에 대한 모순, (3) 재료에서의 변화를 건너서 변하지 않고 유지되는 용어/
구절–이 경우, 핵심 용어/구절은 '공정한 실험'과 '불공정한 실험.'

이것은 본질적으로 수학에서 문제해결 과정을 연구한 브루너와 케니(Bruner &
Kenney, 1970)가 전파한 입장이다. 그들은 8세 아이들에게 인수분해, 덧셈의 분배와
교환 법칙, 곱셈, 2차 함수의 수학적 과정을 가르쳤다. 그들은 과정을 이렇게 요약
했다.

> 수행함으로써 물체의 정의를 내리는 지시적 활동으로 시작되었다. 이러한 조작은
> 특정한 이미지의 형식으로 나타내지고 요약되었다. 결국 이미지에서 변형을 거쳐
> 변하지 않고 남아 있는 상징적 기호의 도움으로 학습자는 자신이 다루는 것의 형
> 식적이거나 추상적인 성질을 이해할 수 있게 되었다. (p. 494)

다시 말해서 발달은 물체에 대한 물리적 경험과 함께 시작한다. 물리적 경험은
어린이들에게 과제를 유발하고 무엇이 수행되고 제시되었는지에 대한 정신적 기
록을 제공한다. 다른 사람들 또는 물리적 세계에 의한 반대는 결과를 내놓는 데 사

용된 절차를 되돌아보게 한다. 과정의 정밀한 검사에 의해, 즉 좋은 결과를 생산하는 절차와 반대되는 결과를 생산하는 절차 사이의 차이점을 인지하는 것에 의해 아동은 자신이 해야 하고, 하지 말아야 하는 것이 무엇인지 알게 된다. 언어적 규칙(상징적 기호)의 소개는 또한 성공적인 절차의 발견을 돕는다. 결국 같은 절차를 요구하는 추가적인 경험은 상징적 기호의 반복에 따라 제공된다. 이것은 학생들이 특정한 상황으로부터 절차를 '반성적으로 추상화'하도록 한다. 언급된 것처럼 최근 연구는 이러한 추상적인 절차 규칙이 한번 습득되면 전두엽 전부의 피질에 있는 뉴런(제2장의 아웃스타)에 존재한다는 것을 나타낸다(Wallis, Anderson & Miller, 2001).

요약하자면 발달은 자기규제를 일으키는 상황 특정적인 환경적 마주침에 의해 시작된다. 그러나 반성적 추상과 묶음의 과정 덕분에 뇌는 새로운 영역의 다양성을 넘어서 이러한 새로운 영역에서의 학습을 촉진하는 데 적용할 수 있는 추상적인(즉 일반적인) 규칙을 구성하고 저장한다. 예를 들면, 나는 여전히 나의 7학년 과학 선생님이 우리에게 몇몇 특정한 실험을 수행하라고 말한 것이 기억난다. 그리고 반복적으로 우리가 '통제'된 실험을 했는지 물었다. 그때 나는 선생님이 '통제'된 실험이라고 하는 것이 무엇인지 알지 못했다. 그러나 며칠이 지난 어느 날 실험이 완성되었다. 나는 이 실험을 되돌아보고, 선생님의 질문을 되돌아보았다. 그때 갑자기 그것이 '이해'되었다(적응적 공명이 일어났고, 아웃스타가 형성되었다). 그 순간에 나는 무엇이 통제된 실험인지 이해했고, 그 이해(추상적인 규칙)를 이후로 줄곧 적용할 수 있었다.

5. 교실에서 5단계 추론 능력 발달시키기

어떻게 교사들이 우리가 지적 발달에 대하여 배운 것을 교실에서 적용할 수 있을까? 이 부분에서는 학생들의 5단계 추론 능력을 돕고, 분자운동 이론의 더 나은 이해를 습득하도록 하기 위해 설계된 수업을 다룰 것이다. 이 수업은 특별히 흥미로웠다. 왜냐하면 이것은 과학의 본성에 대한 몇몇 관점에 전형적인 예가 되고, 종종

학생들이 2개의 고질적 오개념에 도달하는 것처럼 개념 변화를 요구하기 때문이다
(즉 불꽃이 산소를 '소비'하고 '빨기'라고 불리는 당기는 힘이 존재한다).

수업은 작은 찰흙 조각을 사용하여 물그릇에 수직으로 세운 타고 있는 양초와
함께 시작한다. 실린더를 물 안에 놓인 타고 있는 촛불 위에 거꾸로 뒤집어 놓은
후, 곧 촛불의 불꽃은 꺼지고 물은 실린더 안으로 상승한다. 이러한 관찰은 두 가
지 주요 인과적 의문을 일으킨다. 왜 촛불이 꺼졌는가? 그리고 물은 왜 상승했는
가? 일반적으로 첫 번째 질문에 수락되는 대답은 촛불이 실린더 안의 산소를 이산
화탄소로 전환시켰고, 연소를 유지하기에 너무 적은 산소가 남아 있어서 불꽃이
꺼진다는 것이다. 두 번째 질문에 일반적으로 수락되는 대답은 촛불이 운동 에너
지(운동)를 실린더의 기체 분자로 이동시켰다는 것이다. 큰 운동 에너지는 기체를
팽창하게 만들고, 이것이 일부를 바닥으로 달아나도록 했다. 촛불이 꺼질 때 남아
있는 분자들은 운동 에너지의 일부를 실린더 벽으로 이동시켰고, 둘러싸고 있는
기체와 물도 이동시켰다. 이것이 평균 속력의 손실, 더 적은 충돌, 적은 기체 압력
을 가져왔다(부분적인 진공). 이 부분적 공백은 바깥쪽 물의 표면에서 누르는 기압이
안쪽 물 표면에서 누르는 기압과 같아질 때까지 물은 실린더 속으로 상승하며 채
워진다(Peckham, 1993).

이러한 수업은 학생들이 왜 물이 상승했는지를 설명하기 위해 생성하는 초기 설
명이 실험적으로 반박되는 것처럼, 과학은 대안적인 설명의 생성과 계획의 실험이
라는 생각을 강화하는 데 특히 좋은 방법이다. 그러므로 정신적인 불평형은 협상
에 대한 필요로 끝난다. 다시 말하면 그들의 생각은 대체될 필요가 있다. 말한 것
처럼 일반적인 학생들의 설명은 산소가 '바닥난다'는 것이다. 따라서 부분적인 공
백이 생기고 이것이 물을 실린더 안으로 '빨아'들인다. 전형적으로 학생들은 산소
가 '탈' 때 그것이 탄소와 결합하여 같은 부피의 이산화탄소를 생성한다는 것을 깨
닫지 못한다(따라서 부분적 진공은 생기지 않는다). 학생들은 또한 종종 공백이 어떤
것도 '빨아'들이지 못한다는 것을 깨닫지 못한다. 오히려 물을 상승하게 하는 것은
실린더 바깥쪽의 물 표면을 치는 상대적으로 많은 수의 공기 분자로부터의 미는
힘이다. 실험과 논의는 연소와 기압에 대한 더 만족스러운 설명을 소개함으로써
이러한 오개념을 수정할 기회를 제공한다. 과학을 이론을 사용한 지적으로 자극적

표 2. 분자운동 이론의 기본 원리

1. 우주는 작은 입자(원자와 분자라고 불리는 원자들의 결합물)와 빛으로 구성된 물질을 포함하고 있다. 빛은 광양자라고 불리는 정지한 더 작은 입자들로 이루어져 있다.
2. 원자/분자는 일정한 운동 상태에 있다. 그들은 다른 원자/분자를 친다. 그리고 그들의 운동(운동 에너지)의 일부 또는 전체를 이러한 입자들에 이동시킨다.
3. 불꽃과 같은 에너지 자원은 충돌을 통해 가까운 입자들에게 그들의 운동의 일부 또는 전부를 이동시킬 수 있는 빠르게 움직이는 입자들로 구성되어 있다.
4. 원자들 또는 분자들 사이의 인력이 깨질 수 있다. 원자들 또는 분자들을 분리시키면 이것은 결국 충돌과 에너지의 이동(운동)을 일으킨다.
5. 원자들이 서로를 칠 때 분자 결합은 원자들 사이에서 형성될 수 있다.
6. 온도는 고체, 액체, 또는 기체에서 원자들/분자들의 운동량(평균 운동 에너지)의 척도이다(즉 운동이 많으면 온도도 더 높다).
7. 기압은 공기 입자들의 충돌 때문에 표면에 가해지는 힘이다(즉 많은 수의 높은 속도의 입자들＝센 기압).

이고 도전적인 방법으로서 묘사하기 위한 기회가 존재한다. 이 경우 분자 운동 이론이 자연을 설명한다(표 2 참조).

5.1 수업 시작하기

다음의 재료를 알려주면서 수업을 시작한다.

알루미늄 파이 냄비

생일 초

성냥

소상용 점토

실린더(한쪽 끝만 막힌)

항아리(다양한 모양과 크기)

비커/시험관/플라스크

주사기와 고무관

중탄산나트륨(베이킹소다)

얼음

드라이아이스

풍선

pH 시험지

각 학생들은 파트너를 정한다. 파트너에게 냄비에 물을 조금 부으라고 말하자. 양초를 지지하기 위해 작은 찰흙 조각을 사용하여 양초를 냄비에 세우자. 양초에 불을 켜고 실린더, 항아리, 플라스크 또는 비커를 초 위에 덮고 물에 앉을 수 있도록 한다. 그리고 어떤 일이 일어나는지 관찰하고 독립 변수들의 효과를 정하기 위해 몇몇 독립 변수들을 변화시키면서 이 과정을 몇 번 반복하자(예 : 양초의 수, 물의 양, 실린더의 종류). 학생들에게 관찰한 것에 대한 몇 가지 대안 설명을 만들고 그 대안을 시험하기 위해 실험을 설계하라고 말해야 한다(특히 흥미로운 점은 많은 수의 지난 사례들에서 몇 학생들, 일부 교사들조차도 이 물의 상승 정도에 영향을 주는 변수들을 밝혀냈을 때 수업이 완료됐다고 믿었다는 사실이다. 그들은 자신의 '이론적' 과제가 방금 시작되었다는 것을 깨닫지 못했다).

5.2 대안 가설 생성하기

학생들이 상당한 진전을 보이는 한 처음의 탐구를 계속 진행하도록 하자. 관찰, 예비 문제, 가능한 설명에 대해 약 30~40분간 논의를 한 후 그들을 제지할 필요가 있다. 논의하는 동안 칠판에 관찰한 목록을 적어야 하고, 학생들이 핵심 인과적 의문을 말하도록 질문해야 한다. 가장 명백한 인과적 질문은 "왜 불꽃이 꺼졌는가?"와 "왜 물이 상승했나?"이다. 두 번째 질문에 대답으로 학생들이 내놓은 대안 가설은 다음을 포함한다.

1. 산소가 부분적인 공간을 만들면서 '불타 없어졌다.' 그래서 물이 그것을 대체하기 위해 '빨아올려진다.'
2. 연소에 의해 수증기가 만들어진다. 수증기가 식을 때 그것이 물로 변해 실린더를 채운다.
3. 초가 타면서 산소를 소비하고 같은 부피의 이산화탄소를 만든다. 이산화탄소

는 원래 산소보다 더 쉽게 물에 녹는다. 따라서 부분적인 공간을 만든다. 그러면서 물은 '빨려' 올라온다.

4. 촛불이 연기를 만든다. 연기는 실린더 안에 모이고 물을 끌어당긴다.

5. 연소는 산소를 더 작은 분자인 이산화탄소로 변환시킨다. 따라서 부분적인 공간을 만들면서 더 적은 공간을 차지하고 물을 '빨아들인다.'

6. 촛불의 열이 주변에 있는 공기를 팽창시키다. 촛불이 꺼진 후 공기는 식고 기압은 감소하여 외부의 더 큰 기압으로 인해 물이 밀려들어온다(만약 이 대안 가설을 아무도 제안하지 않는다면 당신은 이것을 제안해야 한다. 그러나 학생들에게 이것이 '옳은' 설명이라는 인상을 주지 말아야 한다. 오히려 이것은 단지 다른 학급의 학생이 내놓은 생각이고 다른 사람들과 함께 실험해봐야 한다는 뉘앙스를 준다).

7. 학생들의 목록에 추가하고 싶은 설명이 있다. 스파키라는 이름의 마법사가 교내에 살며 물을 빨아올린다(스파키는 우리 대학 운동 마스코트의 이름이다).

5.3 대안 가설 실험하기

학생들의 브레인스토밍 과정은 이러한 과정이 과학 수업이라는 것을 상기시키는 몇몇 설명을 생성하게 한다. 따라서 그들의 다음 과제는 대안을 시험하는 것이다. 또한 가능한 설명을 시험하기 위해서 명백히 규정된 예상된 결과와 함께 실험을 수행해야 한다는 것을 학생들에게 생각나게 하자(예측). 당신은 예시를 제공하기를 요청하거나 간단히 학생들이 찾아낼 수 있는 것을 생각하도록 할 것이다. 이것은 학생들에게 과제로 실험을 고안하도록 환기시키는 좋은 방법이다. 예시를 제공하기로 결심했다면 다음과 같은 **만약/그리고/그러면** 형식을 사용하라.

만약… 물이 산소를 대체하기 위해 '빨아들여진다'는 설명 1이 맞다면, (산소 소비 설명)

그리고… 1, 2, 3개 또는 그 이상의 촛불(모든 다른 조건은 동일)에서 물의 상승 높이가 측정된다면, (실험 조건)

그러면… 타고 있는 양초의 수와 상관없이 상승하는 물의 높이는 같아야 한다. (예측) 실린더 안에는 탈 만큼의 산소가 들어 있기 때문에 아마도 이러한 결과가 예측된다. 그래서 많은 수의 양초는 적은 수의 양초보다 가능한 산소를 더 빠르게 태울 것이다. 그러나 더 많은 산소를 태우지 않을 것이다. 따라서 물의 상승은 같다. 가정은 그들이 없어지기 전에 만들어졌다는 것을 주목하라. 많은 양초는 적은 수의 양초보다 많은 산소를 소비하지 않는다. (이론적 근거)

학생들은 실험을 수행하고 결과를 보고한다. 예시 실험의 결과는 타고 있는 촛불의 수가 물의 수준에 영향을 준다는 것을 보여준다(촛불이 많을수록 물의 높이도 높아진다). 따라서 산소 소비 설명은 부정된다. 또한 설명을 반박하는 또 다른 관찰로 물은 촛불이 꺼진 다음에 상승하는 것이지 촛불이 타고 있는 동안이 아니다.

물이 안쪽으로 상승하기 전과 후의 물의 총부피를 측정하는 것을 설명 2, 즉 연소에 의해 물이 생성되는 것을 시험할 수 있다. 만약 이 설명이 옳다면 말의 총부피는 상당히 증가해야 한다.

학생들은 몇 가지 방법으로 이산화탄소가 물에 녹는다는 설명 3을 실험할 수 있다. 한 가지 방법은 일반적인 물과 이산화탄소가 포화된 물이 담긴 용기에서 물이 상승하는 양을 비교하는 것을 포함하는 것이다. 설명은 일반적인 물이 있는 실린더에서 물이 더 높게 상승할 것이라는 예측으로 이어진다. 한 가지 방법은 이산화탄소를 생산하기 위해 드라이아이스(또는 중탄산나트륨과 산)를 사용할 수 있다. 물에서의 용해도를 확인할 수 있다. 이산화탄소와 섞인 물의 pH와 방금 꺼진 촛불 아래 있는 물의 pH와 비교할 수 있다. 또한 설명이 옳다면 드라이아이스의 기체로 가득찬 실린더는 물에 거꾸로 놓였을 때 물의 상승을 야기해야 한다. 하지만 그렇지 않았다.

실린더를 연기를 채우고 물에 거꾸로 놓는 것은 설명 4, 즉 연기가 물을 끌어들인다는 설명을 실험할 수 있다. 설명이 옳다면 물은 상승해야 한다.

나는 설명 5, 즉 이산화탄소가 더 작은 분자여서 여유가 생긴 공간으로 물을 끌어올린다는 설명은 당신이 고안해볼 수 있게 남겨두도록 하겠다.

설명 6, 즉 열이 공기 팽창을 야기한다는 설명은 거품이 실린더 밑바닥에서 빠져나오는 것이 보여야 한다는 예측으로 이어진다(공기가 팽창하는 동안 실린더는 빠르게 덮는다는 가정). 이것은 또한 많은 촛불이 많은 양의 물의 상승을 야기해야 한다는 예측으로 이어진다. 왜냐하면 많은 양초는 많은 공기를 데울 것이고, 많이 탈출할 것이며, 결국 더 많은 물로 대체될 것이다(비록 오랜 시간 연소한 1개의 양초가 짧은 시간 동안 연소한 3개 양초만큼의 에너지를 내놓지만, 1개의 양초는 실린더의 공기 온도를 그만큼 올리지 못할 것이다. 왜냐하면 에너지가 오히려 빨리 낭비되기 때문이다).

처음에 학생들은 설명 7, 즉 스파키가 물을 빨아들이는 가설을 진지하게 받아들이지 않았다. 그래서 그들은 그것에 대한 실험하는 것을 신경 쓰지 않았다. 그러나 나의 주장에 따라 그들은 곧 교외에서 다음의 추론에 기초하여 실험을 수행할 아이디어를 생각해냈다.

> 만약… 스파키가 물을 빨아들여서 물이 상승한다면, (스파키 설명)
> 그리고… 실험이 교외에서 실행된다면, (실험 조건)
> 그러면… 물은 상승하지 않을 것이다. (예측) 왜냐하면 아마도 스파키의 힘은 오직 교내에서만 존재하기 때문이다.
> 그러나… 그들은 물이 교외에서 상승했다고 추정했다. (관찰된 결과)
> 그러므로… 스파키 설명은 제거될 수 있다. (결론)

나는 이 논쟁에 대해 그들이 ASU학생들이기 때문에 스파키가 그들과 함께 교외로 이동한 것이라고 언급한다. 따라서 그는 여전히 물을 상승하게 할 수 있다. 그래서 그들의 실험은 스파키 설명을 전혀 반박하지 못한다. 그러면 학생들은 전화로 ASU학생이 아닌 학생들에게 교외에서 그 실험을 수행하도록 요구하는 실험을 제안했다. 그러면 ASU에 다니지 않는 학생이 물이 상승한다는 것을 찾았을 때 학생들은 스파키 설명이 제거될 수 있다고 결론지을 수 있다. 그러나 그들에게 스파키의 힘이 전화선을 통해 움직일 수 있어서 물은 여전히 상승한다고 말한다. 이때 대부분의 학생들은 기본적으로 스파키에게 끝없이 팽창하는 힘이 주어지게 되는 게임이 실행 중이라는 것을 이해한다. 그리고 스파키의 힘이 한없이 되면 스파키 가설은 더 이상 검증되지 않을 것이다. 따라서 스파키에 대한 지속된 믿음은 신앙의 문제가 되고 증거가 되지 않는다. 다시 말해서 스파키는 종교적 신과 같은 독립체가 되고 과학적 독립체가 아니다(즉 검사할 수 있는). 이 논쟁은 이것은 처음으로 많은 학생들에게 종교와 과학 사이의 근본적인 차이점을 명확히 하기 때문에 중요하다.

5.4 분자운동 이론을 소개하고 적용하기

모든 대안 가설이 실험되고 결과가 논의된 후 당신은 조심스럽게 가장 증거와 일치하는 설명을 명확히 하고 요약해야 한다. 당신은 현재의 현상과 관계된 만큼 기압이라는 용어와 분자운동 이론의 주요 원리를 소개할 수 있다. 또한 이 상황에서 '빨아들임'에 일반적인 오개념에 대해 논해야 한다. 분자운동 이론은 빨아들이기(물을 빨아들이는 힘으로서)가 존재하지 않는다는 것을 함축한다(즉 물은 직관적으로 생성된 것에 의해 빨려지는 것보다 공기 입자의 움직임에 의해 통 속으로 밀려지는 것이지, 존재하지 않는 당기는 힘에 의해서 빨려지는 것은 아니다).

학생들에게 분자운동 이론과 기압의 개념을 새로운 상황에 적용해보도록 하기 위해 각 팀에 하나의 고무관, 주사기, 비커, 물그릇을 제공해라. 비커를 물그릇에 거꾸로 놓고 비커의 입구가 물에 잠긴 상황에서 그것을 물로 채우도록 해라. 일부 학생들은 튜브를 통해 공기를 빼내야 한다는 것을 발견하기 전에 물을 고무관을 통해 비커 안으로 집어넣기 위해 헛수고를 할 것이다. 이제 그들을 빨아 올리기라는 단어를 사용하지 않고 왜 물이 상승했는지를 설명해 보도록 하라.

과제로서 학생들에게 달걀보다 지름이 더 작은 병의 입구에 껍질을 깐 완숙 달걀을 넣을 방법을 찾아오도록 한다. 그들은 달걀이 입구에 놓인 후에 어떤 것으로도 달걀을 건드리지 말아야 한다. 병 속에 있는 적은 양의 물이 데워진 후에 봉인하기 위해 병 입구에 달걀의 작은 쪽 끝을 놓는 것이 필요하다. 달걀은 병 속의 공기가 차가워지면서 더 큰 밖의 기압에 의해 병 안으로 들어가도록 힘을 받을 것이다. 또한 학생들에게 밀크쉐이크를 빨대로 마시도록 하고 그들에게 우유가 어떻게 그들의 입에 들어갔는지 설명하도록 하라.

6. 결론

대안 가설을 생성하고 실험하기 위해 5단계의 이론적 추론을 사용하는 경험을 학생들에게 제공하는 것에 더하여 촛불 연소 수업은 제9장과 제10장에서 설명한 것과 같은 과학의 본성$_{NOS}$의 몇 가지 중요한 요소를 예로 든다(예 : 과학은 자연을 정확하게 묘사하고 설명하려고 한다. 과학의 기초는 대안 가설의 생성과 실험이다. 몇 가지 대안 설명의 생성은 개인이 어떤 특정한 설명에 전념하게 할 가능성이 적은 것과 같이 편파적이지 않은 실험을 하도록 한다. 대안 설명은 가설 예측적 추론의 사용에 의해 실험된다. 과학과 종교는 '앎의 방법'에서 다르다).

비록 수업이 이러한 NOS의 요소들을 소개하고 강화할 수 있다 하더라도, 그들이 일반화를 나타내며 어떻게 참여했든지 간에 촛불 연소 실험과 같은 단발식의 수업에서 오직 표면적으로만 학습될 수 있다. 과학의 본성에 대한 학습과 이론적 추론의 발달에 대해 논증하는 발달 이론과 경험은 다양한 상황 속에서 반복적인 시도가 요구되는 거울에 그리는 학습처럼 장기적 과제이다. 예를 들면, 제10장에서 예비 생물 교사들은 설명된 것처럼 촛불 연소 실험을 경험했다. 그리고 그들은 각 실험된 가설에 따라 필기된 가설-예측성 논쟁을 구성한 실험 보고서를 준비했다. 기대한 것처럼 그들의 제시된 논쟁은 가정된 인과적 매개체가 관찰 가능할 때 가능하다(예 : 가열된 찰흙이 물을 실린더 안으로 방출한다. 가열된 물이 실린더 안으로 팽창한다). 그러나 대부분의 논쟁은 인과적 동인이 관찰 불가능할 때 잘못됐다(예 : 산소 분자가 소비되었다). 잘못된 논쟁, 즉 놓치거나 혼란스러운 요소와 관련된 것, 가설이나 계획된 실험을 따르지 않는 예측에 관련된 것, 대안 가설을 고려하는 데 실패한 것(Lawson, 2002)의 세 가지 종류는 공통적이다. 그러나 긍정적인 면에서 '연령이 높은' 학생들 집단에서 높은 수준의 추론 능력을 발달시키는 것은 아마도 '어린' 집단에서보다 상당히 더 쉽다(예 : Lawson, 1982). 왜냐하면 연령이 높은 학생들은 더 나은 신경학적 성숙을 겪었을 뿐만 아니라 교육적 경험이 풍부하고 넓힐 수 있는 추가적 경험을 가지고 있기 때문이다.

5단계 추론 능력과 자연의 본성에 대한 이해를 발달시키는 문제는 학생들이 종종 마주하게 되는 과학의 본성에 대해 오해하기 쉬운 진술, TV, 과학이 입증되거나 그렇지 않은 신문기사의 주장 등 이러저러한 것뿐만 아니라 과학 교과서의 저자나 교사들에 의해 악화된다. 아마 당신은 교과서 저자가 증가하는 지지 증거와 함께 가설은 이론이 되고, 결국 법칙이 된다는 것을 주장하는 것을 본 적이 있을 것이다. 또는 과학적 방법에 대한 예시를 제공하는 일에 가설과 예측 사이의 중대한 차이점에 대하여 깨닫는 데 실패한다(Gibbs & Lawson, 1992 참조) 어떤 대학생은 틀린 가설에 대하여 들어보지도 못했다. 언급한 것처럼 통계학자들의 틀린 가설은 진짜 가설이 아니다. 대신에 그것은 예측이다. 그것도 틀린 예측이다(예 : 유방 확대 수술을 한 여성과 안 한 여성 사이에 결합조직 질환 발병률에 있어 큰 차이점이 발견되지 않았다). 많은 학생들과 일반 대중들이 종종 혼란에 빠지는 것은 놀랄 일이 아니다. 다른 문제점은 많은 교사들이 매우 많은 내용을 '다루기' 때문에 학생들에게 과학의 본성과 관련된 주제에 대해 의문을 가지고 논의할 시간을 주지 않는다는 것이다. 또한 실험은 종종 '진짜'(학생들에게 진짜는) 탐구를 하는 것보다 강의 주제를 검증하는 기회로 보인다. 비전공 대학 수업에서 이 문제를 해결하는 것을 돕기 위해 우리는 더 이상 강의와 실험을 열심히 설명하려고 하지 않는다. 그래서 학생들이 실험실에서 특별히 어려운 문제에 대답하기 위해 2주 또는 3주의 시간이 필요할 때 그것을 할 시간을 가질 수 있게 한다. 또 다른 성공에 대한 위협은 컴퓨터와 비디오 디스크 플레이어와 같은 첨단 기술 기계가 교육적 환경에 포함되고 있는 현재의 급변하는 상황이다. 이러한 장치들은 유익할지 모르지만 학생들이 대안 가설과 이론들을 생성하고 실험하도록 실제로 직접 해보는, 고도의 집중력과 사고력을 요구하는 탐구를 대체할 수 없다는 한계가 있다. 사실상 우리는 "가르침은 과학적 탐구의 본성과 일치해야 한다."(AAAS, 1989, p. 147)는 것을 제시한 AAAS American Association for the Advancement of Science's의 중심 교수 원리에 집중해야 한다.

　　많은 과학 수업은 다른 문제로 고생한다. 과학 전문가들이 주로 설계했기 때문에 과학 수업은 종종 이미 많이 알고 있는 교사의 관점에서 이해가 되도록 설계되어 탐구 학습자의 관점이 아닐 수도 있다. 따라서 생물과정은 종종 '거시적 관점에서 미시적 관점으로' 접근한다. 그것은 매우 추상적이고 이론적인 원자와 분자 수준에서 시작하며, 오직 뒤에 더 친숙하고, 덜 추상적인 주제를 유기체, 인구, 공동체 수준에서 나타낸다. 일부 최근의 교과서들은 '거시적 관점에서 미시적 관점으로'의 접근을 통해 이러한 문제를 개선하려고 노력한다. 따라서 그들은 큰 생물 군계 수준에서 시작하고 그들의 방식을 생태계, 공통체, 인구, 유기체 등으로 내린다. 그러나 이러한 접근은 또한 탐구와 개념 구성이 친숙하고 '구체적'인 것에서부터 덜 친숙하고 추상적인 것으로 발달한다는 것을 깨닫는 데 실패한다. 학생들은 유기체이지 생물 군계가 아니다. 그리고 학생의 탐구는 유기체 수준에서 시작해야 한다. 그리고 계속적으로 작거나 계속적으로 큰 유기체의 수준으로 이동해야 한다. 사실상 과학의 역사는 탐구의 '자연적' 방법, 지난 과학자들이 취했던 방법, 그리고 현재 학생들이 취할 수 있는 방법(과학적 소양을 이끄는 방법)을 확인하는 측면에서, 즉 과학이 무엇이고 어떻게 하는 것인지를 아는 학생들에게 많은 것을 제공한다.

6.1 교실에서 탐구 수업 평가하기

촛불 연소 실험에서 설명된 교육적 접근은 탐구 수업으로, 때때로 순환학습 수업으로 설명된다. 그리고 지속적으로 학생들의 성취를 향상시키는 것으로 간주된다 (예 : Eakin & Karplus, 1976; Karplus, 1977; Lawson, Abraham & Renner, 1989; Renner & Marek, 1990). 최근 RTOP_{Reformed Teaching Observational Protocol}라고 불리는 교실 관찰 도구가 양적으로 어떤 탐구/순환 학습 수업의 요소가 수업에 들어가 있는지 정도를 평가하기 위해 개발되었다(Piburn, Sawada, Turley, Falconer, Benford, Bloom, & Judson, 2000). RTOP는 25개의 진술로 구성되어 있다(표 3 참조). 각 진술은 0~4점으로 '전혀 떠오르지 않았다'에서 '아주 사실적이다' 단계로 분류되어 있다. 따라서 RTOP 관찰자들에게 개정된/탐구 교육적 수행이 사용되었는지 정도를 반영하여 0~100단계로 수업을 평가하도록 한다. 중요하게 과학과 수학 수업의 다양한 주제에서 측정된 RTOP 점수와 학생 성취(즉 추론 능력, 개념 이해, NOS 이해)는 매우 많이 관련이 있는 것으로 밝혀졌다(예 : Lawson et al., 2002). 다시 말해서 RTOP 점수가 높은 수업에서 학생 성취(즉 교실 평균 점수)는 높은 경향이 있었던 반면, RTOP 점수가 낮은 수업의 평균은 낮은 경향이 있다. 좋은 교수 활동은 학생들의 성취를 향상시킨다.

6.2 과학적 사고가 자연스러운가

매튜스(1994)에 따르면 "… 서부의 과학은 자연적이지 않고, 어린이들이 세상에 마주하거나 그들의 문화에 참여하는 것처럼 무의식적으로 펼쳐지는 것이 아니다"(p. 161). 어느 정도 이론적 상황에서 가설–예측성 추론을 사용할 때 많은 청소년들과 어른들이 겪는 어려움은 이 관점을 지지한다. 이제 이 책의 주요 함의는 적어도 그 근원에는 가설–예측성 추론이 자연적이라는 것이다. 실로 그것은 우리 모두가 학습하는 방법이다. 아마 왜냐하면 진화적 힘(즉 자연선택)은 마음을 이런 방법으로 일에 연결한다. 그러나 초기 단계에서 패턴의 사용이 자동적으로 높은 단계에서 사용될 것이라는 것을 말하지 않는다.

전형적인 과학과 수학 수업에서의 학습 패턴에 어떤 특징이 있는지 궁금할지 모른다. 명백하게 만약 특정한 '사실'이 간단하게 언급된(예 : 간접 세포 분열의 단계는 초기, 중기, 후기, 말기이다. 중간의 산물은 극단의 산물과 같다) 후 실험으로 이 '사실'들을 열거하도록 요구된다면, 학습 패턴은 거의 또는 전혀 사용되지 않는다. 그러나 교수 과제가 학생들의 생각을 생성하고 실험하도록 한다면 그들의 패턴은 상당히

표 3. 개정된 교수 관찰 프로토콜$_{RTOP}$의 항목(Sawada et al., 2000a; 2000b).

수업 설계와 실행

1. 교수 전략과 활동이 학생의 선지식과 그 안에 타고난 선입관을 존중했다.
2. 수업이 학생들을 학습 공동체의 일원으로서 참여하도록 설계되었다.
3. 이 수업에서 학생 탐구는 형식적인 설명에 앞선다.
4. 수업은 학생들이 연구의 대안 가설이나 문제해결 방법을 찾고 평가하도록 한다.
5. 수업의 핵심과 방향은 종종 학생에게서 비롯된 생각에 의해 결정된다.

내용

명제적 지식

6. 수업은 과목의 기초적인 개념을 포함한다.
7. 수업은 충분히 일관성 있는 개념 이해를 조장한다.
8. 교수자는 수업에 내재하는 과목의 내용을 잘 이해하고 있다.
9. 추상의 요소들(즉 상징적 표현, 이론 수립)은 그것이 그렇게 하는 것이 중요할 때 장려된다.
10. 다른 내용 학문과/이나 실제 세계 현상과의 연결이 탐색되고 평가되었다.

절차적 지식

11. 학생들은 현상을 나타내기 위해 다양한 수단(모형, 그림, 그래프, 구체적인 물질, 조작물 등)을 사용했다.
12. 학생들은 예측, 판단 그리고/또는 가설을 만들고 그것들을 실험하기 위해 방법을 궁리했다.
13. 학생들은 적극적으로 종종 절차의 비판적인 평가를 포함하는 사고를 촉진하는 활동에 참여했다.
14. 학생들은 자신의 학습을 반성했다.
15. 지적 엄격함, 건설적인 비판 그리고 생각의 도전이 평가되었다.

교실 문화

의사소통으로의 상호작용

16. 학생들은 다양한 수단과 매체를 사용하여 다른 사람과 그들의 생각에 대한 의사소통에 참여했다.
17. 교수자의 질문은 사고를 발산하는 방법을 촉발한다.
18. 학생 대화의 비율이 높고 학생들 사이에서 많은 대화가 일어난다.
19. 학생의 질문과 의견은 종종 교실 담화의 핵심과 방향을 결정한다.
20. 다른 사람이 한 이야기를 존중하는 분위기가 있다.

학생/교수자 관계

21. 학생들의 활동적인 참여가 격려되고 평가된다.
22. 학생들은 추측, 대안해결 전략, 그리고 증거를 평가하는 방법을 내놓도록 격려받는다.
23. 일반적으로 교수자는 학생들을 충분히 기다려주었다.
24. 교수자는 학생의 연구를 지지하고 향상시키기 위해 노력하는 자료 제공자로서의 역할을 수행했다.
25. 은유 '청자로서의 교수자'는 이 교실의 아주 큰 특징이다.

주 : 각 항목마다 '전혀 일어나지 않았다'부터 '매우 사실적이다'까지 0~4점의 단계별 점수가 매겨진다.

사용될 것이다. 게다가 학생들이 수업시간에 소개된 개념이 선 개념과 반대되는 개념 변화 수업에 마주할 때마다(예 : Wandersee, Mintzes & Novak, 1994) 패턴은 또한 사용된다. 〈그림 2〉에서 보여준 과제와 두 소년 사이의 토론을 생각해보라. 토론에서 변수(무게 또는 부피)는 물의 이동을 결정한다. 불행하게도 대부분의 교수는 좀처럼 가설-예측성 추론을 요구하지 않는다. 따라서 학생들이 과학적 사고의 높은 수준에서 가설-연역적 추론을 사용하는 능력을 향상시키도록 돕기 위해 수업을 수정하는 것은 채워지지 않는 교육적 도전이다. 중요하게도 발달과 학습에 대한 현재의 관점은 이 목표로의 진보는 학생들을 지식 구성 과정에 참여하지 못하게 하거나 그들의 대안 가설과 이론을 실험할 때 물리적 세계에 의해 실행되는 핵심 역할을 무시하거나, 폄하하는 교육적 접근법을 도입하지는 않는다(비록 우리가 이러한 세계가 존재한다는 것을 전적으로 확신할 수 있다 하더라도).

한 가지 마지막 생각으로 이 책은 특정한 조사 연구에 대해 매우 자세한 설명을 포함하고 있다(즉 제3, 4, 6, 7, 8, 10장). 이러한 연구들에서 나온 결론이 책의 중심 논쟁을 발달시키는 데 중요할 뿐만 아니라 그들은 또한 과학과 수학 교육에서 어떻게 가설-예측성 연구가 수행되고 보고되는지에 관한 특정한 예시를 제공한다.

나의 관점에서 볼 때 너무 적은 수의 연구들이 이 가설-예측성 방법으로 설계되고 기록되어 있음이 걱정이다(잘 알려진 행동생태학자들의 관점에 대한 부록 참조). 사실상 나의 관점에서 모든 영역에 걸쳐 결과 진술되어 있기에 걱정이 된다. 따라서 만약 이 책에서 언급된 가설-예측성 접근법이 다른 연구자들의 연구와 집필에 사용된다면 매우 기쁠 것이다.

7. 부록

7.1 과학적 방법과 과학 교수에 대한 활동을 하고 있는 생물학자와의 인터뷰

다음은 존 앨콕John Alcock과의 인터뷰의 전사본이다. 앨콕은 잘 알려진 행동생태학자이고 100편 이상의 연구 논문과 제일 많이 팔린 행동생태학 교과서의 저자이다. 앨콕은 최근 '도슨의 굴 파는 벌, *Amegilla dawsoni* 수컷에서 이분 크기의 유지에 대한 세 가지 대안 가설의 잠정적 폐기'Provisional rejection of Dawson's burrowing bee, Amegilla dawsoni라는 제목의 논문(Alcock, 1996)에서 명백히 대안 가설, 기대된/예측된 결과 그리고 그에 대한 실험을 내놓았다. 과학적 연구법에 대한 견해와 그것이 그의 연구에 대한 접근법과 과학 교수에 어떻게 영향을 주는지에 대해 배우기 위해 앨콕을 인터뷰했다.

당신은 과학을 어떻게 수행합니까? 다시 말하면 당신은 일에 착수하는 일반적인 계획, 전략의 일반적인 세트, 한 연구에서 다음 연구까지 사용하는 일반적인 방법이 있습니까?

네, 주제의 선택에 있어서 저는 오로지 곤충의 짝짓기 행동 연구에 최선을 다하고 있습니다. 기본적인 연구 기법은 일반적인 방법을 사용합니다. 저는 의문을 떠올리기 위해 진화론을 사용합니다. 의문이 생길 때면 선택 이론과 일치하는 가설을 발달시키고, 그것들을 전통의 방식으로 실험합니다.

전통의 방식이란 무엇인가요?

자료를 수집하는 것이 가능한 예측을 만들어내는 것이지요. 그래야 그 예측이 타당한지 실험을 할 수 있으니까요.

한번 자료를 수집하면 당신은 어떻게 타당성을 실험하나요?

예측된 결과와 실제 결과를 맞춰봄으로써 실험합니다.

그것으로부터 어떻게 결론을 이끌어내나요?

저의 경우 결론은 항상 특정 가설을 지지하거나 무효화하는 자료의 형식으로 합니다.

가설을 생성하고 실험하는 그 기술은 얼마나 일반적입니까? 예를 들면, 그것은 당신의 연구 분야로만 제한되나요?

저는 이것이 모든 과학의 기초라고 믿습니다. 이것은 과학적 방법이라고 불리는 것의 핵심입니다.

과학적 방법? 그것이 유일한 것인가요?

저는 인과적 질문을 묻는 것이 기본이 되는 서술적 과학이 있다고 생각합니다. 그리고 모든 사람에게 가장 큰 중요성을 가지고 있는 과학의 종류, 즉 인과적 의문에 응답하는 과학에서 가설-검증 기술이 근본이라고 믿습니다. 설령 다양한 과학적 접근법이 있다고 주장한다 하더라도 어떻게 어떤 연구가 이 특정한 접근법을 사용하지 않았는지 설명하는 사람을 본 적이 없습니다. 또한 그러한 연구도 본 적이 없습니다.

그 방법, 그 사고 과정이 실제로 당신의 연구를 이끌었나요?

매우 그렇습니다.

그 방법이 다른 전문적인 분야, 개인의 삶의 비전문적인 분야까지도 적용될 수 있다고 생각하나요?

확실히 그렇습니다. 윌슨(Wilson, 1998)이 주장했던 것처럼 저는 실제로 사람들이 이 방법을 아주 철저하게 적용한다면 우수한 경제학, 훨씬 우수한 사회학, 훨씬 우수한 여성학자들을 보게 될 것이라고 생각합니다. 가설을 늘어놓고 미리 예측을 통해 생각하기는 엄청나게 유용합니다.

어떻게 그 방법을 사용하게 되었습니까?

지금 단계에서 제 현재의 견고한 견해로 이끈 과정을 재현할 수는 없습니다. 그러나 그것은 제가 학부생들에게 생물을 가르치는 동안 생각한 것과 관련이 있습니다.

당신이 하버드 대학원생이었을 때는 어땠나요? 그때도 그 방법을 사용했었나요?

그때는 제가 무엇을 하고 있는지 확실히 인지하지 못한 상태였고 단지 흉내를 내는 것뿐이었습니다. 말했듯이 과학적 방법은 상식, 논리이고 불명료한 것이 아닙니다. 하지만 저는 자각하지 못하고 있었지요. 제 연구는 직관적이었고, 저는 초기 경력 대부분 직관적이었습니다. 지난 10~15년 전에 비로소 그것을 깨달았습니다. 학부생들을 가르치면서 깨달았던 것인지 정확히 말할 수는 없습니다.

사람들의 연구가 그 방법을 명확하게 사용함으로써 개선될 것이라고 생각합니까?

저는 두 가지 방향으로 향상될 것이라고 생각합니다. 첫째, 연구자들이 찾아야 하는 것이 무엇인지를 더 체계적으로 생각하도록 도울 것이라고 생각합니다. 사람들은 사실을 확인한 후에 대안 가설을 생각하고, 생각을 뒤섞으며 문제를 벗어나려고 노력하는 경향이 있습니다. 실제로 미리 엄격하게 적용되면 그것은 당신의 두통과 노력의 낭비를 막아줄 것입니다. 둘째, 그것은 논문을 쓰는 데 매우 긍정적인 효과가 있을 것입니다. 당신이 하려고 착수한 일을 했다는 것을 독자들이 납득하도록 만들 수 있을 것입니다. 가설, 예측, 결과, 결론의 일련의 형식을 따라 활용한 논문들은 쉽게 이해되는 논문들입니다.

일반적인 대학생들이 이러한 추론 과정, 이러한 방법을 사용하는 것이 어느 정도로 좋을까요?

저는 일반적인 대학생들이 그것에 대한 직관적인 수준 정도의 이해를 가진다고 생각합니다. 주위에서 일어나는 이런저런 일의 원인이 무엇인지 파악하는 것이 생활에 너무나 많기 때문입니다. 그리고 예외는 있겠지만 사람들은 일반적으로 괜찮은 일자리에 종사하게 됩니다. 그러나 분명히 자기 의식적으로 스스로 무엇을 하고 있는지, 논리의 본질이 무엇인지에 대해 평균적인 대학생들은 알지 못합니다.

그들의 이해와 이 방법의 사용을 개선하기 위해 노력하는 것이 중요합니까?

물론입니다. 이것은 제가 생물학 학부과정을 교육하는 기본 목표입니다.

학생들의 추론 및 방법 사용 능력을 향상시키기 위해 어떤 노력을 할 것입니까?

저의 핵심 무기가 시험 문제, 샘플 질문, 퀴즈 질문이라고 말하고 싶습니다. 그래서 학생들이 예측에 반대되는 가설에 라벨을 붙이게 하거나 데이터를 보고 이것은 결론이 아니다, 가설 기각 또는 수용되는 결론과 함께 가설을 테스트하기 위해 모은 실제적 결과이다라고 말하게 할 것입니다.

당신의 수업은 이러한 종류의 추론의 예시를 포함합니까?

그렇습니다. 저는 가설, 예상, 실험, 결론이 모두 포함되도록 수업안을 작성합니다.

그것은 얼마나 성공적이었나요?

학생의 1/3이 성취 기준에 도달했다고 느낍니다. 다른 1/3은 중간 정도 성취를 합니다. 하위 1/3은 명백히 효과가 없습니다.

당신의 수업을 비롯한 여러 일들에서 더 성공적이 되기 위해 무엇이 더 필요합니까?

고등학교들에 이 이슈에 대한 열정을 심을 수 있다면, 만약 그런 일이 벌어진다면 우리는 분명히 앞으로 나아갈 수 있을 것입니다. 우리는 고속도로를 달려 더 먼 지점까지 이동할 수 있을 것입니다. 생물학에는 모든 학생들이 반드시 알아야 하는 주요한 10개의 개념 체계가 있습니다. 그리고 이러한 개념 체계의 기본은 과학적인 방법입니다. 그래서 그것이 최우선 목표가 되어야 하고, 10개의 주요 개념 체계의 이해는 2차적 목표입니다. 모든 다른 소재들은 한 귀로 들어가서 한 귀로 나가는 정보입니다.

그러면 어떤 사람이 대학 입문과정에서 완벽하게 성공적이었다고 할 때, 이는 후속 과정에서 교사들이 이 방법에 대한 것을 잊어도 괜찮다는 것을 의미합니까?

아닙니다. 저는 이것을 새로운 맥락마다 계속 활용하는 것이 매우 유용할 것이라고 생각합니다. 과학이 아닌 다른 학문 분야에서도 과학적 방법이 사용될 미래에 학생들은 그들이 과학 수업 시간에 배웠던, 그리고 인문학 수업 시간에서도 사용할 수 있는(거꾸로 인문학 수업에서 배운 것을 과학 수업에 사용할 수 있는) 아름다운 결과들과 함께 교실에서 교실로 옮겨갈 것입니다. 타당한 발견과 결론이 만들어지는 방법을 이해하는 것은 교육을 받은 사람에게 매우 흥미로울 것입니다.

더욱 추가하고 싶은 것이 있습니까?

네. 이 논의에서 빠진 요소는 이 정보를 흡수할 수 있는 학생의 내적인 사회적·정서적 맥락들이 될 것입니다. 왜 이것이 이렇게 흥미로운지 이유를 알 수는 없지만, 매우 흥미롭습니다. 저는 논문을 읽고, 어떤 과정이 있었는지, 어떻게 결과가 구성되는지 알아내는 것에 사로잡힌다는 것을 알게 되었습니다. 그러나 저의 이런 열정은 대부분의 학부생들과 공유되지 못했습니다. 따라서 그들을 여기에 참여하도록 만드는 다른 묘안이 필요합니다.

참고문헌

Abd-El-Khalick, F. (1999). The influence of history of science courses on students' conceptions of the nature of science. Unpublished doctoral dissertation. Oregon State University, Corvallis, OR.

Adey, P., Shayer, M. & Yates, C. (1989). *Thinking Science: Classroom Activities in Secondary Science*. Surrey, England: Thomas Nelson and Sons.

Ahn, S. (1995). *The Effects of Mental Capacity and Size of Chunk of Problem Solver and Mental Demand of Problem on Science Problem Solving*. Unpublished Doctoral Dissertation. Cheongwon, Chungbuk: Korea National University of Education.

Albus, J.S. (1981). *Brains, Behavior, and Robotics*. Peterborough, NH: BYTE Books.

Alcock, J. (1996). Provisional rejection of three alternative hypotheses on the maintenance of a size dichotomy in males of Dawson's burrowing bee, *Amegilla dawsoni* (Apidae, Apinae, Anthphorine). *Behavioral Biology and Sociobiology*, 39, 181-188.

Ambrose, A. & Lazerowitz, M. (1948). *Fundamentals of Symbolic Logic*. New York: Rinehart & Company, Inc.

American Association for the Advancement of Science. (1928). On the place of science education. *School Science and Mathematics*, 28, 640-664.

American Association for the Advancement of Science. (1989). *Science For All Americans*. Washington, DC: Author.

American Association for the Advancement of Science. (1990). *The Liberal Art of Science*. Washington, DC: Author.

Amsler, M. (1987). *Creativity and the Imagination*. Newark: University of Delaware Press.

Andersen, R.A. (1987). Inferior parietal lobule function in spatial perception and visuomotor integration. In F. Plum (Vol. Ed.), & V.B. Mountcastle (Sec. Ed.), *Handbook of Physiology, Section 1: The Nervous System, Volume 5: Higher Functions of the Brain*. Bethesda, MD: American Physiological Society.

Anderson, J.R. (1980). *Cognitive Psychology and Its Implications*. San Francisco, USA: Freeman.

Anderson, J.R. (1983). *The Architecture of Cognition*. Cambridge, MA: Harvard University Press.

Angell, M. (1996). Evaluating the health risks of breast implants: The interplay of medical science, the law, and public opinion. *The New England Journal of Medicine*, 334(23), 1513-1518.

Arlin, P.K. (1975). Cognitive development in a adulthood: A fifth stage? *Developmental Psychology*, 11, 602-606.

Ausubel, D.P. (1963). *The Psychology of Meaningful Verbal Learning*. New York: Grune & Stratton.

Ausubel, D.P., Novak, J.D. & Hanesian, H. (1978). *Educational Psychology: A Cognitive View*. (2nd Ed.). New York: Holt, Rinehart and Winston.

Bacon, F. (1900). *Advancement of Learning and Novum Organum* (Revised ed.). New York: The Colonial Press.

Baddeley, A. (1995). Working memory. In M.S. Gazzaniga (Ed.), *The Cognitive*

Baker, J.J.W. & Allen, G.E. (1977). *The Study of Biology* (3rd Ed.). Menlo Park, CA: Addison-Wesley.

Baker, S.C., Rogers, R.D., Owen, A.M., Frith, C.D., Dolan, R.J., Frackowaik, R.S.J. & Robbins, T.W. (1996). Neural systems engaged by planning: A PET study of the Tower of London task. *Neuropsychologia*, 34(6), 515-526.

Baker, W.P. (1994). *Analogic Instruction, Reasoning Level, and Achievement in College Genetics.* Unpublished Doctoral Dissertation. Tempe, AZ: Arizona State University.

Baker, W.P. & Lawson, A.E. (2001). Complex instructional analogies and theoretical concept acquisition in college genetics. *Science Education,* 85, 665-683.

Bauer, R.H. & Fuster, J.M. (1976). Delayed-matching and delayed-response deficit from cooling dorsolateral prefrontal cortex in monkeys. *Journal of Comprehensive Physiology and Psychology,* 90(3), 293-302.

Bell, R.L., Lederman, N.G. & Abd-El-Khalick, F. (1998). Implicit versus explicit nature of science instruction: An explicit response to Palmquist and Finley. *Journal of Research in Science Teaching,* 35(9), 1057-1061.

Beveridge, W.I.B. (1950). *The Art of Scientific Investigation.* London: Heinemann.

Biela, A. (1993). *Psychology of Analogical Inference.* Stuttgart, Germany: Hirzel Verlag.

Billeh, V.Y. & Hasan, O.E. (1975). Factors influencing teachers' gain in understanding the nature of science. *Journal of Research in Science Teaching,* 12(3), 209-219.

Biological Science Curriculum Studies. (1992). *Science & Technology: Investigating Human Dimensions.* Dubuque, Iowa: Kendall/Hunt.

Bisanz, J., Bisanz, G.L. & Korpan, C.A. (1994). *Inductive Reasoning.* In, Sternberg, R.J. (Ed.). *Thinking and Problem Solving.* San Diego: Academic Press.

Black, F.W. & Sturb, R.L. (1976). Constructional apraxia in patients with discrete missile wounds of the brain. *Cortex,* 12, 212-220.

Blinkov, S. M. & Glezer, I. I. (1968). *The Human Brain in Figures and Tables.* New York: Plenum.

Bloom, B.S. (Ed.). (1956). *Taxonomy of Educational Objectives: Cognitive Domain.* New York: Longmans, Green and Co.

Boden, M.A. (1994). What is creativity? In Boden, M.A. (Ed.), *Dimensions of Creativity.* Cambridge, MA: The MIT press.

Botton, C. & Brown, C. (1998). The reliability of some VOSTS items when used with preservice secondary science teachers in England. *Journal of Research in Science Teaching,* 35(1), 53-71.

Bringuier, J. (1980). *Conversations with Jean Piaget.* Chicago: University of Chicago Press.

Brown, D.E. & Clement, J. (1989). Overcoming misconceptions via analogical reasoning: Abstract transfer versus explanatory model construction. *Instructional Science,* 18, 237-261

Bruner, J.S. (1962). *On Knowing: Essays for the Left Hand.* Cambridge: Belknap Press., Harvard University Press.

Bruner, J.S. (1963). *The Process of Education.* Cambridge, MA: The Harvard University Press.

Bruner, J.S. & Kenney, H.J. (1970). Representation and mathematics learning. In W. Kessen & C. Kuhlman [Eds.], *Cognitive Development in Children.* Chicago: University of Chicago Press.

Burmester, M.A. (1952). Behavior involved in critical aspects of scientific thinking. *Science Education,* 36(5), 259-263.

Campbell, D.T. & Stanley. J.C. (1966). *Experimental and quazi-experimental designs for research.* Chicago: Rand McNally.

Carey, R.L. & Stauss, N.G. (1969). An analysis of the relationship between prospective teachers' understanding of the nature of science and certain academic variables. *Bulletin of the Georgia Academy of Science,* 27(3) 148-158.

Carey, R.L. & Stauss, N.G. (1970). An analysis of experienced science teachers' understanding of the nature of science. *School Science and Mathematics,* 70(5), 366-376.

Carey, S.S. (1998). A Beginner's Guide to Scientific Method. (2nd ed.). Belmont, CA: Wadsworth.

Castro, E.A. & Fernandez, F.M. (1987). Intellectual development beyond formal operations. *International Journal of Science Education*, 9(4), 441-447.

Cavallo, A.M.L. (1996). Meaningful learning, reasoning ability, and students' understanding and problem solving of topics in genetics. *Journal of Research in Science Teaching*, 33, 625-656.

Chamberlain, T.C. (1965). The method of multiple working hypotheses. *Science*, 148, 754-759. (Original work published 1897)

Chelune, G.J. & Baer, R.A. (1986). Developmental norms for the Wisconsin Card Sorting Test. *Journal of Clinical and Experimental Neuropsychology*, 8, 219-228.

Choi, B. & Hur, M. (1987). Relationships between the cognitive levels of students and understanding of concrete and formal science context. *Journal of the Korean Association for Research in Science Education*, 7(1), 19-32.

Cicerone, K.D., Lazar, R.D. & Shapiro, W.R. (1983). Effects of frontal lobe lesions on hypothesis sampling during concept formation. *Neuropsychologia*, 21(5), 513-524.

Clausen, J., Keck, D. & Hiesey, W. (1948). *Carnegie Institute Washington Publication 581*.

Clement, J. (1989). Learning via model construction and criticism. In G. Glover, R. Ronning, & C. Reynolds (Eds.), *Handbook of creativity: Assessment, theory and research* (pp. 341-381). New York: Plenum.

Cohen, M.R. & Nagel, E. (1934). *An Introduction to Logic and Scientific Method*. London: Routledge and Kegan Paul.

Cole, M. & Cole, S.R. (1989). *The Development of Children*. New York: Scientific American Books, W.H. Freeman & Co.

Commons, M.L. & Miller, P.M. (1997). A theory of conceptual intelligence: Thinking, learning, creativity, and giftedness. *Contemporary Psychology*, 42(11), 981-982.

Commons, M.L., Richards, F.A. & Armon, C. (Eds.). (1984). *Beyond Formal Operations: Late Adolescent Cognitive Development*. New York: Praeger.

Commons, M.L., Trudeau, E.J., Stein, S.A., Richards, F.A. & Krause, S.R. (1998). Hierarchical complexity of tasks shows the existence of developmental stages. *Developmental Review*, 18(3), 237-278.

Damasio, A.R. (1994). *Descartes' Error: Emotion, Reasoning, and the Human Brain*. New York: G.P. Putnam.

Daniel, P.M. & Whitteridge, D. (1961). The representation of the visual field on the cerebral cortex in monkeys. *Journal of Physiology*, 159, 203-221.

Darwin, C. (1898). *The Origin of Species by Means of Natural Selection*. New York: Appleton (6th Ed.).

De Kruif, P. (1926). *Microbe Hunters*. New York: Harcourt Brace.

De Ribaupierre, A. & Pascual-Leone, J. (1979). Formal operation and M-power: A neo-Piagetian investigation, *New Directions for Child Development*, 5(1), 1-43.

Dempster, F.N. (1992). The rise and fall of the inhibitory mechanism: Toward a unified theory of cognitive development and aging. *Developmental Review*, 12, 45-75.

Desimone, R. & Ungerleider, L.G. (1989). Neural mechanisms of visual processing in monkeys. In H. Goodglass & A.R. Damasio (Eds.), *Handbook of Neuropsychology*. New York: Elsevier.

Desimone, R., Albright, T.D., Gross, C.G. & Bruce, C.J. (1984). Simultaneous selective properties of inferior temporal neurons in the macaque. *Journal of Neuroscience*, 4, 2051-2062.

Diamond, A. (1990). The Development and Neural Bases of Inhibitory Control in Reaching in Human Infants and Infant Monkeys. In A. Diamond (Ed.), *The Development and Neural Basis of Higher Cognitive Functions*. New York: Academy of Sciences.

Dominowski, R.L. & Dallob, P. (1995). Insight and problem solving. In R.J. Sternberg & J.E. Davidson (Eds.), *The Nature of Insight*. Cambridge, MA: MIT Press.

Dreistadt, R. (1968). An analysis of the use of analogies and metaphors in science. *Journal of Psychology*, 68, 97-116.

Driver, R. Asoko, H., Leach, J., Mortimer, E. & Scott, P. (1994). Constructing Scientific Knowledge in the Classroom, *Educational Researcher* 23, 5-12.

Duit, R. (1990). On the role of analogies, similes and metaphors in learning science. Paper presented at the Annual Meeting of the American Educational Research Association, Atlanta, April.

Dumsha, T.C., Minard, J. & McWilliams, J. K. (1973). Comparison of two self-administered field dependency measures. *Perceptual and Motor Skills*, 36(1), 252-254.

Dunbar, K. (1993). Concept discovery in a scientific domain. *Cognitive Science*, 17, 397-434.

Dupin, J.J. (1989). Analogies and "modeling analogies" in teaching: Some analogies in basic electricity. *Science Education*, 73, 207-224.

Eakin, J. R. & Karplus, R. (1976). *Science Curriculum Improvement Study (SCIS) Final Report*. Berkeley, CA: Regents of the University of California.

Educational Policies Commission. (1961). *The Central Purpose of American Education*. Washington, DC: National Education Association.

Educational Policies Commission. (1966). *Education and the Spirit of Science*. Washington, DC: National Education Association.

Elementary Science Study. (1974). *Gases and Airs: Teachers' Guide*. New York: McGraw Hill.

Elementary Science Study. (1974). Teachers' Guide for *Attribute Games and Problems*. New York: McGraw-Hill.

Elfin, J.T. Glennan, S. & Reisch, G. (1999). The nature of science: A perspective from the philosophy of science. *Journal of Research in Science Teaching*, 36(1), 107-116.

Epstein, H.T. (1974a). Phrenoblysis: Special brain and mind growth periods. I. Human brain and skull development. *Developmental Psychology*, 7(3), 207-216.

Epstein, H.T. (1974b). Phrenoblysis: Special brain and mind growth periods. I. Human mental development. *Developmental Psychology*, 7(3), 217-224.

Epstein, H.T. (1978). Growth spurts during brain development: Implications for educational policy and practice. In J.S. Chall & A.F. Mirsky (Eds.), *Education and The Brain: The Seventy-seventh Yearbook of the National Society for the Study of Education* (pp. 343-370). Chicago: The University of Chicago Press.

Epstein, H.T. (1986). Stage in human brain development. *Developmental Brain Research*, 30, 114-119.

Epstein, H.T., Toepfer, Jr. & C.F. (May, 1978). A neuroscience basis for middle grades education. *Educational Leadership*, 656-660.

Eysenck, H.J. (1994). The Measurement of Creativity, in M.A. Boden (Ed.), *Dimensions of Creativity*. Cambridge, MA: The MIT Press.

Farah, M.J. (1990). *Visual Agnosia: Disorders of Object Recognition and What They Tell Us About Normal Vision*. Cambridge, MA: MIT Press.

Fauconnier, G. & Turner, M. (2002). *The Way We Think: Conceptual Blending and the Mind's Hidden*

Complexities. New York: Basic Books.

Feynman, R. (1965). *The Character of Physical Law*. Cambridge, MA: MIT Press.

Finke, R.A., Ward, T.B. & Smith, S.M. (1992). *Creative Cognition: Theory, Research and Applications*. Cambridge, MA: MIT Press.

Flick, L. (1991). Where concepts meet percepts: Stimulating analogical thought in children. *Science Education*, 75, 215-230.

Fosnot, C.T. (1996). Constructivism: A psychological theory of learning. In C.T. Fosnot (Ed.). *Constructivism: Theory, Perspectives, and Practice*. New York: Teacher's College Press.

Fosnot, C.T. (Ed.). (1996). *Constructivism: Theory, Perspectives, and Practice*. New York: Teachers College Press.

Friedel, A.W., Gabel, D.L. & Samuel, J. (1990). Using analogues for chemistry problem solving: Does it increase understanding? *School Science & Mathematics*, 90, 674-682.

Friedman, H.R. & Goldman-Rakic, P.S. (1994). Coactivation of prefrontal cortex and inferior parietal cortex in working memory tasks revealed by 2DG functional mapping in the rhesus monkey. *Journal of Neuroscience*, 14, 2775-2788.

Funster, J.M. (1989). *The Prefrontal Cortex: Anatomy, Physiology, and Neuropsychology of the Frontal Lobe*. (2nd ed.). New York: Raven Press.

Fuster, J.M. (1973). Unit activity in prefrontal cortex during delayed-response performance: Neuronal correlates of transient memory. *Journal of Neurophysiology*, 36(1), 61-78.

Fuster, J.M. (1989). *The Prefrontal Cortex: Physiology and Neuropsychology of the Frontal Lobe (2nd ed.)*. New York: Raven Press.

Futuyma, D.J. (1979). *Evolutionary Biology*. Sunderland, Mass.: Sinauer.

Gabel, D.L. & Samuel, K.V. (1986). High school students' ability to solve molarity problems and their analogue counterparts. *Journal of Research in Science Teaching*, 23, 165-176.

Gabriel, S.E., O'Fallon, W.M., Kurland, L.T., Beard, C.M., Woods, J.E. & Melton, I.I. (1994). Risk of connective-tissue disease and other disorders after breast implantation. *New England Journal of Medicine*, 330, 1697-1702.

Galilei, G., (1610). *The Sidereal Messenger*. In, Shapley, H., Rapport, S. & Wright, H. (Eds.), (1954). *A Treasury of Science*. New York: Harper & Brothers.

Gardner, H. (1994). The Creator's Patterns. In M. A. Boden (Ed.), *Dimensions of Creativity*. Cambridge, MA: The MIT Press.

Gazzaniga, M.S., Ivry, R.B. & Mangun, G.R. (1998). *Cognitive Neuroscience: The Biology of the Mind*. New York: Norton.

Gentner, D. (1989). The mechanisms of analogical learning. In S. Vosniadou & A. Ortony (Eds.), *Similarity and Analogical Reasoning*. Cambridge: Cambridge University Press.

Germann, P.J. (1994). Testing a model of science process skills acquisition: An interaction with parents' education, preferred language, gender, science attitude, cognitive development, academic ability, and biology knowledge. *Journal of Research in Science Teaching*, 31(7), 749-783.

Gesell, A. (1940). *The First Five Years of Life*. New York: Harper.

Gibbs, A. & Lawson, A.E. (1992). The nature of scientific thinking as reflected by the work of biologists and biology textbooks. *The American Biology Teacher*, 54 (3), 137-152.

Giere, R.N. (1997). *Understanding Scientific Reasoning*. (4th ed.). New York: Harcourt Brace.

Gilbert, S.W. (1989). An evaluation of the use of analogy, simile, and metaphor in science texts. *Journal of Research in Science Teaching*, 26, 315-327.

Globerson, T. (1983). Mental capacity and cognitive functioning: Developmental and social class differences. *Developmental Psychology*, 19(2), 225-230.

Globerson, T. (1985). Field dependence/independence and mental capacity: A developmental approach. *Developmental Review*, 5, 261-273.

Goldman-Rakic, P.S. (1990). The prefrontal contribution to working memory and conscious experience. *Experimental Brain Research*, 79(3), 445-456.

Goldman-Rakic, P.S. & Friedman, H.R. (1991). The circuitry of working memory revealed by anatomy and metabolic imaging. In H.S. Levin, H.M.

Goleman, D. (1995). *Emotional Intelligence*. New York: Bantam Books.

Goudge, T.A. (1950). *The Thought of C.S. Peirce*. Toronto: University of Toronto Press.

Green, J.C. (1958). *The Death of Adam*. Ames: Iowa State University Press.

Gregory, R.L. (1970). *The Intelligent Eye*. New York: McGraw-Hill.

Grossberg, S. (1982). *Studies of Mind and Brain*. Dordrecht, Holland: D. Reidel.

Grossman, S.P. (1967). *A Textbook of Physiological Psychology*. New York: Wiley.

Guilford, J.P. (1936). The determination of item difficulty when chance success is a factor. *Psychometrika*, 1, 259-264.

Halpern, D.F., Hansen, C. & Riefo, D. (1990). Analogies as an aid to understanding and memory. *Journal of Educational Psychology*, 82, 298-305.

Hanson, N.R. (1958). *Patterns of Discovery*. London: Cambridge University Press.

Harre, R. (1986). *Varieties of Realism: A Rationale for the Natural Sciences*. Oxford, UK: Basil Blackwell.

Hauser, M.D. (2000). What do animals think about numbers? *American Scientist*, 88, 144-151.

Haxby, J.V., Grady, C.L., Horowitz, B., Ungerleider, L. G, Miskin, M., Carson, R.E., Herscovitch, P., Schapiro, M.B. & Rapoport, S.I. (1991). Dissociation of object and spatial visual processing pathways in human extrastriate cortex. *Proceedings of the National Academy of Sciences of the United States of America*, 88, 1621-1625.

Heaton, R.K., Chelune, G.J. Tally, J.L., Kay, G.G. & Curtiss, G. (1993). *Wisconsin Card Sorting Test Manual: Revised and Expanded*. Psychological Assessment Resources, Inc.

Heaton, R.K. (1981). *Wisconsin Card Sorting Test Manual*. Odessa, Fl.: Psychological Assessment Resources.

Hebb, D.O. (1949). *The Organization of Behavior*. New York: John Wiley and Sons.

Hempel, C. (1966). *Philosophy of Natural Science*. Upper Saddle River, NJ: Prentice-Hall.

Heppner, F., Hammon, C., Kass-Simon, G. & Kruger, W. (1990). A de facto standardized curriculum in US college biology and zoology. *Bioscience*, 40(2), 130-134.

Hestenes, D. (1992). Modeling games in a Newtonian world. *American Journal of Physics*, 55, 440-454.

Hoffman, R.R. (1980). Metaphor in science. In P.R. Honeck & R.R. Hoffman (Eds.), *The Psycholinguistics of Figurative Language*. Hillsdale, NJ: Erlbaum.

Hofstadter, D.R. (1981). Metamagical themas: How might analogy, the core of human thinking, be understood by computers? *Scientific American*, 249, 18-29.

Hofstadter, D.R. (1995). *Fluid Concepts and Creative Analogies: Computer Models of the Fundamental Mechanisms of Thought*. New York: Basic Books.

Holland, J.H., Holyoak, K.J., Nisbett, R.E. & Thagard, P.R. (1986). *Induction: Processes of*

Inference, Learning, and Discovery. Cambridge, MA: MIT Press. (see especially Chapter 11)

Holton, G. & Roller, D.H.D. (1958). *Foundations of Modern Physical Science.* Reading, MA: Addison-Wesley.

Hudspeth, W.J. & Pribram, K.H. (1990). Stages of brain and cognitive maturation. *Journal of Educational Psychology,* 82(4), 881-884.

Hurst, R.W. & Milkent, M.M. (1996). Facilitating successful problem solving in biology through application of skill theory. *Journal of Research in Science Teaching,* 33(5), 541-552.

Hwang, A.S. (1996). Positivist and constructivist persuasions in instructional development. *Instructional Science,* 24, 343-356.

Hwang, K., Park, I. & Kim, T. (1989). A study on scientific thinking of Korean high school students. *Journal of the Korean Association for Research in Science Education,* 9(1), 19-37.

Inhelder, B. & Piaget, J. (1958). *The Growth of Logical Thinking From Childhood to Adolescence.* New York: Basic Books.

Jardine, D.W. & Morgan, G.A.V. (1987). Analogy as a model for the development of representational abilities in children. *Educational Theory,* 37, 209-217.

Jeon, Y. & Jang, H. (1995). *The Group Embedded Figure Test.* Seoul, Korea: Korean Testing Center.

Jevons, F.R. (1969). *The Teaching of Science.* London: George Allen and Unwin Ltd.

Johnson, M. (1987). *The Body in the Mind.* Chicago: University of Chicago Press.

Johnson, M.A. & Lawson, A.E. (1998). What are the relative effects of reasoning ability and prior knowledge on biology achievement in expository and inquiry classes? *Journal of Research in Science Teaching,* 35(1), 89-103.

Johnson-Laird, P.N. (1983). *Mental Models.* Cambridge, MA: Harvard University Press.

Johnson-Laird, P.N. (1993). *Human and Machine Thinking.* Hillsdale, NJ: Erlbaum.

Karplus, R. (1974). The learning cycle. In *The SCIS Teacher's Handbook.* Berkeley, CA: Regents of the University of California.

Karplus, R. (1977). Science teaching and the development of reasoning. *Journal of Research in Science Teaching,* 14(2), 169-175.

Karplus, R. & Lavatelli, C. (1969). *The Developmental Theory of Piaget: Conservation.* San Francisco: Davidson Film Producers.

Karplus, R. & Thier, H.D. (1967). *A New Look at Elementary School Science.* Chicago: Rand McNally.

Keys, C.W. (1994). The development of scientific reasoning skills in conjunction with collaborative assignments: An interpretive study of six ninth-grade students. *Journal of Research in Science Teaching,* 31(9), 1003-1022.

Kim, J. & Kwon, J. (1994). An analysis of the momentum effect by students cognitive characteristics. *Journal of the Korean Association for Research in Science Education,* 14(1), 70-84.

Kimball, M.E. (1967). Understanding the nature of science: A comparison of scientists and science teachers. *Journal of Research in Science Teaching,* 5(2), 110-120.

Klahr, D. (2000). *Exploring Science: The Cognition and Development of Discovery Processes.* Cambridge, MA: The MIT Press.

Klauer, K.J. (1989). Teaching for analogical transfer as a means of improving problem solving, thinking and learning. *Instructional Science,* 18, 179-192.

Knight, R. & Grabowecky, M. (1995). Escape from linear time: Prefrontal cortex and conscious experience. In M.S. Gazzaniga (Ed.), *The Cognitive Neuroscience,* (pp. 1357-1371). Cambridge, MA: MIT Press.

Koestler, A. (1964). *The Act of Creation*. London: Arkana Penguin Books.

Korthagen, F. & Lagerwerf, B. (1995). Levels in learning. *Journal of Research in Science Teaching*, 32(10), 1011-1038.

Kosslyn, S.M. & Koenig, O. (1995). *Wet Mind: The New Cognitive Neuroscience*. New York: The Free Press.

Kral, E.A. (1997). Scientific reasoning in a high school English course. *Skeptical Inquirer*, 21(3), 34-39.

Kramer, D.A. (1983). Post-formal operations? A need for further conceptualization. *Human Development*, **26**, 91-105.

Krikorian, R., Bartok, J. & Gay, N. (1994). Tower of London procedure: A standard method and developmental data. *Journal of Clinical and Experimental Neuropsychology*, 16(6), 840-850.

Kuhn, D. (1989). Children and adults as intuitive scientists. *Psychological Review*, 96(4), 674-689.

Kwon, Y.J. (1997). Linking prefrontal lobe functions with reasoning and conceptual change. Unpublished doctoral dissertation. Arizona State University.

Kwon, Y.J. & Lawson, A.E. (2000). Linking brain growth with the development of scientific reasoning ability and conceptual change during adolescence. *Journal of Research in Science Teaching*, 37(1), 44-62.

Latour, B. & Woolgar, S. (1979). *Laboratory Life: The Construction of Scientific Facts*. London: Sage.

Latour, B. & Woolgar, S. (1986). *Laboratory Life: The Construction of Scientific Facts* (2nd Ed.). London: Sage.

Lavach, J.F. (1969). Organization and evaluation of an inservice program in the history of science. *Journal of Research in Science Teaching*, 6, 166-170.

Lawson, A.E. (1978). The development and validation of a classroom test of formal reasoning. *Journal of Research in Science Teaching*, 15(1), 11-24.

Lawson, A.E. (1979). Relationships among performances on group-administered items of formal reasoning. *Perceptual and Motor Skills*, 48, 71-78.

Lawson, A.E. (1980a). The relationship among levels of intellectual development, cognitive style and grades in a college biology course. *Science Education*, 64(1), 95-102.

Lawson, A.E. (1980b). Reply to: Concurrent validity in tests of Piagetian developmental levels. *Journal of Research in Science Teaching*, 17(4), 349-350.

Lawson, A.E. (1982a). The reality of general cognitive operations. *Science Education*, 66(2), 229-241.

Lawson, A.E. (1982b). The relative responsiveness of concrete operational seventh grade and college students to instruction in formal reasoning. *Journal of Research in Science Teaching*, 19(1), 63-78.

Lawson, A.E. (1983). Predicting science achievement: The role of developmental level, disembedding ability, mental capacity, prior knowledge and beliefs. *Journal of Research in Science Teaching*, 20(2), 117-129.

Lawson, A.E. (1987a). The four-card problem resolved? Formal operational reasoning and reasoning to a contradiction. *Journal of Research in Science Teaching*, 24(10), 953-970.

Lawson, A.E. (1987b). *Classroom test of scientific reasoning: Revised pencil-paper edition*. Tempe: Arizona State University.

Lawson, A.E. (1990). The use of reasoning to a contradiction in grades three to college. *Journal of Research in Science Teaching*, 27(6), 541-552.

Lawson, A.E. (1995). *Science Teaching and the Development of Thinking*. Belmont, CA.: Wadsworth.

Lawson, A.E. (1999). What should students learn about the nature of science and how should we teach it? *Journal of College Science Teaching*, 28(6), 401-411.

Lawson, A.E. (2000). How do humans acquire knowledge? And what does that imply about the nature of knowledge? *Science & Education*, 9, 577-598.

Lawson, A.E., Alkhoury, S., Benford, R., Clark, B. & Falconer, K.A. (2000). What kinds of scientific concepts exist? Concept construction and intellectual development in college biology. *Journal of Research in Science Teaching*, 37, 996-1018.

Lawson, A.E., Baker, W.P., DiDonato, L., Verdi, M.P. & Johnson, M.A. (1993). The role of physical analogies of molecular interactions and hypothetico-deductive reasoning in conceptual change. *Journal of Research in Science Teaching*, 30(9), 1073-1086.

Lawson, A.E. & Bealer, J.M. (1984). The acquisition of basic quantitative reasoning skills during adolescence: Learning or development? *Journal of Research in Science Teaching*, 21(4), 417-423.

Lawson, A.E., Bloom, I., Falconer, K., Hestenes, D., Judson, E., Piburn, M.D., Sawada, D., Turley, J. & Wyckoff, S. (2002). Evaluating College Science and Mathematics Instruction. *Journal of College Science Teaching*. 31(6), 388-393.

Lawson, A.E., Carlson, E., Sullivan, F., Wilcox, R. S. & Wollman, W.T. (1976). *Biology Teaching and Development of Reasoning*. Berkeley, CA: Regents of the University of California.

Lawson, A.E., Clark, B. Cramer-Meldrum, E., Falconer, K.A., Sequist, J.M. & Kwon, Y.J. (2000). The development of scientific reasoning in college biology: Do two levels of general hypothesis-testing skills exist? *Journal of Research in Science Teaching*, 37(1), 81-101.

Lawson, A.E., Drake, N., Johnson, J., Kwon, Y.J. & Scarpone, C. (2000) How good are students at testing alternative explanations involving unseen entities? *The American Biology Teacher*, 62(4), 246-252.

Lawson, A.E., Karplus, R. & Adi, H. (1978). The acquisition of propositional logic and formal operational schemata during the secondary school years. *Journal of Research in Science Teaching*, 15(6), 465-478.

Lawson, A.E. & Lawson, C.A. (1979). A theory of teaching for conceptual understanding, rational thought and creativity. In A.E. Lawson (Ed.), *The Psychology of Teaching for Thinking and Creativity*. AETS Yearbook. Columbus, OH: ERIC/SMEAC.

Lawson, A.E., McElrath, C.B., Burton, M.S., James, B.D., Doyle, R.P., Woodward, S.L., Kellerman, L. & Snyder, J.D. (1991). Hypothetico-deductive reasoning and concept acquisition: Testing a constructivist hypothesis. *Journal of Research in Science Teaching*, 28(10), 953-970.

Lawson, A.E., Nordland, F.H. & DeVito, A. (1974). Piagetian formal operational tasks: A crossover study of learning effect and reliability. *Science Education*, 58(2), 267-276.

Lawson, A.E. & Renner, J.W. (1975). Relationships of concrete and formal operational science subject matter and the developmental level of the learner. *Journal of Research in Science Teaching*, 12(4), 347-358.

Lawson, A.E. & Thompson, L.D. (1988). Formal reasoning ability and misconceptions concerning genetics and natural selection. *Journal of Research in Science Teaching*, 25(9), 733-746.

Lawson, A.E. & Weser, J. (1990). The rejection of nonscientific beliefs about life: The effects of instruction and reasoning skills. *Journal of Research in Science Teaching*, 27(6), 589-606.

Lawson, A.E. & Wollman, W.T. (1976). Encouraging the transition from concrete to formal cognitive functioning - an experiment. *Journal of Research in Science Teaching*, 13(5), 413-430.

Lawson, A.E. & Worsnop, W.A. (1992). Learning about evolution and rejecting a belief in special creation: Effects of reflective reasoning skill, prior knowledge, prior beliefs and religious commitment. *Journal of Research in Science Teaching*, 29 (2), 143-166.

Lawson, C.A. (1958). *Language, Thought and the Human Mind*. East Lansing: Michigan State University Press.

Lawson, C.A. (1967). *Brain Mechanisms and Human Learning*. Boston: Houghton Mifflin.

Lederman, N.G. (1983). Delineating classroom variables related to students' conceptions of the nature of science. *Dissertation Abstracts International*, 45, 483A. (University Microfilms No. 84-10, 728).

Lederman, N.G. (1992). Students' and teachers' understanding of the nature of science: A review of research. *Journal of Research in Science Teaching*, 29(4), 331-359.

Lederman, N.G., Wade, P.D. & Bell, R.L. (1998). Assessing the nature of science: What is the nature of our assessments? *Science & Education*, 7, 595-615.

LeDoux, J. (1996). *The Emotional Brain*. New York: Touchstone.

Levine, D.S. & Prueitt, P.S. (1989). Modeling some effects of frontal lobe damage: Novelty and perserveration. *Neural Networks*, 2, 103-116.

Lewis, R.W. (1980). Evolution: A system of theories. *Perspectives in Biology and Medicine*, Summer, 551-572.

Lewis, R.W. (1988). Biology: A hypothetico-deductive science. *The American Biology Teacher*, 50(6), 362-367.

Luria, A.R. (1961). *The Role of Speech in the Regulation of Normal and Abnormal Behavior*. Oxford: Pergamon.

Luria, A.R. (1973). *The Working Brain: An Introduction for Neuropsychology*. New York: Basic Books.

Luria, A.R. (1980). *Higher Cortical Function in Man, (2nd Ed)*. New York: Consultants Bureau.

Luria, A.R. & Tsvetkova, L.S. (1964). The programming of construction activity in local brain injuries. *Neuropsychologia*, 2(1), 95-107.

Malherbe, M. (1996). Bacon's method of science. In Peltonen, M. (Ed.), *The Cambridge Companion to Bacon*. Cambridge, England: Cambridge University Press.

Marek, E. & Cavallo, A. (1997). *The Learning Cycle: Elementary School Science and Beyond*. Portsmouth, NH: Heinemann.

Matthews, M. (1994). *Science Teaching: The Role of the History and Philosophy of Science*. New York: Routledge.

Matthews, M. (1998). In defense of modest goals when teaching about the nature of science, *Journal of Research in Science Teaching*, 35(2), 161-174.

Matthews, M.R. (Ed.) (1998). *Constructivism in Science Education: A Philosophical Examination*. Dordrecht, The Netherlands: Kluwar Academic Publishers.

Maunsell, J.H.R. & Newsome, W.T. (1987). Visual processing in monkey extrastriate cortex. *Annual Review of Neuroscience*, 10, 363-401.

McCarthy, G., Puse, A., Constable, R.T., Krystal, J.H., Gore, J. & Goldman-Rakic, P.S. (1996). Activation of human prefrontal cortex during spatial and object working memory tasks measured by functional MRI. *Cerebral Cortex*, 6(4), 600-611.

McComas, W.F. (1996). Ten myths of science: Reexamining what we think we know about the nature of science. *School Science and Mathematics*, 96(1), 10-16.

McComas, W.F., Almazroa, H. & Clough, M.P. (1998). The nature of science in science education: An introduction. *Science & Education*, 7, 511-532.

McKellar, P. (1957). *Imagination and Thinking*. New York: Basic Books.

Medawar, P.B. (1969). *Induction and Intuition in Scientific Thought*. Philadelphia, PA: American Philosophical Society.

Meltzoff, A.N. (1990). Towards a developmental cognitive science. In *Neural and Developmental Basis of Higher Cognitive Functioning*. A. Diamond (Ed.). New York: Academy of Sciences.

Merrium-Webster. (1986). *Webster's Third New International Dictionary*. Springfield, MA: Merrium-Webster Inc.

Metz, K.E. (1995). Reassessment of developmental constraints on children's science instruction. *Review of Educational Research*, 65(2), 93-127.

Miller, G. A. (1956). The Magical Number Seven, Plus or Minus Two. *Psychological Review*, 63, 81-97.

Milner, B. (1963). Effects of different brain lesions on card sorting. *Archives of Neurology*, 9(1), 90-100.

Milner, B. (1964). Some effects of frontal lobectomy in man. In J. M. Warren & K. Akert (Eds.), *The Frontal Granular Cortex and Behavior*, (pp. 313-334). New York: McGraw-Hill.

Minstrell, J. (1980). Conceptual development of physics students and identification of influencing factors. Unpublished research report, Mercer Island School District, Washington.

Miskin, M. (1978). Memory in monkeys severely impaired by combined but not separate removal of amygdala and hippocampus. *Nature*, 273, 297-298.

Mishkin, M. & Appenzeller, T. (1987). The anatomy of memory. *Scientific American*, 256(6), 80-89.

Mishkin, M., Malamut, B. & Bachevalier, J. (1984). Memories and habits: Two neural systems. In G. Lynch, J. McGaugh, & N. Weinberger (Eds.), *Neurobiology of Learning and Memory* (pp. 65-77). New York: Guilford.

Miyashita, Y. & Chang, H.S. (1988). Neuronal correlate of pictorial short-term memory in the primate cortex. *Nature*, 331, 68-70.

Moore, J. (1993). *Science as a Way of Knowing: The Foundations of Modern Biology*. Cambridge, MA: Harvard University Press.

Moshman, D. (1998). Cognitive development beyond childhood. In D. Kuhn & R.S. Siegler (Eds.). *Handbook of Child Psychology: Vol. 2. Cognition, Perception, and Language* (5th Ed.). New York: Wiley.

Musgrave, A. (1999). How to do without inductive logic. *Science & Education*, 8, 395-412.

Musheno, B.V. & Lawson, A.E. (1999). Effects of learning cycle and traditional text on comprehension of science concepts by students at differing reasoning levels. *Journal of Research in Science Teaching*, 36(1), 23-37.

National Research Council. (1995). *National Science Education Standards*. Washington, D.C.: National Academy Press.

National Science Foundation. (1996). *Shaping the Future*. Washington, DC: Author.

National Society for the Study of Education. (1960). *Rethinking Science Education (59th Yearbook, Part I)*. Chicago: University of Chicago Press.

Nauta, W.J.H. (1971). The problem of the frontal lobe: A reinterpretation. *Journal of Psychiatric Research*, 8, 167-187.

Niaz, M. & Lawson, A. E. (1985). Balancing chemical equations: The role of developmental level and mental capacity. *Journal of Research in Science Teaching*, 22(1), 41-51.

Noh, T. & Scharmann, L.C. (1997). Instructional influence of a molecular-level pictorial presentation of matter on students' conceptions and problem-solving ability. *Journal of Research in Science Teaching*, 34(2), 199-217.

Nola, R. (1999). On the possibility of a scientific theory of scientific method. *Science & Education*, 8, 427-439.

Northrop, F.S. (1947). *The Logic of the Sciences and the Humanities.* New York: Macmillan.

Olstad, R.G. (1969). The effect of science teaching methods on the understanding of science. *Science Education*, 53(1), 9-11.

Osborne, J.E. (1996). Beyond Constructivism. *Science Education*, 80(1), 53-82.

Pascual-Leone, J. (1969). *Cognitive Development and Cognitive Style: A General Psychological Integration.* Unpublished doctoral dissertation, University of Geneva.

Pascual-Leone, J. (1970). A mathematical model for the transition rule in Piaget's developmental stages. *Acta Psychologica*, 32, 301-345.

Pascual-Leone, J. & Ijaz, H. (1989). Mental capacity testing as a form of intellectual development. In R. J. Samuda, Kong, S. L., Cummins, J., Lewis, J. & Pascual-Leone, J., *Assessment and Placement of Minority Students*, (pp. 143-171). Toronto: C. J. Hogrefe.

Pascual-Leone, J. & Smith, J. (1969). The encoding and decoding of symbols by children. *Journal of Experimental Child Psychology*, 8(2), 328-355.

Paulesu, E., Frith, D.D. & Frackowiak, R.S.J. (1993). The neural correlates of the verbal component of working memory. *Nature*, 362, 342-345.

Peckham, G.D. (1993). A new use for the candle and tumbler myth. *Journal of Chemical Education*, 70(12), 1008-1009.

Perkins, D.N. & Salomon, G. (1989). Are cognitive skills context-bound? *Educational Researcher*, 18(1), 16-25.

Perry, B., Donovan, M.P., Kelsey, L.J., Peterson, J. Statkiewicz, W. & Allen, R.D. (1986). Two schemes of intellectual development: A comparison of development as defined by William Perry and Jean Piaget. *Journal of Research in Science Teaching*, 23(1), 73-83.

Perry, W.G. Jr. (1970). *Forms of Intellectual and Ethical Development In The College Years: A Scheme.* New York: Holt, Rinehart & Winston, Inc.

Piaget, J. (1929a). Les races lacustres de la *Limnaea stagnalis* and recherches sur la rapports de l'adaptation hereditaire avec la milieu. *Bulletin biologique de la France et de la Belgique*, 62,424.

Piaget, J. (1929b). Adaptation de la *Limnaea stagnalis* aux milieux lacustres de la Suisse romande. *Revue Suisse de Zoologie*, 36, 263.

Piaget, J. (1952). *The Origins of Intelligence in Children.* New York: International Universities Press.

Piaget, J. (1954). *The Construction of Reality in the Child.* New York: Basic Books.

Piaget, J. (1962). *Judgment and Reasoning in the Child.* London: Routledge & Kegan Paul. (first published in 1928)

Piaget, J. (1964). Cognitive development in children: Development and learning. *Journal of Research in Science Teaching*, 2(3), 176-186.

Piaget, J (1970). *Genetic Epistemology.* New York: Norton.

Piaget, J. (1971a). *Biology and Knowledge.* Chicago: University of Chicago Press.

Piaget, J. (1971b). Problems of equilibration. In C.F. Nodine, J.M. Gallagher & R.H. Humphreys, (Eds.) *Piaget and Inhelder: On Equilibration.* Proceedings of the First Annual Symposium of the Jean Piaget Society, May.

Piaget, J. (1975). From noise to order: The psychological development of knowledge and phenocopy in biology. *The Urban Review,* 8(3), 209.

Piaget, J. (1976). *Piaget's theory.* In B. Inhelder & H.H. Chipman (Eds.), *Piaget and His School.* New York: Springer-Verlag.

Piaget, J. (1978). *Behavior and Evolution.* New York: Random House.

Piaget, J. (1985). *The Equilibration of Cognitive Structures: The Central Problem of Intellectual development.* Chicago and London: The University of Chicago Press.

Piaget, J. & Inhelder, B. (1962). *Le Development des Quantites Physiques chez L'enfant.* Neuchatel: Delachauz and Neistel.

Piaget, J. & Inhelder, B. (1969). *The Psychology of the Child.* New York: Basic Books.

Piattelli-Palmerini, M. (Ed.) (1980). *Language and Learning: The Debate Between Jean Piaget and Noam Chomsky.* Cambridge: Harvard University Press.

Piburn, M., Sawada, D., Turley, J., Falconer, K., Benford, R., Bloom, I. & Judson, E. (2000). Reformed Teaching Observation Protocol (RTOP) Reference Manual. ACEPT Technical Report No. IN00-3. Tempe, AZ: Arizona Board of Regents. (available from the ACEPT website: acept.asu.edu)

Platt, J.R. (1964). Strong inference. *Science,* 146, 347-353.

Popper, K.R. (1965). *Conjectures and Refutations: The Growth of Scientific Knowledge.* New York: Basic Books.

Popper, K.R. (1959). *The Logic of Scientific Discovery,* Basic Books, New York. Popper, K.R. (1965). *Conjectures and Refutations: The Growth of Scientific Knowledge.* New York: Basic Books.

Posner, M.I. (1988). Structures and functions of selective attention. In T. Boll, & B.K. Bryant, (Eds.), *Clinical Neuropsychology and Brain Function: Research, Measurement and Practice.* Washington, D.C: American Psychological Association.

Rendel, J.M. (1967). *Canalization and Gene Control.* London: Logos Press.

Renner, J.W. & Marek, E.A. (1990). An educational theory base for science teaching. *Journal of Research in Science Teaching,* 27(3), 241-246.

Riegel, K.F. (1973). Dialectic operation: The final period of cognitive development. *Human Development,* 16, 346-370.

Rigdon, J. & Tobias, S. (1991). Tune in, turn off, dropout: Why so many college students abandon science after introductory courses. *The Sciences,* Jan/Feb, 16-20.

Robinson, R. & Niaz, M. (1991). Performance based on instruction by lecture or by interaction and its relationship to cognitive variables. *International Journal of Science Education,* 13(2), 203-215.

Salmon, M.H. (1995). *Introduction to Logic and Critical Thinking* (3rd Edition). Fort Worth, TX: Harcourt Brace.

Schadé, J.P. & Van Groenigen, W.B. (1961). Structural organization of the human cerebral cortex. *Acta Anatomica,* 47(1-2), 74-111.

Scharmann, L.C. (1988a). Locus of control: A discriminator of the ability to foster an understanding of the nature of science among preservice elementary teachers. *Science Education,* 72(4), 453-465.

Scharmann, L.C. (1988b). The influence of sequenced instructional strategy and locus of control on preservice elementary teachers' understanding of the nature of science. *Journal of Research in Science Teaching*, 25(7), 589-604.

Schick, T.S. Jr. & Vaughn, L. (1995). *How to Think About Weird Things: Critical Thinking for a New Age*. Mountain View, CA: Mayfield.

Science Curriculum Improvement Study. (1970a). *Environments: Teacher's Guide*. Chicago: Rand McNally.

Science Curriculum Improvement Study. (1970b). *Subsystems and Variables: Teacher's Guide*. Chicago: Rand McNally.

Seymour, E. & Hewitt, N. (1997). *Talking About Leaving: Why Undergraduates Leave the Sciences*. Boulder, CO: Westview Press.

Shallice, T. (1982). Specific impairment of planning. In D. E. Broadbent, F.R.S., & L. Weiskrantz, F.R.S. (Eds.), *The Neuropsychology of Cognitive Function: Philosophical Transactions of the Royal Society of London, Series B*, (298), 199-209. London: The Royal Society.

Shayer, M. & Adey, P.S. (1993). Accelerating the development of formal thinking in middle and high school students IV: Three years after a two-year intervention. *Journal of Research in Science Teaching*, 30, 351-366.

Shimamura, A.P., Gershberg, F.B., Jurica, P.J., Mangels, J.A. & Knight, R.T. (1992). Intact implicit memory in patients with focal frontal lobe lesions. *Neuropsychologia*, 30(10), 931-937.

Simon, H.A. (1974). How big is a chunk? *Science*, 183, 482-488.

Simons, P.R.J. (1984). Instructing with analogies. *Journal of Educational Psychology*, 76, 513-527.

Slezak, P. (1994a). Sociology of scientific knowledge and scientific education: Part I. *Science & Education*, 3, 265-294.

Slezak, P. (1994b). Sociology of scientific knowledge and scientific education Part II: Laboratory life under the microscope. *Science & Education*, 3, 329-355.

Smith, E.E. & Jonides, J. (1994). Working memory in humans: Neuropsychological evidence. In M.S. Gazzaniga (Ed.), *The Cognitive Neurosciences* (pp. 1009-1020). Cambridge, MA: MIT Press.

Sorensen, K.H. (1999). Factors influencing retention in introductory biology curriculum. Paper presented at the Annual Meeting of the National Association for Research in Science Teaching. March 29, Boston, MA.

Squire, L.R. & Zola-Morgan, S. (1991). The medial temporal lobe memory system. *Science*, 253, 1380-1386.

Staver, J.R. (1998). Constructivism: Sound theory of explicating the practice of science and science teaching. *Journal of Research in Science Teaching*, 35(5), 501-520.

Stavy, R. (1991). Using analogy to overcome misconceptions about conservation of matter. *Journal of Research in Science Teaching*, 28(4), 305-313.

Stebbins, R.C. & Allen, B. (1975). Simulating evolution. *American Biology Teacher*, 37(4), 206.

Sternberg, R.J. & Davidson, J.E. (Eds.) (1995). *The Nature of Insight*. Cambridge, MA: The MIT Press.

Stuss, D.T. & Benson, D.F. (1986). *The Frontal Lobes*. New York: Raven Press.

Suarez A. & Rhonheimer, M. (1974). *Lineare function*. Zurich: Limmat Stiftung.

Suppes, P. (1968). The desirability of formalization in science. *Journal of Philosophy*, 65, 651-664.

Teuber, H.L. (1972). Unity and diversity of frontal lobe functions. *Acta Neuropsychologica Experimenta*, 32, 615-656.

Thatcher, R.W. (1991). Maturation of the human frontal lobes: Physiological basis of staging. *Developmental Neuropsychology*, 7(3), 397-419.

Thatcher, R.W., Walker, R.A. & Giudice, S. (1987). Human cerebral hemispheres develop at different rates and ages. *Science*, 236, 1110-1113.

Thompson, B., Pitts, M.M. & Gipe, J.P. (1983). Use of the Group Embedded Figure Test with children. *Perceptual and Motor Skills*, 57(1), 199-203.

Tootell, R.B.H., Silverman, M.S., Switkes, E. & De Valois, R.L. (1982). Deoxyglucose analysis of retinotopic organization in primate striate cortex. *Science*, 218, 902-904.

Treisman, A.M. & Gelade, G. (1980). A feature of integration theory of attention. *Cognitive Psychology*, 12, 97-136.

Treisman, A.M. & Gormican, S. (1988). Feature analysis in early vision: Evidence from search asymmetries. *Psychological Review*, 95, 15-48.

Ulinski, P.S. (1980). Functional morphology of the vertebrate visual system: An essay on the evolution of complex systems. *American Zoologist*, 20, 229-246.

Ungerleider, L.G. & Mishkin, M. (1982). Two cortical visual systems. In D.J. Ingle, M.A. Goodale, & R.J.W. Mansfield (Eds.), *Analysis of Visual Behavior*. Cambridge, MA: MIT Press.

Van Heile, P.M. (1986). *Structure and Insight, A Theory of Mathematics Education*. Orlando, EL: Academic Press.

Von Foerster, H. (1984). On constructing a reality. In P. Watzlawick (Ed.), *The Invented Reality: How Do We Know What We Believe We Know?* New York: Norton.

Von Glaserfeld, E. (1995). *Radical Constructivism: A Way of Knowing and Learning*. London: The Falmer Press.

Vygotsky, L.S. (1962). *Thought and Language*. Cambridge, MA: The MIT Press.

Waddington, C.H. (1959). Canalization of development and genetic assimilation of acquired characters. *Nature*, 183(4676), 1654.

Waddington, C.H. (1966). *Principles of Development and Differentiation*. New York: Macmillan.

Waddington, C.H. (1975). *The Evolution of an Evolutionist*. Ithaca, NY: Cornell University Press.

Wagman, M. (2000). *Scientific Discovery Processes in Humans and Computers*. Westport, Conn: Praeger.

Wallace, D.B. & Gruber, H.E. (1989). *Creative People At Work*. New York: Oxford University Press.

Wallas, G. (1926). *The Art of Thought*. New York: Harcourt Brace. (Reprinted in P.E. Vernon (Ed.), *Creativity*. Middlesex, England: Penguin Education).

Wallis, J.D., Anderson, K.C. & Miller, E.K. (2001). Single neurons in prefrontal cortex encode abstract rules. *Nature*, 411, 953-956.

Wandersee, J.H., Mintzes, J.J. & Novak, J.D. (1994). Research on alternative conceptions in science. In D. Gabel (Ed.), *Handbook on Research in Science Teaching and Learning*. New York: MacMillan.

Ward, C., & Herron, J.D. (1980). Helping students understand formal chemical concepts. *Journal of Research in Science Teaching*, 17(5), 387-400.

Watson, J.D. (1968). *The Double Helix*. Penguin Books: New York.

Webb, M.J. (1985). Analogies and their limitations. *School Science and Mathematics*, 85, 645-650.

Weinberger, D.R., Berman, K.F. & Illowsky, B. (1988). Physiological dysfunction of dorsolateral prefrontal cortex in schizophrenia, III: a new cohort and evidence for a monoaminergic mechanism. *Archive of General Psychiatry*, 45(7), 609-615.

Weinberger, D.R., Berman, K.F. & Zec, R.F. (1986). Physiological dysfunction of dorsolateral prefrontal cortex in schizophrenia, I: regional cerebral blood flow (rCBF) evidence. *Archive of General Psychiatry*, 43(2), 114-125.

Welfel, E.R. & Davison, M.L. (1986). The development of reflective judgement during the college years: A four year longitudinal study. *Journal of College Student Development*, 27(3), 209-216.

Westbrook, S.L. & Rogers, L.N. (1994). Examining the development of scientific reasoning in ninth-grade physical science students. *Journal of Research in Science Teaching*, 31(1), 65-76.

Westbrook, S.L. & Marek, E.A. (1991). A cross-age study of student understanding of the concept of diffusion. *Journal of Research in Science Teaching*, 28, 649-660.

Wilson, E.O. (1998). *Consilience: The Unity of Knowledge*. New York: Knopf.

Witkin, H .A., Moore, C. A., Goodenough, F. R., & Cox, P. W. (1977). Field-dependent and field-independent cognitive styles and their educational implications. *Review of Educational Research*, 47(1), 1-64.

Witkin, H. A., Oltman, P. K., Raskin, E., & Karp, S. A. (1971). *A Manual for the Embedded Figures Tests*. Palo Alto, CA: Consulting Psychological Press.

Wollman, W. (1977). Controlling variables: Assessing levels of understanding. *Science Education*, 61(3), 371-383.

Wollman, W.T., & Lawson, A.E. (1978). The influence of instruction on proportional reasoning in seventh graders. *Journal of Research in Science Teaching*, 15(3), 227.

Wong, E.D. (1993). Self-generated analogies as a tool for constructing and evaluating explanations of scientific phenomena. *Journal of Research in Science Teaching*, 30(4), 367-380.

Yakolev, P. I., & Lecours, A. R. (1967). The myelogenetic cycles of regional maturation of the brain. In A. Minkwski (Ed.), *Regional Development of the Brain in Early Life*, (pp. 3-70). Philadelphia: Davis.

Yan, B. & Arlin, P.K. (1998). Nonabsolute/relativistic thinking: A common factor underlying models of postformal reasoning? *Journal of Adult Development*, 2(4), 223-240.

Zohar, A., Weinberger, Y. & Tamir, P. (1994). The effect of biology critical thinking project on the development of critical thinking. *Journal of Research in Science Teaching*, 32(2), 183-196.

찾아보기

신현철 대표역자

프랑스 랭스대학교(샹파뉴아르덴) 분자면역학 약학 박사

미국 위스콘신대학교(매디슨) 선임연구원, ㈜툴젠 책임연구원 역임

현 한국교원대학교 화학교육과 교수

연구 분야 : 신경활성 조절, 집단행동의 신경학적 기작 등

권용주

미국 애리조나주립대학교 과학교육학 박사

현 한국교원대학교 생물교육과 교수

연구 분야 : 뇌 기반 과학교수학습, 디지털 과학콘텐츠, 뇌 기반 융합과학 등

김경래

서울대학교 체육학 박사(운동과 내분비계/면역계)

한국운동생리학회 상임이사(2013년 1월 1일~현재)

현 한국교원대학교 체육교육과 교수

연구 분야 : 장기간의 규칙적인 유산소 운동이 아동/청소년의 뇌 기능(BDNF, 기억력, 집중력, 인지 능력, 학습 능력)에 미치는 영향

양일호

한국교원대학교 과학교육학 박사

현 한국교원대학교 초등교육과(과학) 교수

연구 분야 : 뇌 기반 초등과학교육, 과학적 사고와 학습 등

이광호

미국 오리건주립대학교 수학교육학 박사

현 한국교원대학교 초등교육과(수학) 교수

연구 분야 : 교사교육, 분수지도, 인지심리, 뇌과학, 스마트교육